国家社科基金一般项目"华夏文明传播的观念基础、理论体系与当代实践研究"（19BXW056）阶段性成果；

福建省专业学位研究生导师团队"华夏文明传播研究团队"建设成果；

福建省首届网络教学名师培育计划建设成果；

福建省高校人文社科研究基地"中华文化传播研究中心"建设成果；

福建省课程思政"华夏传播概论"建设成果；

厦门大学一流本科课程"华夏传播概论"建设成果；

厦门大学研究生课程"中国传播理论研究"课程思政建设成果；

美育与通识教育一流课程"华夏文明传播"建设成果；

研究生教育精品课程"史论精解·传播（华夏传播史论）"建设成果；

习近平新时代中国特色社会主义思想融入"华夏传播概论"课程教学的实践方法研究的阶段性成果。

Study on
Chinese culture and
Communication

第十二辑

中华文化与传播研究

谢清果　钟海连　主编

九 州 出 版 社 ｜ 全国百佳图书出版单位
JIUZHOUPRESS

图书在版编目（CIP）数据

中华文化与传播研究. 第十二辑 / 谢清果，钟海连
主编. -- 北京：九州出版社，2022.11
ISBN 978-7-5225-1586-1

Ⅰ. ①中… Ⅱ. ①谢… ②钟… Ⅲ. ①中华文化－文
化传播－研究 Ⅳ. ①G125

中国版本图书馆CIP数据核字 (2022) 第231147号

中华文化与传播研究·第十二辑

作　　者	谢清果　钟海连　主编
责任编辑	郝军启
出版发行	九州出版社
地　　址	北京市西城区阜外大街甲 35 号（100037）
发行电话	(010)68992190/3/5/6
网　　址	www.jiuzhoupress.com
印　　刷	北京九州迅驰传媒文化有限公司
开　　本	720 毫米 ×1020 毫米　16 开
印　　张	24.25
字　　数	492 千字
版　　次	2022 年 11 月第 1 版
印　　次	2022 年 11 月第 1 次印刷
书　　号	ISBN 978-7-5225-1586-1
定　　价	76.00 元

中华文化与传播研究

主办单位：

厦门大学传播研究所

中盐金坛盐化有限责任公司

福建人文社会科学研究基地中华文化传播研究中心

协办单位：

华夏传播研究会

华夏文化促进会

国际中华传播学会（美国）

中国传媒大学媒体创意研究中心

福建省传播学会

厦门大学国学研究院

四川大学老子研究院

厦门大学道学与传统文化研究中心

厦门筼筜书院

厦门伟纳机电技术有限公司

两岸关系和平发展协同创新中心

中国新闻史学会新闻传播思想史专业委员会

中国新闻史学会台湾与东南亚华文新闻传播史研究委员会

中国传媒大学健康中国与中医药传播研究中心

编辑委员会

卷首语

返本开新：构建中华文明标识和中国式传播体系

中华文化与传播研究需要观照中华文化是什么、传播什么样的中国文化和如何传播的问题。中华文化博大精深，涵盖了中华传统优秀文化、社会主义先进文化和以建党精神为基源的红色文化。要增强中华文化的传播力和影响力，就要形成能够高度凝练中华文化的精神内核、展现中国文化气质的中华文明标识体系。要解决中华文化如何传播的问题，就要构建适应中国传播实践和世界传播发展的中国式传播学体系。

党的二十大胜利召开之后，传播学为适应新时代发展、服务中国式现代化进程对中华文明标识建构与中国传播学进行了更深入的探讨和思考。如果将 1978 年 3 月香港中文大学传播研究中心举办的为期一周的"中国传学研讨会"作为开端，中国本土的传播学探索已经有 40 余年的历程。厦门大学有开展中国传播学本土化研究的历史积淀，1993 年余也鲁等人与厦门大学的郑学檬教授共同商议举办"首届海峡两岸中国传统文化中传的探索座谈会"，并成立了厦门大学传播研究所。随后，在厦门大学新闻传播学院黄星民教授、余清楚教授和谢清果教授等学者的努力下，成立了中华文化传播研究中心，打造了《中华文化与传播研究》《华夏传播研究》等学术平台，相关学者开始深耕中国优秀的传统文化，寻求传播智慧，开启了华夏传播研究的新篇章。随着时代的发展，中国式现代化进程对传播学的发展提出了新的要求。

建构中华文明标识体系是讲好中国故事、传播好中国声音的前提和基础，是构筑中国精神、中国价值和中国力量的根基。中华文明标识作为一种文化符号体系，构建的是"何为中国"的叙事体系，承载的是中华民族的宇宙观、天下观、社会观和道德观。中华文明标识的建构必须从悠久的优秀传统文化中寻找活水源头。党的二十大报告指出，中华优秀传统文化是中华文明的智慧结晶，其中所蕴含的天下为公、民为邦本、为政以德、革故鼎新、任人唯贤、天人合一、自强不息、厚德载物、讲信修睦、亲仁善邻等理念，都是同社会主义核心价值观主张高度契合的文明标识。在返本中国优秀传统文化的同时，中华文明标识体系的建构更离不开中国式现代化的实践基础。以伟大建党精神为源头的中国革命精神标识是言说党的形象、讲好中国共产党故事的重要媒介。以社会主义核心价值观和道德观为基础的社会主义先进文化标识展现的是具有勤劳、奋斗、勤俭和奉献精神的，可爱、可亲、可敬的国人形象。我们要建构的中华文明标识体系应该是能够全面、客观展示"何为中国""何为中国共产党"和"何为中国人"的精神谱系。

中国文明的精神标识不仅要建构能够体现中华民族的宏观精神谱系，更要关注地方特色文化的精神标识和个体微观的精神面貌。中国文明的精神标识涵盖了地方特色精神标识的共性，同时需要借助地方文化精神标识的个性呈现中华文明的多样性、丰富性和包容性。地方文化精神标识要立足当地的文化特色，把能够呈现中华文明共性的符号谱系呈现出来，如福建漳州的"开漳圣王"文化就是极具漳州特色的精神标识，"开漳圣王"的宫庙文化、宗祠文化等多维文化体系是中国文明精神标识体系的微缩影和具体的展演。建构好各具地方特色的文化标识，中国文明的精神标识体系就会更加饱满、更具鲜活的生命力。文明终究是作为主体人的精神产物，中国文明精神标识的建构势必要关注微观层面的个体精神。李子柒的视频记录的是一个普通中国人的日常生活，在国外却引起了很大的反响，成了传播中国文化的一张名片。李子柒通过个人生活的言说却展现了中国文明的魅力，这足见个体在构建中国文明精神标识体系过程中的张力和浸透力。某种意义上每一个中国人身上都有中华文明的标识印记，每个人的言谈举止、一颦一笑都是在书写我们文明的标识符号。

构建中国式传播学，不仅是基于传播学学科发展需求，构建适合中国传播实践的理论体系，打破传播学西强东弱的失衡态势，为世界传播学学科发展贡献中国传播智慧，更重要的是为适应中国式现代化的传播需要，契合时代发展进行的自我革命。习近平总书记在党的二十大报告中指出："增强中华文明传播力影响力，坚守中华文化立场，讲好中国故事、传播好中国声音，展现可信、可爱、可敬的中国形象，推动中华文化更好走向世界。"新时代的传播学如何适应国家发展的战略需求，传播好中国声音，这是传播学面临的时代大考。构建中国特色传播体系，完成坚守中华文化立场、传播中国、展现中国的时代使命，是传播学要完成的时代命题。习近平总书记在2022年4月25日考察人大的讲话中指出："加快构建中国特色哲学社会科学，归根结底是建构中国自主的知识体系。"讲话给新时代传播学的发展指明了方向，就是构建中国式传播学自主知识体系。中国式传播学自主知识体系是基于中国社会传播实践、能够体现鲜明的中华传播文明特色，同时也体现了人类传播活动的共同特征，是适应中国式现代化，更能为世界之问提供中国方案的自主传播体系。

中国式传播学自主知识体系的建构首先要观照世界和时代的需求，回应"世界之问"。当前全球处于百年之未有的大变局中，国际局势动荡，人类社会面临前所未有的生存危机，疫情问题、粮食问题、气候问题和国家安全等问题愈演愈烈，世界面临着国际秩序和社会秩序的重构问题。中国文明延绵数千年，是世界上唯一没有出现断层的文明，蕴藏着丰富的归位置序的传播智慧，中国式传播自主体系就是要把中国文明中人类传播智慧的共性、传播的韧性提炼出来，形成具有人类文明普适性的传播范式，从而为解决世界秩序问题提供中国传播方案。

其次，中国式传播学自主知识体系的建构要观照中国式现代化的中国之问。改革开放以来，中国的综合国力得到进一步的提升，走到了世界舞台的中央，与之失衡的是中国的国际传播体系，因此我们亟须建构中国式传播自主知识体系，形成同我国综合国力和国际地位相匹配的国际话语权，为中国式现代化进程营造有利的外部舆论环境，为增强中国文化的传播力和影响力，讲好中国式现代化的宏观叙事保驾护航。

再者，中国式传播学自主知识体系的建构必须回溯中华五千年的文明，正如习近平总书记所强调的，中华优秀传统文化是中华文明的智慧结晶和精华所在，是中华民族的根和魂，是我们在世界文化中站稳脚跟的根基。中华文化博大精深的思想宝库，蕴含了丰富的传播学智慧，因此，从中国优秀传统文化中汲取养分，守正创新，对传统文化进行创新性发展和创造性转化，才能守住华夏文明传播的根脉，才能坚持中国的传播底色。

最后，中国式传播自主知识体系的建构不是闭门造车、自娱自乐，更不能陷入传播民族主义的桎梏，我们一定要以开放的姿态，兼收并蓄，积极吸收国外先进的、优秀的，能够很好指导我国传播实践的传播学理论，进而丰富中国式传播学体系，增强中国式传播学体系对人类传播活动的解释力和指导力。同时要坚持马克思主义作为国家意识形态领域的根本指导思想，马克思主义是世界优秀的方法论，是建构中国自主知识体系的方向指引。党的二十大报告中强调"只有把马克思主义基本原理同中国具体实际相结合、同中华优秀传统文化相结合，坚持辩证唯物主义和历史唯物主义，才能正确回答时代和实践提出的重大问题"，要解决时代和实践提出的传播学发展的大问题，就必须坚持马克思主义，避免出现形而上学的错误。更为重要的是，马克思以货币这一媒介载体对传播学提出了自己独特的看法，在其著作中多处对"交往"和"交流"发出暗示性的评论，提出了他所认为的公正的交流模式。与柏拉图和黑格尔一样，马克思提倡两个灵魂的个性化融合，呼唤一种平等的对话关系。因此，在中国式传播学自主知识体系的建构中，要坚持马克思主义的理论指导，同时把马克思主义的交流观与中国实践相结合，同中国传统文化相结合，形成马克思主义中国化的传播体系。正如习近平总书记所说的，交流互鉴是文明发展的本质要求，文明因多样而交流，因交流而互鉴，因互鉴而发展。中国式传播自主知识体系只有借鉴其他文明中的传播理论，完善补充自身的传播体系，才能不断焕发新的生命力，适应时代的需求。

在学者同仁的共同努力下，希望早日形成凝缩中华文化精髓的文明标识体系，构建起具有中国传播特色、中国传播风格、中国传播气派的中国式传播学自主知识体系，为人类文明新形态提供有力理论支撑。

（张艳云）

目　录

"一带一路"与中华文化传播研究

主持人语

中国的发展离不开世界，世界的发展也需要中国。毫无疑问，中国积极倡导"一带一路"宏伟设想和合作倡议，顺应了世界多极化、经济全球化、文化多样化的大潮流，秉承了开放包容的新理念，旨在为共绘互利合作、共享发展美好蓝图创造新的历史机遇。

"一带一路"属于中国，也属于世界。"一带一路"建设的目标之一是推动中华文化走向世界，并助力世界文化共生共荣。我们必须高度重视中华文化的暖化功能、通心功能，因地制宜，像毛细血管一般做细基础工作，在尊重文化多样性的前提下，共同维护不同文化的独立与发展，加强文化交流与合作的现实任务，肩负起中国与沿线国家文化交流的重要使命，在"一带一路"发展实践中提供更加丰富的文化公共产品，切实促进中华文化与世界文化的交融、共生与共兴。

"一带一路"与中华文化国际传播的关系，是我们必须正视并科学解决的重大现实问题，不但是中国走向世界的客观需求，也是世界对中国智慧走向世界的主动诉求。解决了这个问题，不但可以破解"一带一路"谁为，为谁；何为，为何；独行，众行；短行，长行；暂行，久行等等核心问题，而且才能确保"一带一路"的方向正确、路线正确、目标准确，既为中国，更为世界。

本专栏从宏观理论与个案研究的双重视角对"一带一路"与中华文

化国际传播的关系进行解读。张恒军教授在《"大道"行"天下"："一带一路"中国价值观国际传播》中提出通过加强中国价值观国际传播的理念创新、内容创新、主体创新和渠道创新，实现中国价值观在"一带一路"背景下的多维度、多向度、正面化传播。撖贵勤副教授的《中国当代文学走出去与"一带一路"传播媒介分析》聚集于中外文学期刊、网站等传播媒介的当代文学海外传播形式、内容与路径，力图发掘中国当代文学走出去的传播媒介价值，进而借此更全面了解助力当代文学海外传播行稳致远的关键要素，透析中国当代文学国际化之路的复杂性。王长潇教授与杨立奇、张丹琨针对面向"一带一路"沿线国家的人类命运共同体话语体系传播困境，提出传播态度理性化、传播主体多元化、传播内容普世化、传播载体创新化四重现实路径。塞尔维亚籍华裔学者金晓蕾博士以2014年为"后南斯拉夫时代"的分期节点，梳理在此期间塞尔维亚译介的中国图书、正式出版或发表的相关文献，考察中国文化传播的新内容和新模式。

（孙宜学 同济大学教授）

"大道"行"天下"："一带一路"中国价值观国际传播

张恒军 *

（大连外国语大学，辽宁大连，116044）

摘　要： 随着世界进入新的动荡变革期，国家对外传播呈现信息敏感性增强、风险传播比例上升、污名化传播增多、双向互通机制缺位等特点，使得中国价值观的国际传播也面临着全新挑战。随着"一带一路"倡议的全面落实，如何抓住全球治理范式整体转向的历史契机，加强中国价值观国际传播的理念创新、内容创新、主体创新和渠道创新，在"四位一体"框架建构中，实现中国价值观多维度、多向度、正面化传播，已经成为国家治理现代化以及国际话语权体系建设的核心面向。本文基于此，重点探讨"一带一路"背景下中国价值观这一"大道"如何行"天下"，希望能够为相关主体提供有益借鉴与启迪。

关键词： 一带一路；中国价值观；四位一体；传播策略

基金项目： 本文为国家社科基金重大项目："人类文明新形态话语体系构建与全球传播研究"的阶段性成果（项目编号：22&ZD311）

面对世界百年未有之大变局和新的动荡变革，重塑全球治理体系以促进人类社会健康发展，已经达成广泛的国际共识。据《中国"一带一路"贸易投资发展报告2021》显示："在疫情背景下，'一带一路'经贸合作逆势前行，贸易规模持续扩大，对外投资逆势上扬，合作平台建设稳步推进，丝路电商亮点突出，展现出强劲韧性和生机活力。货物贸易方面，2013—2020年，中国与'一带一路'沿线国家货物贸易额由1.04万亿美元增至1.35万亿美元，占中国货物贸易总额的比重由25%升至29.1%。"[①] 另外，在其他领域的合作也持续深化，取得了许多重大突破和建设成果。目前，"一带一路"已经成为中国价值观国际传播的渠道支撑，并在广泛实践中形成了互促互进关系，为中国参与全球治

---

* 张恒军，1972年11月，男，山东莱阳人，大连外国语大学新闻与传播学院教授，中华文化海外传播研究中心研究员，研究方向：中华文化国际传播、跨文化传播、当代文学等。

① 中华人民共和国商务部：《中国"一带一路"贸易投资发展报告2021》发布：合作抗疫、逆势增长成为关键词，http://fec.mofcom.gov.cn/article/fwydyl/zgzx/202108/20210803190898.shtml，2022年9月6日。

理提供更为灵活的空间转向。

目前,"一带一路"中国价值观国际传播虽然稳中有进,但依然存在诸多变数。一项由北京大学"增强中国对外传播文化软实力深度研究"课题组采用"在线可访问样本库"调查方法对主要国家进行大样本概率抽样问卷[①],调查结果如下:

表1 中国与"一带一路"5国受访者对11项中华核心价值观的赞同率对比(单位:%)

	仁	恕	孝	礼	义	和而不同	天人合一	共同富裕	和谐世界	以民为本	集体主义	11项平均
中国	92.7	93.1	94.5	94.8	93.7	94.4	95	89.1	91.7	92.9	87.3	92.7
印尼	91.4	87.2	94.2	94.2	94.1	93.1	94.2	92.6	93.7	94.2	87.9	92.4
越南	84.4	79.6	88.6	88.2	86	86.1	87.9	82	86.9	88.1	82.8	85.5
俄罗斯	82.4	84.8	81.2	85	82.1	87.5	88.5	83.5	88.1	83.6	59.1	82.3
印度	79.1	76.2	78.4	77.1	84.3	76.3	79.2	77.8	81.5	79.5	76	78.7
沙特	76.8	75.5	78.4	80.8	85.9	78.9	73.6	75.4	79.7	78.3	70.1	77.6

表2 中国与"一带一路"5国受访者对社会主义核心价值观的赞同率对比(单位:%)

	国家层面				社会层面				公民层面				平均
	富强	民主	文明	和谐	自由	平等	公正	法治	爱国	敬业	诚信	友善	
中国	93	94	95.1	93.4	93.4	93.6	95.1	95.1	92.5	94	95.9	95.1	94.2
印尼	93.2	89.6	93.3	94.6	86.5	89	94.8	93.9	94.1	93.1	95.4	94.9	92.7
越南	86.1	88	88.2	87.5	88.5	88.1	88.3	85.2	89.4	88.6	86.1	87.9	87.7
俄罗斯	38.5	69.6	89.7	90.1	84.1	88.4	93.2	91.5	83	93.9	94.8	94.1	84.2
印度	85.3	86.1	86.9	87.8	89.3	88.8	91.1	89.2	87.8	88.5	89.4	91.5	88.5
沙特	80.6	71.6	83	81.2	75.5	80.9	89.3	82.9	86.9	86.3	87.6	87.5	82.8

结果显示,中华核心价值观赞同率平均值均大于75%,属于高度共享层级。总体可见,中国价值观国际传播受到"一带一路"国家的欢迎,形成了"共生共荣"的关系。但在"一带一路"推进中,受诸多因素影响,尤其部分西方国家对中国形象的污名化、谣言化、偏见化传播从未停止,对中国价值观的国际传播带来了一定负面影响,如立陶宛等国退出"一带一路"。习近平总书记指出:"提高国家文化软实力,要努力传播当代中国价值观念。当代中国价值观念,就是中国特色社会主义价值观念,代表了中国先进文化的前进方向。我国成功走出了一条中国特色社会主义道路,实践证明我们的道路、理论体系、制度是成功的。要加强提炼和阐释,拓展对外传播平台和载体,把当代中国价值观念贯穿于国际交流和传播方方面面。"[②] 对此,确有必要在"一带一路"倡议建设中,

① 关世杰:《中国核心价值观的世界共享性初探》,《国际传播》,2019年第6期。
② 习近平:《习近平谈治国理政》,北京:外文出版社,2014年,第161页。

建构融通中外的话语体系，创新理念、内容、主体、渠道"四位一体"中国价值观国际传播路径，推动"大道"行"天下"。

一、理念创新：聚焦价值认同，突出命运与共

"一带一路"的构想旨在"加强传统陆海丝绸之路沿线国家互联互通，实现经济共荣、贸易互补、民心相通"，其中"民心相通"是"一带一路"建设的社会根基，是达成"互联互通"的关键，这一建设目标的提出既将我国价值观的国际传播纳入了"一带一路"建设的重要议程，也对我国整个国际传播理念提出了新的要求。基于这一背景，中国价值观的国际传播必须建立新的传播理念。

（一）从形象塑造到价值认同

人心相聚的根本在于价值相通。"一带一路"沿线不同国家价值观的相互理解乃至认同是实现"民心相通"的关键，这就要求我国国际传播不宜再坚持传统的以国家形象塑造为根本诉求的传播模式，而应致力于中国价值观的传播，同时其目的也绝非价值观输出，而是寻求沟通与理解，求同存异，在此基础上建构为国际社会所接受与认同的共同价值观，既赢得人心，也赢得国际话语权。中国政府要充分发挥"一带一路"倡议的制度性话语权优势，以共商共建共享作为根本导向，以和平共荣、开放共享为根本基调，为中国价值观国际传播创设良好的外在环境，并在传播推广的同时提供政策指导，明确实践理路，提高传播效率。换句话说，就是要将传播重心放在共同价值的挖掘与传播上，并在"一带一路"倡议的现实效用促进下，感召全球其他国家积极参与"一带一路"建设，提高对中国价值观的好感度与认同度，逐步"形成人人参与、人人尽力、人人都有成就感的生动局面"①。在中国价值观国际传播实践中，相关主体要有意识地挖掘中华文化、中国故事中所蕴含的善良、勇敢、勤劳、公平、公正等共同价值观，这是实现文化共存与共赢的根本前提。在此基础上，中国政府要加强顶层设计，积极协商成立统一的文化协调管理机构，并主导建立"一带一路""多元共生"②的保障体系，在确保中国价值观国际传播系统生成的同时，强化沿线国家民族文化的自觉性。总之，从形象塑造到价值认同，实际上就是由表及里、由单维向多维的逻辑转向，有助于增强中国价值观国际传播的渗透性、长效性。

（二）从价值认同到命运与共

当今世界，全球化的发展使得不同国家人民的命运紧密相关。作为一个负责任的大国，为构建人类命运共同体提出中国方案，实现共赢共享，是中国义不容辞的责任，这

---

① 习近平:《在省部级主要领导干部学习贯彻党的十八届五中全会精神专题研讨班上的讲话》,《人民日报》,2016 年 5 月 10 日, 第 2 版。

② 蔺海鲲, 哈建军:《多元文化共生与人类命运共同体的构建》,《甘肃社会科学》,2021 年第 1 期。

也是"一带一路"实现"互联互通"的意义所在。因此,从"命运共同体"的视角,把握整个人类利益和价值的通约性,寻求人类共同利益和共同价值的新内涵当作我国价值观国际传播的指导思想,即在中国价值观的国际传播中,要将人类共同意愿作为实践演进的价值导向,消解霸权话语,追求共赢共振。但是,也应该看到,中国价值观虽然在一定程度上确保了传播方向的准确性及内容的权威性,但却很难满足"一带一路"沿线国家和地区受众情感、价值维度的个性需求。所以,在具体符号转化中,必须突出价值导向,提高中国价值观的道义感召力。人类命运共同体之所以能够赢得国际社会的广泛共识,与其命运与共的人类情怀有着重要关系。基于通约性的价值诉求,人类命运共同体形成内部广泛共鸣,进而得到更多受众认同,充分凸显了道义的巨大感召力。因此,在"一带一路"背景下中国价值观的国际传播中,要重点挖掘价值资源,形成命运与共的范式感召。一方面,我们要坚持从人类、世界、国家的维度入手,采用国际化叙事框架讲述符合世界发展规律和国家根本利益的中国故事、中国文化,增进中国价值观与沿线不同文化价值系统的契合。另一方面,我们要重点关注全球治理领域的个体诉求,以国际化叙事模式对中国价值观进行具象化呈现,提炼出能够与个体差异共振的价值观,以强化中国价值观引领全球治理实践的实效性。此外,我国还要借助"一带一路"倡议各项落地政策与实践活动,采用多元化修辞手段阐释中国价值观追求和平、服务世界的精神内核,并以"一带一路"建设成效坚定全球民众对变革全球治理结构的决心,最终达到强化中国价值观全球治理引领性的目的。

二、话语创新:注重融通中外,打造闭环机制

就内容和形式而言,国际传播不能硬性灌输、自说自话,要遵循信息传播规律,适应受众需求和文化心理习惯,致力于构建融通中外的话语体系,以新概念、新范畴与新表述讲好中国故事,传播好中国声音。

(一)探索针对性、差异性与融通性相结合的话语表述范式

所传播的虽是中国价值观,但在话语表述上却应切忌"以中国为中心"的自说自话,也有人提出"中国故事、世界表述",但并不存在一个同质的世界,而是体现为众多个性鲜明的国家与地区。"一带一路"沿线 100 多个国家和地区,文化属性各不相同,中国价值观的话语表述在坚持自我特色的同时,也要充分考量各个国家和地区的特点,寻找与在地化受众沟通的"最大公约数",在平等的基础上基于普遍符码的双向互动制造"同心",有的放矢,减少"文化折扣"。只有在了解受众个性化需求和接受特点的基础上,进行差异性转化,并寻求融通性渠道进行渗透传播,才能有效提高中国价值观的传播效能。如在纪录片《21 世纪海上丝绸之路》中,主持人萨姆·威利斯以"他者"身份,在沿线不同国家和地区以"身体在场"的叙事模式,亲自参与不同文明生活化场景的话语

建构，通过文化差异的慢适应寻求"一带一路"的价值共通点。这种集针对性、差异性和融通性为一体的话语表达范式，有利于帮助受众打破"他者想象"的认知束缚，透过"他者话语"和文化主体，真实触碰中国文化及沿线其他国家文化的内核，进而深入理解中国价值观，在共感、共情中实现广泛传播①。需要指出的是，中国价值观的国际传播，要重点关注信息交互能否引发受众广泛共鸣，要以共情为价值导向展开内容创新生产。具体来讲，就是围绕不同受众群在价值层面的共鸣要素和触动节点，强化传播内容感染性、贴合性，全面拉近与受众的心理距离，在情感相通中实现深层认同。

（二）拓展多样化、历史性与时代感皆包容的话语诠释资源

价值观是一种抽象的思想意识形态，其内涵要为民众所理解乃至认同，因此必须具象化，必须借助各种话语资源加以诠释。当代中国价值观是中国传统与现实价值体系的高度凝练和集中表达，既有丰富的历史性，也有鲜明的时代感，历史性与时代感兼具本是当代中国价值观诠释的题中之义，在"一带一路"背景下显得尤为重要。"一带一路"概念取自古代的丝绸之路。历史上，中国传统思想文化随货物的流通和人员的交往而为沿线国家所了解与欣赏，成为共享的精神文明；在如今，中国的快速发展对同为发展中国家的沿线各国具有极强的示范作用，中国当下的社会民情与思想也是他们的兴趣之所在。既是对古代这种国家之间互利共赢典范的继承，也是对当今国际发展趋势的回应。因此对中国价值观的诠释，不仅要挖掘古丝绸之路上的文化资源，以美好的文化记忆引发亲近感，而且要积极调用当代中国先进的器物文化与人文风情，形成新的吸引力与认同感。另外，价值观虽是思想意识形态，却体现在社会经济文化生活的各个方面，是与经济、科技等领域交融共进的，因此话语诠释资源的调用也应是多层次、全方位的。也就是说，"一带一路"背景下的中国价值观传播，要以热点事件和议题的发展动态作为内容创新的驱动，适时提出时代性、普适性、原创性优质内容，在强化话语在场感的同时，提升中国价值观话语内容能够得到沿线国家不同受众的理解度与认可度。

（三）建立调查、制作、反馈与调适一体化的话语生产模式

全面地讲，话语生产应包括调查、制作、反馈到调适等一系列环节，但我国以往对国际传播话语的研究多注重制作，较少关注其他环节，使得话语制作缺乏充分的理据，在制作完成后因缺乏反馈也无法了解话语效果并做及时调整。具体来讲，就是要以"一带一路"建设为契机，为中国价值观的传播建构一套完善的话语生产模式，加大对沿线国家文化、历史、思维方式的研究力度，建构中国价值观的话语传播体系，并提出有效的评估与反馈机制，以便于后续的话语调适。相关政府部门要联合有关传播机构、智库

---

① 王庆福，张红玲：《纪录片国际传播中"他者叙事"的跨学科思考》，《现代传播（中国传媒大学学报）》，2019 年第 9 期。

开展专项调研，加强对"一带一路"沿线不同国家和地区重点受众群体的深度研究，并结合调研结果合理制定中国价值观传播策略。这样不仅能够全面了解价值观传播中存在的现实问题，而且能够基于受众意见进行持续优化改进，形成调查、制作、反馈与调适一体化的话语生产模式，不断提高中国价值观国际传播的信度、效度。另外，随着媒体的平台化、数据化演进，场景化、智能化传播正在成为新常态，在算法技术、分发机制和社交媒介的加持下，精准传播将实现更深层次的落地生成，届时将形成"开放性的整合传播"生态[①]。对此，我们可以借鉴广告、营销的成熟机制，或打造垂直化社群，确保中国价值观能够形成多向度的受众面向，并依托平台的数据整合分析，不断调整传播策略，确保差异化内容的精准传达，典型的如 TikTok 的精准传播。需要重点指出的是，在后续革新实践中，要重点探索基于"计算传播"的中国价值观国际传播话语生产模式，进一步挖掘释放数据资源的优势效能，打造多维融通的话语生产闭环机制[②]。

三、主体创新：加强系统建设，提高传播合力

国际传播是一项需借助各方资源与力量的综合工程，向来不能只依靠官方，价值观的传播更是如此。作为思想意识形态，价值观易混同于政治观，仅依靠官方的价值观传播易被视为文化殖民或"颜色革命"而遭到抗拒。中国价值观的国际传播要减少国家色彩，规避政治障碍，传播主体的创新尤为重要。

（一）传播主体的民间化

中国价值观的传播要更多依靠民间力量，依托社会组织、科研机构、高校与企业以及一切有机会、有能力从事对外交往与对话的机构和个人，利用各种平台，以更开阔的视野、更多元的形式开展更广泛的民间人文交流。特别要发挥社会组织和企业的主体优势，推动中国价值观国际传播的柔性落地。

首先，以红十字会、行业协会、国际交流促进会等为代表的社会组织，要加强与"一带一路"沿线国家的民间人文交流，积极搭建行业交流、人道关怀、民生建设等平台，整合各方资源为沿线国家民间人文交流创造良好的国际环境，促进沿线国家和地区民众正确看待并支持"一带一路"建设。据"中促会"官方网站显示，截至 2022 年 9 月 9 日，"一带一路"沿线国家民间组织合作网络达 352 家，在促进沿线国家民间交流方面发挥了重要作用。近年来，我国各类社会组织发起"光明行""幸福泉"等一系列活动，在提升沿线国家地方民生水平的同时，实现了中国价值观、中国国家形象的间性传播。在后续发展中，我国社会组织要积极探索参与"一带一路"建设的途径和方法，充分发挥国际

① 王海燕：《大数据时代融媒介大众传播与精准传播的博弈》，《新媒体研究》，2020 年第 3 期。
② 巢乃鹏，吴兴桐，黄文森，李梦雨：《计算传播学研究现状与前沿议题》，《全球传媒学刊》，2022 年第 1 期。

民间贸易合作网络的作用，并善于利用信息技术打造常态化信息交流平台，持续拓宽中国价值观传播的价值边界。

其次，要充分发挥沿线国家和地区驻外中企在重大项目外交中的优势，促进中国价值观国际传播的民间下沉。截至 2021 年底，我国境外企业（机构）有 5.2 万多个，核准设立境外企业（机构）近 500 个，除了本国员工外，还有 200 万名外国员工。可以说，这些企业和员工是中国价值观国际传播中最具活力的传播主体，必须依托"小而美"的民生项目，讲好中国故事。后疫情时代，"一带一路"沿线许多国家需要的不单单是中国方案，更多的还有中国项目、中国技术、中国人才等，这就需要引导驻外企业充分发挥项目的示范作用，如中欧班列、塞尔维亚斯梅代雷沃钢厂、中老铁路、巴基斯坦橙线地铁、肯尼亚蒙内铁路等，深入挖掘项目背后的故事资源，间性传达中国价值观。以项目为撬点，借助他者话语讲述中国故事，效果十分显著。政府相关部门要引导企业在"一带一路"项目经营或常规经营中强化传播意识，塑造积极向上、热心公益、服务民生的良好形象。

（二）传播主体的在地化

一方面要注意吸收沿线所在国的华人华侨的力量，凝聚侨心、汇集侨智，更好地发挥侨商、侨社、侨媒在价值观沟通的独特作用。华侨华人是促进中西文化交流、提升中华文化国际影响力的重要群体，他们不仅了解中华文化，而且熟悉所在国发展情况，能够更加针对且有效地传播中国价值观。首先，引导侨胞华社（华文教育、华文媒体和华人社团），重点宣介中华文化内涵价值，借助双重语言文化、人脉资源、经济力量等，对中国价值观进行本土化符号转换，进而影响当地主流人群，通过为"一带一路"建设营造良好舆论环境，实现中国价值观输出。其次，引导侨胞讲好共商共建共享的故事，积极传达中国追求与维护和平的态度，尤其要重点从侨胞与当地"共享的历史"中挖掘共同价值，讲好合作共赢的故事，强化共同体意识①。另一方面要注意借助当地本土的知识分子、意见领袖与文化机构，通过各种形式的合作与交流，赢得他们对中国价值观的理解与认同，进而影响更多民众。2017 年，老挝知名歌手阿提萨演唱的《一带一路》在老挝和中国走红，获得了上千万的点赞量，2021 年又推出作品《在中老铁路上前行》，同样赢得了广大网友的好评。歌曲充分表达了阿提萨对中老铁路通车和国家繁荣发展的向往之情，同时也抒发了中老两国人民"同饮一江水"的深厚友谊。中国价值观的国际传播离不开他者话语的具象表达，只有通过传播主体的在地化建设，才能消除语言文化的隔阂，确保中国价值观更加有效地融入地方文化，以进一步强化内容贴合性。

---

① 王光亚：《充分发挥海外侨胞在共建"一带一路"中的重要作用》，《人民日报》，2022 年 4 月 26 日，第 11 版。

四、渠道创新：加强技术应用，注重交互延伸

中国价值观的传播渠道同样要改变以往单一单向的传统格局而采取多元交互的传播模式，在平台与技术的全面赋能下，拓宽国际传播渠道维度，增强受众沉浸感、在场感，为实现价值观国际传播的长效化提供核心驱动。

（一）传播平台与载体的多样化

如前所述，价值观融进了社会生活的各个方面，因此在合理的顶层设计下，文艺展演、新闻出版、影视交流、学术往来、企业投资、救灾扶贫等几乎各种社会经济文化活动都可以作为价值观传播的平台。人文合作委员会、文化联委会等机构，要积极拓宽与沿线国家和地区的文化交流渠道，如政府间会晤、文化交流磋商、主题论坛等，推进"丝路文化之旅""丝路旅游""欢乐春节"等品牌交流，利用文化节互办加深彼此了解。在此基础上，地方政府要联手构建区域性合作机制，从文化交流、非遗保护、文化旅游等方面进行多维合作，引导并鼓励社会力量积极介入，形成长效的合作机制。在此过程中，要重点打造"一带一路"人文交流平台，统筹沿线国家和地区各项人文交流，如考古、申遗、展览、博物馆交流等合作活动。围绕"一带一路"相关主题，打造国际艺术节、艺术公园、交易会等专项交流平台，利用文化优势、人才优势、技术优势等提高中国价值观引领力。

在传播载体上，除电视、电影和报刊等传统媒介，还应充分运用 Facebook、Twitter 等新媒体，以扩展传播的深度和广度。近年来，随着"Z 世代"的崛起，社交媒体在国际传播领域的主导地位逐步显露，而如何深耕社交媒体抢占话语先机，也是中国价值观国际传播的关键议题。这就要求传播者要全面把握"Z 世代"个性诉求，灵活采用漫画、歌曲、Vlog、游戏视频等载体形式进行精准传播，积极打造国际化媒体集群，向沿线国家和地区"Z 世代"宣介中国价值观，提高文化感召力和话语引领力[①]。如国产游戏《黑神话：悟空》凭借全球顶尖制作水准受到了海外年轻受众的高度认可，上线一天就取得了 YouTube 播放量 240 万＋的成绩，2021 年发布的视频在 YouTube 上的播放量高达 86 万，点赞 5.5 万，促使许多海外受众主动去了解西游文化和中华文化。可见，受众对新的传播载体或依托某些内容传播中国价值观并不排斥，所以我们要持续研发新的传播平台与载体，并将中国价值观以全新符号进行个性转码，以满足新一代受众信息、知识、情感等维度的个性诉求，让中国价值观更加有效地完成国际传播。

（二）传播技术与手段的交互化

在传播平台和载体的设计上要注意交互化和线上线下的联动性，使得传播具有可持续性（而非过往的一次性和单向性），同时也可帮助我们了解受众，及时获得反馈并做调

---

① 彭振刚：《"Z 世代"国际传播策略与实践路径研究》，《对外传播》，2021 年第 7 期。

整。一方面，在深入挖掘中华文化底蕴的前提下，紧紧围绕创新二字下功夫，利用新一代信息技术，对中国价值观话语资源进行系统管理，打造特色化资源数据库，为场景化、交互化传播提供重要支撑，促进中国价值观在现代公共关系领域的全面渗透。如河南卫视利用 AR 等技术手段打造的《唐宫夜宴》《洛神水赋》《龙门金刚》等国风视频，以及 2022 "虎虎生风中国潮"河南春晚，受到沿线国家和地区侨胞、地方受众的高度认可。

另一方面，中国与沿线各国要做好沟通交流，协调多方资源，打造文化品牌，拓宽产业附加值空间，并通过线上线下有效联动增强传播内容在场性。首先，要着力打造数字文化工程，充分发挥信息技术优势，将影视剧、动漫游戏、流行音乐、网络文学等特色产品实施数字化转化，借助文化产品交流达成中国价值观的柔性传播。以动漫产业合作为例，我国动漫游戏企业已与"一带一路"沿线 50 多个国家的媒体机构及相关企业达成深度合作，在创意研发、生产制作、发行播出等方面进行联动，创造出了许多优秀动漫作品，成为中国文化输出和中国动漫出海的重要渠道。其次，要加强技术创新应用，探索全新的制作传播范式，寻求更多的渠道契合点。如 2020 年推出的《从长安到罗马》纪录片，采用 4K 高清技术进行视觉呈现，以专家实地探索、体验式拍摄为主线，以"双城记"平行视角阐述人类文明演进的宏大命题。节目邀请了多位国内知名学者和意大利专家进行专业解读，并通过微故事挖掘更多现实力量，在两国文化的对话中强化各自连接。另外，该片采用大屏小屏同步传播、双向互补的模式进行海内外传播，在丝绸之路电视国际合作共同体成员中培育了一大批忠实受众群，使得更多海外受众感受到了中国价值观的魅力。目前，纪录片已经被制作成英语、意大利语等多种语言，在沿线 10 多个国家播出，受到了海外媒体与受众的广泛好评。

综上所述，中国要加强顶层设计，抓住"一带一路"建设契机，从理念创新、内容创新、主体创新和渠道创新入手，通过"四位一体"的范式建构与转向，促进中国价值观多维度、多向度、正面化传播。首先要树立"和而不同"的逻辑思维，以共商共建共享为价值导向，聚焦价值认同，突出命运与共，基于通约性利益和价值实现共同参与，在异中求同的勾连中，实现"一带一路"乃至全球范围的紧密关联，真正打造人类命运共同体，达成中国价值观的引领价值。其次，要抓住共情这一关键点，在与他者文化的交流中观照对方的异质性，并借此审视自身文化，然后通过互动协商创造复合体意义空间，确保在相互期望的话语框架内达成广泛共识，为中国价值观传播创造开放语境。而要想达成上述目标，除了做好话语内容、形式上的差异化调适外，还要加强平台、数据、技术的创新应用，以计算传播作逻辑支撑，确保中国价值观国际传播更为精准有效地落地生成。再次，要注重宏观、中观与微观的系统搭配，形成官方与民间协调、国内与国外配合的主体格局，在话语话术的互补中提高传播合力。最后，要积极利用数字化、智能化技术手段，加强场景化、交互化设计，增强受众在价值观接收过程中的沉浸感、在场感，推动价值观国际传播的长效化生成。

彩蝶飞泉　朱星雨作

中国当代文学走出去与"一带一路"传播媒介分析

摆贵勤 *

（上海电力大学 外国语学院，上海 200090 ）

摘　要：传播媒介位居中国当代文学走出去的关键环节，尤其是与"一带一路"共建国家的传播媒介持续展开对话、深化合作，为中国文学与世界文学互鉴搭建起的国际性文学传播和文化交流平台，在全球文学领域的知名度和影响力逐年提升。文章重点分析了中外文学期刊、网站等传播媒介的当代文学海外传播形式、内容与路径，试图发掘中国当代文学走出去的传播媒介价值，借此更全面了解助力当代文学海外传播行稳致远的关键要素，透析中国当代文学国际化之路的复杂性，既有利于把握世界文学交流的规律性，也有利于将中国当代文学海外传播的分散个案汇集成中国当代文学现象的聚合研究和前瞻性分析，为提升当代文学海外传播能力提供有理有据的实践范式。

关键词：中国当代文学；一带一路；传播媒介

基金项目：本文为国家语言文字推广基地（同济大学）"双强项目"重点项目："一带一路"中国当代文学海外传播机制与能力提升研究（项目编号：TJSQ22ZD01)的阶段性成果。

"一带一路"以开放育新机、开新局，对中国当代文学作品海外传播持续产生着巨大的牵引力和推动作用。中华文化内涵深厚、多元共生的世界性价值正借力"一带一路"得到日益广泛的国际认知，中国文学光谱正发生着重要变化，国内外期刊、网站等传播媒介作为向海外受众传播中国当代文学的重要媒介组织和信息载体，主题突出、疏密有致，渐成彼此呼应之势，盛大文学阵容熠熠生辉，合力助推呈现从中国主导到海外主动、从欧美大国是中国文化传播重镇到"一带一路"共建国家集聚效应的阶段性特征，当代文学蕴含的中国智慧在海外的传播之路正越走越宽，为中国国际形象和地位的提升奠定了坚实的文化基础，世界对中国文学的兴趣空前浓厚。发掘中国当代文学走出去的传播媒介价值，借此更全面了解助力中国当代文学海外传播行稳致远的关键要素，透析中国当代文学国际化之路的复杂性，不仅有利于把握世界文学交流的规律性，也有利于将中

---

* 作者信息：摆贵勤（1982—），女，河南，上海电力大学，文学博士，副教授，研究方向为比较文学。

国当代文学海外传播的分散个案汇集成中国当代文学现象的聚合研究和前瞻性分析，为提升当代文学海外传播能力提供有理有据的实践范式。

一、中国文学期刊、网站，御风而行

传播媒介加快了中国主动创办期刊向海外译介当代文学的步伐，推动中国当代文学在世界文学长廊呈现出多维立体、五彩斑斓的画面，加速了中国当代文学的海外传播速度和广度。在国家政策引领与区域经济发展共同作用的背景下，中国期刊发挥主导优势，围绕共建人类命运共同体的中国文学世界之旅，积极呐喊助威，国内涌现出《今日中国文学》《路灯》、"中国文化译研网"等一批优秀的期刊和网站，几乎涵盖所有中国当代作家的优秀作品，成为中国当代文学国际传播的前沿阵地，也成为海外学者研究中国当代文学的案头读物。

（一）路灯

为扩大中国文学在西方特别是英语世界的影响，2011 年 12 月起，《人民文学》杂志社正式推出了《人民文学》英文版《路灯》(*Pathlight*)，每年 4 期。英文版试刊号卷首语称："它的名字叫 *Pathlight*，我们希望它像一盏灯，在中国文学走出去的路上提供光亮。"创刊号推出后，在西方国家陆续获得了一些读者的好评，为更好地延续海外读者的阅读热情、增加海外读者了解中国文学的渠道，2015 年 4 月起，《路灯》积极推动杂志的落地出版，陆续推出法文版《曙光》(*PROMESSES LITTÉRAIRES*)、德文版《光的轨迹》(*LEUCHTSPUR*)（是中国当代文学史上第一本集中向德语世界推荐当代作家作品的杂志）、俄文版《灯》(*СВЕТИЛЬНИК*)、日文版《灯火》、阿拉伯文版《丝路之灯》、韩文版《灯光》(등불)、意大利文版《汉字》(*CARATTERI*)、西班牙文版（拉美）《路灯》、西班牙文版（本土）《纸上丝路》等语种和版本定期或不定期出版，还有越南、波兰、荷兰等多个版本在筹备之中。《路灯》英文版可通过"纸托邦"网站直接下载，可在亚马逊网站订购 Kindle 版，也可通过 Facebook、Twitter 和 Tumblr 博客网站阅读，既有中外资源优势，也占有传播优势，线上线下、自媒官媒珠联璧合。

《路灯》的内容按照文学活动或文学性主题策划编排，围绕主题精选作品，不忘兼顾受众的阅读期待，将中国当代文学作品分制成不同主题、富含东方元素的中国名片，如茅盾文学奖专刊、鲁迅文学奖专刊、伦敦书展专刊、美国书展专刊、伊斯坦布尔书展专刊等；"科幻""丢失与找寻""中国民族文学""女性""80 后""诗歌"等主题。杂志对中国当代文学不同领域的代表性作品秉承多维、立体择取的原则，力求读者能够从不同风格、题材、体裁、主题的作品中体会到中国文学的世界气质和对人类共同话题的观照，如 2012 年第 1 辑集中介绍了伦敦书展上受邀的中国作家及作品，2013 年春季号的专题是"未来"，2015 年着重介绍了美国 BEA 书展等。

《路灯》强调随着中国当代文学和时代的发展而发展，不仅涵盖中国当下文学作品的方方面面，而且拓宽传播路径，推动与外国文学的对等交流，努力成为一座坚固、有担当、能担当的中国文学外译之桥，传播当代文学的作用堪比中国作家协会当年的英文刊物《中国文学》。

（二）天南

《天南》(*Chutzpah!*) 杂志创刊于 2011 年，2014 年终刊，共 16 期，是现代传播集团旗下的文学双月刊，线上与线下同步发行，外观设计与作品定位都打破常规：纸质版拒绝为读者提供快餐式的阅读体验，而是努力提供一种深度阅读的范式，重塑文学阅读体验，这正是杂志取名 *Chutzpah!*（源自意第绪语，原意"放肆、拒绝墨守成规"）的初衷。杂志的线上网站则追求时效性，对国内外文学事件、新闻等快速做出反应并搭建编者、作者和读者之间的无障碍交流线上平台。

《天南》每期都有一个特别策划的主题（例如"亚细亚故乡""诗歌地图"等），发表中外作家的翻译作品。特定主题并不拘泥于某一类型作家的作品（如"亚细亚故乡"主题的文学作品既可以是科幻，也可以是乡土文学），而是追求更广泛地反映文学界的图景，这使得每一期《天南》的阅读体验都犹如开启一程新的文学空间旅行。除去特别策划的主题，杂志自由组稿部分既有大众、主流、吸睛的小说，也有小众、偏锋、同样博人眼球的诗歌；既有永远抹不去的记忆，又有超现实的玄幻；既有情感和梦境的捉摸不透，也不乏理智与现实的复杂纠结。它随刊发行精选英文版刊中刊"Peregrine"（"游隼"），亦被称为 Parasite（"寄生"），因版面稍小而得名，每期均为 50 页左右的夹刊，译者轮流编辑，此亦为首创。

《天南》在封面上将作者与译者的中文及拼音名并列印出，表明译者与作者地位相当，平分秋色，对翻译文学持积极支持态度，旗帜鲜明。

不变一定是末路，求变未必是坦途。作为一本纯文学杂志，《天南》因精美的设计和装帧、文学上的探索获得读者好评，却叫好不叫座，没能换来商业上的成功。2014 年，杂志因人力物力匮乏而停刊，寿命仅为 3 年 10 个月。《天南》的存亡之路告诉我们：文学杂志生命的延续既要恪守文学传播的基本原则，又要具有圆融的商业张力，二者无痕结合方能为文学杂志之帆的远航保驾护航。

（三）中华人文

《中华人文》（*Chinese Arts and Letters*）杂志是由江苏省对外文化交流协会、江苏省作协、南京师范大学与凤凰出版传媒集团联合创办的全英文期刊，面向英语世界翻译推介中国当代文学与中国当代艺术优秀作品，促进中华文化交流。期刊每年 2 辑，立足江苏，面向全国，辐射海外。

2014 年 4 月 8 日，创刊号在伦敦书展上首发，伦敦书展总监 Jacks Thomas、英国文化协会文学总监 Cortina Butler、前任 BBC 中国局长兼著名作家 Humphrey Hawksley、英国著名传记作家 Hilary Spurling 作了演讲，英国青年女演员 Sarah Sharp 朗读了毕飞宇作品《相爱的日子》。江苏作家周梅森、鲁敏以及部分期刊编辑也出席了活动。

创刊以来，《中华人文》陆续刊登了周梅森、叶弥、毕飞宇、叶兆言、赵翼如、车前子等作家的作品，以及贺绍俊、舒晋瑜、张学昕、金莹等人的评论，助推了江苏文学的自信，成为江苏文学界的一张海外名片。然而，随着主编杨昊成教授于 2018 年 10 月辞世，江苏文学英译的繁荣景象似乎暗淡了些许。

（四）中国文化译研网

"中国文化译研网（CCTSS）"是中外文化互译合作平台，由中国文化部外联局与北京语言大学共建的中国文化翻译与传播研究中心负责运营，自 2015 年开设以来，已与全球 60 多个国家开展一对一国别互译合作交流，为 2000 余名中外作家、作者、译者达成良好合作，致力于发现、分享和翻译最好的中国文化精品。

与当代文学密切相关的"译研库"板块包括项目库、作品库、人才库和机构库四个子板块，主要功能是发布招募当代文学作品的不同目的语翻译项目的译者和中外寻求版权合作项目的公告，对中外作家、译者、汉学家的创作、翻译和研究成就做简单梳理，附有意向招募当代文学作品合作伙伴的中外出版机构、销售平台的简介和链接，为网站会员提供图书销售数据查询功能；"互译合作"板块突出强调对与中国建立合作互译关系的国家、译本和译者数量、当代文学海外出版发行情况、在目的语国家最受欢迎的十位中国作家和作品、出版机构的情况，国别多、涉猎范围广，为当代文学海外传播的研究者提供了译介和出版的基础数据。

2018 年 1 月，CCTSS 联合中国作家协会《小说选刊》杂志社启动"新世纪中国当代作家、作品海外传播数据库"项目，旨在将 100 位中国当代优秀作家的简介、代表作品、作家风采翻译成 10 种共建国家语言并制成视频短片，形成 1000 张"中国当代作家名片"，以集体出海模式，向世界鲜明展示中国当代文学品牌，给世界读者提供中国当代文学阅读的最佳体验形式。该项目极大地充实了"译研库"的内容，网站的用户体验日臻友好，数据库的数据正逐渐丰富、翔实、全面，但译者的代表性作品未得到突显，视频等内容尚在建设之中，图书的销售数据尚未对外开放。

（五）中国诗歌万里行

诗人既是时代的思考者、写作者，也是行动者。

"中国诗歌万里行"是由"全国诗歌报刊网络联盟"主办的大型系列文化传播项目，网站主要推出当代诗歌、当代诗人的思考性文章及参加国内外公益诗歌活动的情况介绍。2013 年以来，中国诗歌万里行已陆续走进英国、法国、罗马尼亚、津巴布韦、南非、越南、斐济、泰国、老挝、印度、斯里兰卡等十多个国家，践行着走进"一带一路"100 个共建国家和地区的规划理念。

主办方通过诗歌朗诵、座谈交流等多种形式同中外诗人就诗歌创作、文化交流等话题展开专业互动，旨在为诗人们发现自然美、诗路文化采风创作、建立和延续中外诗人友谊等搭建国际平台，扩大中国诗歌的海外朋友圈和影响力，成为中国当代诗歌海外推介的窗口。

"中国诗歌万里行"目前已经形成具有国际影响力的诗歌文化品牌，为进一步提升中外交流活动传播效果，满足"一带一路"沿线国家和地区的当代诗歌需求和当代诗歌的"一带一路"认知期待，经各方共同努力，主办方于 2020 年 4 月增开英文网页，成功实现了从中文网站向中英双语国际网站的身份转变。由于刚刚投入使用，存在一些问题也在所难免，如进入英文网页"影音档案"（"Video"）模块，点击"中国诗歌万里行"主题歌，发现视频右上角不仅有腾讯的商标水印，主题歌正式播放之前还有 30 秒广告，用户体验有待提高。英文网页从开发到投入使用、从做好用户体验到赢得良好口碑、从内宣到外宣的意识、内容、风格转变是一个循序渐进、逐步完善的过程，期待"中国诗歌万里行"早日建成浏览量高、体验度好的国际水准诗歌网站，成为中国当代诗歌海外推介的标杆。

二、海外中国文学期刊、网站，别开生面

出于对世界一体化的信任和中国经济的依赖，以及对中国当代文学的兴趣，海外文学期刊网站对中国当代文学的关注和热情高涨起来，逐渐将中国作家的作品纳入关注的视域，自发创办期刊、网站等，以不同风格、不同方式翻译演绎优秀的中国当代文学作品，成为中国文学海外推介的引路人。仅按国别或语种大类采撷几枝。

（一）文学报

埃及久负盛名的《文学报》近年大容量、高密度地刊登当代文学作品、评论访谈和阿拉伯语译者对当代文学的译介信息，如"文学新闻"封面人物推出熊育群专辑、魏薇专辑，大篇幅介绍杨克、臧棣、安琪等 20 位当代诗人、作家，多次刊登埃及译者米拉·艾哈迈德的当代文学译作等。《文学报》的发行面向整个阿拉伯语国家，作为阿语世界当代文学作品译介的一支新秀，影响力正逐渐形成。

（二）试飞协会

"试飞协会"（*Lyrikline*）① 由柏林文学社及其国际合作伙伴联合创建于 1999 年，是一个有德文、英文、法文、斯洛文尼亚文、阿拉伯文、中文、俄文、西班牙文和葡萄牙文9 种语言的诗歌网站。多语种呈现出的"一带一路"命题，显示了主办方宏阔的国际视

---

① https://www.lyrikline.org/zh/poems?nav=1&category%5B%5D=112 最后检索日期为 2020 年 4 月 30 日。

野与深邃而沉潜的网站理念,是当代诗歌的卓越阐释平台。截至2020年4月30日,网站收录全球1442位诗人的12954首原创诗歌、诗人母语诗朗诵音频、诗作出版和获奖情况,以及由87种语言翻译的19532首诗歌,每周定期补充、更新诗人和诗歌信息。目前,已有来自全球180多个国家的诗歌爱好者登录。网站收录北岛(德文、英文、西班牙文、土耳其文、波斯文)、韩博(德文、英文、俄文)、胡续冬(英文、德文)、姜涛(英文、德文)、吕德安(英文)、吕约(德文)、孙文波(英文、德文、西班牙文)、王璞(德文)、西川(德文、英文)、肖开愚(德文、英文、波斯文、法文)、哑石(英文、德文)、颜峻(德文、英文)、臧棣(德文、英文、西班牙文)、郑小琼(德文)等多位中国当代诗人的多语种诗作。

"试飞协会"是一个兼具语言和诗歌功能的多功能档案馆,极具特色的多语种译诗和诗朗诵音频完美阐释了文字与诗歌朗诵的融合之美,文字与音频俱佳,为全球诗歌爱好者们提供了一场视听觉盛宴,足不出户尽享亲临诗歌朗诵会现场的诵读之妙,令人耳目一新。

(三)诗江湖

俄罗斯青年翻译家尤利娅·德列伊吉斯(Юлия Дрейзис)于2015年创办"стихо(т)ворье·诗江湖"网站,重点翻译和研究中国当代诗歌作品。在俄罗斯出版与大众传媒署的资助下,全球中俄翻译爱好者共同参与中国当代诗歌俄译和传播实践项目启动,主题呼应时代特色、切中肯綮,既为俄罗斯阅读中国、更好地了解当代诗歌和诗人提供帮助,又丰富了俄罗斯的中国当代文学研究。刊登了周瓒、姜涛、邰筐、杨炼、胡冬、康苏埃拉、明迪和雪迪等多位诗人的诗作。

《诗江湖》以民间机构运行翻译实践为主体、官方推动建立中国当代文学海外推介平台为主导,将诗歌与中国传统文化中的地理概念结合,寓指不分国度、不分民族的跨国想象力行走于诗歌的江湖,旨在促进中俄情感共通,为译介和潜在读者提供丰富的空间经验和审美感知,为推动当代诗歌俄译和俄罗斯中国当代诗歌研究、提高当代诗歌在俄语世界的知名度做出贡献,是当代诗歌俄罗斯译介的先行者。

(四)亚洲之声和当代华文中短篇小说

"亚洲之声"(Jentayu: Nouvelles voix d'Asie)是由法国中国台湾文化中心支持建设的杂志,文学作品的选取视角独特,纸刊网刊并存,设计精美,用户体验度好。2015年上线以来,以"青年与身份""城市与暴力""众神与恶魔""地图与领土""锅碗瓢盆""爱与情""历史的记忆""动物""背井离乡""未来""在这个不确定的时代"为主题[①],紧追

---

① 作者自译,网站法文主题依次为 "Jeunesse et Identité(s)" "Villes et Violence" "Dieux et Démons" "Cartes et Territoires" "Woks et Marmites" "Amours et Sensualités" "Histoire et Mémoire" "Animal" "Exil" "L'Avenir" "En ces temps incertains"。

社会问题,呼应时代关切,刊登了朱天文、刘克襄、郭松棻、梁秉钧、次仁罗布、苏童、冯骥才、张悦然、曹寇、贾平凹、冯唐、任晓雯、须一瓜、尹玲、高翊峰、白刃、张惠菁、罗青、张辛欣、潘海天、糖匪、夏笳、刁斗、孟浪、沈大成等当代作家作品或对作品的评介,为法国读者了解当代中国、当代文学作品打开新窗。

"当代华文中短篇小说"(*La nouvelle dans la littérature chinoise contemporaine*)是一个兼具介绍当代中国作家作品和书评双重功能的法文网站。"一带一路"倡议实施以来,先后刊登的当代作家作品主要包括曹寇、贾平凹、鲍尔吉·原野、蔡楠、北北、林希、盛可以、格非等;文章中出现的作家作品、译者、译作、书评等信息多有链接,为读者和研究者提供可靠的出处。

(五)镜

在中国当代文学走出去的浩瀚星辰中,科幻文学是一颗耀眼的明珠。随着诸多科幻文学作家获得国际大奖,中国的科幻文学作品无疑已经成了中国当代文学的新名片。

未来事务管理局[①]与韩国科幻杂志《镜》(*Mirrorzine*)于 2017 年开启交流合作计划,《镜》在平台刊登"中国科幻短篇小说"系列,包括潘海天、糖匪、腾野、赵海虹、郝赫、江波、刘慈欣、万象峰年、王晋康、夏笳、韩松、陈楸帆的 12 部作品,为韩国科幻爱好者们一览中国科幻的整体面貌全景视角;合作项目的另一项重要内容是韩国科幻作家的优秀作品得以翻译并在中国新媒体《不存在日报》上以系列专题"韩国镜像"的形式来到中国读者面前。

科幻文学作品包含人类对现实危机的异质想象,并把这种想象推进到生存的高度,对人类的未来具有警示作用。人类要想不被毁灭,只有在危机意识中不断进化,才能在不可预知的未来赢得新的生存空间。科幻文学在宏大的文学叙事背后,借力科学的实证功能满足人的精神需求,是人类敬畏和超越科学之后急切寻求的人文关怀。

人类的未来属于全世界,历时一年多的中韩科幻合作交流项目结束了中韩科幻同源相邻却彼此如黑洞般隔绝的局面,为中韩科幻人了解全世界对未来的想象、为体现当代科幻文学的世界价值打开一条新的通道。

(六)文学酵母

《文学酵母》(*Levure littéraire*[②])是欧洲诗人 Rodica Draghincescu[③] 创办的多语种(法、英、德、中、西、土耳其、捷克等 14 种语言)国际信息文化教育季刊,每年 2 期,每期

---

① 未来事务管理局是一个以"未来"为核心的科技文化品牌,致力于科幻文化传播与科幻生态搭建,创造中国科幻黄金时代。拥有新媒体平台《不存在日报》,科幻创作者培育品牌"未来科幻大师工作坊"等。

② 期刊收录的中国当代诗歌多为英文译作,故仅标注非英文译作。

③ Rodica Draghincescu 是用罗马尼亚语和法语创作的双语诗人,荣获法国、意大利和罗马尼亚颁发的多项大奖。

会收录100—245位作家的作品,使用法语作为网站的主要语言,包括文学(诗歌、小说、文学评论)、艺术、哲学、民族学、新闻学、心理语言学等来自社会文化各个领域的主题和有关国际文化活动的信息,刊登了黄梵、王屏、骆英、鸿鸿、李少君、沈苇、黄沛盈、胡弦、周亚平、欧阳昱、田原、海岸、包慧怡、黑丰、余刚(法文)、汪剑钊、霍俊明(西班牙文)、扶桑、张曙光、葛筱强、俞心樵、赵野、商震、黄梵(德文)、高春林、赵四(中、英、德文、阿拉伯文等)、张耳、小海、范静哗、孙文波、梁平、亦来等诗人译作,通过展示不同国家和文化传统的差异性和相似性,满足文化爱好者们的情感、审美和阅读需求,在欧洲诗歌界具有重要影响力。

文学具有情感的普适性,即真善美,但语言之隔限制了不同文化族群的心灵相通,这正是热心文学的《文学酵母》所致力于要突破的阻隔。14种语言为在国际舞台初露头角或尚未成名的作者搭建广阔的诗歌国际交流平台,将持不同观点的作家作品纳入关注视野,助力中国文学的国际化之路越来越宽,越来越长,为当代文学的海外之路增添一抹亮丽。

(七)释读和试读中国

西班牙语中国文学网站"释读和试读中国"(*china traducida y por traducir*)很好地释读了网站内容,不仅刊登中国传统文学作品和近、现、当代中国作家作品,而且对已经翻译成西班牙语和待译的中国文学作品也进行了梳理分类,不仅收录小说、戏剧、散文和诗歌作品,而且包括相关评论,旨在为中外作家、作品、译者和潜在读者梳理出清晰的中国文学作品西译脉络,也是在为译者与作品对接提供丰富的空间体验,以助力中国文学作品在西语世界的传播。该网站已经将迟子建、阿来、艾米、王安忆、蔡天新、刘庆邦、徐星、莫言、阎连科、铁凝、曹文轩、余华、谢晓虹、棉棉、卫慧、余华、顾城、海子、戈麦、骆一禾、慕容雪村、刘震云、刘以鬯、朱文、韩东、狗子、路内、魏巍、鲁敏、盛可以、曹寇、阿乙、曹冠龙、韩少功、张悦然、麦家、毕飞宇、刘慈欣、严歌苓、贾平凹、王朔、虹影、张辛欣、格非、周大新、张贤亮、苏童、西川、吉狄马加、于坚、陈楸帆、夏笳、马伯庸、郝景芳、糖匪、程靖波、冯骥才、蒋韵、晓航、王十月、池莉、李敬泽、毕淑敏、陈染、史铁生、王蒙、张抗抗、方方等诸多当代作家的作品译至西语世界。

(八)利兹大学当代华语文学研究中心

"利兹大学当代华语文学研究中心"(*The Leeds Centre for New Chinese Writing*)中心成立于2018年7月16日,总部设在英国利兹大学,是英国艺术与人文科学研究理事会(AHRC)通过白玫瑰东亚中心(WREAC)资助的"Writing Chinese: Authors, authority and authorship"研究项目,旨在汇聚英国在中国当代文学领域工作的作家、翻译家、出版商、文学代理人和学者,促进更紧密的联系和对话,推动英国中国当代文学、文化研究的发展。

目前，中心与《纸托邦》、伦敦大学教育研究院孔子学院和"企鹅中国"在内的多家机构建立了合作伙伴关系，共同开发资源，努力为读者提供华语文学作品，其中尤其关注学龄儿童文学作品。

研究中心举办了系列讲座、读书会，工作坊、座谈会及其他活动。其中，读书俱乐部每月都会特邀一位作家开设中国文学培训课程并举行汉英文学翻译比赛，在网站上刊登中国当代文学作品，定期组织博客活动，与作家、译者及相关领域的学人围绕中国当代小说展开讨论，并以互动的方式征求意见和建议。如，2019 年 9 月 18—19 日，路也、李元胜、娜夜、王家新、杨碧薇、杨克等当代诗人受利兹大学诗歌中心等部门邀请赴利兹大学参加主题"诗"（"Poetry, A Conversation: China & the UK"）的中英诗人对话活动。此外，利兹大学的 *Stand* 杂志持续刊登英译中国文学作品，以第 15 卷第 1 期（总第 213 期）为例，刊登了颜歌、王小妮、吴亿伟、谢晓虹、池凌云、秦晓宇、徐乡愁、慕容雪村、李静睿、王友轩等诸多诗人的诗作。

"利兹大学当代华语文学研究中心"目前已经成为英国中国当代文学译介的风向标。

（九）武侠世界和纸托邦

中国武侠小说是雅俗共赏的文学形式，在海内外赢得了广泛关注和译介。"武侠世界"（*WuxiaWorld*）作为国外最大的中国网络文学网站，为英语读者翻译了在中国具有悠久传统的武侠、玄幻、仙侠类作品。与纯文学作品相较，网络文学的可读性更强，在海外读者群中产生的粉丝效应已经引起国内不少学者的关注，它的崛起对中华文化海外传播具有重要的启示意义。

2007 年，《纸托邦》（*Paper Republic*）以网络论坛的身份问世。其得名，源于网站所有资源均免费为用户提供：作者免费提供作品版权、译者免费翻译、读者免费阅读，颇有乌托邦之神韵。当前，《纸托邦》已成为向英语世界推介中国文学作品、促进中国文学作品与英语世界文学界交流与出版的重要平台，使中国文学作品在英语世界摆脱"小语种"的身份是其使命之一。《纸托邦》的创立者陶建（Eric Abrahamsen）2001 年定居中国，2006 年开始从事中国文学翻译，2007 年创立纸托邦的前身——译者们借以讨论翻译问题、作品、翻译基金、会议、工作坊、书展以及中国文学活动的信息交流博客。现在，《纸托邦》已经完成了从兴趣博客网站向非营利运营项目的转变。为提高中国文学作品在英语世界的接受度，《纸托邦》处处体现出以用户为中心的原则，如基于作者、译者、出版商和作品名分类检索，也可以按书名、出版社目的语国家或地区、文类、装帧形式、出版日期等关键词检索。此外，还可为数据库添加中文原创作品或英文译作的相关信息并发布。2016 年开始，《纸托邦》与北京国际图书博览会和自媒体"做书"（"Bookcraft"）平台合作，举办一年一度的"出版交流周"活动，已连续举办了多届。2016 年 7 月和 2017

年 6 月，《纸托邦》邀请了 19 位来自 15 个国家和地区的出版人、资深编辑、版权代理人、书探等来到北京，访问中国出版机构、了解中国文学和出版界。主办方通过组织公共讲座、开设模拟书展工作坊、书目点评等多种方式同中国作家和编辑、中国出版人展开互动，就文学作品选题、实现版权贸易的奥秘、出版、打造畅销书的推广和营销路径等话题进行专业、文化交流。活动旨在提升国内出版人在版权洽谈中的业务水平，同时为中国出版人进入国外图书出版界的"意见领袖"（即，文学杂志或出版社的编辑、文学代理人等）人际网络牵线搭桥，与"影响那些影响读者的人"共同化外力驱动为内因驱动，促使英语世界有导向力量的出版人喜爱上中国文学并愿意出版中国文学作品。

三、中外合作办刊，行于稳健

高校作为中国当代文学的研究中心、中外译者建立的长期稳定合作关系，均为推动中国当代文学的海外之旅提供了智力、人力、翻译与研究方面的支持。

2015 年，复旦大学外文学院联合中文系、历史系、新闻系与科廷大学共同在复旦创立了"中澳创意写作中心"，随后在澳洲帕斯和上海两地举办了三届国际创意写作年会，就创意写作及学术研究多元化推进两校交流合作。2018 年 4 月，借在上海举办第四届中澳创意写作国际年会之际，中、澳两所大学共同发起当代中澳文学译介计划"归巢与启程"，遴选了一批活跃在当代中澳诗坛的作家与译者，包括 40 位中国当代作家和 40 位澳大利亚当代作家的作品，并组建了中澳作家合译团队 9 人，最终在中国和澳大利亚以中英双语对照的形式出版两部诗集《归巢与启程——中澳当代诗选》，旨在集中呈现全球经济一体化大背景下的中国当代诗歌掠影，力图消弭中澳诗人、中澳读者、中外读者的地理和文化界限。

英文杂志《今日中国文学》（*Chinese Literature Today*）是北京师范大学文学院与俄克拉荷马大学合作建设"中国文学海外传播工程"项目的重要组成部分，2010 年 10 月创刊，12 年来已公开发行近 20 期，每期都与《当代世界文学》一起面向全球发行。杂志紧跟新时代中国特色社会主义步伐，内容博现纳今，节奏张弛有度，主题呼应时代特色、切中肯綮。《今日中国文学》杂志的内容包括中国当代文学研究，如在 2017 年第 6 卷第 2 期为德国汉学家顾彬开设了专栏、2019 年第 8 卷第 2 期是对汉学家罗福林的专栏，丰富了国外的中国当代文学研究。杂志每期重点推出中国当代重要作家，如王安忆、艾伟、韩松、东西、贾平凹、史铁生、郑小琼、韩少功、迟子建、徐泽臣、朱天文、哑石、李师江、格非、吉狄马加、杨炼、张枣、王家新、食指、翟永明、西川、车前子、于坚、池凌云等，助推当代作家在英语出版界引起广泛的关注。此外，《今日中国文学》在俄克拉荷马大学还有专人负责收集英语世界对该杂志的反应，反馈到编辑部以便及时调整编辑方案，从而精准选择更适合海外读者需要的中国文学作品。《今日中国文学》收录作品的作者身份多元，既有当代中国主流作家，也有海外华文作家；栏目设置不拘一格：既有学者专栏,也有学术访谈和对中国文论的翻译;重点突出:既推出新人,也潜心打造自己的读者群。此外,"诗歌特刊"则凸显中国当代诗歌的时代意义、为中国诗人登上国际诗歌舞台搭建扶梯,引起英语出版界的注意,在一定程度上弥补了中国诗歌在世界上未受到应有重视这一局面,如2019年第1期推出的"诗歌特刊"凸显当代诗歌的时代意义,是对中国香港诗人西西①获第六届纽曼华语文学奖(诗歌奖)的海外回应,为当代诗人登上国际舞台搭建扶梯,中国当代诗歌在西方世界未受到应有的重视这一局面正在改变;"科幻特刊"则紧跟时代,把握中国当代文学的脉动。正所谓"海纳百川,不拒细流"。《今日中国文学》杂志力图沿着历史的轨迹拓宽中国文学研究的领域、挖掘学术探讨的深度,既保留中国文学的基因,又照顾受众的阅读审美习惯,兼顾中国文学国际传播的诠释方法和接受效果,以展现中国当代文学的广阔前景,助力中国文学在世界文学格局中的勇于担当和有所作为。当前,《今日中国文学》杂志将关注重点逐步向中国文学的海外译介和传播转移,并出版了"今日中国文学英译丛书",它的诞生和成长则是中美高校真诚合作,以及大学、诗人、文学界、出版界等多方协作和努力结出的一张中国当代诗歌文学作品在英语世界的传播之网。

美国诗人译者乔治·欧康奈尔和史春波于2012年底创办于美国和中国香港的中英双语诗歌网刊《穿山甲书屋》(*Pangolin House*),每期重点介绍2位中国诗人、1位西方诗人和1位视觉艺术家的作品,旨在译介优秀的当代中英文诗歌,展示当下东西方诗歌取得的卓越成就。目前网站共编译14期。创刊号(2012—2013冬季刊)刊登了蓝蓝和梁秉钧的个人简介及译作;此后分别为黄灿然和王家新、王小妮和曹疏影、孙文波和杜家祁、鲁西西和陈灭、多多和饮江、胡燕青和翟永明、韩东和西西、寒烟和何福仁、廖伟棠和张曙光、树才和王良和、池凌云和钟国强、陈育虹和杨键;2020夏秋季刊翻译并刊登已故成都诗人马雁诗10首和已故中国台湾诗人杨牧诗12首。乔治·欧康奈尔和史春波自2006年开始合译中国当代诗人作品,屡获殊荣,译作见于多种国际文学书刊,在中西优秀译者合译中国当代诗歌的精英团队中,成绩斐然。2022年5月,乔治·欧康奈尔成功申获台湾外侨永久居留证(梅花卡),这不仅是对他投身于中国文学翻译事业的强有力肯定和印证,也有利于激发海外中国文学译者的中国热情,进一步提升中国台湾文学的海外知名度。

四、华侨华人办刊,以微至显

海外华侨华人诗人和翻译家积极发挥民间文化外交影响力,吸引了更多文学爱好者的关注,是扩大中国当代诗歌海外影响力的重要力量。目前已达数千万的海外华侨华人,在知识结构上日益成为居住国的重要智力资源,他们了解居住国的语言、文化状况,知

---

① 2018年10月,中国香港诗人西西获第六届纽曼华语文学奖(诗歌奖)。纽曼华语文学奖由美国俄克拉荷马大学美中关系研究院于2008年设立,是美国第一个华语文学(诗歌)奖,每两年颁奖一次。

道如何将中国诗歌译为符合目的语国家诗歌爱好者阅读审美的作品，独具优势的身份决定了他们能够为中国当代诗歌海外译介和传播提供丰富的人力资源和社会资源。华侨华人诗人和译者既是中国当代诗歌海外传播的设计者，也是践行者，是当代诗歌进入世界文学场域的重要桥梁。

"由旅美诗人绿音创办《诗天空》(Poetry Sky) 双语季刊刊发当代中美原创诗歌及其译文，是全球首家中英诗歌双语网刊，中美当代诗歌交流的专业平台。创刊 17 年来，始终秉持以发现优秀诗歌、优秀诗人，激励诗人的创造力，促进中美当代诗歌交流为宗旨"，①立足中美、辐射全球，因优秀的原创诗歌和翻译品质被列为美国、澳大利亚、荷兰、德国、西班牙等 5 个国家 9 个学术性机构的（现）当代中国文学研究名录，是当代诗歌海外传播天空中一颗耀眼的星。

小　结

优秀的中国文学作品既能直击人性的重大关切，又能展现中华民族独特的审美品格，然而，当代文学作品的出海路途遥远，只有优秀的主题和内容远不足以为作品开启漫长的异域之旅，抵达"一带一路"共建国家读者的视野，在酒香也怕巷子深的时代，任何具有传播价值的优秀文化都需要立体、多元、全面的中外传播媒介，借国内外期刊网站之"船"出海，实现与目的语国家民族文学的跨本土融合，即，变中国主导的当代文学跨本土传播为目的语国家主动的跨本土传播，是当代文学海外传播的最高目标之一。

"造船"主动顺应中华文化国际化的时代大势、迎合海外读者渴望了解中华文化的需求；"借船"体现中国智慧与时俱进的新时代内涵，将世界一体化内涵发挥得淋漓尽致，在激发海外读者了解和理解中国的热情、加深对中华文化认知的同时，增强他们对本民族文化的认知和自豪，在润物细无声中实现中华文化自身的世界化。传播媒介的"造船"与"借船"皆为出海，二者融合是任何文学文化出海的必由之路，也符合中外文化交流的规律。

"顺水好行舟"，值此世界中华文化热良机，我们要充分利用和发挥国内外各种传播途径的主动性，有选择、有步骤地根据不同国家的民族文学特点，选择既能更有效地体现中国当代精神，又能与目的语国家文学精神相通相融的中国文学，采取适当的传播途径，通过科学合理的评价方式和评价指标反拨传播效果，旨在努力拓宽夯实中国文学的国际化途径，让中国文学精神成为目的语国家文学精神的有机组成部分。

_____

① http://www.poetrysky.com/quarterly.html，最后登录日期 2022 年 10 月 2 日。

人类命运共同体理念在"一带一路"沿线国家传播的困境与路径

王长潇　杨立奇　张丹琨*

（北京师范大学，北京，100091）

内容摘要：推动中国在国际传播中人类命运共同体话语体系中的有效表述，需充分利用"一带一路"倡议契机。本文基于国内国外舆论大局及传播现状，认为我国应从传播态度理性化、传播主体多元化、传播内容普世化、传播载体创新化四重现实路径，改进面向"一带一路"沿线国家的人类命运共同体话语体系传播方式，推动实现人类命运共同体于世界范围内的有效传播。

关键词：人类命运共同体；一带一路；国际传播；现实路径

基金项目：国家社科基金重大课题："一带一路背景下中国文化海外传播对中国企业国际化的影响研究"（批准号：19ZDA337）子课题。

近年来我国经济地位、国际影响力与日俱增，然而在国际舆论场中却始终占据被动地位，加之当前全球不稳定、不确定的因素越来越突出，让世界更全面、友好地了解中国，成为我们讲好故事的迫切需求。2021年5月31日，中共中央总书记习近平在主持中央政治局就加强我国国际传播能力建设进行第三十次集体学习时再次强调，讲好中国故事，传播好中国声音，展示真实、立体、全面的中国，是加强我国国际传播能力建设的重要任务。世界体系的时空重构，传播技术的更迭前进，令我国外宣工作滋生出新的应然诉求，也创造了新机遇与新挑战。

一、借助"一带一路"国际合作契机提升人类命运共同体理念对外传播能力

人类命运共同体理念与"一带一路"倡议是全球治理方案的中国话语表达，其传播

---

* 王长潇（1963—09），男，山东淄博人，北京师范大学新闻传播学院、未来教育学院教授，博士生导师。研究方向：广播电视学理论与实务、网络视听新媒体理论与实务；杨立奇，北京师范大学新闻传播学院博士研究生；张丹琨，北京师范大学艺术与传媒学院硕士生。

效果的提升属于我国国际传播能力建设的重要部分，更直接关系到能否推动全球治理体系朝着更加公正合理的方向发展。人类命运共同体与"一带一路"这两个概念自提出以来，共同成为中国对外传播时常用的高频词，就二者关系而言，国内研究分别有"统一论、路径论、本质论和体现论"的说法，实际上都是希望说明，二者是目标与路径的关系。人类命运共同体作为一种政治理念，要想得到良好的传播效果，必须将其与具体的政治实践结合起来。尽管"一带一路"倡议强调的是经贸层面的合作，但最终希望不断朝着人类命运共同体这一更高远的价值理想迈进。可以说，人类命运共同体理念为"一带一路"国际合作奠定了理论与思想基础，而后者的实施又进一步强化了前者理念的生命力。

新时代背景下的"一带一路"与人类命运共同体话语表述，成为最有生命力的研究热点。有关人类命运共同体理念话语表述的研究虽然众多，但所研究的传播对象多为世界国家受众这一统一整体。人类命运共同体的话语体系是出于对全人类命运的思考，面对如此庞大且多样性的受众群体，若仅仅采取统一的某种传播策略和话语体系表述，一定程度上会削弱传播效果。因此，本文借助"一带一路"的契机，探究如何对"一带一路"沿线国家和地区进行有效的针对性传播，实现与其思想文化层面的交流与对话，在讲好中国故事的同时推进"一带一路"国际合作。

二、中国在"一带一路"沿线国家和地区中人类命运共同体话语表述面临的困境

尽管人类命运共同体提出的内在逻辑及其合理性已经较为清晰地凸显出来，"一带一路"倡议也对促进疫苗全球公平分配及实现全球可持续发展发挥出积极作用并取得国际社会的部分重视与认同，但我国在意见分歧巨大的国际对话环境中仍处于被动地位，面向"一带一路"国家和地区的人类命运共同体理念传播始终面临着严峻挑战。

（一）西方国家对人类命运共同体理念的污名化

近代以来的世界话语舞台中，以美国为代表的西方资本主义国家与中国存在天然的意识形态对立，在其霸权谋略的全球展开过程中，中国始终作为凸显西方资本主义优越性和主体性的参照物而存在。在西方世界早期的价值宣扬中，鸦片战争后的中国沦为等待被西方拯救之地，导致中国即使在独立为社会主义社会后，也难改世界民众眼中曾经落后、封闭、野蛮的刻板印象。

随着改革开放后我国综合实力的快速发展，国际地位不断提高，我国在国际事务中持续彰显出一个大国应有的责任与担当，尤其近年来，我国在经济危机和疫情治理中表现出高度的人民团结和极强的组织纪律，制度优越性得到充分彰显，西方国家日渐感到自己的霸权地位受到威胁。在西方意识形态话语框架下，中国的崛起被看作对世界的威胁，西方国家营造的"中国威胁论"甚嚣尘上，个别国家试图通过舆论战来维护自身在

世界范围内的统治地位。

聚焦于"一带一路"沿线国家和地区的中国形象呈现,可看出在西方国家的话语垄断和故意抹黑下,"一带一路"及人类命运共同体理念传播困难重重。部分政客将"一带一路"倡议与传统地缘政治学说、翻版"马歇尔计划"、重建亚洲"朝贡体系"相提并论,曲解中国"共商共建共享"的发展原则,将其推向"关起门来搞小圈子""渗透控制周边国家"等国际舆论场的风口浪尖,试图污名化中国方案、挑拨离间中国与合作国的友好关系。加之欧亚地区政治局势愈发复杂,受到美国、欧盟等"大国博弈"的政治影响,在某些国家的主导排斥下,国际上一直存在着对"一带一路"及人类命运共同体等有关中国道路、中国主张和中国经验的误解与猜疑。由于"一带一路"沿线国家民众眼中的中国形象大多都经过西方媒体的加工,深受西方媒体有色报道的影响,易在西方滤镜下形成一系列主观的、片面的、黑白颠倒的刻板印象,并直接导致对中国情感信任与价值认同的缺失。

(二)"一带一路"沿线国家和地区异域解码的错位

我国的跨文化传播不仅仅是一个主动建构的自然展开,而是他国对中国形象的一个解构和再建构的过程,因此在传播过程中,编码者的信息偏倚、外部环境的刻意干扰及解码者的主观理解都会令信息传递效果大打折扣。除西方国家的恶意渲染外,中外文化制度的先天差异与中国自身传播能力的不足,皆会导致"一带一路"沿线国家对人类命运共同体理念解码错位的局面。

其一,"一带一路"倡议涉及65个国家和地区,包括东亚、西亚、南亚、中亚、独联体及中东欧众多国家,语言、民族、宗教、文化问题错综复杂。以语言为例,沿线涵盖了九大语系的不同语族和语支,呈现出鲜明的区域特色,因此制定传播计划时需要充分考虑当地民众对母语的情感认同,用对方听得懂的语言进行交流才能确保传播的有效性。而各国在宗教信仰、文化习俗、价值观等方面则面临着更大差异,我们中国自身对沿线国家和地区相关知识的匮乏也制约着传播活动的展开。例如之前中国于缅甸投资兴建的密松大坝项目的停工,直接反映出国度间发展观迥异导致的合作窘境:并不是所有国家都遵循中国集中力量干大事的发展观、愿意在国内的江河上拦河建坝。他国的社会规则于中国来说相对陌生和难以理解,正所谓"甲之蜜糖,乙之砒霜",按照中国思维方式来看利大于弊的决策不一定符合他国价值观,因此"好心办坏事儿"的情况也就时有发生,令中国方案在落地过程中难以实现理想的合作效果、塑造良好的国际形象。

其二,以往我国的传播活动基于"我与他"的主客体思维模式之下,以自我为中心,将对方置于被支配、被塑造的受者境地,显然这种传播思维不能通向真诚理解与自发共识的达成。大众传播的单向说服思维下,我国在国际社会中阐述中国方案时往往采取理性的、官方的、宣传性的话语模式,不利于促进"一带一路"沿线国家及人民领会该方案的价值内涵,甚至给对方造成强行灌输意识形态、思想观点的负面印象,使沿线国家人民对中国形象产生误解。主客二元式传播关系已经不适应现实国际关系发展的需要,以积极协商、平等对话的传播姿态才能突破对方心理防线,消除文化及价值观壁垒,使价值传播真正深入人心。

(三)我国媒体对外传播实践仍存短板

国际媒介是话语传播的载体,是提高国际话语影响力的重要方式,尽管我国已经意识到社交媒体对于人类命运共同体理念传播的重要性,并在 Twitter、Facebook、Instagram 和 YouTube 等海外平台上积极展开实践,但当前与中国综合国力相匹配的国际话语权声量仍尚未形成。

之前已有学者研究"一带一路"议题在国际社交平台推特上的传播发现,相关议题在海外社交媒体上并未形成"传播主体间双向关系紧密的关系网络"[1],中国媒体账号与平台用户互动率低、社群化效果差,另外主要靠官方主流媒体发声的传播习惯未能建立亲民的形象并进而取得用户信任与好感。另有学者通过对推特平台上涉及人类命运共同体理念的英文媒体推文进行内容分析,发现"绝大多数相关帖文都来自中国媒体,外国媒体的参与度一直较低……受众群体较为单一,难以触及对政治议题关注度较低的用户群体"[2],更难以引起平台用户的关注和讨论。

研究数据反映出我国媒体在有关中国方案的国际网络传播中仍存在结构性劣势。官方媒体传播姿态较高,曲高和寡的传播现状无法将信息扩散到更多网络节点;而学者、社会知名人士等个人意见领袖类人物发声较少,甚至存在集体失声现象。未来我国媒体急需打破以官方媒体"自讲自话"为核心的封闭式传播思路,建立宏观多层次的整体话语传播体系,使未来的国际传播真正传递到国际社交媒体受众处。

三、中国在"一带一路"沿线国家和地区中人类命运共同体话语体系表述改进策略

基于以上困境,人类命运共同体理念若要得到国际社会更广泛更充分的理解与支持,需要推动中国在"一带一路"沿线国家和地区中人类命运共同体话语体系的有效表述。在宏观层面,把握国际形势与传播格局,确定总体传播基调;于中观层面,探寻对外传播策略与话语体系;而在微观层面,则需深入探索各类传播主体适时、适当、适度的话语表述方式。本文从各层面现实路径出发,分传播态度、传播主体、传播内容、传播载体四方面探讨中国在"一带一路"沿线国家和地区对外传播中,如何有效表述人类

① 周翔,吴倩:《场域视角下"一带一路"推特传播网络结构分析与反思》,《中国地质大学学报(社会科学版)》2019 年第 2 期,第 122 页。

② 刘滢,蒲跌林:《"人类命运共同体"理念的国际社交媒体呈现——基于 Twitter 平台的内容分析和语义网络分析》,《新闻与写作》2021 第 6 期,第 90 页。

命运共同体话语体系，促进"一带一路"实践进程并提升中国在全球治理变革中的国际话语权。

（一）传播态度理性化，谦逊且不失力量

一直以来我们都强调"世界问题、中国方案"以凸显中国经验的正确性，然而过于强调特殊性的"中国叙事"话语容易导致民族主义或民粹主义思潮，引起国内人民的偏激情绪与国外群众的政治对立。中央政治局于 2021 年 5 月 31 日举行关于加强和改进国际传播的集体学习，指出要注重把握好基调，既开放自信也谦逊谦和，努力塑造可信、可爱、可敬的中国形象。这一强调说明目前我国媒体在涉及相关国际议题传播中或多或少存在着浮夸自大、思想偏激的恶劣导向，导致国内媒体舆论场充斥着感性指导下骄傲自大的极端情绪，进而朝国际社会释放出不友好的政治气息。

在"一带一路"沿线，很多国家还处于欠发达状态，在国际斗争中处于弱势地位。中国的崛起和强大是世界范围内有目共睹的不争的事实，媒体再反复强调这一点则会引起部分欠发达国家的畏惧和抵触，在有心人士的谣言攻击下，我国容易陷入搞"霸权政治""地缘政治"的负面形象中。

不同于对西方个别国家的强硬态度，当传播对象为"一带一路"沿线国家时，我们应保持谦逊谦和、和平开放的理性态度，秉持文明理性和政治智慧，减少对方心理上的忌惮与偏见，利用符合现代文明的言说方式展示"负责任大国"的形象。例如在讲述人类命运共同体相关议题时不仅强调中国的强大与责任，同时也说明"互利共赢"层面我国国家利益的获得，印证我国构建"相互尊重、公平正义、合作共赢"国际关系格局的决心。过于"无求""无偿"的对外传播姿态不仅不能取得理想的传播目标，还会引起对方国家的猜测和警惕，同时为西方国家抹黑人类命运共同体理念与"一带一路"实践提供新的话题素材。

但同时也要注意，谦逊谦和并不意味着软弱无力，对外传播态度始终应是谦和且不乏自信、包容但不失立场的。针对西方对中国方案的污名化论调，我们不仅要积极回应，正面答复"一带一路"沿线国家和地区的核心关切，及时澄清国际社会中的不实报道，有力驳斥他国的无端指责和故意抹黑；更要主动出击，通过提前设置相关国际议程，引导话题风向，扭转"他塑"局面，减少不利言论对沿线国家施加的价值影响。如 CGTN 于 2020 年 8 月在海内外平台上发布了一则名为《民主 or 虚伪》的动画短片，揭露中国抗疫行为被美国政府歪曲解读的事实，嘲讽特朗普政府的金钱政治和美国政府用来掩盖错误的"民主"谎言。在 CGTN 被 Twitter 打上中国官方媒体标签而被限流的制约下，该短片半个月内仍在 Twitter 上收获超 200 万播放量、2.3 万转发量和 4.3 万点赞数，国外不少网友都赞同视频中对美国政府的批判并期待中国媒体能带来更多类似的发声。CGTN 在其快评专栏也做出尝试，紧跟时事热点进行评论，在国际舆论场中于第一时间发出中国声音，尤其在有关中国重大利益的问题上力求先于外媒发声，快评文章被国外主流媒体及记者转载，实现了提前抢占话语高地的效果。出于意识形态对立的平台打压措施无法避免，但种种困难不应成为我国国际传播实践畏缩不前的理由，相反，我国国际媒体需主动设置"中国方案""中国形象"核心议题，以事实为依据，以海外网民乐于接受的表达方式为载体，在国际主流平台上有力反驳、主动指责别国对中国形象的歪曲，扩大议题影响力，主动塑造中国形象，积极破除"他塑"现象和国际舆论困局。

（二）传播主体多元化，创新民间叙事体系

人类命运共同体理念的理想传播状态并不是官方社交的一家独大，而应形成中国政府、媒体、学界、国民四方相互联动、相互配合的多主体传播态势，在协同基础上发挥多元话语传播主体的系统合力。目前我国较为重视政府、媒体的话语传播实践，民间外交于理念传播的贡献力较弱。

民间外交特指"不具有国家外交正式资格的法人组织或自然人为维护国家利益或实现官方外交目标而进行的对外活动"①，相比于正式的官方政府社交而言，民间基层交流方式更为灵活、渗透性更强，在此基础上进行理念传播可能遇到的分歧阻碍也会大为减少。因此在面向"一带一路"沿线国家和地区的传播实践中，我国需挖掘民间外交的潜在效用，以多元的参与主体为故事讲述者，利用良好民意基础，分层次展开全方位、立体式传播。

首先，依托中国各协会、商会等大型组织，积极参与并主持沿线各国参与商贸论坛，拓宽中国企业海外市场的同时打造出包容、共赢的中国形象。其次，以社会组织为对话桥梁，通过开展公益活动、进行学术对话、举办文化展览等方式促进沿线人民真正了解人类命运共同体的内涵与自身收益，增强与中国的合作信心。最后，充分吸纳民间百姓、志愿者的力量，鼓励边境地区当地民众与沿线国家和地区开展创意文化交流活动，以平等友好的姿态"走出去"讲述真实的中国。

中国边境群众的周边传播可起到重要的桥梁作用。"一带一路"沿线国家中的蒙古、俄罗斯、哈萨克斯坦等十三国都属于中国的邻国，其间存在不少少数民族在中国与其他邻国间跨境而居的现象。跨境民族虽然在地理位置上处于不同国家，却在历史渊源、宗教信仰、生活习惯、文化习俗上存在诸多共同点，这些关乎情感需求、文化认同的共同基础是拉近两国关系的天然纽带。在"一带一路"沿线国家和地区人类命运共同体话语体系表述中，边境地区的人民群众是讲述中国故事、展现中国形象的直接载体，可以"借助民间、商业甚至个人的媒介资源，采取官助民办的方式"②开展传播活动。

例如每年"中越边境旅游节"的举办，推出中越两国青年在中越边界北仑河上对歌和文艺演出以及越南风情游等活动，通过跨境民族的文化关联超越意识形态的沟壑，实

---

① 张胜军：《新世纪中国民间外交研究：问题、理论和意义》，《国际观察》2008 第 5 期，第 15 页。
② 陆地：《周边传播理论在"一带一路"中的应用》，《当代传播》2017 年第 5 期，第 34 页。

现两国人民间友好的点对点式传播。充分利用人际传播向邻国群众传递我国人民爱好和平、平等互利、勤劳朴实的良好风貌,进而深化他国对于人类命运共同体美好愿景的理解与肯定。再如 2021 年 6 月"中国旅游文化周"在多国联动开展,通过"美食 + 人文 + 旅游"的叙事组合讲好中国故事、促进中外旅游交流。除在全球统一活动框架内以视频形式展示北京冬奥会举办地及黑龙江、吉林、新疆、山东、内蒙古等地的自然景观、民俗风貌和冰雪运动外,该文化周更结合本地资源及对象国受众特点,秉持因地制宜策略,分别在尼日利亚、马德里、老挝、罗马、马耳他、匈牙利、吉隆坡等国家推出特色活动。例如在马耳他"中国旅游文化周"中开展与当地城市的合作活动,在疫情防控工作严格开展的保障下,与瓦莱塔设计集群、塔阿里手工村分享非遗和手工设计,与桑塔露琪亚市政厅合作举办"美丽中国"摄影图片展,与瓦莱塔皇家露天剧场合作在户外举办"中国西藏 扎西德勒"西藏唐卡展,与马耳他美食网站合作开展"中国味道"推介活动等,推进两国人民线上线下深入互动,传递中国各地最真实的社会面貌和风土人情,利用中国地大物博的文化元素打造全面、真实、立体的中国形象。

国与国之间的交往,说到底是民众与民众之间的心意相通,政府间的官方外交虽有政策、资源优势,但难免导致曲高和寡的尴尬局面,这时民间外交需要及时补位,政府则在此过程中发挥助攻作用以促成民间外交的顺利展开。民心相通是"一带一路"倡议的重要内容和最终价值体现,这一理念不应只停留在宣传口号中,更要落实在合作国的民众心间,唯有通过民众间深入平等的对话与交往,中国话语的价值意蕴才能得到他国的正确理解与真诚认同。

（三）传播内容普世化,扩大国际民众认同

在讲述关于人类命运共同体这个抽象概念的故事时,我国往往无法寻得恰当的故事题材,自我感动式的宣传与重复空洞的口号收效甚微,原因正在于我们过于注重人类命运共同体的概念界定与表达,越竭力解释却越显得刻意与苍白。其实不然,故事中不一定要出现"人类命运共同体"这个词,只要包含伙伴关系、安全格局、经济发展、文明交流、生态建设等能够体现人类命运共同体这个概念的要素,自然有助于加深世界民众对人类命运共同体的理解。

面向国际受众,需要打开国际格局,不能仅仅囿于中国的传播方式和价值观,而是要"尊重国外'先叙事实、再讲道理'的话语风格,把刚性刻板的话语叙事转变成为富有感染力和亲和力的柔性叙事"[1],并且尽量选取在世界范围内认可度都相对较高的普适性价值进行传播,例如生态和谐、民主自由、平等仁爱等。在国际传播中过多强调中国的特殊性来表达中国道路及中国方案等理念,会压制对外沟通中的普遍性需求,人为建立

---

[1] 蔡文成:《西方学者有关人类命运共同体的污名化论调、危害及其正确应对》,《理论探索》2021 第 3 期,第 60 页。

起文化屏障，从而加深他国民众因信息误差导致的认知偏见与误解，使对方的共情与信任难以达成。而讲普世价值能够超越国家、民族、宗教之间的分歧，成为各国间"共同的意义空间"之所在，赢得国际社会中任意人类文明的认同和理解，扩大外宣作品的"人气"及中国"朋友圈"。找到具备这类特征的中国故事并着重展开讲述，往往能获得出人意料的传播效果。

2021 年 6 月开始，15 头野生亚洲象迁徙的故事引起了世界人民的关注，它让在世界舆论场中一直处于被极力抹黑状态的中国，罕见地收获了各国媒体的正面报道与世界人民的巨大好感。有关中国动用庞大科技力量跟踪象群迁徙、当地政府与人民友好应对象群迁徙等的报道，不仅体现出中国政府与人民善待动物、保护生态的态度与努力，更于无形中展示出中国的科技实力、秀美风光和淳朴人情，令国际人民看到一个与往日媒体营造所不同的中国形象，海外社交媒体平台上网友纷纷在相关议题下做出赞赏中国政府及人民的正向评论。

再如 2020 年 11 月"复兴路上工作室"与"中国好故事"数据库联合出品的《一杯咖啡里的脱贫故事》网络短片在境外社交网站上走红，正是在于创作者借"咖啡"这一深植于欧美都市日常生活中的文化符号为小切口，用对方最熟悉的元素，讲述中国精准扶贫、精准脱贫新模式及人民共享社会发展成果的伟大事业，从而使脱贫攻坚这一巨大议题得以生动呈现。除此之外，短片在故事讲述的最后还引申至中国的"阴阳相生"文化，隐喻表达出东西方虽然互存差异却可以做到求同存异、和谐共生、相互滋养的古老中国哲学与当代中国和平交往理念，不仅增强了国外受众对中国脱贫攻坚事业的认可，更展示出中国智慧为世界减贫事业提供的宝贵实践经验。

这两则案例的成功决不是偶然现象，首先，尊重动物、保护环境、社会公平始终是西方国家正面叙事的主旋律，是普遍存在于世界各国文明中的最大公约数，在此框架下的温情故事始终是各国所热衷的，更能引发世界受众的共鸣与共振。其次，少讲理念倡导，多讲中国贡献，靠实际行动的证明比靠口头观念讲述更具信服力，在讲述相关议题层面的实践行动时，以具象、立体、鲜活的故事方式呈现出人类命运共同体理念的价值核心。随着中国践行该理念的温情叙事被逐步挖掘，以往"一带一路"沿线国家和地区群众眼中的历史偏见也会逐渐不攻自破。

从更广泛意义上讲，普世化的传播内容囊括世界人民喜爱的一切文化元素，我国的国际传播可以发掘这类文化符号以呈现中国方案，借鉴日本通过"动漫外交"塑造国家形象的思路，利用"可爱的中国人、可爱的中国地方、可爱的中国共同塑造可爱的中国形象，……通过人性共通的可爱元素开展共情传播[①]"，关注超越文明、价值观和意识形

---

① 赵新利：《共情传播视角下可爱中国形象塑造的路径探析》，《现代传播（中国传媒大学学报）》2021 年第 9 期，第 70—71 页。

态的核心概念。正如憨态可掬的熊猫、安然游走的大象能成为向世界传递中国态度的叙事符号，未来我国需善用各类能够打动人心的柔性元素来转换叙事范式，选取具备趣味化、人性化的故事讲述消除"一带一路"沿线国家对中国的歧见、误解与忌惮，呈现刚柔并济、有担当且无威胁的国家性格，塑造可信、可爱、可敬的中国形象，打造中国人行走世界的"通行证"。

（四）传播载体创新化，拓宽影音媒介呈现

影音符号系统是以隐喻传递意义的绝佳载体，电视剧、电影、纪录片、短视频等影音媒介亦是人类命运共同体话语传播和中国故事影像修辞体系建立的重要方式，然而目前中国尚未形成可以产生国际影响力的影音符号系统。在面向"一带一路"沿线国家的人类命运共同体话语表述中，可以利用人民群众喜闻乐见的影音媒介进行针对性化传播，打造适合"一带一路"国家理解的影音产品，将人类命运共同体的内涵以隐形的、易接受的、生活化的方式加以传播。

第一，舞台化故事讲述。正所谓艺术无国界，艺术形式的故事讲述比起媒体刻意的传播，更能打破语言、信仰的藩篱，触及各国民众的心灵。例如陕西省文化和旅游厅等多方携手打造的《丝路之声》音乐剧，糅合了舞蹈、音乐、杂技、武术等多种艺术形式，向观众讲述一个在西方长大中国少年的故事。该音乐剧将古代丝绸之路与现代"一带一路"倡议结合起来，引领观众回顾中国与自身国家的历史渊源和友好情谊。同时观众自发代入剧情氛围，随主人公在剧情推进过程中完成对自我身份的探析和民族文化认同的构建，领略中国传统文化的无限魅力。

第二，短视频价值传递。李子柒在海外的成功，从某种意义上代表着中国文化符号走向国际的新阶段，也创造出中国符号炼成与传播的新模式。在对外传播中我国多以宏大叙事展开，而李子柒的短视频则从个人角度出发，体现中华文化对"人如何处理与现代社会和大自然的关系"这一命题上做出的"中国回答"。李子柒的作品以"接地气"的方式呈现她在农村生活的衣食住行，视频中安谧自足的田园生活充满了电影式的视频质感，满足了受众向往自然、回归本真的心理诉求，以强烈的跨文化穿透力增进观众的共识和理解，于无形中扩大了"中外之间在生活品位、价值观念等方面等原本狭小逼仄的共同意义空间"[①]。主流媒体近年来在国际短视频传播中亦有成功创新案例，如2021年9月，动画短视频 Click to the Future（中文名《下一站，2035》）于推出一个月内实现海内外视频播放量和稿件浏览量过亿。该视频描绘出中国在2035年全面建成小康社会后，国民将走向高质量发展、高品质生活的美好图景，暗示中国的现有成就并展现出未来中国的无限可能。在视听设计上，选取蓝色、白色等极具未来科技感的色调和动感炫酷的电子音乐，用年轻受众易于接受的动画形式，将5G、物联网、人工智能等黑科技落地全民

① 李习文：《李子柒走红海外的国际传播逻辑》，《传媒观察》2020年第2期，第35页。

生活的未来场景信息高度浓缩于 2 分 32 秒内,充分利用短视频"短、平、快"的传播特征,适应年轻群体的阅读习惯和互联网传播态势,实现了突破文化边界的国际化传播。未来我国于社交媒体平台上的人类命运共同体话语表述,可借鉴两则成功案例中的柔性传播思维,打造更多现象级的优质短视频去传播中国符号与中国方案。

第三,沉浸式新闻摄影。与短视频传播的快节奏表达方式不同,新闻摄影在表现主题的深刻度、视觉注意的关注度等方面有优势。美国学者苏珊·桑塔格曾直言,照片不只是存在的事物的证明,还是一个人眼中看到的事物的证明,不只是对世界的记录,还是对世界的评价。在对"一带一路"沿线国家的宣传报道中,国家媒体的官方报道仍属主要力量,因此不可忽视新闻摄影作品润物细无声的"沉浸式"表达。从新闻摄影的各环节展开,将观点、倾向揉入视觉语言中,如通过报道框架选择新闻点、报道时机和报道强度传递自身价值重心等,呈现视觉影像化的国家形象。

第四,纪录片真实表现。纪录片作为一种记录真实社会状况、反映国家民生百态的文化表现形式,能够从风土人情、民族文化、社会经济等多方面展现国家现状,是传播国家形象和价值理念的重要媒介之一。如《视听福建》系列纪录片,从美食、工艺、物产、习俗、文化、民心和梦想等多元层面呈现中国平凡大众的真实生活,采取以小见大的方式唤醒国外群众的情感共鸣,从中回溯曾经为"海上丝绸之路"的历史文明并对新时代下的"海上丝绸之路"做出展望,连接起"一带一路"沿线国家和地区人民与中国人民的情缘,传递出有魅力、有温度的"丝路精神"。该系列纪录片充分利用国际传播渠道,与菲律宾、阿联酋、英国等国的官方电视台达成合作,还在 Facebook 、Twitter、YouTube 等社交媒体上进行碎片化传播,不失为一次形象纪录片对外传播的典型案例。

结 语

人类命运共同体理念虽由中国提出,却属于世界范围内重大的、思想性的、全球性的公共产品,其话语体系表述不仅关乎全球治理与人类发展命运,亦关乎多元化世界话语体系和国际新秩序构建。尤其在当前新冠病毒席卷全球的人类危机下,推动该理念获得各成员国及其人民认可的行动可谓恰逢其时、刻不容缓。

总之,本文基于历史与现实的考量,从国内国外舆论大局及传播现状出发,提出传播态度理性化、传播主体多元化、传播内容普世化、传播载体创新化四重现实路径,探讨面向"一带一路"沿线国家和地区的人类命运共同体话语体系表述方式,以期为讲好中国故事、扩大人类命运共同体理念的国际影响、推动全球治理提供微薄的传播学建议。而如何丰富人类命运共同体理念,如何在其传播中发挥"一带一路"实践的联动效应,如何在文化分歧巨大的背景下讲述国际社会听得进去的故事,促使该理念被接受、被认可,形成真正意义上全球共通共享的知识体系,推动理念践行在国际行动中,将是未来我国需要持久面对、不断深思的时代问题。

"后南斯拉夫时代"中国文化在塞尔维亚的传播

金晓蕾[*]

摘　要：本文主要梳理分析"后南斯拉夫时代"塞尔维亚译介的中国图书以及正式出版和发表的塞尔维亚学者撰写的中国研究专著以及相关书籍、文章等文本资料，并以2014年为节点考察加强中国与中东欧国家合作与交流后，中国文化在塞尔维亚传播内容和传播模式的新变化。此外，文章还简要介绍了这前后两个时期塞尔维亚中国研究的主要成果和动向。

关键词：中国图书、中国研究、塞语文本资料、译介、出版

基金项目：本文为国家社会科学基金重大项目"中国与中东欧国家文化关系史研究"子课题"中国文化作品在中东欧国家译介刊印资料搜集、整理与编目"（项目编号：17ZDA173）阶段性成果。

引　言

追根溯源，中华文化在塞尔维亚的传播已有近三百年的历史。在前南斯拉夫时期（1945—1992），特别是1980年后，两国关系逐步走向全面正常化，文化交流有了政策和机制的保障，迎来了两国文化关系发展史上的第一个高峰期。根据那个时期出版和发表的中国研究资料看，塞尔维亚学者的中国研究涉猎广泛，涵盖了哲学、宗教、政治、经济、历史、文学、艺术、医学等领域，在数量和质量上都已初具规模，逐步从"游记汉学"向"专业汉学"过渡。同时，不少中华典籍，如《道德经》《孙子兵法》《论语》《大学》《中庸》《易经》等被译介出版，深受塞尔维亚读者喜爱。

20世纪90年代初，世界政治格局因柏林墙的倒塌发生了深刻变化，作为二战后大国离岸平衡战略产物的南斯拉夫也最终分崩离析，方兴未艾的中南文化交流被笼罩上分裂和战争的阴影。虽说"南斯拉夫"时代在塞尔维亚成为单一的独立国家后就结束了，可是因波黑塞族共和国地位问题及科索沃问题仍未找到各方接受的解决方案，"南斯拉夫解

---

* 作者简介：金晓蕾（1966 — ），塞尔维亚贝尔格莱德大学语言学院教师，研究方向为对比语言学、翻译理论、文化传播。

体"作为一个历史进程并未真正终结，塞尔维亚至今仍背负着这一历史沉疴，深受其害，而且现阶段和未来很长一段时间内的社会政治和经济文化生活的繁荣和发展仍然受此掣肘，充满了许多未知和变数。鉴于此，我们把本文考察的自南斯拉夫解体至新冠肺炎疫情在全球爆发这长达近三十年的历史时期（1993—2020）称为"后南斯拉夫时代"。

南斯拉夫解体后，塞尔维亚国家体制和社会文化结构发生了深刻变化，文化产业遭受转型的重创，作为支柱之一的出版业也未能幸免。但对于 20 世纪 90 年代的中国来说，正进入经济高速发展时期，特别是北京奥运会后，中国向世界展示出前所未有的经济活力、文化魅力以及更多的文化自信。塞尔维亚民众对中国的兴趣有增无减，中华文化在塞尔维亚的传播仍然随着时代的步伐向前迈进并取得了可喜的成果，特别在 2014 年后发生了质的飞跃。这一年塞尔维亚承办了第三届中国—中东欧国家领导人峰会，标志着两国关系在"一带一路"倡议和"16+1"合作框架下进入历史上第二个高速发展时期。同年，中国作为主宾国参加了"第 59 届贝尔格莱德国际书展"，这是两国文化交往史上的里程碑事件，为中国文化在当地传播揭开新的一页。因此本文以 2014 年为节点，把"后南斯拉夫时代"分为两个阶段，分别梳理此间塞尔维亚译介的中国图书、正式出版或发表的中国研究专著以及相关书籍、文章等文本材料，考察"后南斯拉夫时代"中国文化传播的新内容和新模式。

一、"后南斯拉夫时代"头二十年的塞尔维亚中国图书译介以及中国研究状况

南斯拉夫解体后，塞尔维亚与其他前南共和国一样，经受了分裂和战争的创伤，社会文化环境发生了巨大变化，图书市场规模大大缩小。同时政府忙于战争或战后经济重建，根本无暇顾及文化产业建设，还取消了原社会主义制度下对出版行业的扶助政策（比如国家出版社拥有遍布全国的实体营销网络、享有国家提供的优惠贷款以及免除债务等特权、其出版的书籍各地国家图书馆都有采购的义务等等）。[①] 这些因素都导致了许多实力雄厚的国家出版社陷入了前所未有的困境，有的直接倒闭，有的则经历了一场漫长而灾难性的私有化转型，如曾经出版过《易经》《水浒传》《红楼梦》等中华典籍以及鲁迅、老舍、茅盾、丁玲等中国现代著名作家的作品的"儿童报出版社"（Dečje novine）、"新文学出版社"（Nolit）、"教育出版社"（Prosveta）等出版巨头均未能逃过此劫。哪怕有少数幸存下来的，也不得不重新进行市场定位，转而出版一些"没有什么文学价值的三流小说"，更遑论有计划地翻译出版推介别国文化的图书。进入 21 世纪后，大多数塞尔维亚出版社都已转为私有，出版政策都围绕市场需求而定。根据塞尔维亚当代作家亚·邓杰林（A. Dunđerin）所述，塞尔维亚学术著作和严肃文学作品在 21 世纪初仅占图书市场的

① Milan Živanović, "Sa kojim izazovima se suočava savremeno izdavaštvo u Srbiji?". *Glavne*, 30. 04. 2021. https://www.glavne.com/izazovi-savremenog-izdavastva, 2022 年 8 月 2 日。

10%，其余的都是世界畅销书。①

　　我们根据塞尔维亚人民图书馆提供的资料②和COBISS.SR数据库的信息进行了统计，"后南斯拉夫时代"的头二十年间译介的中国图书102种（其中26种为再版）。从译介作品的内容看，出（再）版次数最多的是四大中华典籍《道德经》《易经》《孙子兵法》和《论语·大学·中庸》，近50次，占译介的中国图书的50%，这充分体现了塞尔维亚读者对中国哲学思想和智慧经久不衰的热情。这些译著中值得一提的是"世界"（Svetovi）出版社于1996年推出的《天子：中国古代哲学家文集》③以及1997年出版的《马王堆帛书老子甲乙本》的塞译本④。这两部译著均由塞尔维亚汉学家普西奇（Radosav Pušić）首次从古汉语翻译注释，打破了以往由塞尔维亚作家或学者从欧洲语言转译中华典籍的传统，堪称汉籍塞译史上的里程碑。《20世纪中国古代文化经典在中东欧国家的传播编年》对普西奇的《老子》译本也赞赏有加，称"无论是从语言上还是对文化理解本身都是高水平的"。⑤另一部对塞尔维亚汉学研究十分重要的译著是塞作家柯尔斯提奇（Miodrag Krstić）根据德国汉学家卫礼贤（Richard Wilhelm）的英译本转译的《易经》，于1994年由尼什"奈德烈科维奇"出版社（B. Nedeljković）出版。此前在前南图书市场上最为流行的《易经》译本是塞尔维亚作家、科学院院士阿尔巴哈里（David Albahari）根据蒲乐道（John Blofeld）的英译本转译的版本。⑥但相较起来，卫礼贤的译本翻译准确而实用，深得《易经》的精髓，又因有贝恩斯夫人（Cary F. Baynes）的传神英译和荣格撰写的前言加持，极受易学爱好者的追捧，在世界易学界的影响更大。20世纪90年代初，在塞尔维亚出版业不景气的情况下能够重译出版《易经》，实属不易之举，但这也从另一个侧面反映出塞尔维亚读者对中国古老智慧的情有独钟以及他们在国家分裂、战祸不断、前途扑朔迷离的时局中，转而向东方文化寻求精神慰藉的普遍心态。

　　这一阶段中国图书译介的重头是中国当代文学作品，⑦共译介了32部，其中诗集12部。这些翻译成塞语的小说都是当时轰动一时的世界畅销书，如莫言、苏童、余华、姜戎、阎连科、虹影、卫慧等人的畅销作品。这些中国小说译介的主要模式是塞尔维亚私营性商业出版社向欧洲发行商购买英文版权后，招募译者转译成塞文出版。只有少数是由汉学家直接从中文翻译的。这些出自汉学家之手的译本，忠于原著且翻译质量高，比

---

　　① Aleksandar Dunđerin, "Nekulturna mafija". *Pečat* (Kultura). 27. 11. 2008.

　　② Zdravka Radulović et al. (ed.), *Prilozi za izradu kineske bibliografije (Elektronski izvor)*. Belgrade: Narodna biblioteka Srbije, 2014.

　　③ Radosav Pušić, *Sin neba: filosofija stare Kine*. Novi Sad: Svetovi. 1996.

　　④ *Lao C'* (sa starokineskog preveo Radosav Pušić). Novi Sad: Svetovi. 1997.

　　⑤ 丁超：《20世纪中国古代文化经典在塞尔维亚的传播编年》，张西平编：《20世纪中国古代文化经典在中东欧国家的传播编年》，郑州：大象出版社，2019年，第296页。

　　⑥ *Ji đing: Knjiga promene*. Gornji Milanovac: Dečje novine, 1982. 此版《易经》至1990年再版八次。

　　⑦ 此外还译介海外华裔作家小说28部，如有诺贝尔文学奖得主高行健以及闵安琪、谭恩美、戴时杰、山飒等人的畅销书。因都是用其他语言创作的，故并未收入"中国图书"中。

如巴甫洛维奇（M. Pavlović）翻译的《碧奴》（2006）和约万诺维奇（A. Jovanović）翻译的《蛙》（2013）都获得过当年塞尔维亚的文学翻译奖。除了畅销小说外，另一类较有市场的是大众文化读物，如介绍中医按摩、气功、太极拳、养生、风水、西藏佛教及风俗等书籍，这些也是塞尔维亚出版商愿意投资出版的图书。相对来说比较小众的诗歌作品，如《中国当代诗选》（1994）[①]则开创了另一种"私约型"的译介出版模式，即由私人（诗人或编者）发起并赞助、汉学家翻译、当地出版社出版的模式。以这种方式出版的图书还有《中国现代短篇小说集》[②]以及张香华、犁青的个人诗集四种。

　　这二十年里出版的塞尔维亚作者撰写的中国研究论著及相关书籍有95种（其中12种为再版），其中关于中国政治、经济和社会问题专著14部。塞作者中最多产的是前南和塞尔维亚资深记者、"中国通"阿·诺瓦契奇（Aleksandar Novačić）。他在中国工作生活了十五年，搜集了大量第一手资料，至2013年撰写了五部中国研究专著，其中在塞尔维亚学界最有影响的是《中国：走向世界的龙》（1999）[③]、《中国：登上奥林匹斯的龙》（2008）[④]和《大国的诞生：从没落帝国到世界超级大国》（2012）[⑤]三部。正如这些书名展示的，塞尔维亚学者常常喜欢用"龙"来比喻中国，比如用"觉醒的巨龙""腾飞的巨龙"等字眼形象地描述不同发展时期的中国。在今天铺天盖地都是带着刻板成见看待中国崛起的西方语境中，塞尔维亚学者更愿意通过自己的历史经验，用自己的眼睛观察中国、探讨中国问题，用客观的态度、自己的话语评述中国社会和经济发展的成就与不足。比如，当一些中国学者吸取苏联和南斯拉夫解体的教训，提出要警惕地方主义抬头时，塞尔维亚学者则认为在这个问题上中国与前南和苏联无可比性，"因为中国既不是联盟国家，也不存在类似前南这样的以民族划分的共和国边界"。[⑥]面对西方对中国人权问题的各种指责，塞尔维亚学者认为："情况远非能说个黑白分明的。我觉得西方对中国的批评有时确有道理，但北京方面的辩解很多时候也是言之凿凿。……不可否认，这类批评在很多情况下都被用来给北京施加政治压力。……这个问题并不是某个制度或政治体制的问题：更多的是历史传统及遗留下来的问题。"[⑦]面对中国的强大，塞尔维亚学者看到："中国的崛起将在根本上动摇自柏林墙倒塌后基本建立在单极世界基础上的国际政治经济和军事秩序。如今这种秩序已走向其必然的终结。……而强大的中国则是构建世界新格局的最重要的因素。"[⑧]此外，塞尔维亚学者对中国发展道路上遇到的问题和挑战，如人口老化、

---

①　Xianghua Zhang (ed.), *Antologija savremene kineske poezije*. Belgrade: Filip Višnjić. 1994.

②　Xianghua Zhang (ed.), *Zalazak sunca: izbor iz savremene kineske kratke priče*. Beograd: Plato. 1995.

③　Aleksandar Novačić, *Kina: zmajevi dolaze*. Belgrade: Verzal press, 1999.

④　Aleksandar Novačić, *Kina: zmaj na Olimpu*. Belgrade: Novosti, 2008.

⑤　Aleksandar Novačić, *Rađanje velike Kine: od srušene imperije do svetske supersile*. Belgrade: Službeni Glasnik, 2012.

⑥　Aleksandar Novačić, *Kina: zmajevi dolaze*. pp. 312-313.

⑦　Aleksandar Novačić, *Kina: zmajevi dolaze*. pp. 295-296.

⑧　Aleksandar Novačić, *Kina: zmaj na Olimpu*. pp. 7-8.

体制改革、脱贫等问题都做了深入研究并提出了精辟独到的见解，具有参考价值。

这一时期除了当代中国问题研究的进一步深入，塞尔维亚学者对中国传统文化的研究也呈现出层见叠出的态势。据笔者统计，这二十年里共出版了 43 种中国古代哲学、历史、语言、文学理论著作及中国题材的文学作品。相较于仅出了两部禅宗研究、三部有关汉语和汉字研究的南斯拉夫时期，塞尔维亚的中国研究发展出汉学这一独立分支，体现了中华文化在塞尔维亚的刺激性传播得到长足发展。建于 20 世纪 80 年代的贝尔格莱德大学汉学专业，至 2001 年已成长为培养本硕博三级汉学人才的基地，造就了一支专业水平较高的中青年汉学家队伍。其中著作最丰的是贝尔格莱德大学普西奇教授，他在这二十年间出版的汉学专著、语言教材、哲学和文学译著达二十多种，还主编了塞尔维亚第一部汉学研究论文集《当代中国与传统》（2009）。他的《宇宙的纹理：谈中国古代哲学》（2001）[1]、《空手：中国禅宗的美学》（2003）[2]、《太阳鸟：中国文明史精要》（2012）[3]等是今天研究中国文化的塞尔维亚年青学子必读的参考书。他主持编写的塞尔维亚第一套大学汉语教材《汉语教程》（1—4 册），对塞尔维亚高等汉语教育的建设和发展具有重大意义。2006 年他出任贝尔格莱德孔子学院院长，更加努力地致力于中国文化推介工作，并于 2009 年创办塞尔维亚第一份也是至今唯一一份汉学杂志——《贝尔格莱德孔子学院年刊》（*Almanah Instituta Konfucije u Beogradu*），开辟了"中国与世界""中国与塞尔维亚""中国作家文萃"等文化交流栏目，并于 2016 年被塞尔维亚教育部科学评审委员会列为学术期刊，电子版也公开发布，扩大了刊物的社会影响。这一时期其他较为重要的汉学专著还有东方学学者杜·巴音（Dušan Pajin）所著的《中国和日本的艺术哲学》[4]及《道教词典》[5]，当代哲学家伊·马里奇的《莲花与玉石：19 世纪印度和中国哲学在塞尔维亚的传播》[6]等。

这一阶段出版的中国纪实、游记类书籍仅 14 种，在出版的中国研究专著中所占比例由南斯拉夫时期的 40% 下降到 14.7%，呈明显下降趋势。其中介绍西藏民俗风光的又占了将近半数，满足了塞尔维亚读者对西藏民俗和文化的好奇心。此外，塞尔维亚作者撰写的介绍中国大众文化的读物有 23 种，其中最多的是关于中医中药、中华烹调等方面的书籍。

这二十年里塞尔维亚专家学者还发表了近 240 篇中国研究论文及相关文章，是南斯拉夫时期的 4.5 倍。从内容看，关于中国政治、外交、经济、法律、社会的文章共 136 篇，最常出现的关键词是："中国改革""中国市场""私有化转轨""贸易往来""投资""中国

① Radosav Pušić, *Kosmička šara: o starokineskoj filosofiji*. Belgrade: Plato, 2001.

② Radosav Pušić, *Prazne ruke*. Belgrade: Plato, 2003.

③ Radosav Pušić, *Ptica u suncu: osnovi kineske civiliyacije*. Belgrade: Čigoja štampa, 2012.

④ Dušan Pajin, *Filozofija umetnosti Kine i Japana*. Belgrade: BMG, 1998.

⑤ Dušan Pajin, *Put zmaja: rečnik taoizma*, Belgrade: Draganić, 2004.

⑥ Ilija Marić, *Lotos i žad: Indijska i kineska filosofija kod Srba u XIX veku*. Belgrade: Jasen, 2013.

经济发展模式""中国国力""合作与机遇""中美关系""中俄关系""亚太地区安全""中国与全球化""中国与巴尔干""'一带一路'与巴尔干地区安全"等。其他有关中国传统文化、哲学、宗教、文学和语言的文章近 80 篇，介绍中国大众文化的文章 40 余篇。

通过以上的梳理和分析，我们可以看到"后南斯拉夫时代"头二十年的中国文化传播模式仍是以传统的"被动输入"为主，即当地出版商紧跟世界图书市场"风向标"以及本国读者的阅读趣味，自主决定译介内容，而翻译方式则以从欧洲语言转译为主。同时，塞尔维亚的中国研究取得了质的飞跃，从过去的"游记汉学"向"专业汉学"[①]迈进。

二、2014 年后塞尔维亚的中国图书译介情况以及中国研究现状

21 世纪第二个十年，中国国家领导人习近平提出了"中国梦"的理念和"一带一路"倡议。前者定义了中华民族伟大复兴的目标，而"这种复兴从根本上说是文化和文明的复兴"[②]，因此提升文化软实力也就成了中国国家战略。后者则强调了在"一带一路"建设的同时，开展沿线各国公共外交和文化交流、增进互相理解和认同、建设民心相通的人文基础的重要性。[③] 塞尔维亚是中国在中东欧地区第一个全面战略伙伴，是"一带一路"倡议及"16+1"合作的积极参与者，还把发展对华关系视为其外交政策的重要支柱之一，使两国关系发展进入了最具活力、最富成效的时期。新时期直接推动和加强中国文化在塞尔维亚传播的有两件大事：一是中国于 2014 年应邀作为主宾国参加"第 59 届贝尔格莱德国际图书展"，这也是该年深化中国—中东欧合作的重要人文交流活动之一；二是 2016 年 6 月习近平主席对塞尔维亚进行正式国事访问，两国元首共同发表了《中塞关于建立全面战略伙伴关系的联合声明》，推进并深化了两国在政治、经济、科技、文化和教育等各个领域的全面合作。

时至今日，塞尔维亚舆论依然认为 2014 年中国的参展是贝尔格莱德国际书展自创办以来最成功的一次主宾国活动。塞尔维亚文化和信息部官员称："这是两国文化交流史上的最重要的事件之一。"[④] 贝尔格莱德国际书展是东南欧地区最大的书展，也是中国在改革开放之初最早参加的国际书展之一，中国出版业正是从参加贝尔格莱德国际书展走向世界的。因此，当时的中国出版界都十分重视那次书展活动，希望把它作为一项多元的文化品牌展示给塞尔维亚民众。中国主宾国的主题语为"书香增友谊，合作创未来"，意在

---

① "游记汉学""专业汉学"的提法参见张西平：《中西文化交流史研究三论：文献、视野、方法》,《中国和欧洲早期哲学与宗教交流史》，北京：东方出版社，2001。

② 王晓平：《走向文化复兴：全球化时代的中国文学与文化》，北京：社会科学文献出版社，2017 年，第 1 页。

③ 参见推进"一带一路"建设工作领导小组办公室：《共建"一带一路"倡议 进展、贡献与展望》，北京：外文出版社，2019 年。

④ Mladen Vesković, "Veze Srbija - Kina". *Almanah Instituta Konfucije u Beograddu XI XII*, 2015, pp. 137-140.

以书籍为纽带，增进中塞传统友谊，加深中塞两国人民之间的沟通与了解，进一步强化两国战略合作伙伴关系。为了推进主宾国活动，当时的国家新闻出版广电总局与塞方于2014年2月签署了《中塞互译出版项目合作协议书》，确定接下来两至三年内互译并出版对方15种文学作品。这份协议的签署标志着中国文化在塞尔维亚的传播开启了"主动输出"的模式。书展期间，中国主宾国展台展出了各参展单位精选的近5000种外向型图书和新出版图书，包括为有效推动中国图书"走出去"而实施的"经典中国国际出版工程"书籍以及"中国主题图书"。此外，还有当年得到国家新闻出版广电总局资助的译介成塞尔维亚语的十余种图书，如《历史之旅》（邓荫柯）、《推拿》（毕飞宇）、《温故1942》（刘震云）、《茶的故事》（王旭烽）等。这些图书从不同角度向塞尔维亚民众解读中国历史文明、中国道路和中国模式以及当代中国社会文化风貌，用中国自己的话语讲述中国故事，传播当代中国主导文化核心价值观，从而让塞尔维亚读者更加深刻、全面地认识和了解当代中国。

展会期间有十余家中国出版社与当地合作方签署了中国书籍版权转让和出版协议，如五洲传播出版社与塞尔维亚"信天翁+"出版社（Albatros plus）签署的"当代中国系列丛书"、"中国文化"系列图书的版权转让协议。北京大学出版社也与同一家出版社签署了翻译出版《中国文明史》的协议。"当代中国系列丛书"内容丰富，深入浅出地全方位介绍了当代中国经济、政治、社会、文化、外交等各个方面，是了解当代中国基本国情的一套很有价值的读物；"中国文化"系列则是从哲学思想、文学、艺术、汉字、服饰、建筑、医药等介绍中国文化的普及性读物；《中国文明史》是学术专著，把中国辉煌灿烂的物质、政治和精神文明作为"文明的馈赠"献给塞尔维亚读者。这种由中国官方支持、中国出版社牵头、当地出版社组织翻译出版的模式，开拓了中国图书在塞出版的新渠道。这种新模式立刻引起了双方专家的关注，在2014年主题为"中塞文化交流的发展与创新"的中国—塞尔维亚出版文化发展高端论坛上，两国政府官员、出版人、学者专家专门就两国文学翻译和出版、出版交流合作及版权贸易等话题进行了深入探讨，充分肯定了两国出版业传承过去、继往开来、探索新路的尝试。

2014年译介出版的19种中国图书中，就有16种是通过这种新模式出版的，而10种文学作品中有一半是由汉学家直接从汉语翻译的，如莫言的《红高粱系列》和《生死疲劳》、余华的《许三观卖血记》和《活着》以及王安忆的《永恒的悲伤——上海故事》等。此后，这种新的译介和传播模式得到继续推广，2015年译介的25种中国图书中有19种是以这种新模式出版的。2016年习近平主席对塞尔维亚进行国事访问，将两国战略伙伴关系推上一个全新的高度，也为塞尔维亚带来新一波"中国热"。在访问前后那段时间当地主要平面媒体几乎天天都有介绍中国经济和科技发展、外交政治及社会诸方面的文章，在电视节目里也时有播出介绍中国的影视剧和纪录片。一些较大的私人出版社，如前面提到的"信天翁+"出版社、"地缘诗学"（Geopoetika）、"芝哥雅"（Čigoja štampa）、"德拉斯拉尔"（Draslar）等都看到了这种新出版模式带来的机遇以及中国图书的未来市场，积极谋求与中方合作，大大推动了中国图书的翻译出版。

从译介数量看，自 2014 年至 2020 年这短短七年内译介出版的中国图书急增到 102 种，超过了整个南斯拉夫时期（78 种）以及"后南斯拉夫时代"头二十年的译介数量（76 种）。从译介内容看，除了深受读者喜爱的中华典籍（如《道德经》《孙子兵法》《易经》《大学》等 10 种新译本）和有国际影响的文学作品（如莫言、余华、麦家、韩少功、张炜、曹文轩、陈丹燕等人的小说 36 种），还译介了一大批中国当代学者的理论专著。除了前面提到的"当代中国系列丛书"（2015）、《中华文明史》（2017）外，还有社会科学文献出版社与"芝哥雅"出版社合作出版的"新丝路丛书"：《中国梦与中国道路》（周天勇，2019）、《经济增长方式转变与中国的产业升级》（张其仔，2019）、《解读中国经济新常态》（集体，2020）等学术专著。值得一提的还有外语教学与研究出版社与"德拉斯拉尔"出版社合作出版的文史哲类图书，如萧乾的《龙须与蓝图：中国现代文学论集》（2016）、赵朴初的《佛教常识问答》（2017）、汤一介的《儒教、佛教、道教、基督教与中国文化》（2020）、顾毓琇的《中国禅宗史》（2020）以及中国教育部推出的《中华思想文化术语》等书目。过去仅读过《毛泽东选集》（1949）和《论中国革命》（1968）以及冯友兰的《中国哲学史》（1971）这几部当代中国理论著作的塞尔维亚读者，此前对中国各方面的了解都是借助本国或别国学者的转述和诠释，以间接的方式获得的，因此这些学术和理论书籍的译介不仅扩大了中国图书译介的内容，提升了图书品质，而且还拓展了新的读者群，在维护中国文化主权和话语权的同时，更加精准地阐释了中国政治和文化的核心理念，加深并扩大了中华文化的传播和影响。

从中国图书的出版模式看，这个时期中国图书的出版渠道更加多样化，主要有以下几类：首先是上面介绍过的中塞合作出版新模式，这已成为新时期最主要的中国图书出版渠道，几乎所有当代中国政治、经济、文史哲理论专著以及严肃文学，如路遥的《平凡的世界》（2018）和霍达的《穆斯林的葬礼》（2019）等，都是通过"丝路书香工程"或其他官方资助项目与塞尔维亚读者见面的。第二种模式是由汉学家发起的文学作品的"私约型翻译"①，即由译者向当地出版商推荐并联系作者，实现图书出版，如大部分余华作品的译出出版。第三种模式是由作家发起的"私约型翻译"，通过塞尔维亚出版社组织翻译并出版，如余华的《第七天》、陈丹燕的《捕梦之乡——〈哈扎尔词典〉地理阅读》（2018）等。第四种模式是由塞尔维亚学者或其他个人出于研究目的或兴趣发起的中华典籍的翻译，再由出版商或个人资助出版，比如《道德经》的五种新译本以及卫礼贤版《易经》的重译本的出版。第五种是传统的出版模式，即当地出版商自行发起并组织翻（转）

① 汪宝荣，周恩奇：《中国文学译介与传播模式研究述评》，《外国语言与文化》2021 年第 4 期，第 94—102 页。

译出版，只是通过这种渠道出版的中国图书一般都是世界畅销书，如莫言获诺奖之后其作品的译介，颇受大众欢迎的文化普及读物的出版，还有一些具争议性的、引起世界评论家和媒体高度关注的作品。这第五种模式在过去是最主要的中国图书塞译出版方式，但在新时期已日渐式微，以这种渠道出版的中国图书所占比例呈明显的下降趋势。

新时期除了中国图书译介内容和模式的新拓展，塞尔维亚的中国研究也向学科化建设方向发展，并取得初步成果。七年里完成专业博士论文七篇，超过以往的总和，其研究领域涉及中俄战略伙伴关系与国际安全、当代中国地缘政治的海权维度、国际因素对中国民族冲突的影响、中国园林、教育体制、汉塞语言对比研究等等。这一时期出版的中国研究专著及相关书籍有 30 余种，其中政治和经济类 10 种、文史哲宗教类 6 种、文学理论 2 种，汉语教材及工具书 6 种，见闻录和中国大众文化类书籍 10 余种。这些书籍中特别值得一提的有：贝尔格莱德大学安全学院出版的《新丝路：以巴尔干为视角的政治与安全》[①]（2017）、《新丝路：以欧洲为视角的"16+1"合作的安全与挑战/风险》[②]（2018）、《"一带一路"：现实与期望：塞尔维亚经验谈》（2020）以及贝尔格莱德国际政治经济研究所出版的论文集《中国与塞尔维亚合作的前景》（2018）等。这几部文集汇总了近年来塞尔维亚智库对中国—塞尔维亚、中国—巴尔干战略合作关系及其对该地区和国际安全的影响等问题的独到见解，百花齐放，百家争鸣，既有理论论述，又有实践论证，具有较大的参研价值。在文史哲类专著中较具代表性的是汉学家普西奇撰写的《禅宗佛教对中国艺术的影响》[③]（2015）、《婴儿与水：中国先秦哲学故事》[④]（2017）和他主编的《塞尔维亚汉学科创立四十周年纪念论文集：1974—2014》[⑤]（2015）。特别是由浙江出版集团和"芝哥雅"出版社合作出版的《婴儿与水：中国先秦哲学故事》，普西奇在书的第一部分通过讲述"道""卦""玄"等十几个中国哲学故事，深入浅出地讲述了先秦哲人的宇宙观和人生观，在书的第二部分则介绍了老子、孔子、墨子、庄子、孟子、荀子、韩非子的生平及主要哲学思想，诠释了中国古代先哲们提出的"无""天命""礼""兼爱""自然""性善"等哲学概念，最后选译了先哲们的代表性论著。这部书较为准确且全面地介绍了中国哲学思想的源头和发展脉络，可以说是代表了近年来塞尔维亚传统汉学研究的最高水平。

新时期塞尔维亚学者发表的中国研究论文数量也十分可观。我们通过 COBISS.SR 数

---

① Vladimir N. Cvetković et al. (ed.), *Novi put svile: balkanska perspektiva: političko-bezbednosni aspekti.* Belgrade: Fakultet bezbednosti, 2017.

② Vladimir N.Cvetković (ed.), *Novi put svile: evropska perspektiva: bezbednosni izazovi/rizici unutar Inicijative 16+1.* Belgrade: Fakultet bezbednosti, 2018.

③ Radosav Pušić, *Kosmička šara : o lepom u filozofiji stare Kine.* Belgrade: Čigoja štampa, 2015.

④ Radosav Pušić, *Dete i voda: priča o filozofiji Stare Kine: VIII-III vek stare ere.* Belgrade: Čigoja štampa, 2017.

⑤ Radosav Pušić (ed.), *Biseri sa zrncima pirinča: zbornik radova povodom 40 godina sinologije: 1974 - 2014.* Belgrade: Filološki fakultet, 2015.

据库搜索到 140 余篇相关论文或文章,其中政治、经济、法律类的有 74 篇,数量最多,文史哲类有 47 篇,汉语研究及大众文化类各 10 余篇。这些文章,尤其是政治和经济类的,有一个显著特点,就是越来越多地引用中国学者的观点或中国机构和媒体的官方网站发布的信息和资料,不像以前论文的参考书目几乎清一色全是国外专家学者的文章。这从一个侧面说明了中国学者在塞尔维亚知识界的话语分量越来越重。从这些文章的关键词看,塞尔维亚学者在 2014 年后的关注点主要集中在"'一带一路'倡议与巴尔干安全""中国与中东欧国家关系""中塞贸易""中美关系""中俄关系""中欧关系""人民币在未来国际金融和贸易中的地位""中国能源政策""科技与创新""生态与环保"等等。

文史哲类的文章大多刊发在《贝尔格莱德孔子学院年刊》上。这份期刊在 2014—2020 年间刊出了近 30 篇有关中国文化、哲学、文学、历史、外交、语言、汉语教学等方面的原创文章,发表了 90 多篇反映中国与世界、中国与塞尔维亚文化交往的译文,出自中国作者笔下的文章 45 篇,从孙中山、习近平的政论性文章到鲁迅、老舍、贾平凹、萧红等人的文学作品,以及胡适、林语堂、柏杨、庞朴、牟宗三、金庸等文化大家的名篇或访谈,还有邵燕祥、犁青和张香华等诗人吟诵塞尔维亚情怀的诗歌。作为如今塞尔维亚唯一的一份汉学期刊,它在两国当代文化交往史上留下了浓墨重彩。

结　语

通过对"后南斯拉夫时代"中国图书译介出版情况以及对塞尔维亚学者中国研究的文字成果所做的系统梳理和分析,我们可以看到不论塞尔维亚处于怎样的政治环境或何种发展阶段,也不论其图书市场发生怎样的变化,中华文化通过书籍为媒介在塞尔维亚的传播总体上呈现出稳定发展的势头。2014 年后,中国图书在译介内容、译介方式以及出版渠道上都出现了新的变化,中华文化一改以前被动的"输入模式",以今天积极主动的"输出模式"在塞尔维亚传播和浸润,一大批中国学者撰写的阐述中国文明文化以及当代中国世界观、发展观、角色观的理论书籍走进了塞尔维亚读者的视野,在积极争取塞尔维亚文化和学术圈认可的实践上取得了一定成效,逐步实现了中国的文化主权。

另一方面,"后南斯拉夫时代"中华文化的刺激性传播得到发展,塞尔维亚的中国研究向学科化方向发展,其中汉学发展壮大成一个独立分支,涌现了一大批高水平的专著和论文,高水平的汉学家成为翻译队伍的新生力量,这些必将会进一步推动和促进中华文化在塞尔维亚的传播。"诗书继世长",塞尔维亚是一个十分喜爱读书的民族,我们相信未来一定会有更多的传播中华文化的优秀图书呈现给塞尔维亚各个层次的读者,促进两国人民民心相通,世代友好。

媒介化情感传播研究

主持人语

人类具有丰富的情感特征，情感已被心理学、生物学、文化学、社会学等多种研究视野加以关注和阐释。美国情感社会学家特纳曾指出，从生物的视角来看，情感包括身体系统的变化；从认知的角度来看，情感是对自我以及环境中客体有意识的感受；从文化的观点来看，情感更是人们对某种特定的生理唤醒状态的命名与词汇标签。

在社会网络化语境中，情感在传播中具有巨大潜力和独特作用，更多的个体极大地释放情感能量以寻求实现高效的交往、尽致的表达和心理的认同。相较于理性沟通，公众情感表达和释放已经成为一种新型话语参与方式，情感本身成为一种传播信息，被便捷地分享和传达。新型媒介环境所具备的鲜明情感化特征为情感动员和情感参与创造了物质条件，在新型媒介环境下促发情感唤醒的发生机制，激发传播对象主动传达情感体验以达成互动交流，已经成为传播实践的新路径。

姬德强与张超义的《短视频跨文化传播中的情感机制与价值创造》聚焦视听文化传播与跨文化传播的交叉地带——短视频跨文化传播，不仅对其情感机制进行分析与勾勒，而且深入该机制背后的情感价值生产与创造层面，揭示了数字时代短视频所塑造的"情感结构"。同样基于新媒体平台，相德宝教授和覃安琪在《信任与期待：国际社交媒体推特上的上海城市情绪研究》中运用主题建模和情绪分析的研究方法对国际社交媒体推特上关于"上海"主题推文的情绪及其情绪传染进行了定量研究，为情感分析在跨文化传播中的实践提供示范。周莉副教授与杨修杰将中国政治框架和网络要素引入多源流理论，在《网络舆情事件对政策议程的触发机制研究——基于43个案例的模糊集定性比较分析》中对"江歌刘鑫案""孙小果事件""'996'工作制事件"等43个网络舆情事件的典型案例进行剖析，为理解情绪在舆情中的作用力提供具象解读。本专栏从不同视点对社交媒体媒介逻辑与情感传播逻辑的双向互动动态过程加以呈现。

专栏主持人：徐明华（华中科技大学新闻与信息传播学院教授，新时代网络舆情与情感传播研究中心主任。研究方向：国际传播、跨文化与情感传播、计算传播。）

川江帆影　朱星雨作

短视频跨文化传播中的情感机制与价值创造

姬德强　张超义 *

（中国传媒大学人类命运共同体研究院，北京，100024；

全球能源互联网发展合作组织／全球能源互联网集团有限公司新闻传媒中心，

北京，100031）

摘　要： "情感"一直以来都是以人为中心的跨文化传播领域的主要研究课题之一。近年来，受传播技术与互联网形态深度变革影响，"情感"问题在学界由"遮蔽"走向"显现"状态。短视频作为视听文化传播与跨文化传播的重要场域，隐藏着深层次的"情感逻辑"，在其发展过程中，"情感机制"发挥了重要作用，即短视频中视听元素的运用激发了情感共鸣、算法推送方式造成了情感集聚、互动仪式链接促进了情感分享。基于Tik Tok、Shorts、Reels三大国际主流短视频平台的观察与比较，研究发现介入情感元素后的短视频产生了可观的经济、社会与文化价值，达到了跨文化传播效果，而创造情感价值又进一步成为跨文化语境下短视频发展的关键因素。

关键词： 跨文化传播；情感传播；短视频

基金项目： 本文系北京市社科基金重点项目"可沟通性视野下的北京城市国际传播能力建设研究"（项目编号：21DTR041）的阶段性研究成果。

一、引言

情感，是人类与生俱来且无法回避的一种生理体验，同时也是跨文化传播中的重要方面。当来自不同文化背景的人们开展交流时，跨越的阻隔往往不是言语、表情或肢体动作，而是在互动双方之间形成的具有共通意义与价值认同的情感。在跨文化传播实践中，诉诸情感往往比诉诸理性更加直接而有效，"这类情感性联结将可能促使传播对象对

---

* 作者简介：姬德强（1982—），男，山东东营人，中国传媒大学人类命运共同体研究院，教授，博导，副院长，研究方向：传播政治经济学、国际传播、跨文化传播。张超义（1985—），男，北京人，国家电网有限公司新闻主任编辑，研究方向：国际传播。

信息进行正向解码与诠释，成为逐渐建立良性互动关系的基点和源泉"①。

在新闻、传播与媒介研究领域，受制于西方理性主义主导的"感性—理性"二元划分，"情感传播"在相当长的时间内处于被遮蔽状态。无论是媒介机构抑或新闻从业者，在客观性原则的绝对律令下均被要求尽力遏制报道中的情感表达，即只讲事实并做出理性化的陈述，由此形成了感性受制于理性、从属于理性的状态。然而，也有学者发现，情感在新闻传播中虽不显现却一直存在，记者在报道新闻事件时几乎不可能完全摒弃情感因素；事实上，在报道中加入情感元素以唤起公众共鸣，已成为一种新闻叙事方式。②网络视听传播时代的来临更是激发了情感的传播潜力。与大众传播时代线性、中心化、慢反馈、高时延的媒体传播方式不同，从未经受过专业主义训练的大众用户纷纷涌入网络视听这一场域，以"产消者"的身份推动着包含大量情感因素的传播新生态的形成。以短视频平台为例，在技术逻辑与商业逻辑的交互影响下，大量情感化的内容被生产出来，并以病毒式的传播速度在圈层间散布，形成了以情感传播为表，以情感经济为里的网络视听传播新常态，驱动着深度后真相时代的到来。综上，"情感化话语在后真相时代已然成为新闻实践的重要话语形态"，③也是大众网络话语的重要形态。"情感问题"在媒介化的传播领域日益走向显现，并成为影响媒体生态的一项关键因素。

目前，新闻传播学界对"情感问题"的研究多集中在两个方向：一是从情感传播的原理与特性出发，分析其在传统媒体与新媒体上的传播规律、模式与效果；一是从跨文化传播角度出发，研究情感因素在面向海外受众传播中国价值观、讲好中国故事中的价值与创新因素。但是，将情感同时置于新媒体与跨文化传播语境，具体分析短视频为代表的具有明显情感化传播特征的新媒体平台的相关研究仍较为缺乏。本文基于短视频技术及其传播特性，力图探索短视频跨文化传播中受到何种"情感机制"影响？又创造了怎样的"情感价值"？

二、何以可能？视听文化、短视频与跨文化传播的情感逻辑

约翰·伯格（John Berger）在《观看之道》（*Ways of Seeing*）中提出，观看先于言语，每一种影像都体现一种观看方法。④以图像、音乐为主要传播载体的视听媒介，重点调动的是人类的视觉和听觉，相较于以传达知识、观点与思想见长的文字，更容易到达受众的感知层。也就是说，当情感选择"栖居于"视听媒介时，对受众产生影响的速度更快、刺激更直接。

---

① 徐明华、李丹妮：《情感畛域的消解与融通："中国故事"跨文化传播的沟通介质和认同路径》，《现代传播》2019 年第 3 期。

② 张志安、彭璐：《混合情感传播模式：主流媒体短视频内容生产研究——以人民日报抖音号为例》，《新闻与写作》2019 年第 7 期。

③ 姜飞、张楠：《国际传播与跨文化传播 2021 年研究综述》，《全球传媒学刊》2022 年第 1 期。

④ 约翰·伯格：《观看之道》，戴行钺译，桂林：广西师范大学出版社，2015 年，第 4—7 页。

数字化的视听文本契合了高速移动互联网时代浅思考、碎片化、快连接的传播特性和场景化瞬时消费的经济模式，其内容更具延展性和想象空间，是用户与用户之间传递审美、表达情感、增进认知的常用工具。视听语言改变了感性被理性压制的传统，内容消费的视觉化将理性内容以感性化的形式进行传播，并以关系连接为基础形成情感共鸣，放大了内容的情感属性。① 常江等认为，数字视听文化生态下的社会交往模式呈现出一种原子化态势，"这种新的社会交往模式以数字视听文本的内容为议题，同时以用户之间的情感网络为纽带"②。

视听与情感的紧密联系在短视频平台上得到了充分体现：首先，一则短视频无法承载完整的理性逻辑，仅能展现一种场景、传递一种情绪，如搞笑类短视频传递愉悦、猎奇类短视频传递惊异、矛盾冲突类短视频传递憎恶或焦虑等；其次，情感只有在交流与互动中才具备可持续性，短视频追求流量的最大化，具有强社交属性，为情感在社交网络中不断扩散、循环、发酵提供了有力支持；最后，短视频创作者多来自民间，创作的内容从自身审美角度出发，具有反宏大叙事的解构逻辑以及原始质朴、"接地气"等特征，浓郁的情感化与个性化元素成为短视频得以大范围传播的核心要素。

除了上述逻辑，一些特定场景下的短视频介入更突出展现了情感传播的特征。比如，2022 年爆发的俄乌冲突被媒体称为"发生在短视频上的战争"，是跨文化语境中观察短视频情感的一个典型案例。研究发现，短视频正成为全球公众获取俄乌战争信息的重要场域，大量传播扩散的短视频并非基于事实而是由情感主导，其间夹杂了许多"误讯""谬讯"等内容。有的利用不对位的音画，塑造乌克兰军队视死如归般的英勇形象；有的以亲情为卖点，渲染战争造成的骨肉离别——这些所谓的新闻事后都被证实为双方主流媒体制造极端对立情绪、消费受众情感的虚假新闻。③ 媒介化情感成为宣传战中被利用的工具，真相反而成为一种陪衬，人们关心的不再是事实而只追求片刻的感官刺激以及未经深思熟虑的立场宣称，进而导致了声音的极端化。

当然，跨文化传播中的短视频情感并不总指向被政治操弄的"后真相"，事实上，很多短视频在引入情感因素后增强了传播的亲切性和亲近感，在不同身份、信仰、价值观的人们中间也搭建起"情感桥梁"，也是国家形象认知的建构性力量④。情感的显现与扩散，已成为短视频跨文化传播中的现实图景，并在客观上发挥着弥合不同国家受众之间观点、立场差异的作用，让理解与对话变得可能。

---

① 喻国明、陈雪娇：《理性逻辑与感性逻辑的交互与协同：媒介内容生产的新范式》，《湖南师范大学社会科学学报》2021 年第 2 期。

② 常江、田浩：《间性的消逝：流媒体与数字时代的视听文化生态》，《西南民族大学学报》（人文社会科学版）2021 年第 12 期。

③ 卞学勤、于德山：《俄乌冲突中社交网络传播的伦理失范及反思》，《传媒观察》2022 年第 4 期。

④ 吴献举：《国家形象的跨文化生成机制研究——基于主体评价的分析视角》，《南昌大学学报（人文社会科学版）》2016 年第 6 期。

三、情感机制：跨文化传播中短视频的基础要件

情感在短视频跨文化传播中普遍存在，但又似乎转瞬即逝、难以把握。李建军等归纳了情感传播的特点，包括语言的感染性、内容的主观性、行为的亲近性和目的的价值性，并认为情感传播实质上有自身的特质和传播机理。[①] 实质上，情感在某一媒介或语境中的传播往往有迹可循，进一步说，如果将视野聚焦于短视频应用，其在全球范围内大行其道并拥有数亿受众的背后，依归着某种传播密码或称之为传播机制，而这个机制很大程度上由情感因素导控。情感搭建的框架、创造的法则有时甚至比短视频的叙事结构、手法运用、价值取向更加稳定，它存在于每一条短视频的"点赞"与"收藏"中，存在于视频内容与创作者、观看者、评论者、转发者的情感联系中，更存在于推动短视频平台发展的经济作用力与技术驱动力中。

（一）视听元素与情感共鸣

短视频兴起于视听语言占据主导地位的移动互联网时代，它面向用户终端传递图像与声音信息，视听元素运用的成功与否，决定了一条短视频是否能够吸引用户的关注，获得高播放量，也成为唤起受众情感共鸣的关键性因素。短视频与情感传播构成一种自然而然的互照关系：一方面，短视频通过色彩、光影、效果、背景音乐（BGM）等多样技术与技巧的使用，广泛激发了受众情绪；另一方面，情感以短视频为载体在网络蔓延，在技术工具推动下形成了情感传播史上从未实现过的广域、极速与虚拟化。

长期以来，跨文化传播研究聚焦文化符号的选择、携带与差异，并将符号视为在不同文化背景之间承载特殊意义并建构关系的基础。传统上来说，语言尤其是文字语言非常重要，它不仅标记着人类文化的起源与诞生，也保证了文化的延续、传承、记录与储藏；但在视听媒体重塑并再造人类传播网络与社交方式的当下，图像与声音逐渐取代了文字语言在跨文化传播领域的位置，视频作为一种"非语言符号"恰恰成为世界共通的"语言"。研究显示，"相比于语言符号，非语言符号在瞬间抓取注意力、化解文化障碍、激发情感共鸣方面具有难以替代的优势"[②]。短视频极为成功地利用了非语言符号的特点，降低了受众接受和理解的门槛，突破了基于语言差异的文化认知界限，在流动的场景下释放出情感张力。

"视"与"听"的搭配使用孕育出短视频跨文化传播的强大动能，二者在激发情感的过程中几乎同等重要。以抖音及其海外版 Tik Tok 为例，正是将音乐这一跨越文化、种族、教育背景的共通因素引入视频生产，并借助先进技术帮助用户通过迷因文化机制便捷地完成"视频＋配乐"的工作，由此形成了被全世界使用者广为接受、乐于分享的"抖音文化"。强大的音乐素材库和渲染效果，是抖音与其他短视频平台相区别的核心竞争力

① 李建军、刘会强、刘娟：《理性与情感传播：对外传播的新尺度》，《江西社会科学》2015 年第 5 期。
② 余琛、朱晨雨：《中华传统文化短视频跨文化传播效果影响因素研究》，《中国出版》2021 年第 23 期。

与"出海利器"。

（二）算法加持与情感集聚

算法是大数据时代最为显著的技术表征，不仅成为当今互联网领域广泛应用的程式，更直接影响了数十亿网民对新闻、信息、生活工具的选择和使用。短视频在传播过程中，会依靠算法技术捕捉用户关注的内容并进行实时精准的推送。一个不容忽视的传播现象是，当大量相同或相似的内容在短时间内"投喂"至用户接收端时，极易在用户情感层面形成一种集聚效应。这种效应的表现可能是个体层面的情感参与行为，也可能外化为热门标签与公共话题，引发大众情感共振，形成庞大的浏览量与传播量。"情感热点"诞生后并不会就此终结或停滞，倾向于流量加持的算法会继续将其加热，筛选更多与之相关的内容向本就关心该问题的用户导流，从而造成情感的叠加以及对用户注意力资源的进一步挤占。情感在算法加持下形成了一个循环外扩式的链条，我们既可以将其看作一个传播过程，也可以视之为一个凝聚与蓄力的过程——集中化的算法机制是短视频情感能量的来源与动力，是短视频平台的核心经济动能，亦是短视频"情感机制"中的核心技术要素，它可以让受众情感可见、可量化、可计算。

一个被广泛认可的事实是短视频平台往往内含全球维度，因为算法机制主要靶向的是群体用户或者说是个体用户的兴趣而不是其传统的政治文化身份。对于算法设计者而言，兴趣上的差异远比文化上的差异重要。反过来说，有着共同爱好的用户在算法面前都只是一个个均质化的数据节点，他们被标签为对某一类事物具有一致情感倾向的对象，然后接受着算法围绕这一方面内容的议程设置。值得注意的是，算法这一特征产生的后果可能不是文化的融合，反而是进一步的撕裂，因为兴趣的过度聚合容易诱发情感共振，进而导致认知偏见。例如，当海外用户偏好观看对中国持有负面情感的短视频，那么算法在流量导向的驱使下就会特别为其推送有关内容，进而影响到此类用户对中国持有的普遍情感态度。短视频的廉价与快速不是全球视角的全部，但因符合全球化时代流行观念与消费需求，一旦某种形式的视频获得网民热捧，大量公式化审美风格的作品就会被生产和复制出来，而算法的所谓依据也仅仅是在既往成功案例分析基础上获得流量货币化和利润最大化的方式。[①] 因此，算法造成的跨文化情感集聚，不仅揭示了表现种族冲突、性别矛盾、阶级差异的短视频在短时间内大规模传播的原因，也让我们看到，全球公众面对算法时呈现出的"情感盲从"状态，以及由之带来的在当前全球互联网空间上普遍存在的激进、怨愤、仇视等极端化情绪。

---

① 陈接峰、张煜：《日常生活的数字展演：短视频的生命情感和生活意蕴》，《中国电视》2021年第12期。

（三）互动仪式与情感分享

短视频除了因传播形态和技术逻辑而与情感发生联系之外，它在运作模式上也呈现出情感的"影子"。根据欧文·戈夫曼（Erving Goffman）的"互动仪式"理论，主体间的互动状态伴随着参与者情绪与情感的唤起，形成了高度的情感连带，也为参加者带来了更多的情感能量。[①] 兰德尔·柯林斯（Randall Collins）继承并发展了戈夫曼的理论，进一步提出人与人之间的互动交流形成了类似链条状的网络，即"互动仪式链"。[②]

不论是人际的"互动仪式"，还是社会层面的"互动仪式链"，对于极其倚赖社交关联的短视频而言，互动都是用户最为基础且寻常的行为。这种社交行为不仅在分享信息，也在分享情感，"当越来越多的用户发布或观看视频，实际上是通过创造出来的符号分享情绪或进行情感体验"[③]。用户可以针对某一短视频点赞、收藏、分享，也可以围绕视频内容做基于好恶的评价，这些都可被理解为一种"情感投注"式的互动行为。正如轻点一个上翘的大拇指就代表了观看者对视频创作者的称赞，在不同文化语境下的短视频互动行为是可以通约的，更隐藏着关注、认可、赞同等层面的情感支援。人们在分享和交流短视频的过程中，实际上就在沟通和交流情感。这种持续不断的互动行为在链式结构中得到增强，有助于消除文化的异质性，也降低了"断链"与"文化休克"发生的可能性。从另一个层面上说，如果不存在情感认同，那么短视频互动行为就难以发生。特别是在跨文化语境下，情感是互动的前提，没有情感基础就无法产生连接，更不用谈深刻的理解。

尼克·库尔德里（Nick Couldry）认为，互动的重要性在于它代表着媒介的"真实"和"现场感"这些仪式范畴的新发展。他认为，互动是被建构的、修辞化的，"而恰恰是这种社会关联的修辞性主张才需要仪式来强化"。[④] 从这个角度出发，发生在短视频平台上的用户互动行为，拓展了媒介仪式的概念，成为同一文化场景下的日常现实。短视频形成的一个个场景，让置身其中的人们很容易"触景生情"，增强了传播的情感化色彩。[⑤] 情感在短视频中找到了宣泄的空间，这里不仅包括一般化的情感，也包括纯个人化、个性化、边缘化的情感。

---

① 蒋晓丽、何飞:《互动仪式理论视域下网络话题事件的情感传播研究》，《湘潭大学学报》（哲学社会科学版）2016 年第 2 期。

② [美] 兰德尔·柯林斯著，林聚任、王鹏、宋丽君译:《互动仪式链》，北京: 商务印书馆，2012 年 6 月。

③ 胡红利:《"符号互动论"视域下抖音短视频 App 的传播价值研究》，《新媒体研究》2019 年第 5 期。

④ 尼克·库尔德里:《媒介仪式———一种批判的视角》，崔玺译，北京: 中国人民大学出版社，2016 年，第 124—125 页。

⑤ 马广军、尤可可:《网络媒体传播的"情感化"转向》，《青年记者》2020 年第 5 期。

四、短视频的跨文化情感价值生产与创造

（一）国际短视频平台的情感生产——基于 Tik Tok、Shorts、Reels 的比较

在"情感机制"作用下的短视频不仅在全球层面实现了跨域和跨界传播，吸纳了数以亿计的用户资源，更实现了对社会关系与传播方式的重塑和再造，生产创造出独具特色的"情感附带价值"。本文试从 Tik Tok、Shorts、Reels 三个主要的国际短视频平台入手，浅析其在跨文化情感价值生产方面的异同。

Tik Tok 依靠短视频起家，走向国际较早并已取得巨大商业成功，在遭遇美国、印度等市场管控政策压力的背景下，2021 年全球月活用户数仍达到 10 亿。而 Shorts、Reels 分别是 YouTube、Instagram 在近两年开发的短视频版块，入局短视频领域更晚，在很大程度上模仿着 Tik Tok 的发展路线与功能设置，并与 Tik Tok 在西方主流市场上展开竞争。综合来看，三大国际短视频平台都有着非常良好的视听传播基因、强大的算法技术以及庞大的用户规模，其情感生产是一个非常复杂的体系，但鼓励用户创作更加轻松、有趣、幽默等娱乐化的内容，是它们共同的情感生产目标。

通过观察发现，调动用户愉悦情绪的短视频在三大平台上均拥有较高的播放量，比如一个无伤大雅的恶作剧、一段细节感拉满的剧情反转、一条洗脑神曲或夸张舞蹈等，这些短视频产品粗糙而浅显，但都包含了抓人情绪、引人发笑、让人意想不到的内容。对比不同平台短视频的产制结构，Tik Tok 以创意音乐与特效见长，"动感的音乐和趣味的视频结合在一起被全球用户在娱乐生活中消费"[①]；Shorts 将趣味融入发展理念与产品"调性"，其宣传语即为"Have fun with Shorts"，通过制造 60 秒以内的"短时趣味"收割流量；Reels 的注册用户群体与 Tik Tok 类似，都是 Z 世代、千禧一代等年轻用户，因此它更倾向于借助网红、明星、时尚从业者等对象表达趣味性，更加注重利用"颜值"制造情感爆点与审美快感。

Tik Tok、Shorts、Reels 拥有不同的用户基础，Tik Tok 深耕短视频多年，用户黏性大、忠诚度高，Shorts、Reels 引入了 YouTube、Instagram 的既有用户流，这两个平台上的短视频实质上是对已存在并得到老用户认可的长视频和图片产品的补充。因此，有的短视频中的情感要素能够被 Tik Tok 用户接收并理解，但在其他平台上不一定有着同样的效果。此外，情感也不总是正向的，比如 Shorts 就设置了"踩"的功能按钮，用户可以对自己不喜欢的作品表达负面情感。

（二）"介入情感"后的短视频价值创造

当情感成为短视频创作中基础化的叙事方式与结构性因素，情感嵌入亦成为数字平台上一种非常重要的跨文化传播实践：一次次情感的调动、刺激与渲染，不仅形构了颇具规模的情感公众，也创造出不可小觑的情感价值。本文从经济、社会、文化三个方面

---

① 张志安、潘曼琪：《抖音"出海"与中国互联网平台的逆向扩散》，《现代出版》2020 年第 3 期。

对跨文化短视频平台的情感价值进行阐述和分析。

1. 经济价值

基于追逐利润与扩大资本的本性，"情感"对于全世界管理和运营短视频的互联网平台企业而言，都不再是一个外化或可有可无的因素，而是被当作收集流量、赢得用户的关键战略，这一点与传统媒体基于理性认知而自觉地与情感传播保持距离是有很大不同的。"情感经济"在短视频传播领域被经常而广泛地讨论。王斌认为，情感经济是推动情感传播的商业动力，体现了情感在数字平台时代的可营利性；情感传播直接为情感经济带来点击量与用户数据，"愈益成为令一切数字行为商品化的'点金术'"[①]。值得注意的是，情感经济发挥作用往往是可以跨越种族和文化的，比如粉丝基于对偶像的喜爱而购买相关服务或产品，进而形成跨越既往文化边界的"超文化回声室"效应[②]。

在肯定情感能够创造经济效益的同时，也要警惕情感被资本利用，进而引发道德和伦理层面上的传播危机。短视频情感经济的风险主要体现在三个方面：一是短视频不需要用户调动过多的知识储备，省去了大量的脑力消耗，这种沉溺式的消极观看容易引发过度的"情感卷入"，成为一种"瘾经济"，占用用户大量时间和注意力，诱发冲动消费、逃避现实生活等行为。用户对短视频情感卷入得越深，越容易被短视频平台"捕获"，并将这种状态粉饰为"对平台高度依赖与具有购买力"。二是短视频在算法作用下调动情感的手段与方式单一，经常激发出大量重复、同质化的情感，这使得观看者的情感体验走向趋同化，无法获得更具个性、具有创造力的审美感受。部分以炫富为主要卖点的短视频在平台上颇为流行，甚至得到不同国家用户的一致推崇，实际上就是将受众情感导向同一个向度，在快乐与金钱之间画等号，鼓动人们不间断地购买和消费。三是短视频对情感内容的集中与引流会加速受众情绪"泛化"，被泛滥的情绪裹挟着的公众易形成极化的观点与态度，丧失理性判断外部事物的能力。当情感成为受众判断真伪、认识对错的唯一尺度，客观、冷静的声音将被压制，真相要么变得难以抵达，要么就根本不再重要。

2. 社会价值

短视频产生的情感价值不仅是个体层面的，也是社会层面的，情感凭借短视频平台不断孕育、积蓄着新的动能与关系。通过庞大的公共参与机制，视频创作者共同塑造了一种数字时代的短视频"情感结构"[③]。短视频传递的情感始终受到周遭情感及非情感因素的牵制，也就是说，无论是疏离、紧张、焦躁等不和谐情感状态，还是平和、温馨、鼓舞等和谐情感状态，都处于变化与流动之中。人们会自主地对情感资源进行分配，参与情感调适，并积极地利用短视频拓展自身与他人的情感交际空间。跨越国界、跨越文

---

① 王斌：《数字平台背景下情感传播的成因、风险及反思》，《电子科技大学学报》（社科版）2019 年第 3 期。

② 姬德强：《"超文化回声室"视域下中国国际传播的理念转型》，《编辑之友》2021 年第 11 期。

③ 曾国华：《重复性、创造力与数字时代的情感结构——对短视频展演的"神经影像学"分析》，《新闻与传播研究》2020 年第 5 期。

化的情感交流不再成为难事，在短视频平台上，创作者与创作者之间、创作者与观看者之间、观看者与观看者之间，即便完全陌生，不清楚对方的名字、国籍、性别、年龄，也仍然可以围绕双方共同感兴趣的话题进行沟通与互动。

从情感角度分析，短视频的社会价值体现在以下三个方面：一是情感凝聚。短视频情感的交互是瞬时完成的，每一次的交互实践，都会激发用户在原有情感基础上的更为强烈的情感体验，并把它推向更为高涨的状态。[①]针对大众普遍关心的问题，情感化的短视频具有激发共同意识的功能，起到情感共享、情感激励的效果，进而促成具有时代特征的集体记忆。比如，疫情期间关于人们互帮互助、乐观面对生活、积极战胜病毒的短视频，就发挥了上述作用。二是情感赋权。众多短视频创作者来自"草根"阶层，通过拍摄、剪辑、发布短视频，不仅能够获得自我成就感的满足，也能得到外界（如粉丝）的积极反馈，并在平台经济中以流量生产者的角色分一杯羹。这种赋权一方面来自技术的进步，创作者可以使用包括字幕、音乐、特效、蒙太奇等多种手段表达情感，直至突破地域与文化阻隔找到乐于接受者，另一方面来自平台经济的众包式商业模式，短视频生产者通过与粉丝的亲密关系与情感联结兜售商品，并在平台运营逻辑下完成自我规训。在很大程度上，短视频情感赋权也是技术赋权，这种技术上的可能性一定程度上恢复了面对面的口语传播、人际传播，弥补了身体的缺场、面部表情的缺失所带来的跨文化传播缺憾。[②]三是情感纾困。从某种角度上讲，短视频中的情感也宣泄着社会情绪，具有缓解个人工作与生活压力、振奋精神与士气的作用，是"加速社会"中公众必不可少的一种缓冲元素。为情感找出口有利于社会心理的稳定，帮助人们以更加积极的态度"重归社会"，维系好现实生活中的关系。

3. 文化价值

短视频平台"生而全球"，这不仅指其拥有跨国企业背景，更指其在文化形态上具有跨越国界的连接作用。在社交媒体平台上，跨文化传播的成功与否并不完全在于传播内容是否高深，文化底蕴是否丰厚，而在于与受众搭建的感情勾连。[③]借助情感化表达，短视频可以引发不同国家、不同民族、不同阶层、不同文化背景受众之间的共情。李成家等认为，人类相同的"喜怒哀惧爱恶欲"等情感是可以超越文化的，"我们既可以爱'文化内'的他人并与其将心比心，也能爱异质文化的'他者'并与其感同身受"[④]。共情的传播效果甚至在异质文化中表现得尤为突出，"当共情触发，横亘在文化间的鸿沟于无形中消失"，受传者基于情感的一致性对信息内容进行"同向解码"，并伴随情感的传染形成

---

① 赵雅文、李世强：《媒体融合背景下短视频平台政治传播与情感动员研究》，《天津师范大学学报》（社会科学版）2022年第2期。

② 常启云：《论互联网群体传播的情感偏向》，《现代传播》2019年第12期。

③ 英颖、孟群：《中国网红在YouTube的跨文化传播》，《青年记者》2022年第4期。

④ 李成家、彭祝斌：《论跨文化共情传播——基于国际互助抗疫的探索》，《现代传播》2021年第5期。

更大范围的群体认同。①

跨文化短视频中的情感认同，应基于多元价值观与多元立场，不能走向猎奇与"凝视"。短视频的文化价值的精髓，体现于看似不起眼的语言、习俗、生活状态等日常情感，它跳脱了审视与评判视角，营造出更为包容、平等、善意、博爱的情感氛围。如已被大量研究列举的李子柒视频，即通过巧妙的叙事手法、优美的视听语言、富含意义的符号建构并凝聚了跨文化共情，带给海外观众既身临其境又差异明显的内心体验，从而拉进了传受双方的情感距离。不可否认的是，李子柒在海外平台上的火爆，从一个侧面展现出东方文化中含蓄、隽永、尚善、乐观、豁达的特色与精神实质，传递了独特的东方美学价值。视频不仅跨越了文化还传递了文化，实现了文化价值的增值。当然，这里的东方美学也可以被看作融合了东西方视觉体验与情感结构的第三种文化，在跨文化传播的增量空间里构建了新的情感交互场域。②

五、结语

情感作为人之本性，虽不易把握但影响显著。卢梭曾谈及人类具有"同类感"的问题，即人看到自己的同胞受苦受难，会感同身受，这种感觉是先于理性存在的。在媒介化走向深入，"人即媒介"的发展态势下，一方面我们的情感需要寄托于外物进行传播，只有依靠技术的帮助，情感意义才能彰显；另一方面情感又克服了个体与个体之间传递的时空局限在数字虚拟平台上永久保留，作为一种泛在且普适的表达以及打破文化隔阂的建设性力量。

当情感成为显在的表象，跨文化传播中的短视频开始面临产制重构、边界拓展与内容再塑等现实问题。这里不是说情感就是短视频跨文化传播的主导，恰恰很多借助了情感作用的机理背后不是情感本身，比如短视频的发展推动视听成为传播媒介的宰制性力量，算法成为控制和左右信息流向的幕后推手，更多的互动与社交增加了用户数量与黏性等。情感在跨文化传播层面成为引擎和催化剂，与国际范围内短视频平台的既有之优势、特性、趋向产生紧密的联系。田浩认为："情感对于用户行为的影响不是短效的，而体现为一种长期的、渗透性的、潜移默化的力量。"③Tik Tok、Shorts、Reels 等短视频平台日以继夜、不遗余力地制造着情感产品，使情感溢出地球村民手中的方寸之间，演化为一个个现实行动和生活现象。如何更好地洞悉跨文化语境中短视频隐藏的"情感机制"，合理利用情感因素创造经济、社会、文化价值，防范情感泛化及次生影响，应成为学界和业界未来研究和探讨的一个重要课题。

---

① 马龙、李虹:《论共情在"转文化传播"中的作用机制》,《现代传播》2022 年第 2 期。
② 姬德强:《李子柒的回声室？社交媒体时代跨文化传播的破界与勘界》,《新闻与写作》2020 年第 3 期。
③ 田浩:《原子化认知及反思性社群：数字新闻接受的情感网络》,《新闻与写作》2022 年第 3 期。

信任与期待：国际社交媒体推特上的上海城市情绪研究

相德宝　覃安琪*

（北京外国语大学国际新闻与传播学院，北京，100089；

上海外国语大学新闻传播学院，上海，200083）

摘　要：本文运用主题建模和情绪分析方法对国际社交媒体推特上关于"上海"主题的推文情绪及其情绪传染进行研究。研究发现：国际社交媒体推特上关于上海的城市情绪以积极情绪为主，"信任"情绪高居第一，其次是"期望"。社交媒体用户最"信任"上海的经济，对文化最"期望"，最"恐惧"疫情和灾害。从情绪传染角度来看，消极情感（愤怒、厌恶、恐惧、悲伤）和积极情绪（期望、高兴和信任）均会引发同样情绪的表达。

关键词：城市形象；情绪分析；情绪感染；主题建模

基金项目：本文系国家社科基金重大项目"中国特色对外话语体系在英语世界的译介与传播研究（1949—2019）"（项目编号：19ZDA339）前期研究成果。

一、引言

随着经济全球化和科技全球化的快速发展和世界城市体系的形成，城市已成为全球竞争的重要主体，成为国家综合国力和国际竞争力的重要体现。而城市形象作为城市综合实力的重要组成部分，它不仅影响着一个城市的整体发展，而且作为国家形象的一个重要组成部分，也会直接或间接地对海外人民的国家形象认知产生影响。随着网络时代的蓬勃发展，推特（Twitter）、优兔（YouTube）和脸书（Facebook）等社会化网络平台以其开放性和包容性而在国内外有着越来越显著的影响力，它的出现也给中国城市在国际上的宣传带来了新的方法和模式。每个人都可以在社交媒体上传播和接收关于城市形象的内容以及情绪感受，并产生了海量的数字信息。因此，如何从国际社交媒体平台上了解中国城市在国际上的形象，更好地塑造和传播城市形象，实现城市更好地发展成为

---

　　* 作者简介：相德宝（1978—），男，山东青岛人，北京外国语大学国际新闻与传播学院教授，主要从事计算传播、国际传播研究；覃安琪（2000—），女，广西河池人，上海外国语大学新闻与传播学院本科生。

当下重要的研究课题。

本文尝试以国际社交媒体推特上关于上海城市形象的推文及评论为分析对象展开研究。主要研究价值体现在，从理论角度来说，目前对城市形象的研究，几乎没有使用普拉切克（Plutchik）八种基本情绪与自然语言技术结合进行研究，而本文采用的方法丰富了研究理论的运用。在研究视角上，大多数学者在对国际城市形象中的情感分析部分绝大多数只停留在基于正负类的情感分析，缺少分类细粒度更高的情绪分析，本文从普拉切克八种基本情绪以及情绪传染展开研究有利于弥补情绪传染细粒度的研究空白。从实践角度，本研究可以为政府和相关组织更细致地把握外国公众关注上海的议题和情绪倾向提供参考，对城市传播活动决策和城市形象塑造提供依据。

二、文献综述

（一）情绪感染与社交媒体

情绪是人对外界事物或现象产生的个人的主观内在感受，如喜爱、悲伤、气愤等情绪感受。同时情绪可以被人们以各种方式展现出来，比如动作、表情、语言、音乐甚至文字等方式，而展现情绪的过程被称为情绪展示（Expression of emotion）。情绪也具有社会性特征，能在人际交往中对其他人产生影响，即个体不仅能让他人感受到自己的情绪，也能让他人做出行为反应。[1]

情绪感染（Emotional contagion）一词诞生于20世纪90年代，Schoenewolf指出它是一个人或群体被其他个人或群体的情绪所感染的过程，并且在该过程中会有意识或无意识地表现出情绪或行为态度。[2]Mooredj等学者对情绪感染理论进行了更为完善的界定，即人们不仅可以通过表情、声音、语言、动作和行为来进行情绪感染，还能通过语言或文字描述让他人对所描述的情景有类似的联想，从而产生与表达者相同的情绪，该方式被称为"语言联想调节机制"。[3]

上述人们情绪感染的方式通常包括表情、动作、声音、语调和行为等，都是基于人与人面对面交流的情况进行的。而随着社交网络的迅速发展，社交媒体（Facebook、Twitter、微博、微信）可以让使用者无须依赖面对面接触，就能在网络上进行以文字为主要媒介自由地发表意见、观点、评价等社交活动。基于此，一些学者开始了对社交媒

① Parkinsonb, "Emotions are Social," *British Journal of Psychology*,vol.87,no.4(1996),pp. 663-683.

② Schoenewolfg, "Emotional Contagion: Behavioral Induction in Individuals and Groups," *Modern Psychoanalysis*,vol.15,no.1(1990),pp.49-61.

③ Mooredj, Harriswd, Chenhc, "Affect Intensity: an Individual Difference Response to Advertising Appeals," *Journal of Consumer Research*,vol.273,no.8(1995),pp.154-164.

体情绪传染的研究。Gruzd[①] 和 Kramer[②] 等学者证明了在网络环境中，以语言文字为媒介的环境下，情绪也是会传染的，同时会影响人们的行为，比如引发转发和评论等行为。

目前关于情绪的传染机制，存在两种不同的说法，一是认为情绪传染过程是无意识的，Ekman & Laird 认为情感传染会在无须意识参与的情况下自发地进行。而 Hoffman 认为传染过程是有意识的，情绪感知者从他人身上感知到某种情绪后，会通过语言的联想 (language-mediated association) 和观点采纳 (active perspective taking) 两种认知机制，将自己的情绪与他人进行比较和调节 [③]，决定是否接受他人的观点并产生相同的情绪，如果同意该观点且认为这种情绪适合，情绪感染就会产生，否则就不会发生。杨洸在研究情绪感染机制时发现，情绪感染过程是有意识的，在社交平台这个缺少面对面交流的环境中，评论者只能依靠对主帖的文字内容进行认知加工并通过观察其他评论者的参与行为来模仿和传递情绪，从而产生情感传染。不同的议题会带来不同的情感以及不同的情感传染现象。[④]

多数关于情绪传染的研究都是基于正面和负面这两种对立的情感极性对情绪传染进行的，而学者 Berger 和 Milkman 在基于多种情绪的情绪传染研究中发现，在负面情绪中，愤怒情绪比悲伤情绪能引起更大的反应，比如引来更多的转发和带有情绪的评论。[⑤] 有研究者认为为了获得更准确的结果，对情绪进行更细致的区分是必要的。

（二）情感分析与情绪分析

情感分析（sentiment analysis）是指对带有情感色彩的文本进行分析、处理、归纳和推理。[⑥] 情感分析主要进行的是极性的二分类（正面和负面情绪），它存在的问题是只能告知公众的情感是积极的还是消极的，而没有描述公众的确切情绪感受和反应的强度，因此，情绪分析便诞生了，学者们从心理学的情绪分类理论出发，在情感分析的基础上，多维度地描述人的情绪倾向。[⑦]

目前，主流的情绪分析方法主要包括机器学习的方法和基于词典的方法。

---

① Gruzd, A, "Emotions in the Twitter Verse and Implications for User Interface Design," *AIS Transactions on Human-Computer Interaction*. Vol.5, no.1, 2013, pp. 42–56.

② Kramer, A. D. I., Guillory, J. E., and Hancock, J. T, "Experimental Evidence of Massive-scale Emotional Contagion through Social Networks," *Proceedings of the National Academy of Sciences*, vol.111,no.24 (2014),pp.8788-8790.

③ Hoffman,M.L, "How automatic and representational is empathy, and why" *Behavioral and Brain Sciences*,vol.25,no.1(2002),pp.38-39.

④ 杨洸：《社交媒体网络情感传染及线索影响机制的实证分析》，《深圳大学学报》（人文社会科学版）2020 年第 37 期。

⑤ Berger, J., and Milkman, K. L, "What Makes Online Content Viral?" *Journal of Marketing Research*, vol49,no.2 (2012),pp.192-205.

⑥ 洪巍，李敏：《文本情感分析方法研究综述》，《计算机工程与科学》2019 年第 41 期。

⑦ 李然、林政、林海伦、王伟平、孟丹：《文本情绪分析综述》，《计算机研究与发展》2018 年第 55 期。

基于机器学习的方法是通过人工对语料进行情绪类别的标注，利用机器学习方法在已明确情绪类别的数据上训练出分类器，并利用训练好的分类器来预测新样本的分类。这个方法的标注和训练过程都需要耗费大量的人力和时间，由于不同领域的语料内容差异大，社交媒体上充斥着各领域的海量信息，利用该方法对社交媒体上的内容进行情绪分析不仅更费时费力，还存在一定的局限性。而基于情绪词典的方法是将一条文本进行处理并分词后得到的词语与情绪词典进行匹配，统计出文本中各个情绪类别的情绪词出现个数，根据情绪词的个数和建立的规则最终判断出该文本表达出的情绪。[①] 该方法不需要标注语料，可以从一定程度上解决机器学习方法对大量的标注语料的依赖性并节省大量的时间，因此本文将采用基于情绪词典的情绪分析方法。

情绪词典的基本情绪组成主要依靠心理学的情绪分类理论，经典的情绪分类是 Ekman 的基本情绪理论[②] 中的 6 种基本情绪：愤怒（anger）、高兴（joy）、悲伤（sadness）、恐惧（fear）、厌恶（disgust）和诧异（surprise），而 Plutchik[③] 在 Ekman 基本情绪理论的基础上增加了两种：信任(trust) 和期待(anticipation)，扩展了情绪分类，也逐渐成为情绪分析的情感词典常用的情绪分类，基于这八种情绪分类的词典较常用的是 NRC 情绪与情感词典，该词典是由加拿大国家研究委员会的专家创建，起初，它是基于英文数据的词典，后扩展为 105 种语言，包含中文、法语、韩语、西班牙语等。本研究认为普拉切克的八种情绪分类作为对城市形象的文本情绪分类则能更好地从多维度、更细致地展现出外国人对一个城市所包含的情绪。

（三）海外社交媒体国际城市形象研究

城市形象的研究范围非常广泛，学者们从各个研究视角出发进行了城市形象研究，其概念界普遍认同城市营销学者 Kotler 从受众角度出发对城市形象的定义"城市形象可描述为受众对某一城市的一系列态度、观点、看法及评价的集合"。[④]

目前国内关于城市的国际形象研究还在发展初期，还没有形成一个完整的理论体系。城市国际形象研究对象初期以《纽约时报》、路透社、彭博社等海外主流媒体对国内城市的相关报道为主，其研究方法以量化分析为主，质化分析为辅。海外社交媒体为我国城市形象提供展示平台，目前在海外社交媒体上的城市国际形象的研究城市多以北京、上海、广州等一线城市为主，以海外社交媒体上与这些城市相关的报道为研究对象进行量化分析，采用词频分析或主题建模技术总结出城市的城市形象。如徐翔和朱颖采用大数据挖掘方法和情感分析方法对北京的城市形象研究，得出关于北京相关议题并分析其情

---

① 王世泓:《基于情绪词典扩展技术的中文微博情绪分析》，硕士学位论文，南京航空航天大学计算机科学与技术系，2015 年，第 2 页。

② Ekman, P, "An Argument for Basic Emotion", *Cognition and Emotion*, vol.6, no.3-4(1993), pp.169-200.

③ Plutchik R, "The nature of emotions", *Philosophical Studies*, vol.89, no.4(2001), pp.393-409.

④ Kotler, P, Haider, D H, Rein. I, *Marketing Places*, Amaria:The Free Press, 1993, pp.139-162.

感的正负面。^①但大多数研究只是对国内城市在海外社交媒体上的发布内容的二分类情感倾向（正面和负面）做了描述，较少有细粒度更高的情绪分析。

城市形象研究经常从政治、经济、社会以及文化这四个维度进行研究，但也有学者认为这四个维度不足以囊括实际的国际城市形象的构成元素，基于这四个维度和研究数据进行补充和完善。如张利平围绕海外媒体关于武汉的报道与传播进行研究，在这四个维度的基础上对武汉的国际城市形象进行了修改和补充，扩展为政府、文化社会、经济、安全、旅游这五个维度。^②

多数研究仅对社交媒体主贴的内容和情感倾向进行了研究，缺少评论者内容和情绪的研究，本文认为发布者的内容和情绪倾向只是一个表达，研究对象不够全面。情绪感染研究需要对评论者情绪进行全面测量。同时，对于普遍存在的网络情感传染现象，大多数学者进行的描述性研究主要依赖情感分析（sentiment analysis）方法，进行情感传染的极性分类（正面和负面）。缺少更高细粒度的情感分析。基于此，本文尝试采用基于普拉切克八种情绪词典的情绪分析方法，对国际社交媒体上国际大都市上海主题的推文及推文下的评论为研究对象，对上海在国际社交媒体上的主题、情绪倾向和情绪传染情况进行研究。主要研究问题包括：

（1）国际社交媒体推特上关于上海城市形象的主题有哪些？

（2）不同主题呈现怎样的情绪倾向？

（3）不同主题是否存在情绪感染？如果存在，情绪感染情况如何？

三、研究设计

（一）研究对象

Twitter 作为海外热门的国际社交媒体平台，拥有全球各地的用户，用户量大，影响力高，同时数据开放，允许研究者使用爬虫获取数据。所以以国际社交媒体推特为研究对象。城市选择方面，本文选择国际大都市上海。

（二）研究数据和研究方法

使用 Python 调用推特 API 去爬取推特上的推文，以"shanghai"为关键词，爬取时间范围为 2020 年 1 月至 2021 年 12 月内的所有英文推文。通过去重和删除不含关键词"shanghai"的推文，最后共获取了 57296 条数据。对数据统计发现，仅有 8458 条推文有评论，随后爬取推文下的评论，经过去重后共获取了 6563 条推文的 25587 条数据。

———————

①　徐翔，朱颖：《北京城市形象国际自媒体传播的现状与对策——基于 Twitter、Google+、YouTube 的实证分析》，《对外传播》2017 年第 8 期。

②　张利平：《城市形象国际传播的媒体策略——以武汉国际城市形象传播为例》，《湖北经济学院学报》（人文社会科学版）2012 年第 9 期。

随后对推文以及评论的文本进行预处理，在分词之前先对文本进行标准化处理，利用 Python 的正则表达式过滤掉 emoji 表情、@xxx（用户名）链接等无用信息。之后基于空格、停用词和标点符号进行简单的分词处理，并剔除其中产生的空内容和字母。并对英文单词进行词形还原，如 lower 还原成 low，has 和 had 还原为 have。

为了保证主题建模的准确性，剔除了经过分词后内容为空和词数小于 5 的推文，最终用于主题建模的推文数据为 57004 条。同时剔除了分词后为空的评论数据，最终获得 5850 条推文的 21895 条评论数据。

本研究采用 LDA 主题模型进行主题分类，LDA 是一种基于非监督机器学习技术的文档主题生成模型，可以用来识别大规模文档集或语料库中潜藏的主题信息。在处理过程中，通过分析整体的词频可以发现，其中存在着一些对探索主题无用的高频词，通过去掉这些高频词和低频词提高主题建模的精度和减少模型训练时间。去除语料库里明显的常见词比如（shanghai、china、chinese 等）以及探索文本主题无较大作用的名词和量词等，如 day、days、today、one、two 等。

同时结合 TF-IDF 方法对文本进行主题建模，TF-IDF 方法会调整词语的权重，可以过滤出现频率高且不影响文档主题的词语，尽可能地用文档主题词汇表示这篇文档的主题，相比较于采用传统的词袋模型生成的主题会更准确。

由于 LDA 主题分类的效果和主题数目的选择有直接关系，因此在正式建模前，本文采用了目前公认效果较好 Coherence 方法确定最优主题数，Coherence 值最高对应的主题个数就是最优的主题数。

本文采用的是基于情感词典的情感分析方法，使用的是 NRC 词语情绪词典 (NRC-Emotion-Lexicon-v0.92)，该词典不仅能进行情感极性打分 (positive/negative)，且能进行普拉切克的 8 种离散型情绪打分。本文设定情绪和情感分数和分类规则如下：将分词后的列表数据对应 NRC 词语情绪词典进行情绪词的匹配，并统计出各个情绪类别的情绪词出现次数，次数就是情绪 / 极性分数。根据每一条推文的情绪分数和极性分数，如果每类情绪或极性情感都为 0，则标记为"无"，剩下推文中的情绪或极性情感有唯一最高值的将归类为得分最高的情绪，否则标记为"未知"。

其中关于情绪感染的验证方法，参考杨洸（2020）在《社交媒体网络情感传染及线索影响机制的实证分析》一文中对极性（正面和负面）情感传染的计算方法。设计如下：已知情感分析时会为推文和评论打情绪分，统计文本分词后的词数，据此计算每条推文和评论的八种情绪的情绪词比重（情绪词比重 = 情绪分 / 分词后总词数）①，情绪词比重相当于计算情绪程度，随后使用 SPSS 软件对推文情绪词比重和评论情绪词比重进行

①　杨洸:《社交媒体网络情感传染及线索影响机制的实证分析》,《深圳大学学报》(人文社会科学版),2020 年，第 37 期。

Spearman相关性分析，研究推文和评论的各个情绪维度之间是否发生了情绪感染及其感染情况，若推文的情绪词比重与评论情绪词比重呈正相关则说明存在情感传染现象。

四、研究发现

（一）主题分布与议题分类

1.国际社交媒体推特上海主题分布

根据一致性（Coherence）方法经过试验得出最优主题数为38，由LDA模型建模得出主题及其对应关键词，根据其贡献率排名前20的关键词对其进行主题命名，主题情况分布如下表。

表1　主题分布情况

主题	占比	主题	占比	主题	占比
公司上市	3.93%	面试求职	2.40%	足球赛事	1.84%
自然灾害	2.33%	街头摄影	1.81%	国际教育	1.75%
艺术博物馆	3.50%	国际都市	2.68%	外籍人士求职	1.92%
新冠疫苗	1.90%	天气情况	2.24%	外贸投资	6.36%
世界移动通信大会	2.39%	城市景观	2.42%	一带一路	1.24%
股票市场	3.85%	天气气候	1.74%	汽车工业	2.79%
气候生活	1.20%	城市建筑	2.09%	粉丝明星	1.92%
航空航运	4.28%	长江邮轮旅行	2.08%	莫迪选举故事书推荐	1.19%
节日祝福	4.55%	进口博览会	4.99%	疫情病毒传播与隔离	1.91%
品牌广告	1.17%	景点景观	4.72%	生活与美妆	1.25%
国际疫情互助	2.56%	天文博物馆	2.52%	人才招聘	2.05%
旅行博客	1.97%	新冠肺炎疫情	4.94%	比特币	2.19%
迪士尼	3.01%	跨国金融投资	2.33%	—	—

根据统计，可以发现，"外贸投资"在38个主题中占比最高，其次是"进口博览会"和"新冠肺炎疫情"。从主题中我们可以明显看出还可以对主题进一步进行归类。根据生成的主题，上海城市形象除了呈现在社会民生、文化、经济和政治这四个传统议题上，还明显体现在旅游和疫情两个议题上。

2.议题分类情况

同时根据上海传统形象定位的经济、金融、贸易、航运四个中心，增加金融这一议题，即最后议题分类为社会、经济、政治、文化、旅游、疫情、金融这七个议题，议题分类及占比情况如表2所示。

表2 主题分类—分布情况

议题	包含主题	占比
文化	艺术博物馆、节日祝福、品牌广告、街头摄影、国际都市、城市建筑、景点景观、天文博物馆、足球赛事、国际教育、粉丝明星	28.88%
社会	自然灾害、气候生活、航空航运、面试求职、天气情况、城市景观、天气气候、外籍人士求职、生活与美妆、人才招聘	22.09%
经济	外贸投资、世界移动通信大会、进口博览会、跨国金融投资、汽车工业	19.08%
金融	公司上市、股票市场、比特币	10.10%
疫情	新冠疫苗、新冠肺炎疫情、疫情病毒传播与隔离	8.85%
旅游	旅行博客、迪士尼、长江邮轮旅行	7.15%
政治	国际疫情互助、一带一路	3.85%

由表2可知，推特用户最关注上海的文化议题，占比高达28.88%，其次是社会和经济议题，占比分别为22.09%和19.08%，再次是金融和旅游议题，占比分别为10.10%和7.15%，对政治议题的内容关注最少，其占比仅为3.85%，说明推特用户喜欢分享的是与他们社会文化生活密切相关的主题。

在推特上，上海城市形象在文化议题上主要由"博物馆""城市建筑""足球赛事""国际教育"和"明星粉丝"这些主题构成。上海城市形象在社会议题上，主要由日常生活与环境、招聘与求职和自然灾害构成，说明推特用户广泛关注上海日常生活；他们也意识到上海的就业机会多，外籍人士求职主题更说明了他们被这一特点吸引了，也就是说推特用户可能对在上海工作和生活产生向往。经济议题上，主要由国际贸易投资（"外贸投资"和"跨国金融投资"）、国际展会（"世界移动通信大会"和"进口博览会"）和汽车工业构成，不仅体现了在高度国际化的背景中，上海作为世界经济中心城市的属性，还体现了其符合全球城市功能定位和显著的开放性。在政治议题上，仅包括"国际疫情互助"和"一带一路"这两个主题。

（二）国际社交媒体推特上海情绪分布

根据上文的情感分析方法对推文进行情绪分类和极性分类，对推文的情绪分布情况进行分析，发现如下：

1. 八大情绪整体结构

在进行对所有相关推文进行愤怒、期望、厌恶、恐惧、高兴、悲伤、诧异和信任这8种情绪分类后发现，在56325条推文中，有20.04%的推文不含任何情绪，有79.96%的推文至少含有八种情绪中的一种，说明他们在发布关于上海的推文时都会掺杂着一种或多种情绪，然而仅有46.69%的推文（26298条）能归类为单一的情绪，也就是说大多数用户在发布推文时掺杂多种情绪，并且这些情绪的强烈程度差别不大。八大情绪分布情况如图1所示：

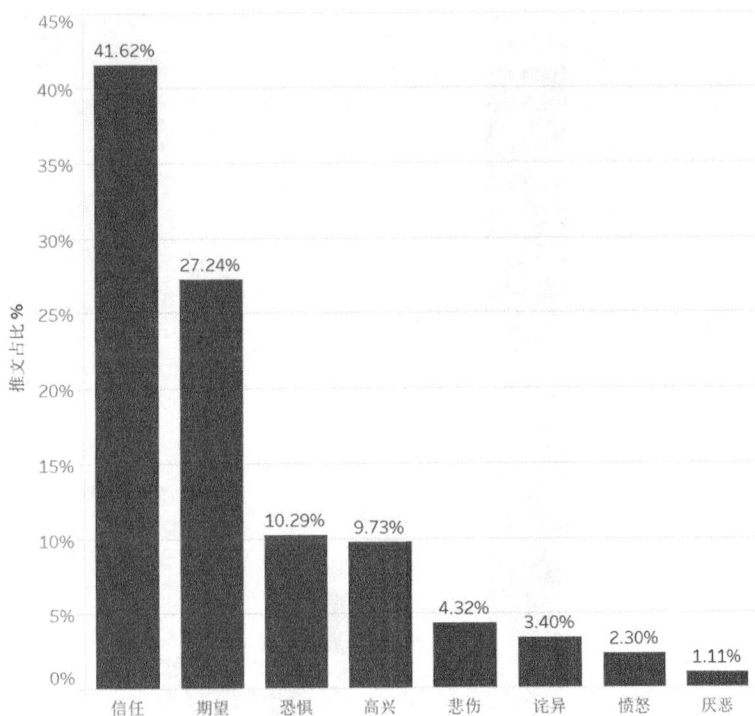

图 1　八大情绪分布

由图 1 可知，信任情绪的占比极高，达 41.62%，其次是期望情绪，占比 27.24%，再次是恐惧和高兴，分别占比 10.29% 和 9.73%，悲伤、诧异和愤怒的情绪占比都较低，分别占比 4.32%、3.40% 和 2.3%，而厌恶情绪是最低，仅占 1.11%。这说明，推特用户对上海整体主要含有信任和期望等积极的情绪。

2. 情绪偏向分布（积极—消极）

由图 2 可知，在 56325 条推文中，有 80.91% 的推文都含有极性情感，有 59.38% 的推文态度是正向积极的，只有 13.78% 的推文是消极的，这说明在推特上，发布者提及上海的情感极性整体上呈现正向积极态势。

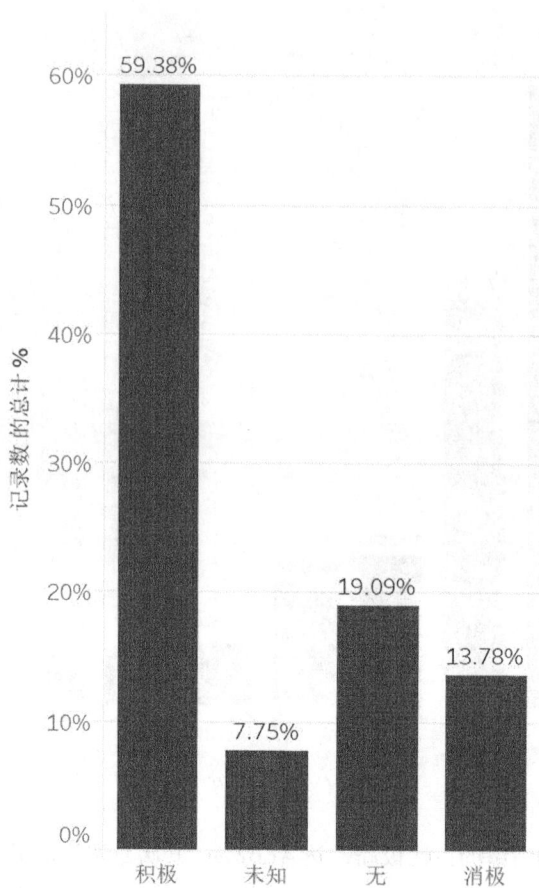

图 2　极性情感分布

3. 情绪与主题分布

根据八种情绪分类和七个议题分类对数据（共 26298 条）进行统计与绘图，如图 3 和图 4 所示。

议题

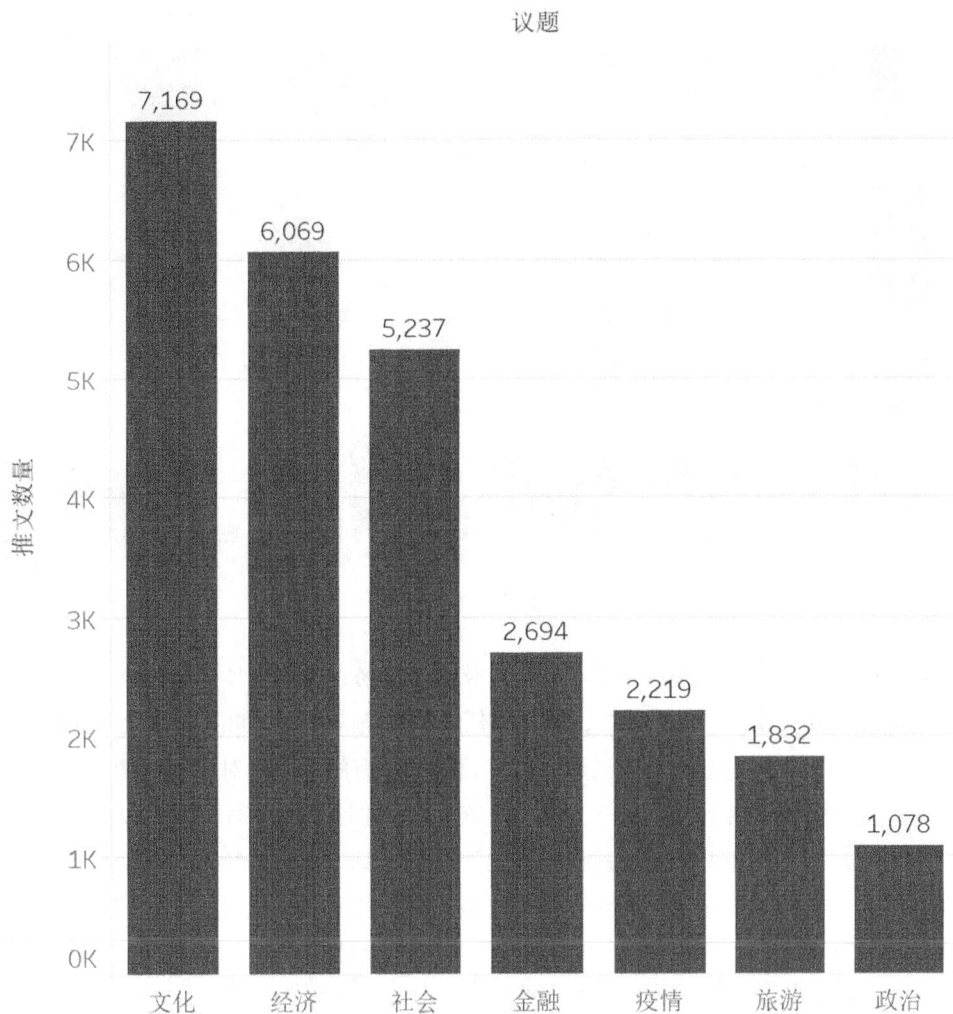

图 3　情绪—议题分布

在可归类为单一情绪的 26298 条数据中，议题推文的数量占比从多到少依次是，文化、经济、社会、金融、疫情、旅游和政治。

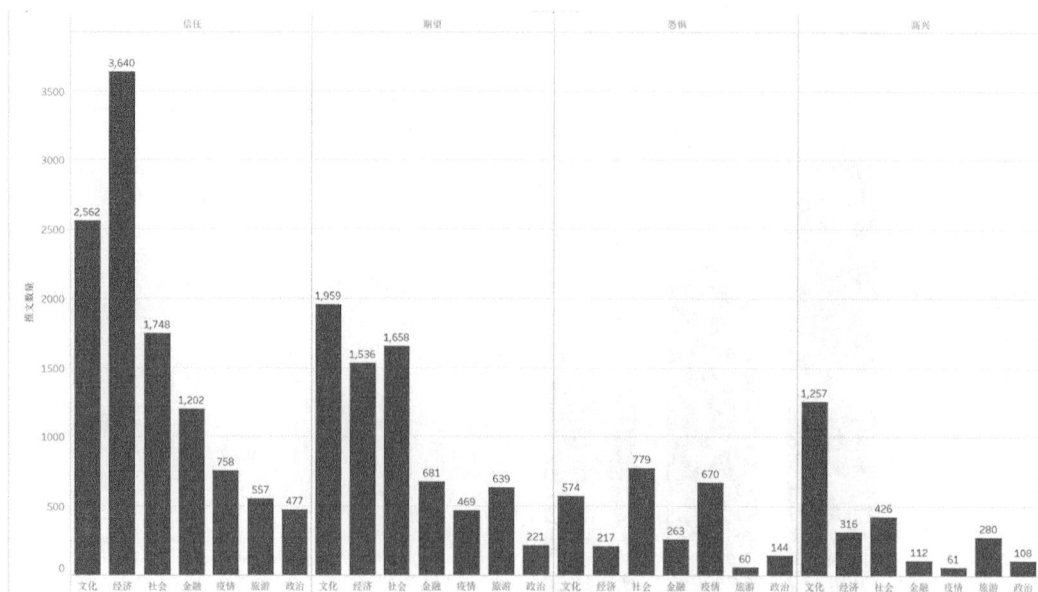

图 4 情绪—议题分布

　　在信任情绪下，由图3可知样本数量文化大于经济，然而图4中信任情绪中占比最高的是经济，其次才是文化、社会，并且信任情绪在经济议题中的占比远大于其他议题，说明推特上的发布者对上海七大议题中最"信任"上海的经济。对经济议题下的主题进行研究，发现信任情绪下占比前三主题"外贸投资"主题占比最高，为39.92%，其次是"跨国金融投资"（26.46%）和"进口博览会"（15.96%）。说明推特用户很看好上海对外投资和贸易，充分对上海作为世界经济中心城市的信任；而文化议题中的前三占比主题从高到低依次为"国际教育"（占比24.28%）、"天文博物馆"（占比13.62%）和"节日祝福"（10.77%），说明在文化议题下，推特用户最关注也最"信任"上海的"国际教育"内容；社会议题中的前三占比主题从高到低依次为"外籍人士求职"（占比17.91%）、"航空航运"（占比14.42%）和"人才招聘"（14.13%），说明他们对上海工作求职环境和航空航运是较为"信任"的；金融议题仅包含三个主题，信任情绪占比从高到低的主题依次为文化议题中的前三占比主题从高到低依次为"公司上市"（占比42.51%）、"股票市场"（占比39.85%）和"比特币"（17.64%）。

　　期望情绪中占比前三的议题依次为文化、社会和经济。经济议题下，期望情绪占比前三的主题分别是"外贸投资"（35.29%）、"进口博览会"（30.21%）和"汽车工业"（21.83%），说明推特用户对良性发展是抱着期望态度的。而在信任情绪排名第二的"跨国金融投资"的期望情绪却是排名最低，说明他们对上海经济中"跨国金融投资"的目前情况是信任的，但却对其未来的发展持有的期望不高。文化议题下，期望情绪占比前三的主题分别是"节日祝福"（18.89%）、"景观景点"（14.34%）和"艺术博物馆"

（13.53%），"国际教育"的信任情绪排名第一，但期望情绪排名最后，仅占1.84%，说明推特用户喜欢表达对"国际教育"的信任情绪，较少表达对其的期望。社会议题下，期望情绪占比前三的主题分别是"航空航运"（35.10%）、"天气情况"（18.94%）和"人才招聘"（9.41%），结合上面的信任情绪的分析，说明推特用户对"航空航运"和"人才招聘"的现状和未来走向都持有比较好的态度。

　　恐惧情绪占比前三的议题依次为社会、疫情和文化。在社会议题下，恐惧情绪占比前三的主题分别是"生活与美妆"（51.60%）、"航空航运"（18.94%）和"自然灾害"（12.71%），回溯"生活与美妆"的推文发现，该主题的内容喜欢在宣传美妆和保养的同时喜欢传播对容貌焦虑和变老的恐惧情绪以让人们产生对保养和美妆美容的重视；回溯"航空航运"的推文发现，含有恐惧情绪的推文大多数是关于对航运传播新冠病毒和台风对航空的影响，是基于对灾难的恐惧心理。疫情议题含有较多恐惧情绪是可以预料到的，因为人们难免会对灾难事件发表恐惧和焦虑的情绪，该议题下的三个主题占比为"新冠肺炎疫情"（70.00%）、"疫情病毒传播与隔离"（16.72%）和"新冠疫苗"（13.28%）。也可以发现，疫情议题的信任情绪稍稍高出恐惧情绪，而期望情绪稍微低于恐惧情绪，说明上海政府的疫情防控措施到位且成效不错。说明人们对新冠肺炎疫情的出现怀有恐惧，同时也对它的发展好转抱有信任。在文化议题下，恐惧情绪占比前三的主题分别是"品牌广告"（41.99%，241条）、"节日祝福"（18.99%，109条）和"景点景观"（8.01%，46条），回溯主题的推文内容发现，"品牌广告"下大多数是关于品牌危机，而"节日祝福"一部分是关于节庆期间封控，"景点景观"大多还是关于新冠肺炎疫情期间的景点拍照。说明大多数恐惧情绪来自对新冠病毒和自然灾害的恐惧。

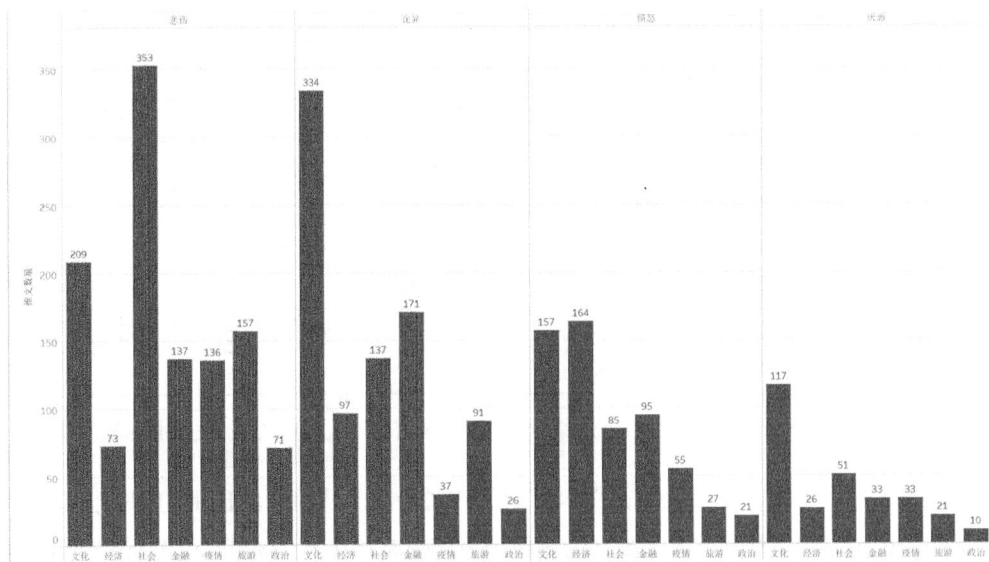

图5　情绪—议题分布

剩余的 5 种情绪的数据量都较少，因此只对情绪中占比最高的议题进行分析。由图 4 可知，高兴情绪占比最高的是文化议题（1257 条数据），远高于占比第二的社会议题（426 条数据）。文化议题下占比前二的分别为"景观景点"（42.96%）和艺术博物馆（14.48%），说明推特用户最喜欢对上海的景观景点表达高兴情绪，说明他们较为喜欢上海的景观景点。通过图 5 可知，悲伤情绪占比最高的是社会议题，而在社会议题下占比最高的是"天气情况"（54.39%，192 条数据），说明人们喜欢对阴雨天气表达自己的悲伤情绪。诧异情绪中占比最高的是文化议题（334 条数据），他们对文化议题下的"景观景点"（78 条）、"节日祝福"（65 条）、"国际都市"（59 条）和"艺术博物馆"（55 条）的诧异情绪较大。愤怒情绪中占比最高的是经济议题（164 条）和文化议题（157 条），这两个议题占比最高的主题分别是"进口博览会"（94 条）和"节日祝福"（64 条）。厌恶情绪中占比最高的是文化议题（117 条），占比最高的主题是"街头摄影"（53 条）。

（三）情绪传染情况

情绪分布可以管窥发布者推文的情绪，通过进一步的情绪传染研究可以更好地把握评论者对主题的情绪。根据上文的情绪传染测算方法对数据进行处理，并且对推文和评论的情绪进行相关性分析。Plutchik 的八种情绪如果按积极和消极情感可这样进行划分，愤怒、厌恶、恐惧和悲伤属于消极情绪，期望、高兴和信任属于积极情绪，诧异的情感极性不确定，因此不进行归类。

表 3　推文与评论情绪词的相关性分析（N=5850）

愤怒		评论平均情绪词比重						
		期望	厌恶	恐惧	高兴	悲伤	诧异	信任	
推文情绪词比重	愤怒	.115**	—	.082**	.093**	—	.078**	.040**	.034**
	期望	—	.114**	—	—	.077**	—	.051**	.054**
	厌恶	.086**	—	.101**	.063**	—	.073**	—	.031*
	恐惧	.092**	.034**	.103**	.176**	—	.120**	—	.041**
	高兴	-.031*	.058**	—	-.063**	.141**	-.041**	.053**	.058**
	悲伤	.080**	—	.097**	.128**	—	.153**	—	—
	诧异	.032*	.069**	—	—	.069**	—	.099**	.038**
	信任	—	.068**	—	—	.042**	—	—	.126**

注：*p<.05; **p<.01;**. 在 0.01 级别，相关性显著；*. 在 0.05 级别，相关性显著。

据表 3 数据可知，第一，存在文本层面的情绪传染。从情绪词比重的相关性看，评论的每一种情绪的情绪词比重与推文的相应情绪的情绪词比重呈正相关（P 均大于 0，小于 0.05），说明推文的情绪取向能够显著正向影响后续评论产生相同的情绪表达，说明在推特上，网络情绪传染确实存在。第二，存在消极情绪的情感传染。消极情绪（愤怒、厌恶、恐惧和悲伤）的情绪词比重与同类消极情绪评论情绪词比重呈正相关，并且与积极情绪（期望、高兴和信任）呈负相关，说明推文含有愤怒或厌恶或恐惧或悲伤这类消极情绪，均会激发评论产生愤怒、厌恶、恐惧和悲伤这些消极的情绪表达。第三，存在积极情绪的情感传染。推文中期望和高兴这三种积极情绪，还引发了评论的期望、高兴和信任这类积极情绪的表达，产生了积极情绪的传染。

　　根据上文的推导，即如果评论同意并且认为推文的情绪也就是态度合适则会发生情绪感染，那么如果不同意主推文的观点或情绪时，则可能会发表带有其他相反情绪的评论。由表3可知，愤怒不仅引发了消极情绪的表达，还引发了信任和诧异情绪的表达，由于诧异无法归类为积极或消极，因此不对它进行讨论。信任在极性分类上和愤怒是相反的情绪，说明有相当一部分人不认同发布人对议题的观点和愤怒情绪，并通过评论表明自己对议题的信任情绪。在相关性样本中筛选出含有愤怒情绪的推文以及该推文下的评论归类为信任情绪的数据进行数据分析，筛选出981条数据，发现数据集中的内容主要集中在疫情议题（包括新冠传播与隔离、新冠肺炎疫情和国际疫情互助议题）、节日祝福、迪士尼和航空航运。这说明评论者并不认同发布者对新冠肺炎疫情、节日祝福、迪士尼和航空航运这些主题的愤怒情绪，这些议题里越是含有愤怒情绪，就越会激发评论者进行信任情绪的表达。

　　由表3可知，恐惧情绪对期望和信任等情绪也有传染效果，方法同上，筛选出含有恐惧情绪的推文，且推文下的评论归类为期望/信任情绪的数据进行分析。评论归类为信任情绪的数据共有1102条，其内容主要集中在疫情（包括新冠传播与隔离、新冠肺炎疫情和国际疫情互助议题）和旅游（旅行博客、迪士尼）、节日祝福和外贸投资等议题，说明评论者并不认同发布者对这些议题的恐惧情绪，并且表达了自己对这些议题的信任情绪。评论归类为期望情绪的数据共有472条，内容主要集中在新冠肺炎疫情（包括新冠传播与隔离、新冠肺炎疫情和国际疫情互助议题）、节日祝福、航空航运和外贸投资等议题，说明评论者并不认同发布者对这些议题的恐惧情绪，并且表达了自己对这些议题的期望情绪。综上，评论者认为对待新冠肺炎疫情、节日祝福和外贸投资等主题应该含着期望和信任等情绪，因此才会对推文进行评论留下自己对这些议题的真实情绪，这些议题的推文越是含有愤怒或恐惧情绪，就会越激发评论者表达他们对这些议题信任或期望情绪。

　　五、结论

　　本文以2020年1月至2022年12月的推特上关于上海的推文及推文评论为研究对象，围绕推特上呈现的上海主题以及所含情绪展开研究，采用主题建模和情绪分析方法对数据进行处理，利用SPSS对情绪进行情绪传染研究。研究发现，第一，国际社交媒体推特用户更关注上海文化议题，其次是社会和经济议题，政治议题的关注度最低。第二，推特上，关于上海总体上的极性情感以积极正向为主，积极情绪占比远高于消极情绪。总的来看，近两年关于推文中只有46.69%表现出了明显的情绪，有30%左右的推文掺杂多种情绪，从表现出来的情绪情况来看，信任高居第一位，然后是期望，这两种情绪远高于其他情绪。第三，推特用户最"信任"上海的经济，对文化最"期望"，最"恐惧"疫情和灾害，最"高兴"遇见文化下的"景观景点"，最"诧异"文化议题，最"愤怒"经济和文化议题，最"厌恶"文化议题；第四，关于上海的推文中，八种情绪均发生了情绪传染，并且属于消极情感（愤怒、厌恶、恐惧、悲伤）的情绪也会引发评论同属消极情绪的表达；积极情感也是如此。第五，从情绪传染和主题看评论者对该主题的态度，评论者认为对待新冠肺炎疫情、节日祝福和跨国投资等主题应该含着期望和信任等情绪。

网络舆情事件对政策议程的触发机制研究

——基于 43 个案例的模糊集定性比较分析

周　莉　杨修杰[*]

（华中师范大学新闻传播学院，湖北武汉，430070）

摘　要： 随着网络参与的广度和深度不断拓展，网络舆情事件成为触发政策议程的重要因素，由此公共政策形成了不同于传统的"间断式变迁模式"。这一新模式既是政治生态变化的结果，也在某种程度上代表了社会治理的趋势，因而在运用传统政策理论对新的政策变迁模式进行解释时，特别需要关注政策情境的变化。将中国政治框架和网络要素引入多源流理论，对 2016—2019 年间 43 个网络舆情事件的典型案例进行模糊集定性比较分析。事件类型、官方信息反馈、公众利益诉求和网络情绪强度是触发政策议程的核心要素；官方话语引导式触发、网络情绪爆发式触发和意见领袖首发式触发是网络舆情事件触发政策议程的典型路径。网络舆情事件触发政策议程是多源流要素的耦合过程，网络舆情主要作为"前决策"阶段的触发因素，而事件的政治属性往往是决定政策变迁的关键因素，事件所涉及的政策信念在政策结果中起支配性作用。

关键词： 多源流理论；网络舆情事件；政策议程；政策网络

随着网络表达成为公众政治参与的常态，网络舆论不仅成为政府施政的重要参照，甚至直接触发政策议程，进而推动公共政策变迁。近年来，由网络舆情事件触发政策议程的案例逐年增多，与传统政治治理中强调均衡和渐进不同，网络舆情对政策议程的触发往往具有突发性和间断性，这种新的政策变迁模式何以发生，又将给政治治理带来哪些深刻的影响成为研究者关注的焦点。在此方面，多源流理论作为解释政策变迁的经典理论，因其对事件要素的偏好而成为被广泛运用的理论工具。大量前期研究发现，"外压模式"已经成为民间推动政策议程的一种重要途径，而这种模式能否最终促成政策变迁

---

　　* 作者简介：周莉（1980—），女，湖北宜都人，华中师范大学新闻传播学院副教授，研究方向：网络情绪。杨修杰（1997—），男，湖北十堰人，华中师范大学新闻传播学院硕士研究生，研究方向：网络情绪。

则受到事件属性、网络舆情、利益诉求等多元因素的影响[1][2]。尽管对公众议程向政治议程转化的过程多有考察，但前期研究多将网络舆情事件作为多源流中的单一影响因素进行简单的二分类处理，而鲜少对其内在的不同特征和构成要素进行细化研究，对事件的"网络属性"也缺乏足够的关照。此外，多源流理论作为发轫于美国政治情境的理论，运用其对中国政策变迁进行解释，需要对不同源流之间的先后逻辑和权重关系进行中国化重构，而以往研究在实际案例运用中往往忽视了这一点。基于此，本研究着力将中国情境和网络要素引入多源流理论，建构了多源流理论的拓展分析框架。以此为基础，运用模糊集定性比较分析方法（fsQCA）对2016—2019年间的主要网络舆情事件进行考察，以期从整体上揭示哪些网络舆情事件更容易进入决策者视野并推动政策变迁？哪些因素和路径最终促成了这一过程？这不仅有助于确认当前网络舆情触发政策议程的核心要素及其发生条件，而且也能帮助我们更深入理解新媒体环境下互动式治理的特征及其运作框架，从而有效促进公众政治参与与政府决策之间达成动态共识。

一、文献综述

（一）从功能过程理论到多源流理论

寻求对公共政策变迁过程的合理解释一直是政策研究者的重要目标，其经历了从功能过程理论到多源流理论不断调试的过程。美国学者 Harold Lasswell 是此类研究的先行者，他提出的功能过程理论将政策过程划分为情报、建议、规定、行使、应用、终结、评价七个阶段[3]，但其作为一种宏观的历时性现象描述被批评为过于简单，在转向微观视角后显得解释力不足[4]。随后，在"经济人假设"的影响下，理性主义范式一度流行于政策学界，强调政策过程是"基于合理计算的利益最大化选择"，但在对现实政策进行解释的过程中，该模式被认为"实现条件过于严苛而饱受争议"。在对理性选择模式进行批评的基础上，Charles E. Lindblom 提出了公共政策变迁的渐进主义范式，以融合宏观和个人层面的多元要素，将政策过程看作各种政治力量、利益团体的相互作用与博弈，是对原有政策做出的局部的、边际性调试，强调其循序渐进的特点[5]。渐进调适模式虽然考虑了多方主体的动态平衡，但过于重视短期目标和现实行为而偏于保守，也不适用于重大突

① 黄扬、李伟权、郭雄腾、段晶晶、曹嘉婧：《事件属性、注意力与网络时代的政策议程设置——基于40起网络焦点事件的定性比较分析 (QCA)》，《情报杂志》2019年第2期。

② 王国华、武晗：《从压力回应到构建共识：焦点事件的政策议程触发机制研究——基于54个焦点事件的定性比较分析》，《公共管理学报》2019年第4期。

③ 詹姆斯·E. 安德森：《公共决策》，北京：华夏出版社，1990年，第27页。

④ 查尔斯·蓝伯、郁建兴、徐越倩：《公共政策研究的新进展》，《公共管理学报》2006年第2期。

⑤ Charles E. Lindblom, "The Science of 'Muddling Through'", *Public Administration Review*, vol.19,no.2(1959),pp.79-88.

发的公共政策问题①。

为了实现对公共政策变迁过程复杂性和动态性的解释，美国学者 John Kingdon 基于组织行为学的"垃圾桶"模型提出多源流理论，将政策过程看作由三组行为者和过程构成，强调多元因素的混合与碰撞，从而构造了一套系统的因果框架。Kingdon 将决定政策变迁的三组因素归纳为问题源流、政策源流和政治源流，问题源流指问题是如何被识别与界定的，包括社会指标、焦点事件和对现行政策的反馈；政策源流指政策共同体的备选方案产生、修正、互相结合以及受到重视的过程，经过长期的自然选择，只有符合特定价值标准的方案才会被保留下来；政治源流则是国民情绪的变化、选举结果、政治系统的变动、利益集团的压力运动等因素的集合②。三条源流独立运行，但会在某些关键时刻汇聚在一起，打开政策之窗，政策企业家抓住恰当时机，推动政策变迁。

多源流理论自诞生以来就以其强大的解释力成为重要的政策分析工具，不仅形成了对之前渐进范式的创新，而且其适用范围还逐步延伸到美国以外的政治情境中。Anne Tiernan 和 Terry Burke 将其运用到澳大利亚房屋政策制定过程，分析了松散且复杂的政策议程元素③。Nikolaos Zahariadis 和 Christopher S. Allen 分析了英国和德国私有化过程，将政治源流的因素整合为执政党意识形态，拓展了理论适用范围④。我国学者对该理论的本土化运用研究甚众，文宏和崔铁对其进行了优化与补充，主要通过提高源流间的融合和政治源流的核心化实现⑤。柏必成基于该理论构建了我国改革开放以来住房政策变迁动力模型，包含问题、方案可行性、政治形势、外部事件、正面政策效果五种因素⑥。周超和颜学勇运用其分析了孙志刚事件中从强制收容到无偿救助的政策过程⑦。也有学者将其用以分析"单独二孩"⑧、异地高考⑨等具体的政策议程设置机制。

基于以上研究，本文也将试图对多源流框架进行本土化重构，使其更适用于中国政

---

① Etzioni A, "Mixed-scanning: A 'Third' Approach to Decision-making", *Public Administration Review*, vol. 27, no.5(1967), pp.385-392.

② 约翰·W.金登：《议程、备选方案与公共政策》，丁煌、方兴译，北京：中国人民大学出版社，2004年，第19页。

③ Tiernan A, Burke T, "A Load of Old Garbage: Applying Garbage–Can Theory to Contemporary Housing Policy", *Australian Journal of Public Administration*, vol.61, no.3(2002), pp.86-97.

④ Zahariadis N, Allen C S, " Ideas, Networks, and Policy Streams: Privatization in Britain and Germany", *Review of Policy Research*, no.3(1995), pp.71-98.

⑤ 文宏，崔铁：《中国决策情境下的多源流模型及其优化研究》，《电子科技大学学报》（社科版）2014年第5期。

⑥ 柏必成：《改革开放以来我国住房政策变迁的动力分析——以多源流理论为视角》，《公共管理学报》2010年第4期。

⑦ 周超、颜学勇：《从强制收容到无偿救助——基于多源流理论的政策分析》，《中山大学学报》（社会科学版）2005年第6期。

⑧ 吴阳熙：《多源流理论视阈下"单独二胎"的政策议程分析》，《理论与现代化》2014年第4期。

⑨ 张建：《我国异地高考政策的议程设置机制分析——基于多源流理论视角》，《国家教育行政学院学报》2014年第3期。

治决策情景。如大多数本土化研究发现，三条源流并非彼此独立①，多源流的传统框架未能重视突然的巨变②，政策企业家存在感模糊③等。

（二）多源流理论的网络化修正

正如理性主义和渐进主义范式所指，传统政策议程设置过程中，理性因素占主导，但是网络社会中则包含更多元化的因素，因而非理性特征显著④，对传统多源流理论进行网络化修正成为近年来重要的研究指向。一方面，研究者关注公众网络参与对三条源流的重构。在问题源流中，自媒体赋予公众话语权，使他们主动参与问题的建构，并加速了政策问题的曝光；在政策源流中，自媒体为多元主体参与备选方案的设计提供了良好渠道，整合了信息资源，构建起发声和利益聚合平台；在政治源流中，自媒体激发国民情绪，成为公众情绪的放大器与显示器，其所承载的网络民意影响不断扩大⑤⑥⑦。另一方面，与传统多源流理论强调源流的独立性不同，网络环境中的研究者更关注源流内部或不同源流间的联系与相互影响。如在政策源流中，Zahariadis 将传统的"政策共同体"进一步发展为"政策网络"，用来指称备选方案产生的群体，群体关系网络中的意见整合程度越高、行政能力越强，方案产生、浮现和软化的过程就越快⑧；Evelyne de Leeuw 等也从"政策网络"的理论视角对多源流理论进行修正，认为不同源流中的参与者之间存在动态交互关系，每条源流内部会形成一定的网络关系结构⑨。

除了对传统多源流理论内涵的重构和扩展，政策研究者还将新的理论范式引入多源流理论中，以增强其对网络情境中政策间断式突变的解释力。Frank R.Baumgartner 和 Bryan D.Jones 提出了间断均衡理论，用以解释多元政治生态中政策之窗的突发性开启⑩。

---

① 曾令发：《政策溪流：议程设立的多源流分析——约翰·W. 金登的政策理论述评》，《理论探讨》2007年第3期。

② 李文钊：《多源流框架：探究模糊性对政策过程的影响》，《行政论坛》2018年第2期。

③ 李燕、苏一丹：《多源流理论在中国：基于期刊论文 (2005—2018) 的文献计量评估》，《中共天津市委党校学报》2019年第5期。

④ 魏淑艳、孙峰：《"多源流理论"视阈下网络社会政策议程设置现代化——以出租车改革为例》，《公共管理学报》2016第2期。

⑤ 刘倩：《自媒体对政策议程设置的影响研究——基于多源流理论的视角》，《电子政务》2013年第9期。

⑥ 芦彦清、赵建国：《基于新媒体的网络舆情政策化议程设置研究——以多源流理论为视角》，《电子政务》2018年第3期。

⑦ 王家合、杨倩文：《社交媒体推动政策终结的多源流分析——以武汉市取消路桥隧收费政策为例》，《湘潭大学学报》（哲学社会科学版）2019年第4期。

⑧ Zahariadis N , "Ambiguity and Choice in Public Policy: Political Decision Making in Modern Democracies" , *Perspectives on Politics*, vol.2,no.3(2004),pp.627-629.

⑨ Leeuw E D , Hoeijmakers M , Peters D T J M , "Juggling Multiple Networks in Multiple Streams" , *European Policy Analysis*, vol.2,no.1(2016).

⑩ 弗兰克·鲍姆加特纳、布赖恩·琼斯：《美国政治中的议程与不稳定性》，北京：北京大学出版社，2011年，第3页。

该理论认为，政策在经过长期渐进状态后，紧随外部刺激破坏政策垄断，会产生剧烈变动。这一理论将政策变迁过程看作政策主体根据多元复杂的决策情景做出的动态选择，对于网络环境下的政策变迁过程具有较强的解释力[①]。国内研究者也发现焦点事件作为一种重要的议程触发机制，是以网络参与为代表的非制度化参与在一定时期的迅速扩大，以至于打破了原有政治利益平衡[②]。在以焦点事件为导向的网络参与中，网民个体和网络社群通过网络舆论的声浪直接参与到公共事件的处置中，形成对决策者的压力，促使问题进入政策议程。韩志明认为公民可以通过"闹大"这一自下而上的方式界定政策问题，迫使决策者关注并加以解决[③]；陈国营基于网络媒体形成的强大舆论压力对政策议程的影响提出了"自媒体议程设置模式"[④]；赵静和薛澜将议程设置视为回应社会需求、处理突发事件与社会问题的工具，将网络舆情引发的政策议程变化归结为"回应式议程设置模式"[⑤]。在最新的研究中，研究者认为随着网络参与成为常态，"外压模式"呈现出向"共识构建模式"转变的趋势[⑥]。

基于以上研究，本文也将试图对多源流框架进行网络化修正，使其更符合网络政治参与的非理性、非制度化特征。除了强调网络在各个源流中触发舆情的工具性作用，也将不同政策行动者之间的网络关系作为重要考量。

（三）多源流理论的拓展分析框架

基于以上诸多研究对多源流理论进行的本土化和网络化修正，结合本研究的主要问题，本研究对传统多源流理论中三条源流的各个要素进行了再界定，构建多源流理论的拓展分析框架，用以对网络舆情事件触发政策议程的机制进行研究。（图1）

在问题源流中，网络传播环境有助于更加明确地界定政策问题。首先，本文将传统框架中的"焦点事件"从"事件类型"和"报道强度"两个维度重新考量。事件属性一直是案例研究关注的重点，事件指向的领域是引发关注的关键[⑦]，而"事件类型"是议题属性的一个重要方面，反映网络舆情事件将何种问题带入公众视野。媒介注意力同样对

① 布赖恩·琼斯：《再思民主政治中的决策制定：注意力，选择和公共政策》，李丹阳译，北京：北京大学出版社，2010年，第53页。

② 陈振明，陈炳辉：《政治学——概念、理论和方法》，北京：中国社会科学出版社，2007年，第409页。

③ 韩志明：《利益表达、资源动员与议程设置——对于"闹大"现象的描述性分析》，《公共管理学报》2012年第2期。

④ 陈国营：《网络媒体对政策议程设置的影响研究——基于压力模式的视角》，《中共浙江省委党校学报》2012年第1期。

⑤ 赵静、薛澜：《回应式议程设置模式——基于中国公共政策转型一类案例的分析》，《政治学研究》2017年第3期。

⑥ 王国华、武晗：《从压力回应到构建共识：焦点事件的政策议程触发机制研究——基于54个焦点事件的定性比较分析》，《公共管理学报》2019年第4期。

⑦ 李良荣、郑雯、张盛：《网络群体性事件爆发机理："传播属性"与"事件属性"双重建模研究——基于195个案例的定性比较分析（QCA）》，《现代传播》（中国传媒大学学报）2013年第2期。

政策议程具有重要影响①，一般来说，媒体对某一议题越关注，越有可能使其进入政策议程，而媒介注意力的强弱主要是通过其"报道强度"来体现的。其次，前期研究发现网络在定量指标构建方面更具准确性，能以最简单直观的方式揭示问题的关注度，成为问题界定有效易得的依据，所以本文用"热度指数"替代传统定性的"社会指标"，来衡量公众注意力对不同事件的聚焦程度。最后，需要说明的是，传统框架的"信息反馈"原本是指公众对重大政策的持续评价，具有渐进的特点，但在网络突发事件中，更多被转化为针对事件本身和政府回应的评价，与政府信息公开的理念和态势紧密相关，由此这一要素的政治属性便凸显出来，成为政治沟通的重要环节，故在拓展框架中将其归于政治源流。

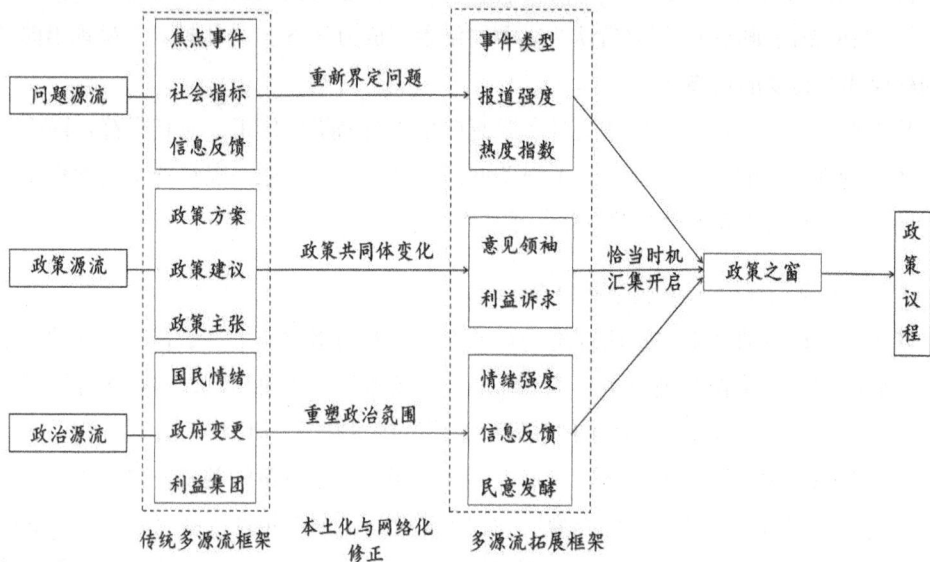

图1　本研究运用的多源流拓展分析框架

在政策源流中，多元化的网络参与主体使政策共同体的结构和作用方式发生变化。传统政策共同体是指由专业人士组成的产生备选方案的群体，在我国主要由官员、官方智库组成的官方政策共同体起核心和主导作用，半官方智库、专家、利益群体、新意见阶层等共同体居于外围并依附于前者②。但在网络环境中，民间议程更易于发布，并通过意见领袖进入舆论场的显著位置，从而打破了传统封闭排外的决策体系。已有研究表明，

<hr/>

① 邝艳华、叶林、张俊：《政策议程与媒体议程关系研究——基于1982至2006年农业政策和媒体报道的实证分析》，《公共管理学报》2015年第4期。
② 魏淑艳、孙峰：《"多源流理论"视閾下网络社会政策议程设置现代化——以出租车改革为例》，《公共管理学报》2016第2期。

主要政策行动者的身份具有多重属性①，并形成了更具争议性的政策意见网络②，这其中意见领袖能通过议程设置、观点表达和信息提供对广大网民的政策偏好进行引导③。此外，传统政策共同体提出的备选方案只有符合技术可行性、价值可接受性等标准时才会被保留④，但随着网络意见领袖音量增大，其所代表的利益群体的呼声高涨，成为网络事件爆发的关键因素⑤，所以符合公众的"利益诉求"成为网络时代政策方案得以保留的重要标准。故本研究提取"意见领袖"与"利益诉求"替代传统的政策源流要素。

在政治源流中，网络政治参与推动了互动与对话的政治氛围，改变了传统多源流理论的政治流要素。首先，本研究将传统框架中的"国民情绪"从"情绪强度"和"民意发酵"两个维度重新考量。一方面，提取网民的"情绪强度"用以反映公众在网络舆情事件爆发时情绪变化的激烈程度，这对其发表意见、形成舆论具有直接影响；另一方面，提取"民意发酵"用以反映公众对相关议题的讨论能否在公共领域中保持一定时间的活力，这种发酵过程为意见、方案的产生和浮现提供了空间。其次，如前文所述，"信息反馈"的政治属性在中国政治和网络环境中凸显出来，面对广大网民带来的舆论压力，政府的信息反馈显得尤为关键，是其政治治理能力的重要体现⑥，故将其归于政治源流。此外，传统框架中的"政府变更"这一要素并不适用中国的政治体制和决策情境。

二、研究设计

本文采用模糊集定性比较分析方法（fsQCA）对网络舆情事件触发政策议程机制进行研究。作为一种面向案例的技术，QCA被认为是一种混合了量化和质化研究优势的中间路径，尤其适合解释多重并发因果的复杂社会问题，契合了本研究使用的拓展分析框架对于触发政策议程的多元因素的认知。而网络舆情事件的发展进程及舆情要素都具有复杂性和模糊性，因此比起以往研究使用的清晰集定性比较分析方法（csQCA），模糊集定性比较分析方法（fsQCA）更适合解决本研究的问题。

① 李燕、苏一丹：《多源流理论在中国：基于期刊论文（2005—2018）的文献计量评估》，《中共天津市委党校学报》2019年第5期。
② Zahariadis N , "Ambiguity and Choice in Public Policy: Political Decision Making in Modern Democracies", *Perspectives on Politics*, vol.2,no.3(2004),pp.627-629.
③ 黄扬、李伟权：《网络舆情下间断—均衡模型如何更好解释中国的政策变迁？——基于30个舆情案例的清晰集定性比较分析》，《情报杂志》2019年第3期。
④ 约翰·W.金登：《议程、备选方案与公共政策》，丁煌，方兴译，北京：中国人民大学出版社，2004年，第164页。
⑤ 李良荣、郑雯、张盛：《网络群体性事件爆发机理："传播属性"与"事件属性"双重建模研究——基于195个案例的定性比较分析(QCA)》，《现代传播》（中国传媒大学学报）2013年第2期。
⑥ 李明、曹海军：《"沟通式"治理：突发事件网络舆情的政府回应逻辑研究——基于40个突发事件的模糊集定性比较分析》，《电子政务》2020年第6期。

（一）案例选取

本研究的案例选取参考了人民网舆情监测室发布的《中国互联网舆情分析报告》、新浪舆情通的舆情智库和蚁坊软件的舆情播报。《中国互联网舆情分析报告》不仅探讨历年的网络舆情特点，还根据各大社区论坛和微博数据的主帖、转帖数梳理年度网络热点事件，强调数据支撑，具有权威性。新浪舆情通的舆情智库和蚁坊软件的舆情播报都对近年的网络事件进行了细致梳理，并附以网络舆情分析报告，成为诸多研究的案例来源。通过对三者的交叉比对，本文选取了 2016—2019 年四年间 43 个具有典型性和政策意义的网络舆情事件构建本研究的案例库。（表 1）

表 1　本文选取的研究案例

年份	案例名称	相关政策议程
2016	校园毒跑道事件	《中小学合成材料面层运动场地》
2016	山东问题疫苗事件	《关于修改＜疫苗流通和预防接种管理条例＞的决定》
2017	江歌刘鑫案	—
2017	雪乡宰客事件	《黑龙江省人民政府办公厅关于切实加强全省冬季旅游市场综合监管的通知》
2017	泸县学生死亡事件	《泸县公安局关于严厉打击网上造谣、传谣违法行为的通告》
2017	豫章书院事件	《关于豫章书院相关问题的调查处理情况》
2017	罗一笑事件	《慈善组织互联网公开募捐信息平台基本技术规范》
2017	榆林产妇坠亡事件	—
2017	杭州保姆纵火案	—
2017	山东辱母杀人案	—
2017	李文星事件	天津全面歼灭取缔非法传销
2017	幼儿园虐童事件	《北京市关于进一步加强各类幼儿园管理的通知》《上海市 3 岁以下幼儿托育机构设置标准（试行）》
2018	陕西张扣扣杀人案	—
2018	权健传销门事件	《整顿保健品市场专项行动案件查办指导意见》
2018	高铁霸座事件	《关于在一定期限内适当限制特定严重失信人乘坐火车推动社会信用体系建设的意见》
2018	德阳女医生事件	—
2018	五星级酒店卫生乱象	—
2018	汤兰兰性侵案	—
2018	侮辱革命烈士事件	《中华人民共和国英雄烈士保护法》
2018	昆山反杀案	改判为正当防卫
2018	重庆公交车坠江案	《关于进一步加强城市公共汽车和电车运行安全保障工作的通知》

续表

年份	案例名称	相关政策议程
2018	王凤雅事件	—
2018	滴滴顺风车事件	《关于进一步加强网络预约出租汽车和私人小客车合乘安全管理的紧急通知》《出租汽车服务质量信誉考核办法》
2018	鸿茅药酒事件	检察院退回该案要求补充侦查
2018	长春长生疫苗事件	《中华人民共和国疫苗管理法》
2018	范冰冰阴阳合同事件	中宣部、国税总局等部门联合印发《通知》
2018	《我不是药神》	《药品管理法》
2019	杨文医生被害事件	《基本医疗卫生与健康促进法》
2019	三全水饺猪瘟事件	—
2019	水滴筹顾问门事件	—
2019	孙小果事件	—
2019	青岛地铁事件	—
2019	高空抛物事件	《关于依法妥善审理高空抛物、坠物案件的意见》
2019	"996"工作制事件	—
2019	"脆皮"安全帽事件	应急管理部门质询
2019	周口男婴事件	—
2019	吴谢宇弑母案	—
2019	网红带货乱象	《全国检察机关、市场监管部门、药品监管部门落实食品药品安全"四个最严"要求专项行动工作方案》
2019	童模妞妞事件	《关于规范童模活动保护未成年人合法权益的意见》
2019	西安女车主维权事件	市场监管部门维权
2019	赵宇案	改判为正当防卫
2019	成都七中事件	《关于开展2019年春季开学学校食品安全风险隐患排查工作的通知》
2019	富源高考移民事件	《关于做好治理"高考移民"工作的通知》

（二）编码标准

根据上文构建的多源流理论拓展分析框架，本文对所选取案例的各个要素进行了赋值。（表2）在问题源流中，不同类型的突发事件对网络舆情生成的影响程度不同，其触发政策议程的能力也不同[1]，因此本研究根据具体案例和《突发事件应对法》的规定将"事件类型"按照社会安全、公共卫生、事故灾难、自然灾害进行四分类赋值。对于"报

---

① 李明、曹海军：《"沟通式"治理：突发事件网络舆情的政府回应逻辑研究——基于40个突发事件的模糊集定性比较分析》，《电子政务》2020年第6期。

道强度"和"热度指数"的编码，本文以事件关键词搜索到的报道量和百度指数，采用 fsQCA 的"calibrate"函数，基于隶属资格的对数概率将原始值转化为模糊隶属度分数，将原始数据中的最大值指定为完全隶属度的阈值（0.95），最小值指定为完全非隶属度的阈值（0.05），中间值指定为交叉点（0.5），构成模糊集的三个定性断点，从而计算出精确的模糊集数值。

在政策源流中，将"意见领袖"划分为临时意见领袖和一般意见领袖。"临时意见领袖"是指相关信息的爆料者，他们的言论成为各界在新媒体上关注的重要信息来源[①]；一般意见领袖则是公众人物或公共知识分子群体。前者作为曝光事件的信息源头或改变事件走向的信息转折点，在触发议程中具有比后者更显著的作用。但如果事件舆论基本由专业媒体主导，则说明意见领袖的效果有限，因此本文将这一情况作为"意见领袖"的反事实。Kingdon 强调"价值可接受性"是备选方案能否浮现的标准之一[②]，王国华则将"利益诉求是否具体"作为政府接受维度的条件之一，发现包含具体化利益诉求（如人身安全、经济利益等）的焦点事件更容易被决策者接受[③]。在此基础上，本文根据所选取案例的情景，将"利益诉求"按照"普遍、具体化的利益诉求"与"个人、争议性利益诉求"进行二分类赋值。

在政治源流中，本研究将"情绪强度"划分为强、中、弱三类。通过考察蚁坊软件等提供的网民话题分析图，在占比超过百分之六十的单个或多个话题中提取情绪关键词，结合大连理工大学中文情感词汇本体库的强度得分，将情绪关键词平均分低于 3.5 的定性为弱，平均分在 3.5 到 6.5 的定性为中，平均分高于 6.5 的定性为强。此外，本文根据政府回应的结果将"信息反馈"划分为信息反转与固化既有意见两类。"信息反转"是指政府公开的信息与原事实不一致，出现了反转的情况；"固化既有意见"是指与原事实保持一致，使其更加清晰明确。如果政府在事件爆发后的十五天里仍未做出明确回应，说明政府反馈是迟钝的，将这一情况作为"信息反馈"的反事实。对于"民意发酵"的赋值，主要根据网络信息量的趋势图来判断，相关案例的信息拐点（产生次生舆情）越多，说明网络民意发酵得越充分。

在政策结果方面，以往研究对于"政策议程"一般根据是否触发议程来判断，本文则按照触发议程的级别高低将其划分为法律法规、部门规章、部门意见和未触发四类，更贴合案例实际。

---

① 樊攀、郎劲松：《媒介化视域下环境维权事件的传播机理研究——基于2007—2016年的环境维权事件的定性比较分析（QCA）》，《国际新闻界》2019年第11期。

② 约翰·W.金登：《议程、备选方案与公共政策》，丁煌，方兴译，北京：中国人民大学出版社，2004年，第19页。

③ 王国华、武晗：《从压力回应到构建共识：焦点事件的政策议程触发机制研究——基于54个焦点事件的定性比较分析》，《公共管理学报》2019年第4期。

表 2　编码标准

		指标	编码标准	赋值
前因条件	问题源流	事件类型	社会安全事件	1
			公共卫生事件	0.67
			事故灾难事件	0.33
			自然灾害事件	0
		报道强度	武汉大学慧科新闻搜索研究数据库	模糊集校准赋值
		热度指数	百度指数	模糊集校准赋值
	政策源流	意见领袖	存在临时意见领袖	1
			存在一般自媒体意见领袖	0.5
			舆论由媒体主导	0
		利益诉求	普遍、具体化利益诉求	1
			个人、争议性利益诉求	0
	政治源流	情绪强度	强	1
			中	0.5
			弱	0
		信息反馈	信息反转（负）	1
			固化既有意见（正）	0.5
			政府反馈迟钝	0
		民意发酵	信息走势出现三次以上拐点	1
			信息走势出现两次拐点	0.75
			信息走势出现一次拐点	0.5
			无明显拐点	0
解释结果		政策议程	法律法规	1
			部门规章	0.75
			部门意见	0.5
			未触发	0

三、研究发现

（一）单变量的必要性分析

通过对 8 个前因条件变量的必要性检测，发现"事件类型"的一致性超过了 0.9（一致性大于 0.9 的条件视为触发结果的必要条件），这表明具有社会公共性、关乎公众人身安全是网络舆情事件触发政策议程的必要前提。（表 3）但当它作为必要条件时，只能覆盖不到一半的案例，说明其适用的案例具有特殊性。"信息反馈"与"利益诉求"一致性超过 0.8（一致性大于 0.8 的条件视为触发结果的充分条件），表明政府及时充分的信息反馈与普遍、具体化的利益诉求是触发政策议程的充分条件，对结果变量有较强的解释力。其中，"信息反馈"具有两个维度的内涵，一方面是反馈的及时性，另一方面是反馈导致的结果。在对信息反转的案例细致分析后发现，当信息反馈造成负面影响时，政府为尽快平息舆情，往往会重新公开纠正信息，甚至优先将相关议题纳入政策议程。

"报道强度"与"情绪强度"能够解释 60% 以上的案例，说明两者在不同案例的政策和网络情景中影响广泛，在一定程度上具有普遍性。如前所述，间断均衡已经成为网络环境下政策变迁的新范式，而"报道强度"所代表的问题源流与"情绪强度"所代表的政治源流正是触发政策议程的突变因素，是导致政策间断式变迁的重要原因。这一发现再次验证了前期研究的结论，网络舆情和政治因素具有突发性，可以成为开启问题之窗或政治之窗的起点，两者的权重在不同政策情境中存在差异[①]。

表 3　单变量必要性检测

前因条件	一致性	覆盖率
事件类型	0.953889	0.415336
报道强度	0.577778	0.640789
热度指数	0.543333	0.594529
意见领袖	0.708333	0.566667
利益诉求	0.875000	0.583333
信息反馈	0.847222	0.512605
情绪强度	0.791667	0.647727
民意发酵	0.597222	0.511905

（二）单源流的必要性分析

将同一源流下的条件变量并列在一起，分别对三条源流进行必要性检测，以此来分析三条源流单独作为子变量对结果的解释能力，结果发现，每条源流条件组合的一致性都达到 0.9 以上，这表明三条源流对于最终触发政策议程缺一不可。（表 4）多源流理论的提出者 Kingdon 同样认为，必须抓住机会之窗使三者连接才能触发政策议程[②]，而本研究的上述发现也验证了传统多源流框架的核心内涵仍然有效。

政治源流的一致性超过 98%，略高于其他两条源流，这表明政治因素在触发政策议

① 李燕、苏一丹:《多源流理论在中国: 基于期刊论文（2005—2018）的文献计量评估》,《中共天津市委党校学报》2019 年第 5 期。

② 约翰·W. 金登:《议程、备选方案与公共政策》, 丁煌, 方兴译, 北京: 中国人民大学出版社, 2004 年, 第 19 页。

程中发挥着更为显著的作用。政策源流的一致性虽然略低，但却能覆盖一半以上的案例，说明网络意见领袖及其提出方案的利益诉求在不同案例中具有广泛的影响。如果说传统政策源流强调方案浮现的渐进性，那么网络已经赋予其更加复杂多变的内涵，主要表现在政策共同体的构成更加多元，官方精英与网络草根的话语争夺更加激烈。对不同利益诉求的案例进行细致分析发现，普遍且具体化的利益诉求更容易通过网络的群体化表达或是意见领袖代言得到充分辩论和发酵，从而成为推动最终决策的"民间提议"。从决策者角度来说，这是因为对具体化利益诉求的关注既能解决现实问题，又能维持政治稳定[①]。

表 4　单源流必要性检测

前因条件	一致性	覆盖率
问题源流	0.965555	0.418291
政策源流	0.944444	0.523077
政治源流	0.986111	0.452229

（三）多变量原因组合分析

QCA 为条件因素的路径组合分析提供了复杂解、简单解和中间解三种形式，本研究依据三种解的整体一致性与路径呈现形态，最终选择中间解作为主要分析对象。（表 5）通过比较各条路径唯一覆盖率和一致性两个指标，最终采纳路径 2、4、5 作为核心路径进行进一步探讨与分析。与核心条件分析结果的相同之处在于，这三条路径同时包含着三条源流中的不同前因条件，再次印证了多源流耦合对于结果的重要影响，只有在此基础上，才能继续对不同路径下各个要素的权重关系展开讨论。

表 5　中间解的多元路径分析结果

路径编号	前因条件 组合	初步覆盖率	净覆盖率	一致性
1	报道强度 * 事件类型 * 信息反馈 * ~ 民意发酵 * 利益诉求	0.337222	0.0272222	0.828104
2	报道强度 * 事件类型 * 信息反馈 * ~ 意见领袖 * 利益诉求	0.268333	0.013889	0.904494
3	报道强度 * ~ 热度指数 * 事件类型 * 信息反馈 * 利益诉求	0.355556	0.00555551	0.829016
4	事件类型 * 信息反馈 * 情绪强度 * 民意发酵 * 利益诉求	0.323889	0.0866667	0.921011

---

① 王国华、武晗：《从压力回应到构建共识：焦点事件的政策议程触发机制研究——基于 54 个焦点事件的定性比较分析》，《公共管理学报》2019 年第 4 期。

续表

路径编号	前因条件 组合	初步覆盖率	净覆盖率	一致性
5	热度指数 * 事件类型 * 信息反馈 * 意见领袖 * 情绪强度 * 利益诉求	0.308333	0.0372222	0.971979
总体覆盖率	0.604444		总体一致性	0.878837

路径 2（报道强度 * 事件类型 * 信息反馈 *~ 意见领袖 * 利益诉求），可被归纳为"官方话语引导式耦合"。在此路径下，官方媒体注意力聚焦，引发广泛报道，并且政府能够对普遍且具体化的利益诉求进行持续有效的反馈，从而触发政策议程，其典型案例有"山东问题疫苗事件"和"昆山反杀案"。这一路径中出现了"意见领袖"的反事实，说明虽然对于案件的网络讨论相当热烈，但网络意见领袖的影响并不突出，官方话语在两个案例的舆论引导中起主要作用。由于涉及专业性较强的公共卫生知识和法律知识，所以在决策方案的建议过程中，主要也是由专家学者通过官方渠道发声。例如在"昆山反杀案"中，整个案件的进展都由官方部门的信息公开主导，及时的情况通报对争议焦点解释比较完备，无论是对案件性质果断及时的定性，还是对民意的回应疏导，都获得了较高认可，一定程度上体现了司法与民意的良性互动与宝贵共识。

路径 4（事件类型 * 信息反馈 * 情绪强度 * 民意发酵 * 利益诉求），可被归纳为"网络情绪爆发式耦合"。在此路径下，政治源流的三个子变量都被包含在内，这说明政策问题暴露后仍然需要在特定政治氛围中经过一段时间的酝酿，在这个过程中，"网络情绪"与"民意发酵"的影响尤为显著，其典型案例有"幼儿园虐童事件"和"校园毒跑道事件"。两个案例都属于摧残幼儿或青少年身心的系列恶性事件，产生了"舆情叠加效应"[①]，相较于其他公共事件更能引起民众负面情绪，更长的时间跨度也对应着更长的舆情持续周期。网络情绪的爆发与民意的发酵过程带来信息量的多点式爆发，这种特殊的网络政治参与状态有力地推动公众议题进入决策者视野，并向政策议题转化。

路径 5（热度指数 * 事件类型 * 信息反馈 * 意见领袖 * 情绪强度 * 利益诉求），可被归纳为"意见领袖首发式耦合"。在此路径下，除了上文指出的四个核心条件，"热度指数"与"意见领袖"的作用被凸显出来，这说明网络意见领袖除了提供政策建议，还具有为公众设置议程的功能，进一步说明问题源流与政策源流的要素之间并非完全独立，问题与解决方案之间不能够截然分开。在其典型案例长春长生疫苗案和豫章书院事件中，热度指数的变动凸显了公众了解环境风险、探析事件真相的迫切需求，而网络临时意见领袖作为曝光事件的信息源头，在这一过程中起到关键作用。例如长春长生疫苗案中，

① 黄扬、李伟权：《网络舆情下间断—均衡模型如何更好解释中国的政策变迁？——基于 30 个舆情案例的清晰集定性比较分析》，《情报杂志》2019 年第 3 期。

自媒体"兽楼处"发布了文章《疫苗之王》,推动全网参与对疫苗问题的建设性讨论中,直接影响了同年疫苗管理法的发布。豫章书院事件的曝光也与一批受害者的公开自述有关,而网络志愿者的持续调查更是推动了整个事件的发展进程。这说明政策源流中的临时意见领袖是引发政策变动的关键一环,但仍然需要其他两条源流的支撑,才能在恰当时机耦合后开启政策之窗。

四、结论与讨论

本文基于多源流理论构建了新媒体环境下网络舆情事件触发政策议程的拓展分析框架,以触发政策议程的程度为结果,结合中国政策情景与网络舆情要素选取前因条件,对 43 个网络舆情事件进行了模糊集定性比较分析,验证了基于多源流耦合的网络舆情事件触发政策议程的逻辑模式。(图2)

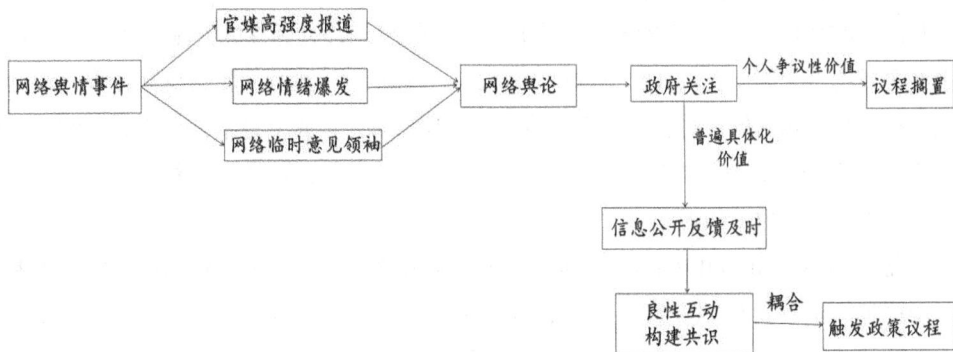

图2　网络舆情事件触发政策议程的多源流耦合模式

基于此模式,我们可以做以下讨论:

其一,在网络舆情事件推动政策变迁的过程中,网络舆情要素通常是作为触发机制出现的。与以往研究关注新媒体的工具性作用不同[1][2][3],本研究尤其重视官方媒体在网络环境中的作用,由于其报道具有更强的公信力和官方属性,故能够更好地引导网络舆论,使问题进入官方语境。与以往研究限于个案的描述性分析不同,本文进行了跨案例、多维度、定性与定量结合的比较分析,进一步验证了网络情绪的强度和持续时间对触发政

---

① 刘倩:《自媒体对政策议程设置的影响研究——基于多源流理论的视角》,《电子政务》2013 年第 9 期。

② 芦彦清,赵建国:《基于新媒体的网络舆情政策化议程设置研究——以多源流理论为视角》,《电子政务》2018 年第 3 期。

③ 王家合,杨倩文:《社交媒体推动政策终结的多源流分析——以武汉市取消路桥隧收费政策为例》,《湘潭大学学报》(哲学社会科学版)2019 年第 4 期。

策议程的直接影响。此外，与以往研究中意见领袖的有限效果不同[1][2][3]，本研究凸显了网络临时意见领袖作为事件曝光者的首发作用，这种信息曝光通常伴随着强烈个人倾向和病毒式扩散，能够有效触发相关议程。

然而，仍有网络舆情要素显著却并未触发议程的情况。追溯到具体案例中，可能有以下两种原因：第一，涉及的议题存在较大争议，决策者认为不适合用行政或法律的强制手段加以解决。这类问题涉及普遍的价值判断，如果用立法或行政法规的形式强制规范，有可能产生更为复杂的社会问题，因而决策者在此类决策行动中保持谨慎。如，"996"工作制事件中涉及的企业内部价值信仰不统一问题；第二，涉及议题的个人属性过强，往往伴随着剧烈的道德冲突，决策者认为应该通过司法程序而不是政策手段加以解决。这类问题虽然更容易激起巨大的舆论反响，但其个人特殊性太强，无法代表大多数人的利益诉求，从而丧失了普遍的政策意义。如本研究涉及的"江歌刘鑫案""山东辱母杀人案""吴谢宇弑母案"等。

其二，在我国的政策议程设置情景中，政治属性具有关键性的支配作用。这体现在决策者重视程度等因素在具体决策议程中的决定性作用[4]，政策问题与决策者规范和倾向的匹配程度会影响它们最终在议程上的位置[5]。政治属性本质上是某种政策观念的外在体现，服务于更普遍的社会规范和价值理念，而个人争议性价值取向在政策过程中不具有普遍性，通常要让位于前者。

对此，Zahariadis 同样强调"制度"因素在修正多源流框架的逻辑和假设中的重要作用，制度通过倡导价值的方式促进或限制决策，其模糊性引起制度理解上的多样化，模糊性程度和政策执行内容的双重作用又重塑着政策变迁的方式[6]。本文认为，这种"制度模糊性"本质上是由参与决策的行动者多元化导致的，一般公众、事件当事人、利益相关者、意见领袖、记者编辑、政策制定者等都基于自身所处系统的价值标准在网络中交换意见，构建共识，但由于现实制度因素的复杂性，这种价值体系并不能始终保持一致。所以，政治属性作为支配环节有必要对网络政治参与中与现实政治不协调的部分加以控制和干预，做好参与期望与参与现实之间的平衡，在解决局部的实际问题的同时保持核

① 李良荣、郑雯、张盛：《网络群体性事件爆发机理："传播属性"与"事件属性"双重建模研究——基于 195 个案例的定性比较分析 (QCA)》，《现代传播》（中国传媒大学学报）2013 年第 2 期。

② 万筠、王佃利：《中国邻避冲突结果的影响因素研究——基于 40 个案例的模糊集定性比较分析》，《公共管理学报》2019 年第 1 期。

③ 樊攀、郎劲松：《媒介化视域下环境维权事件的传播机理研究——基于 2007—2016 年的环境维权事件的定性比较分析（QCA)》，《国际新闻界》2019 年第 11 期。

④ 韩志明：《利益表达、资源动员与议程设置——对于"闹大"现象的描述性分析》，《公共管理学报》2012 年第 2 期。

⑤ Zahariadis N, "Delphic oracles: ambiguity, institutions, and multiple streams", *Policy Sciences*, vol.49,no.1(2016),pp.3-12.

⑥ Zahariadis N, "Delphic oracles: ambiguity, institutions, and multiple streams", *Policy Sciences*, vol.49,no.1(2016),pp.3-12.

心价值观念稳定。

其三，本文运用的多源流拓展分析框架较好地解释了网络舆情事件触发政策议程的环节，但在政策选择、出台、实施阶段网络舆情要素存在感明显不足。这是由于传统多源流框架缺乏稳定的结构，其讨论的政策结果是随机的，参与者能够利用机会，但对于结果却无能为力①。换言之，非制度化的网络参与要素主要作用于"前决策"（政策议程设置与备选方案浮现）阶段，制度化的政治决策系统属性则贯穿于"决策"（政策选择、出台、实施阶段）过程始终。如前文所述，我国的政治制度和系统相对稳定，政府的核心政策理念不会轻易改变，所以只有当政策议程引发普遍价值诉求并进一步带来次级政策理念松动时，才能最终推动政策变迁。由此，次级政策理念松动所引发的小幅度政策变化成为我国网络舆情事件推动政策变迁的常态，这也再次验证了倡导者联盟理论对于政策信念体系的结构分析。

网络政治参与能够有效刺激政府予以回应，但多元主体与多源要素的介入仍会产生一系列矛盾，主要表现在政治参与中精英与大众的对立、虚拟与现实的对立、有序与非理性的对立等②。本研究通过对中国网络舆情事件中复杂要素的考察，发现了各个源流在中国网络情境中的多种耦合模式，多源流理论的核心内涵仍然适用，但也呈现出"政策结构网络化""制度模糊性"等新特点，"政策信念"对于拓展政策源流作用显著，这说明多源流理论要加强与其他框架的交流与对话，实现自身发展。从政策科学的角度，本研究仍存在诸多探索的空间：新政策的出台是一个复杂的过程，触发政策议程是初始阶段，虽然本研究引入了模糊性的制度情景，但并未涉及"决策过程"的其他阶段，对"前决策"和"决策"的关系需要进一步探讨。此外，本文关注多样本的共性特征，希望得出普遍性结论，如何引入深度的单案例分析对结论进行补充验证也是后续研究所应完善之处。

---

① 李文钊：《多源流框架：探究模糊性对政策过程的影响》，《行政论坛》2018 年第 2 期。
② 俞怀宁、俞秋阳：《我国公民网络政治参与的形式、特点及其政治影响》，《社会主义研究》，2011 年第 5 期。

隔西春色两三花　朱星雨作

纪录片与文化传播研究

主持辞：

纪录片既关照历史，也反映现实。

当我们回到历史去探寻纪录片自身发展历程时，不仅可以看到纪录片影像表达的初期特征，也看到其蕴藏着的文化与时代背景。在电影艺术诞生后不久，中国题材纪录片的国际流动就已开始，其传播频率也非常频繁。这些流动，与近代中国的政治与经济发展背景紧密相关。《近代中国纪录片的国际流动及文化传播》从早期纪录片传播轨迹中，浮现出其生产传播是一个从被动到主动，且主体性逐渐明确的过程，其题材选择也契合了中国革命发展的历史图景。传统文化中"文以载道"等理念，渗透到了纪实影像的血脉之中。这种文化基因一直存续，进而影响到了当代中国纪实影像的全球传播。

随着新媒体发展，新型媒体平台已成长为中国纪录片国际传播的重要创新力量。《"网生时代"中国纪录片国际传播路径创新——以国内新媒体平台的制播实践为例》认为，头部新媒体平台在纪录片的国际合作与传播方面经历了版权采买的 1.0 阶段、以投代购的 2.0 阶段、自主传播的 3.0 阶段；各平台基于自身特色优势发力国际传播。作为国际传播能力建设的重要协同主体，新媒体平台应重点开发"网生纪录片"产品；以市场化、品牌化带动国际化；在深化国际合作，让中国故事"借船出海"的同时，也要做实自有出海平台，推行本土化策略，增强国际传播自主能力和传播效能。

2020 年美国总统大选前，抗疫纪录片《完全可控》上线播出，并被我国多家主流媒体正面报道。《跨文化传播视域下的纪录片超真实：基于对〈完全可控〉的意识形态批评》一文，以"超真实"理论为路径，采用批判话语分析法对该纪录片进行意识形态分析。研究发现，该纪录片借助多种视觉修辞手段呈现了三层"真实"。由此，本文对跨文化传播中的纪录片"真实"进行反思，提出我国在用纪录片讲好中国故事的同时，需提升文化甄别能力，进而创造"第三种文化"。

三篇文章，分别从纪录片历史、纪录片现状、纪录片批评等三个维度对纪录片文化传播进行研究，这对于纪录片学科研究提供了不同思考路径。

李智（中国传媒大学电视学院教授）

近代中国纪录片的国际流动及文化传播

李　智　赵婉莹*

（中国传媒大学电视学院，北京，100024）

摘　要：在纪录片诞生后不久，中国题材纪录片的国际流动就已开始，其传播频率也非常频繁，这与近代中国的政治经济活动紧密相关。从其传播轨迹中可以发现，在纪实影像的生产传播中，中国从被动到主动，是一个主体性逐渐明确的过程，其题材选择也契合了中国革命发展的历史背景。传统文化中"文以载道"等理念，渗透到了纪实影像的血脉之中。这种文化基因一直存续，并且影响到了当代中国纪实影像的全球传播。

关键词：纪录片；影像史；文化传播

基金项目：本文系国家社科基金后期资助项目"当代中国纪录片发展研究"（20FXWB030）与中国传媒大学"双一流"建设项目"纪录片与文化传播"（JG229023）的阶段性成果。

随着全球化的发展，纪实影像的交流成为文化传播的重要途径。搭载着文化记忆的中国题材纪录片，其国际传播肇始于何时，其发展轨迹与中国近代历史有何关联，这些传播现象对于当下中国纪录片又有何影响？以上问题既是纪录片领域需要面对的课题，也是影像史学研究的重要领域。通过史料挖掘与爬梳，这段重要的历史脉络逐渐明晰，展现出了近代中国纪录片的国际流动及文化传播轨迹的独特风景。

一、浮现：积弱积贫的中国在纪实影像中的最初展示

鸦片战争后，电影作为帝国主义文化侵略的工具与获利的手段进入中国。据考证，最早在中国放映纪实影像及以中国人为题材拍摄新闻片的都是外国人。[1]拍摄于1896年的影片《李鸿章在纽约》由美国缪托斯柯甫公司摄制，记录了李鸿章在美国纽约百老汇

---

* 作者简介：李智（1977—），男，重庆人，中国传媒大学电视学院教授，博士生导师。研究方向：纪录片。

赵婉莹（1999—），女，山东泰安人，中国传媒大学电视学院研究生，研究方向：国际新闻传播。

① 高维进：《中国新闻纪录电影史》，北京：中央文献出版社，2003年，第5页。

等地的影像。这部影像经过解说员德川梦生的旁白，在日本大获好评。① 1898 年，美国汤姆斯·爱迪生公司的摄影师来到中国，在香港、澳门、广州、上海等地拍摄了大量素材，后来编辑成六部纪录片：《香港商团》《香港总督府》《香港码头》《香港街景》《上海警察》《上海街景》，并发行放映。时至今日，这些影片仍保留在美国国会图书馆。②

1900 年，英法等帝国主义国家以义和团运动为借口，组织八国联军进攻中国，攻占了北京。在这期间，一批摄影师也随军来到中国进行拍摄活动。同年 7 月，日本吉泽商店派遣摄影师柴田常吉和陈谷驹两人，以特派员身份在北京拍摄了影片《义和团事件》，共十六本。10 月，两人回国，并公映了该片，这也是日本最早的新闻纪录片。③ 美国纽约缪托斯柯甫和比沃格拉夫公司的摄影师阿曼（Arckerman）拍摄了美国第六骑兵队袭击北京的影片《中国北京南城门的战斗》。英国的两名摄影师歇尔和坎勇，拍摄了许多有关义和团题材的影片，编制了《袭击教会》一片。这部影片记录了英国传教士遭到义和团攻击，一小队英国步兵闻讯赶到营救传教士的过程。英国人电影人詹姆士·威廉逊同年创作的《中国教会被袭记》，则是对上述影片的模仿和抄袭。据意大利波尔德诺尼 1995 年第十四届国际无声电影节材料，该电影节上放映了这三部影片。但学者乔治·萨杜尔指出，《中国教会被袭记》是詹姆士在自家花园洋房前，由他家人任担任演员伪造的新闻片。④

客观来看，义和团运动中的排外仇外心理与烧教堂、杀洋人的行为，表现出了中国农民特有的时代局限性与狭隘性。但义和团运动的爆发，究其原因，也是由于十九世纪末帝国主义的大举侵略。义和团的爱国主义精神，反映了当时中国人民反对侵略的共同愿望。但是，当时西方摄影师所拍摄的影像，基本都是从西方侵略者的立场出发，对义和团的行为进行诽谤与攻击；而对侵略者的行径，例如对被围传教士和士兵营救时，表现出来所谓的勇敢团结，进行了赞扬和歌颂。不过，在这些影片中，也有从客观事实出发，如实描绘当时情况的纪录片。如美国战地摄影师约瑟夫·罗森陶，在他的电影中说，"我见到整个地方被毁坏，紫禁城惨遭蹂躏"。可惜他的影片目前已无法查考。⑤

1904 年，发生在中国满洲旅顺口的日俄战争，也吸引了日本、法国、美国等不少国家的摄影记者前往。法国影片《日俄战争》、日本影片《旅顺口》以及约瑟夫·罗森塔尔拍摄的《旅顺口的陷落》等，都记录了当时的战况及背景。而这些影像传播到日本之后，对当时在仙台学医的鲁迅，产生了重要的影响。⑥

---

① [日] 德川梦生：《暗室生活二十年》，岩崎昶：《日本电影史》，北京：中国电影出版社，1963 年，第14 页。

② 李灵革，《纪录片下的中国》，博士学位论文，浙江大学中国近现代史系，2004 年，第 14 页。

③ [日] 岩崎昶：《日本电影史》北京：中国电影出版社，1985 年，第 13—14 页。

④ [法] 乔治·萨杜尔著，忠培译：《电影通史》第二卷，北京：中国电影出版社，1961 年，第 420 页。

⑤ [美] 陈立：《电影：萌芽阶段 (1896—1911)》，《中国电影研究》第 1 辑，香港：香港中国电影学会编，1983 年，90 页。

⑥ 高维进：《中国新闻纪录电影史》，第 7 页。

除了战争题材的纪实影像之外，中国的自然地理和人文历史，也吸引了不少国际摄影师前来拍摄纪录片。在美国华域公司 1901 年 4 月的目录中，就有罗森陶的一部短片《上海南京路》，其内容描述为："这是一条拥挤的街道，影片中出现行人、黄包车、轿子、一名骑脚踏车的洋女子，一队锡克教徒和两个德国军官。"而一位名叫皮顿·霍姆斯的摄影师，在义和团事件后的一年访问北京，他所拍的北京风景，是罕见的早期纪录中国皇都的影片。①1902 年，美国缪托斯柯甫和比活格拉夫公司也派出摄影师来华，拍摄北京、天津的景物，后编辑成《北京前门》和《天津街景》两部纪录短片。此外，在中国长期从事拍片活动的意大利人阿历克·劳罗，拍摄过《上海第一辆电车行驶》《西太后、光绪帝大出丧》《强行剪辫》等片。菲利克斯·梅斯盖奇为巴黎百代公司拍摄的《在中国大运河上的旅行》、伦敦查尔斯·乌班拍摄的《近代中国》、罗伯托·奥美纳为罗马拍摄的《上海》等，都是此时比较有代表性的纪录影像。

1901 年，日本电影放映商高松丰次郎在台湾首次放映电影的同时，又奉总督府之命拍摄了台湾风景事物的纪录片，其胶片长达两万英尺。总督府将其运回日本，在帝国会议的总预算会上放映，以显示统治台湾的"业绩"，借此游说国会议员，增加其财政拨款。②

从中我们不难看出，此时中国题材纪录片多为外国人的商业行为，不仅来华摄影师大部分都来自电影公司，且成片都用于公映。随着中西冲突的加剧，许多影片也从政治与文化上迎合帝国主义侵略的需要。通过建构负面落后的东方形象和其海外"垦荒"的"光辉功绩"，中国题材的纪实影像也成了帝国主义列强为在国内的政治行动增强合法性的工具。

或许有一些影片在一定程度上忠实记录了当时中国的社会图景，但是其中并没有呈现中国文化和中国社会生活的全貌。从"凝视"的理论视角来看，这段时期的纪录片或新闻片，将中国视为充满东方色彩的客体，大烟袋、长发辫、女人小脚等等这些都是影像中经常出现的视觉元素。此外，由于近代中国积贫积弱，成为西方列强想要巧取豪夺的瓜分对象，影像背后也折射出西方对半殖民地半封建社会中国的态度，以及其辱华、反华的立场。但从影像史学角度，外国人到中国来放映和拍摄影片，也为近代中国保留了相当珍贵的历史资料，对促进中国电影文化的发展起到了一定程度的推进作用。例如1911 年武昌起义爆发，日本人梅屋庄吉派摄影师来华拍摄的《辛亥鳞爪录》，为中国推翻清王朝的武装斗争留下了珍贵的影像史料。

二、表达：中国人自己摄制的纪录影像登上历史舞台

中国人的独立拍摄始于 1905 年的电影《定军山》，而早期在纪实影像领域表现突出

---

① [美] 陈立:《电影：萌芽阶段（1896—1911）》，92 页。
② 陈飞宝:《台湾电影史话》，北京：中国电影出版社，1988 年，1—2 页。

的代表作则是《武汉战争》与《上海战争》。前者记录了 1911 年辛亥革命中推翻满清帝制的武昌起义，后者则展现了反对袁世凯窃取革命果实的"二次革命"。

1911 年，魔术师朱连魁利用与美国商人的关系，设法到达了武昌前线，将新军起义后的几次重大战斗拍摄了下来，并将在杂技演出的同时放映了这些影像。虽然票价高达 6 元，但影片仍然大受欢迎。[①]1913 年，上海人民响应"二次革命"，声讨袁世凯窃取革命果实。上海亚细亚电影公司的中国工作人员，记录下了二次革命中的部分军事行动过程。

有学者指出：在当时由多种因素组成的社会文化环境中，起根本作用的因素是在社会变革与传统文化影响下的政治文化。[②]还有学者统计得出，从 1905 年至 1921 年间，中国人独立拍摄的影片共有 90 部，其中新闻片 12 部，纪录片 21 部，科教片 7 部。[③]电影中纪录片、新闻片，乃至科教片的总数接近一半，说明当时的电影观念正在发生转变。着眼于现实、关注重大政治事件的特点，使影像的文献性得到了最好的体现。

自 20 世纪 20 年代开始，民新影片公司的负责人兼摄影师黎民伟将镜头对准了孙中山先生的革命活动，为民主主义革命的先行者与这一重要的历史阶段留下了许多珍贵的影像资料。1923 年，上海工商学各界共五万余人举行了针对日本的外交示威游行，目的是反对日本与袁世凯签订的二十一条密约，要求日本归还旅顺和大连。针对这一事件，中国影片制造股份有限公司制作了《国民外交游行大会》。1925 年，上海发生了五卅反帝爱国运动，中国摄影师和导演第一时间去往运动一线，拍摄了《五卅沪潮》和《上海五卅市民大会》等影片。无独有偶，香港工人也开展了多种不同的活动支持五卅运动，而后蔓延而成的省港大罢工，因遭到英国等帝国主义枪击而酿成沙基惨案。制作于 1926 年的《满天红时事展》，正是记录了这一历史事件。

由这些作品可以看出，中国早期的纪实影像，伴随着风起云涌的革命运动，更加注重现实主义的美学观念，主动记录重大历史事件。中国的纪录片人也积极投身于革命运动中，利用纪实影像去宣传和影响普罗大众，相较于初期的被动局面，其主体性更加凸显。

1925 年，苏联导演 B.A. 史涅伊吉洛夫和摄影师 T. 布留姆为新开辟的莫斯科至北京航线拍摄了沿途见闻的纪录片。到达北京之后，他们拍摄了北京的古建筑、街道市容、郊区风光和居民生活片段。"五卅惨案"发生后，他们立即赶往上海，记录了这个东方大都市的工人阶级生活状况和工人通过罢工斗争反对帝国主义压迫的斗争。随后，他们南下广州，拍摄了广州革命军和革命政府的活动、黄埔军校的实况以及省港大罢工风暴等。他们把这批纪录片素材编辑成了一部大型纪录片《伟大的飞行与中国的国内战斗》，以及

① 高维进：《中国新闻纪录电影史》，第 9 页。

② 孟犁野：《〈中国当代电影艺术史〉（1949—1966）引论——试论中国当代前期电影的社会文化氛围与美学特征》，《电影艺术》1993 年第 6 期。

③ 唐晨光：《影像中的 20 世纪中国——中国纪录片的发展与社会变迁》，南开大学博士学位论文。

几部关于中国南方地区的短片。导演后来坦言，此次中国的拍摄任务具有明确的政治目的，"镜头里影像使我们充满了为我们的朋友而骄傲的心情，充满了为纷纷起来进行决定性斗争的中国人民而骄傲的心情"①，这些纪录片"……应该回击帝国主义的捏造事实的新闻片，而告诉人民关于中国的真实情况"②。

1927年，另一位苏联导演雅克布·布里奥赫也来到了上海，拍摄了纪录片《上海纪事》。这部纪录片在编剪过程中运用了蒙太奇的手法，描写了上海这座半殖民地化都市在1927年的生活。由于《上海纪事》是以布尔什维克的观察角度来拍摄的，此电影在国民党统治下的中国被当局禁止公开上映。但是，无声电影在1949年中华人民共和国成立后已经没落，《上海纪事》也因此没有被引进中国放映。③

这个时期，中国人开始有意识地通过纪实影像记录寻求自由的民族心理，及正发生在脚下土地的社会巨变。从此，纪实影像这一外来技术不仅只是用来记录舞台表演的工具，也成了中国人民社会动员的手段。从记录风物和战争，到揭露法西斯在中国的残忍行径，中国人通过自己摄制纪录片建立了影像中的中国视角和主体性。纪实影像成为中华民族和中国人民建立民族认同、凝心聚力的重要工具。也是在这个过程中，对重大历史事件的关注成了中国纪录片文化基因中重要的一部分，深刻影响了当代中国纪录片的发展。

但我们必须看到，虽然此时中国的纪录电影主体性得到了强化，但其国际传播能力还极其不足，加之在政治版图上被帝国主义所包围，中国的声音很难传出去。两部苏联作品《伟大的飞行》和《上海纪事》难得地向世界呈现了当时中国的真实情况。《伟大的飞行》还曾被更名为《东方之光》，作为苏联第一部在国外上映的新闻纪录片，在欧洲各国进行放映，将中国人民的反帝爱国运动真正展现到西方观众面前。《上海纪事》则具有形象化政论的力量，为中国人民革命斗争保留下了珍贵的资料。

三、合作：抗日战争至建国前的中国题材纪录片国际传播格局

1931年"九一八"事变之后，日本侵略者占领了中国东北三省。1937年"七七"事变后，抗日战争全面爆发。中国战场引起了世界的关注，不少国际友好人士先后来到中国，通过影像拍摄记录了那个特殊的时代。

1936年7月至10月，美国记者埃德加·斯诺克服重重困难进入陕甘宁地区进行采访，后完成《红星照耀着中国》一书，向世界介绍中国苏区。他虽然没有拍摄纪录片，但在

① 史涅伊吉洛夫：《1925年我是怎样在中国拍摄电影的》，载《中国电影》杂志，1958年第2期。
② 司徒兆敦，《中国纪录片创作前瞻》，单万里：《纪录电影文献》，北京：中国广播电视出版社，第189页。
③ 摘自《申江服务导报》，作者张景岳、晓同：《重回〈上海纪事〉》2013年3月18日，https://www.archives.sh.cn/shjy/shzg/201303/t20130318_38138.html，2022年7月18日。

回到燕京大学后，放映了自己拍摄的影像素材，这是世界第一次看到苏区的影像。在斯诺之后，美国青年摄影师哈利·邓汉姆也进入苏区。在抗战爆发后，他与美国的边疆影片公司合作，将自己在中国拍摄的素材编成纪录片《中国给予还击》。[①]

1938 年，伊文思来到中国，拍摄了著名的纪录片《四万万人民》。他在影片中比较全面地介绍了中国的概况和中国人民革命斗争的简要历史，真实地反映了中国抗战的面貌。其中的神来之笔，是伊文思使用了东京广播电台的英语播报，称他们到中国来是维护和平的，而且很多中国女性拿着鲜花去欢迎日本人。但与广播电台声音配合的画面，却是日本的坚船利炮和中国的民不聊生。这样的声画组合给观众以强烈的冲击，也揭露了日本侵略的弥天大谎。

1938 年至 1939 年期间，另一位苏联摄影师罗曼·卡尔曼也在中国。他辗转武汉、重庆、延安等多地，拍摄下了丰富的影像，编辑成《中国在战斗》与《在中国》，将中国抗战的真实情况介绍给苏联及世界各地的人民。

1937 年至 1940 年间，华人李灵爱资助美国记者雷伊·斯科特先后四次来到中国，拍摄记录了中国正在发生的变化，并将这些影像素材编撰为纪录片《苦干——中国不可战胜的秘密》。据纽约时报报道，1941 年，时任美国总统罗斯福观看了这部纪录片，原本计划只播放 20 分钟，但电影开始后，总统取消了事先安排的活动，看完了整部电影。1942 年，奥斯卡第一次设立了纪录片奖，《苦干》获得了 1942 年第十四届奥斯卡纪录片特别奖。在美国 UCLA 图书馆馆藏纪录片简介中，称该片"对美国人民和政府对战争的态度产生了重大影响"。[②]中国作家林语堂为《苦干》写下前言："轰炸摧毁了这个国家，但轰炸能击垮建立这个国家的人吗？他们拥有强大的内心，我们看到中国是如何抗敌，时刻创造着奇迹。这就是'苦干'，刻苦的奋斗。中国人与生俱来的精神，深入在他们的灵魂与命运之中，永垂不朽。"[③]

而在这一时期，伪"满映"和伪"华影"也曾拍摄过日伪在华活动的纪录片，包括《建设东亚新秩序》《复旦光华》《冀东治安会议》等。尽管这些影像的话语立场是反动的，但在影像文献的角度，它们也为后世研究日本帝国主义的侵华史实留下了存证。

二战后期，中美苏等多国形成反法西斯同盟，美国政府制作了大型系列纪录片《我们为何而战》。1944 年，时任中国电影制片厂副厂长兼技术主任的罗静予正在访美，他将不少素材与美国导演费兰克·卡波拉共享，合作完成了《我们为何而战》其中一

---

① 高维进：《中国新闻纪录电影史》，第 45 页。

② UCLA Library: "'Kukan! The Battle Cry of China' An Oscar-Award Winning Documentary FilmOctober" https://www.library.ucla.edu/kukan-battle-cry-china-film-screening，July 18,2022.

③ 侨报周末：《美籍华人寻找抗战影像〈苦干〉之路，中国不可战胜的秘密》2015 年 4 月 19 日，http://www.nestedeggproductions.com/wp-content/uploads/2015/05/20150419_RobinInBeijing_ChinaNewsService_1.pdf，2022 年 7 月 18 日。

部——《中国战事》。① 该片介绍了中国抗战的主要历程，对中国抗战持有同情态度。有学者亦指出，该片"因忽视中国共产党及其领导的军队在抗日战争中所起的作用，对抗日根据地未予反映，故还不能够客观、公正、全面地放映中国抗战的真实情况"②。不过，相较于日本人摄制的纪录片《南京》掩盖日寇侵华的事实，《中国战事》运用了较为丰富的影像材料，包括美国牧师在南京大屠杀期间拍摄的中国人民惨遭杀害的画面，让西方观众真正了解日本侵略军的残暴。

由于中国抗战是正义之战，是反侵略的战争，因此许多国际进步人士都身体力行对中国表示支持。1938 年至 1949 年，世界学联代表团、美军观察组等都曾前往延安进行拍摄，③ 这些影像也在 20 世纪 80 年代回赠给中国，它们给战争中的延安留下了珍贵的影像文献。伊文思在完成《四万万人民》离开中国前，也赠给了八路军一台 35 毫米的摄影机和数千英尺的胶片。这也正是延安电影团的影像火种。

在这一时期，中国电影从业者们也积极投身革命战场，利用手中的记录工具书写影像历史。由于中国纪录片诞生在烽火年代，影像纪录与社会发展同频共振，这就奠定了纪录片在中国电影传播中重视教化，强调社会宣传等功能。这既是对中华传统"文以载道"理念的继承，也是基于中国现实语境形成的主流纪录片价值论。同时在这一时期，约翰·格里尔逊关于"镜子与锤子"的理论，和吉加·维尔托夫的"电影眼睛"理论，也随着纪录片的国际交流影响了中国的纪录片人。

1943 年南京保卫战后，国民政府迁都重庆，演员郑君里拍摄了他的第一部导演作品——纪录片《民族万岁》。他本意想让自己的作品成为世界反法西斯纪录片的一部分，但是这部作品并没有得到很好的传播，很快就消失在了历史的尘埃中。郑君里一边遵从苏维埃纪录片大师罗曼·拉扎列维奇·卡尔曼的电影理念，忠实地记录；一边实践英国导演 Paul Rotha 的电影理念，使用戏剧化手法呈现深层意义。同时，他还有意识地使用了戏剧技巧，撰写脚本并有意识地安排结构使其紧凑。该片带有"旅行电影"的痕迹，片中的实验性的音景组合，突出了少数民族人民的抵抗努力。其画外音，成为战时中华民族和民族电影探索的标志④，体现了反法西斯和反帝国主义的特色。此外，本片还表现出民族志的色彩：不仅记录了包括中国西部的藏族、西北的蒙古族、回族，和西南的苗族、瑶族、彝族等少数民族参加抗战的事实，还介绍了这些居住在中国"边疆地区"少数民族的习俗和仪式。

---

① 中国抗战胜利网：《罗静予：他为抗战留下珍贵影像》2020 年 7 月 29 日，https://www.krzzjn.com/show-557-109289.html，2022 年 7 月 18 日。

② 高维进：《中国新闻纪录电影史》，第 45 页。

③ 《解放日报》：《延安珍贵历史影像资料发布》2012 年 5 月 22 号，http://news.sina.com.cn/w/2012-05-22/070224455754.shtml，2022 年 7 月 18 日。

④ Zhang L, " Sounding Travel Documentary in Wartime China: The Dual Journey of Long Live the Nation. In Cinema of Exploration " London:Routledge,2020,pp. 158-180.

这一时期，中国革命学者与电影人们已经主动与外国创作者合作，借助国际友人的声音，来实现有效传播。可以说，当代纪录片借助"他者"视角展现中国形象的策略，自延安时期就已存在。值得一提的是，南京大学孙明经拍摄的《农人之春》曾参加1937年春在北平举行的万国博览会，该片也在由比利时主办、有22个国家参加的国际农村影片竞赛中获得三等奖。这是中国纪录片第一次在国际影赛中获奖。他还在《电影与播音》的期刊中撰写文章《电影教育法案例：与中国儿童共同生活》，倡导战后中国电影题材"以我国地理及人文为主"。[①]

四、结语

通过史料爬梳可以发现，中国纪录片的诞生与当时的技术发展和国际语境密不可分。而中国纪录片不仅国际传播开始得早，其国际交往的频率也远远超乎我们的想象。

早在本土纪录片出现之前，中国就已成了各国纪录片国际传播的展示对象，中国文化和中国社会是中国题材纪录片国际传播的最初焦点。随着中国题材纪实影像的生产传播过程，中国从被动到主动，是一个主体性逐渐明确的过程。这个时期中国人开始拍摄自己的纪录片，其题材选择也契合了中国革命发展的历史背景，汲取传统文化中"文以载道"等理念，建立了中国纪实影像的独特文化基因。相较于西方观察社会、记录现实的文化属性，中国早期纪录片尤其带有近代史的血泪烙印。

在新历史主义的观点来看，历史充满了断层。而由纪实影像所构成的叙述，一方面可以帮助我们还原20世纪初期中国的形象，另一方面，也隐含了中国对纪录片功能与价值的记忆和判断。这种价值观念，与格里尔逊的"锤子"理论、维尔托夫的"电影眼睛"等理论思想遥相呼应，成为理解中国纪录片重要切入点，也是理解中国近代历史的重要影像史料。

---

① 梁君健:《全球与地方之间:"二战"期间我国大后方新闻纪录片的国际传播》,《现代传播》,2021年第1期

"网生时代"中国纪录片国际传播路径创新

——以国内新媒体平台的制播实践为例

韩 飞 陈朵儿*

(中国传媒大学电视学院，北京，100024)

摘 要：国内新媒体平台已成长为中国纪录片国际传播的重要创新力量。头部新媒体平台在纪录片的国际合作与传播方面经历了版权采买的 1.0 阶段、以投代购的 2.0 阶段、自主传播的 3.0 阶段；各平台基于自身特色优势发力国际传播。作为国际传播能力建设的重要协同主体，新媒体平台应重点开发"网生纪录片"产品；以市场化、品牌化带动国际化；在深化国际合作，让中国故事"借船出海"的同时，也要做实自有出海平台，推行本土化策略，增强国际传播自主能力和传播效能。

关键词：网生时代；新媒体纪录片；国际传播能力建设；合作传播

基金项目：本文系中国传媒大学 2022 年青年托举项目"中国纪录片国际传播能力建设现状与提升路径研究"(CUC220B014) 的阶段性成果。

在技术和市场等要素的共同驱动下，近年来国内新媒体行业蓬勃发展，各大新媒体平台竞争走向白热化，纪录片作为重要的视听产品类型成为国内头部新媒体平台争先抢占的内容赛道。截至 2012 年底，国内主要的视频网站均开设了纪录片频道或纪实频道。[①]新媒体平台在纪录片领域不断深耕，打破了纪录片生产传播主要依托电视媒体的传统格局，构建出全新的传播生态，助推中国纪录片走进"网生时代"[②]。

---

* 作者简介：韩飞 (1989—)，男，山东菏泽人，中国传媒大学电视学院副教授，研究方向：纪录片、国际传播、视听传播。陈朵儿 (1995—)，女，四川成都人，中国传媒大学电视学院硕士，研究方向：纪录片、新媒体。

① 赵艳明：《当代中国纪录片的网络化生存——在政治、经济与技术的视野下》，复旦大学博士学位论文，2013 年，第 70 页。

② 纪录片的"网生时代"，呈现出产业格局上的"融媒化"、生产创作上的"网络化"、内容形态上的"网感化"和观看受众上的"年轻化"相结合的特质。参见韩飞：《中国纪录片进入"网生时代"——2019 年中国网络纪录片发展研究报告》，《传媒》2020 年第 8 期。

当前，国家主导、产业运作、多主体协同的中国纪录片国际传播新格局正在形成。依托强大的互联网势能，新媒体平台充分发挥自身高度市场化和商业化、极具创新性和灵活性的优势，深入拓展国际合作，在依靠市场化、国际化带动自身纪录片业务快速成长的同时，也助推了更多中国题材纪录片成功"出海"。新媒体平台成为中国纪录片国际传播的重要创新力量。

本文以腾讯、优酷、爱奇艺、哔哩哔哩、芒果 TV 五大新媒体平台为研究对象，结合对几大平台的调研和负责人访谈，总结其在纪录片国际合作与传播方面的发展历程、特色实践，探讨中国纪录片如何与新媒体相互借力，实现更好"走出去"，讲好中国故事，传播好中国声音。

一、国内新媒体平台纪录片国际合作与传播的三个阶段

以腾讯、优酷、爱奇艺、哔哩哔哩、芒果 TV 为代表的国内新媒体平台在纪录片的国际合作与传播方面大致经历了三个阶段。

（一）版权采买的 1.0 阶段

这一阶段各大新媒体平台已经完成了电影、电视剧、综艺三大板块的稳定布局，而纪录片作为平台内容储备新的增量，仅处于边缘地位，其商业价值还未被发掘，国内版权价格不高。因此，平台采取的主要战略，是依托资本优势对国际市场中主要机构的优质纪录片版权进行集中性批量采购，尤其是通过引进 BBC、Discovery 探索频道、美国国家地理等海外顶尖厂牌的成熟作品来扩充平台片库，完善内容布局。可见，1.0 阶段仅完成了从"外"到"内"的单向引进，解决了平台正版纪实内容从无到有的问题。

（二）以投代购的 2.0 阶段

在一系列纪录片利好政策和新媒体行业繁荣态势的加持下，各大新媒体平台并未止步于单纯地批量采购国外纪录片版权，进而开始了以投代购的联合出品合作模式探索。但受制于国内尚未成熟的纪录片市场，平台对纪录片的投资力度较小，甚至只集中在与中国内容相关的某一集或某一部分上，对作品整体的选题方向和生产制作话语权有限。这一阶段中国题材纪录片的商业价值逐渐凸显，以投代购成为国内平台获得国际一流水准的纪录片作品版权的高性价比方式。同时，这一新兴力量和背后的资本加持，使得国际制作机构更加重视中国题材作品，也更加有意识向既有 IP 内容中加入中国元素，以获得中方联合投资，摊平成本，扩大传播覆盖。

（三）自主传播的 3.0 阶段

当前，中国纪录片国际传播的"逆向流动"开始形成。① 国内头部新媒体平台经过前两个阶段的快速积累，经验和实力不断增强，开始依照平台属性，基于网络用户需求来自制或委托制作节目，大大提高纪录片的原创性和"网感"。《风味原产地》等许多自制纪录片选题和表达国际化突出，不仅吸引国内网民观看，也真正开始以市场化路径出口海外，并在国际上赢得一定声量。

这一阶段新媒体平台纪录片的国际合作走向常态化，腾讯、哔哩哔哩等机构纷纷与国际平台签署纪录片相关的长期战略合作协议，以期在联合制播、IP 共研等方面展开深入合作。中方在合作中的自主性和参与程度加深，在选题研发和内容制作的总体把关层面深度介入，因为投资体量和占比增大，开始在个别项目中拥有主导话语权。同时，五大平台陆续推出自己的国际版 APP，中国题材纪录片成为平台重要的内容组成，实现了从"借船出海"到"造船出海"的升级。

二、五大新媒体平台纪录片国际合作与传播的特色实践

（一）腾讯视频：从内容到平台的进阶式拓展

腾讯视频自 2014 年起布局纪录片板块，2017 年成立腾讯视频纪录片工作室，经过几年沉淀，逐步走上精品化、产业化的纪录片发展之路。一方面，平台在内容策划、视听表达、求新求变三重纬度上打造能够树立品牌形象的精品纪录片；另一方面，不断提升国际化水平，完善产业机制。在国际化探索方面，腾讯视频纪录片秉承"中国故事，国际传播"的制作理念，致力于通过中国题材纪录片版权销售、联合出品、联合制作等方式，将中华文化的优良传统、现代化的中国形象向海外传播。腾讯视频 2018—2020 年上线播出的国产纪录片超过 500 部。② 目前，腾讯视频自制纪录片已成功出海 10 余部，近 60 小时，覆盖全球 190 多个国家和地区。

1. 从片库扩充到国际模式引进

腾讯视频纪录片板块初创时期就与 BBC、美国国家地理等国际知名纪录片厂牌达成合作，以版权购买的形式引进了《生命的故事》《人类星球》《宇宙时空之旅》等自然、人文题材的纪录大片，为提升平台纪录片水准和资源累积奠定了良好基础。而新媒体纪录片要想在国际合作与传播方面谋求新的突破并取得长足发展，就不能满足于"为我所有"，而应当尽可能使其"为我所用"。因此，腾讯视频近两年来开始尝试引进海外已经非常成熟的制作模式，将其进行本土化，用于生产有关中国社会和中国人的故事。在这

---

① 韩飞、何苏六：《中国纪录片国际传播能力建设：历史途径与当下迷思》，《现代传播》2020 年第 12 期。

② 版权来源包括自制、采买、分账、资源置换等，数据来源：腾讯视频。

方面较为成功的案例是 2018 年腾讯独家推出的《纪实 72 小时》(中国版)。《纪实 72 小时》原本是日本放送协会（NHK）制作出品的纪实节目，腾讯视频引进了该片的制作模式，派出中方导演去 NHK 系统学习制作流程，然后回到中国进行拍摄。该片目前在腾讯视频的播放量超过 2 亿，同时也成功返销 NHK，在日本也取得了良好的传播效果。引进方式递进的背后，是腾讯视频在纪录片制作层面从"拿来"到自制的主导意识彰显。引进国外优秀纪录片以及借鉴其先进制作模式的目的，也是服务于中国题材纪录片创作，为讲好中国故事传播降低壁垒。

2. 从单一爆款到美食 IP 矩阵打造

美食，是全人类共同关注的话题。因此，这类题材的纪录片具有天然的国际传播优势。腾讯视频在陈晓卿带领下于 2018 年推出美食纪录片《风味人间》。该片上线后，在腾讯视频点击量超 10 亿，并成功发行至全球 8 家电视台，覆盖亚太、北美多个地区；同时，也在全球 9 家航空公司播出，基本实现主要航线的全面覆盖。

《风味人间》的成功"出海"带动了整个美食品类纪录片的国际传播。腾讯视频又相继打造了《风味原产地》和《风味实验室》系列，与《风味人间》共同构成了经典美食 IP。《风味原产地》目前已经连续制作三季。2018 年，Netflix 买断《风味原产地·潮汕》的全球版权，并于 2019 年 2 月 12 日在 Netflix 上同步 190 多个国家和地区播出，这是 Netflix 采购的第一部中国原创系列纪录片。此后，《风味原产地·云南》《风味原产地·甘肃》也通过 Netflix 在全球同步播出。①

"风味"IP 成为中国题材纪录片国际传播的重要参考范本。首先，制作上具备国际视野。在选题策划阶段精准聚焦美食这一人类共通的语言；在制作前端纳入对海外传播的考量，因此前期拍摄跨越全球六大洲，涉及 30 多个国家和地区。其次，采用国际通行的经典叙事模式和奇观性的视听语言，内容和形式上做到国际表达。再次，传播推广上遵照国际通行惯例。节目正式上线前在国际市场进行预售，并据此预估节目传播效果；IP 矩阵产品不同形态的内容投向不同平台，如长片系列更适合以家庭观看场景为主的海外电视台，而短片系列则优先考虑市场兼容性更好、灵活性更高的国际流媒体平台。

3. 从灵活合作到平台出海

腾讯在线视频节目内容制作部相关负责人接受课题组采访时谈道："相较于传统媒体，新媒体平台在中国题材纪录片的国际合作与传播中，最大的优势主要体现在合作方式更灵活和借助自发力量进行传播两个方面。"② 在联合制作中，腾讯视频会根据不同项目的具体情况灵活调整合作的各项细节，选择合适的制片方式。在自主传播方面，2019 年腾讯视频海外版——WeTV 陆续在泰国、印尼，菲律宾和印度等国家和地区落地，成为在这

---

① 数据和资料来源：腾讯视频。

② 观点来自课题组对腾讯在线视频节目内容制作部纪录片工作室总监朱乐贤的线上采访，时间：2021 年 2 月 26 日。

些国家和地区专门提供大陆内容的流媒体服务平台。WeTV 将优质的华语视听内容通过字幕翻译、配音的方式提供给当地用户，并在当地进行线上、线下立体式内容营销及推广，打破华语内容仅提供给华人观看的行业壁垒。海外版自主平台的打造，推进了自有内容国际化进程。2020 年 4 月，《风味人间》第二季首播期间特别开放全球播出，海内外用户只要打开腾讯视频或 WeTV，便可同步全球收看。

表 1 腾讯自制中国题材纪录片国际传播情况（部分）

片名	年份	时长 / 分钟	制片方式	联合出品机构	国际传播情况
风味人间第二季	2020	400	自制	无	日本 WOWOW 电视台、韩国中华 TV、香港 TVB、台湾纬来电视、马来西亚 Astro、塞尔维亚
风味原产地·甘肃	2020	100	自制	无	Netflix、香港地区、新加坡地区
风云战国之列国	2020	420	自制	无	日本 DVD 厂商 MAXAM
《纪实 72 小时》（中国版）	2018	325	自制	无	日本 NHK

（二）优酷：依托阿里生态拓展国际市场

2012 年，优酷人文板块诞生，并逐渐形成了以文化节目和纪录片为核心的战略体系。优酷在纪录片领域的耕耘起步较晚，但发力集中，从 2019 年开始，首先用一年多时间搭建频道体系，完善内容布局。如今，优酷纪录片凭借题材广泛、形式多样的泛纪实内容，占据着优酷人文的半壁江山。优酷人文肯定纪录片蕴含的真实的力量，不断挖掘中国题材纪录片在国际合作与传播中的巨大潜力。

表 2 优酷 2018—2020 年纪录片制播情况[①]

年份	制作总量 / 部	制作总时长 / 分钟	采购数量
2018	8	1710	未知
2019	22	3733	国内约 60 部，约 21600 分钟 国外约 40 部，约 14400 分钟
2020	36	5913	国内约 70 部，约 25200 分钟 国外约 50 部，约 15000 分钟

1. 以中外共制促自制，布局重点题材

优酷在其纪录片频道创立初期，也是批量引进海外纪录片，与国际顶尖纪录片厂牌建立起合作伙伴关系。在此基础上，优酷纪录片顺利进入联合出品、中外共制的稳定合

---

① 制作包含自制和联合出品，数据来源：课题组调研。

作阶段。优酷在《被点亮的星球》等大型纪录片项目的中外共制过程中，一方面学习借鉴海外一流团队的纪录片制作经验，不断贴近国际工业化生产水平；另一方面提升平台对外的可信度和专业性，赢得海外纪录片市场资本的青睐。经过几年蓄力，现阶段优酷更专注于自制中国题材纪录片的全球传播。在 2020 年疫情暴发前后，优酷基于全球用户对于美食探索、文化旅游的强烈心理诉求，重点推出聚焦疫情、美食、文旅的代表性纪录片，如《冬去春归》《江湖菜馆》《奇妙之城》等，向海外市场推介，打出一套"纪实+"创新形态作品国际传播的组合拳。

2. 依托阿里生态，创新合作模式

优酷并非单一的新媒体平台，其背后是庞大的阿里巴巴集团经济体，支撑其从内容赋能走向商业赋能。作为阿里文娱领域重要的一环，优酷充分利用集团生态体系，探索纪录片产业全链路的建设。内容层面，优酷借助集团力量研发符合国际制播要求的内容，并在集团支持下推动内容本身的海外定点传播。例如优酷与阿里巴巴公益基金会联合出品的纪录片《寻找非洲创业英雄》2020 年在优酷上线，并在覆盖整个非洲的电视网络上播出，有 10 个非洲国家电视台参与其中，开创新媒体纪录片在非洲地区成功推广传播的先河。商业层面，优酷利用集团资源，创新纪录片与电商、直播、游戏等领域的商业化合作模式。例如在以《大地私宴》《江湖菜馆》为代表的美食 IP 传播过程中，优酷与阿里巴巴旗下的淘宝、天猫、盒马、口碑等电商平台达成合作，通过广告植入、同款产品销售等方式加大曝光力度，让内容从用户端下沉到消费端，实现纪录片多重商业价值累积。

表 3　优酷自制中国题材纪录片国际传播情况（部分）

片名	年份	时长 / 分钟	制片方式	海外播出国家 / 地区	海外传播平台
奇妙之城	2021	6 集 *50 分钟	自制	马来西亚、新加坡、美国	Astro、StarHub、Ondemand China、Discovery
江湖菜馆	2020	8 集 *30 分钟	自制	中国香港、马来西亚、美国	TVB、Astro、Ondemand China
冬去春归·疫情里的中国	2020	3 集 *30 分钟	自制	正片：葡萄牙、巴西、安哥拉、莫桑比克、中国澳门 短视频：通过我国驻美、英、菲律宾、蒙古、南非等驻外使领馆向 140 多个国家定点推送	正片：葡萄牙国家电视台、巴西环球电视台、安哥拉 TV Zimbo 电视台、莫桑比克国家电视台、澳门广播电视有限公司葡语频道等 短视频：人民日报、中国日报、中国新闻社等海外社交媒体账号播出

续表

片名	年份	时长／分钟	制片方式	海外播出国家／地区	海外传播平台
冬去春归2·原地生长	2020	4集*30分钟	自制	正片：葡萄牙、巴西、安哥拉、莫桑比克、中国澳门 短视频：通过我国驻美、英、菲律宾、蒙古、南非等驻外使领馆向140多个国家定点推送	正片：葡萄牙国家电视台、巴西环球电视台、安哥拉TV Zimbo电视台、莫桑比克国家电视台、澳门广播电视有限公司葡语频道 短视频：人民日报、中国日报、中国新闻社的海外社交媒体账号播出

（三）爱奇艺：以自有纪录片生态为圆心向外辐射

2015年至今，爱奇艺纪录片在国际合作与传播中，走过了只掌握小部分内容主导权的弱势时期，自主研发内容并聘请国际一流团队制作，并以自有海外平台为依托，进行中国题材纪实内容的全球传播。

1. 主次分明，立足国内体系

爱奇艺作为国内新媒体纪录片的头部平台，已搭建起一套具有平台自身特色的相对完备的纪录片生态体系，即依据平台用户画像，布局以社会现实、经典人文、美食文化、自然探险、历史演义为核心的五大内容赛道，通过版权采买、联合出品、会员分账三种商业模式与纪录片行业各方开展合作，最终形成内容矩阵。国际合作和传播已被囊括进这一体系。在上述内容赛道中，爱奇艺推出的经典人文和实效性纪实作品主要针对海外市场进行传播。经典人文题材纪录片的核心是介绍东方传统文化，但相较于严肃叙事的历史题材纪录片，其语用通俗、内容浅显，更注重适当的猎奇性，因此降低了观看门槛，拉近了与海外用户的距离；实效性纪实作品则能够捕捉时代脉搏，关注人类命运，典型代表是在2020年全球疫情大背景下，爱奇艺出品的纪录片《中国医生战疫版》。该片在国内播出后被翻译成8种语言，借助爱奇艺国际版APP（iQIYI），在全球范围内取得佳绩。

2. 扬长避短，建立雇佣机制

目前国内互联网行业的发展节奏以及新媒体纪录片内容研发能力处于国际领先水平，这是各大新媒体平台共同的判断。爱奇艺纪录片中心负责人认为："我们在内容研发这一部分是领先于国际的，只是在内容制作和生产模式上，可能还需要学习和借鉴国外顶尖纪录片创作团队的经验。"① 因此，爱奇艺纪录片在联合制播方面采取的方式主要是中方主导内容研发，并雇佣国际一流创作团队生产相应内容。例如爱奇艺与中国国际电视总公司、社教节目中心、西安广播电视台等联合出品的百集微纪录片《从长安到罗马》由

_____

① 观点来自课题组对爱奇艺纪录片频道总监宁玉琪的线上采访，时间：2021年3月5日。

中国、意大利两国导演联手打造，国外优秀的主创人员在创作过程中不断与中方导演进行思想碰撞，为最终的作品呈现提供多元视角。该片于 2020 年 1 月 28 日在爱奇艺播出，而后被制作成中文、英文、意大利文等多语种版本，在意大利国家电视台网站、YouTube 等多家海外主流视频网站上线，并在意大利、英国、南非、阿联酋等各国电视台播映。中方严格把控内容，外方带来先进制作经验，如此操作，既能充分释放爱奇艺深挖本土内容的自主价值，又能弥补当下国内创作团队仍有上升空间的短板，实现合作双赢。

3. 循序渐进，从亚洲到世界

在依托平台优势让中国题材纪录片"走出去"方面，爱奇艺选取了一条差异化竞争路径，即利用中国与广大亚洲地区天然的地缘贴近性，在平台自身较为完善的用户画像分析体系加持下，精准抓取亚洲用户的内容需求，使平台实现亚洲地区的全覆盖，再以此为跳板，扩大影响力，逐步走向世界。爱奇艺国际版 APP 上线的中国题材纪实内容对全球上线，重点覆盖亚洲，尤其是东南亚地区，在国际传播中，与平台整体战略步伐一致，点面结合，先耕重点。未来爱奇艺国际版 APP 将在亚洲重点地区设立办事处，建设本地化团队，实行本土化的精准传播。

表 4 爱奇艺自制中国题材纪录片国际传播情况（部分）

片名	年份	时长 / 分钟	制片方式	联合出品机构	国际传播情况
中国医生战疫版	2020	5 集 *40 分钟	自制	北京乐正文化	爱奇艺国际版 APP 对全球上线
中国医生	2020	10 集 *45 分钟	国内合拍	北京乐正文化	
棒！少年	2020	110	自制	无	
辣子曰	2020	8 集 *30 分钟	国内合拍	北京有竖文化传媒有限公司	
一义孤行之环喜马拉雅第一季	2020	8 集 *35 分钟	国内合拍	北京雪线记录文化传播有限公司	
从长安到罗马	2019	100 集 *5 分钟	中外合拍	中国国际电视总公司、社教节目中心与西安广播电视台	意大利国家电视台网站，YouTube，意大利、英国、南非、阿联酋等各国电视台

（四）哔哩哔哩：携手顶尖厂牌打入国际市场

2016 年，纪录片《我在故宫修文物》在央视纪录频道首播，收视一般。随后该片在哔哩哔哩（以下简称 B 站）上线，几个月时间播放量达到数百万，引发"网生代"年轻人的关注和热议，自此 B 站与纪录片结缘。目前，B 站已出品 106 部原创纪录片，总时长超过 2 万分钟；上线纪录片超 3000 部；2021 年累计观看人数 1.3 亿，累计观看时长 2.5

亿小时，纪录片成为 B 站用户最受欢迎品类之一，也是付费会员主要的青睐类型。B 站负责人认为，在年轻一代追求泛知识潮流的趋势下，作为泛知识头部内容的纪录片或许正在成为留住年轻人的重要抓手。[①] 在吸引 Z 世代用户、迎合互联网内容从娱乐化转向知识化、信息化诉求下，B 站进一步扩大纪录片布局，不仅针对细分受众制定垂类题材纪录片内容，还不断探索纪录片国际合作新模式，与多个国际顶级厂牌建立了稳定深入的合作，以期进一步向海外市场拓展。

1. 聚焦自然题材，扩大国际声量

自然题材纪录片一直以来被视为国际传播的"硬通货"，但其制作周期长、拍摄难度大，对制作团队的专业化程度要求较高。近年来，B 站把目光锁定在自然题材精品纪录片上。相比完全自制，B 站采取的合作策略是依托国际一流团队的完备的制作体系，参与出品大制作精品。2020 年 8 月，B 站与国际厂牌联合出品的三部纪录片《极度深海》《天行情歌》《未至之境》同时入围有着"自然类奥斯卡"之称的美国杰克逊（Jackson Wild）电影节终评名单。这三部纪录片虽然不是 B 站独立自制，但无论是《天行情歌》对中国猿类的影像留存，还是《未至之境》对中国动物的故事化呈现，B 站在具体合作过程中都融入了中国文化元素，为国际化纪实内容提供了独特的中国视角。

2. 携手国际厂牌，开展深度合作

在纪录片领域精准布局，逐渐树立起品牌和口碑的 B 站以引入海外优质资源为切口，与 Discovery 探索频道、BBC、美国国家地理、NHK 等国际顶尖纪录片厂牌建立了稳定的伙伴关系，并进一步深化纪录片制作层面的合作。比如自 2020 年起，B 站与 BBC Studios 达成长期战略协议，在纪录片内容共制及 IP 共研等领域，展开深入合作，除了《绿色星球》《王朝：狐獴特辑》等 BBC 代表性的自然类重磅纪录片在 B 站国内独播，B 站还将与 BBC Studios 联合推出 6 集历史题材纪录片《Ancients》（暂译名《亘古文明》），创新叙事形式和元素，探究同一时期中国、埃及、印度、希腊和罗马五大古老文明的兴衰，以全球视角阐释人类古代文明；全资委托 BBC Studio 制作科学题材纪录片《未来奥德赛》，以科幻作家刘慈欣为主线人物，与全球科学家一起探索科幻作品中的情节。除了国际联合制作，将国际题材融入中国元素，未来 BBC Studios 还将参与 B 站自制内容的出品与国际发行，将更多中国题材纪录片带去海外。

---

① 易佳颖：《B 站月活用户达 2.67 亿纪录片成最受欢迎品类》2021 年 11 月 7 日，https://xw.qq.com/cmsid/20211117A0A4LN00,2022 年 6 月 1 日。

表5　B站中国题材纪录片代表作品国际传播情况（部分）

片名	年份	时长/分钟(平均)	制片方式	联合出品/制作机构	国际传播与影响
小小少年	2021	6集*60分钟		五星传奇	B站播放量超1426万；荣获上海国际电视节白玉兰奖"最佳系列纪录片奖"等荣誉
决胜荒野之华夏秘境	2020	6集*60分钟	中外合拍	探索频道	B站播放量超5276万，荣获五项国际荣誉。
在武汉	2020	7集*20分钟	自制	FIGURE	B站播放量超1153万，荣获七项国内外荣誉。
金银潭实拍80天	2020	73	国内合拍	湖北卫视	B站播放量超63万，荣获六项国内外荣誉。
未至之境	2019	5集*45分钟	中外合拍	美国国家地理	B站播放量超1500万，于全球172个国家，以43种语言向国际观众呈现。入围有着自然类奥斯卡之称的美国Jackson Wild电影节，以及联合国CoP15内部展映。
但是还有书籍	2019	5集*30分钟	自制	北京小河文化传媒有限公司	B站播放量超1184万，荣获七项国内外荣誉。

（五）芒果TV：依托青春态主旋律纪录片"造船出海"

作为湖南广电旗下的互联网视频平台，芒果TV自2014年诞生以来，借力"芒果生态"的联动机制和台网融合的资源优势，逐步成长为立足中国青年文化的主流新媒体平台。芒果TV作为湖南广电"双核驱动"战略主体之一，肩负着新型主流媒体弘扬中华文化、促进中外交流的职责使命。芒果TV以纪录片作为国际传播的重要抓手，深耕原创内容，拓展传播渠道，全方位谋划出海战略，以创新形态的主旋律纪录片为载体，对外讲好中国故事。部分纪录片在平台清晰的出海策略指引下，顺利打入海外市场。

表6 芒果TV2018—2020年中国题材纪录片制播情况[①]

年份	投入规模（万元）	数量（部）	总时长（分钟）	单部最高投资（万元）	国际传播情况
2018	956	7	1125	290	海外195个国家、地区
2019	1634	8	1181	296	
2020	4247	9	1844	2000	

1. 借主流爆款向世界讲述中国故事

在芒果TV国际传播整体战略中，积极响应"一带一路"倡议，加强"一带一路"国家和地区文化交流和传播是重中之重。2018年11月4日，芒果TV与中阿卫视（China Arab TV）战略合作签约仪式暨《一带一路·中东看中国·魅力湖南》纪录片开播仪式在迪拜举行。这次合作使芒果TV优质自制内容落地阿拉伯，是其出海战略的一个重要节点。芒果TV也在内容端精心耕耘，2018年3月起，推出《我的青春在丝路》系列，聚焦在"一带一路"沿线国家追寻青春梦想的年轻人的奋斗故事。该片凭借题材优势和平台持续运营，在"一带一路"文化交流中表现亮眼。此后连续两年，芒果TV、Discovery联合出品了跨国联合制作职业体验类纪实节目《功夫学徒》系列，该片在异国青年跨国体验的外壳包装下，展现了中国近年来各个领域的发展成果，作品在两家平台共同播出，是"中国故事，国际表达"的一次重要探索。从单纯的版权交易到创新的跨国联合制作，芒果TV通过打造主流年轻态爆款，将"一带一路""脱贫攻坚""乡村振兴"等时代命题，借助纪录片这一媒介向世界传播，尝试打开主流价值传播的新局面。

2. 搭建自主平台拓展海外传播渠道

早在2013年，芒果TV在全球最大的视频平台YouTube上就开设了专门频道，成为最早在YouTube平台进行频道运营的国内媒体。随着自身力量壮大，芒果TV不满足于依靠海外平台传播自制内容，一直寻求机会让原生平台在海外落地。2019年3月18日，芒果TV在中国香港国际影视展上举办了《功夫学徒》推介会，次日宣布芒果TV国际APP（MangoTV）正式上线，打造"自有、自主、自控"的海外新媒体平台，此后相关内容的对外传播将更多植根于平台本身。截至2021年年初，芒果TV国际版APP下载量超过4500万，海外用户超过3100万，覆盖全球超过195个国家和地区。平台集纳了超过2万小时的视频资源，实现7种语言界面应用，多语种字幕涵盖18种语言，通过设立"中国文化"专区和文化频道，上线《我的青春在丝路》《闪耀的平凡》《石榴花开》《不负青春不负村》《赶考路上》《我爱你，中国》《可爱的中国》等大量传递中国社会主流价值观的精品纪录片，并对针对海外用户进行定向运营，提升平台国际影响力。[②]

---

① 包含自制和联合出品，数据来源：课题组调研。
② 数据和资料来源：芒果TV。

表 7 芒果 TV 中国题材纪录片代表作品国际传播情况（部分）

片名	年份	时长/分钟	制片方式	联合出品机构	国际传播情况
中国	2020	12 期 *52 分钟	国内合拍	芒果 TV 湖南卫视 北京伯璟文化	芒果 TV 国际版 APP 对海外 195 个国家、地区上线
石榴花开第二季	2020	8 期 *30 分钟	自制		
功夫学徒第二季	2020	10 期 *45 分钟	中外合拍	芒果超媒 芒果 TV Discovery	
致我们共同的地球	2020	8 期 *20 分钟	国内合拍	—	
果味香村	2020	6 期 *18 分钟	自制	—	
闪耀的平凡	2020	15 期 *13 分钟	国内合拍	—	
战旗美如画	2020	7 期 *25 分钟	国内合拍	—	
人间正道是沧桑	2019	7 期 *20 分钟	国内合拍	芒果 TV 湖南都市频道 人民日报客户端	
不负青春不负村第三季	2019	9 期 *20 分钟	国内合拍	芒果 TV 湖南经视	
可爱的中国第二季	2019	7 期 *18 分钟	国内合拍	芒果 TV 湖南都市频道 国家国防科技工业局新闻宣传中心	
在那遥远的地方	2018	16 期 *30 分钟	国内合拍	芒果 TV 湖南经视	
赶考路上	2018	7 期 *10 分钟	国内合拍	芒果 TV 湖南都市频道	

三、问题反思与策略前瞻

近年来，媒体融合浪潮下中国纪录片新的产业生态格局逐渐形成。传统媒体稳坐头把交椅已是明日黄花，各大新媒体平台迅速崛起。这些平台以用户为根基，以市场为导向，布局多元纪实内容，深化国际合作，创新产品类型与商业模式，在纪录片国际传播方面有着不容忽视的后发性优势。但与此同时，国内新媒体平台中国题材纪录片的国际合作与传播也面临诸多困难，存在现象级作品少、商业化版权交易量少、自有平台海外传播流量有限、合作传播中话语权不高等现象，新媒体平台需要以更灵活创新的姿态迎接挑战。

（一）重点开发"网生纪录片"产品，推向全球市场

《风味原产地》《从长安到罗马》等微纪录片产品的成功"走出去"，给新媒体平台的纪录片"出海"，讲好中国故事提供了有益启示。在中国纪录片国际传播能力建设的战略框架下，各类制播主体应该结合自身特色优势，形成纪录片国际传播的"主体细分"。具体到新媒体平台，应该重点开发"网生纪录片"产品，主打海外新媒体市场，重点观照海外主流年轻用户。所谓"网生纪录片"，是指以网络为制播主体，以网民为主要传播对象，内容转向碎片化、轻量化、生活化，呈现出一种"平民主义"和"网络人文主义"特质，叙事上轻快跳跃、切口较小、多元素拼贴、高潮点密集、短小精悍，具有更加明显的"网感"的纪录片。[①] 在传统电视媒体的国际传播遭遇西方世界的警惕甚至部分抵制的情况下，政府可以在国际传播工程项目的支持中，按照差异化路径，将新媒体平台和"网生纪录片"产品内容纳入重点支持范畴。

（二）打造中国模式 IP，以品牌化带动国际化

中国新媒体纪录片经过数年发展，已初步具备对标国际的制作水平和平台体系。但在以 Netflix 为代名词的视频全球化景观中，生产并推广国际化模式下的全球性内容是中国新媒体平台当前的短板。全球范围内的各大纪录片厂牌，都有自身最擅长的内容细分领域和与之对应的成熟体系。比如 BBC 的自然历史蓝筹大片、NHK 的《纪实 72 小时》，它们甚至有一套完整的 Bible（节目操作手册）储备。这些生产模式都曾被国内新媒体平台引进，并因地制宜地用于生产具有中国特色的内容。国内新媒体平台在中国题材纪录片领域积累了许多运作经验，尤其是历史人文、美食、旅游等"轻"题材，需要集中优势，强化放眼全球的 IP 产品打造，践行品牌化、商业化带动国际化战略。中国题材纪录片要想在国际传播过程中获得长续动力，就应在平台支撑下建立本土优势内容的标准化生产模式，并尝试将该模式向海外纪录片市场推广。

（三）深化国际合作，中国故事"借船出海"

中外联合制作、联合出品、版权共享是国内新媒体平台在纪录片国际合作与传播 2.0 阶段的主要模式。在西方国家对中国媒体自产内容日益敏感警惕的语境下，这一模式可以通过"借船出海"的方式实现中国故事的有效输出。但目前的中外合作，许多还是浅表化的，从纪录片国际传播能力建设的宏观视阈来看，需要从产业链、传播链层面加深

[①] 何苏六、韩飞：《动能转换与多元创新：中国纪录片产业发展的新图景》，《中国新闻传播研究》2020年第 6 期。

合作，在类型模式的联合开发、联合营销、传播数据反馈等方面相互借力，这对纪录片国际传播乃至中国纪录片行业的发展都大有裨益。新媒体平台还需要依托专业能力和国际规则在合作中赢得更大话语权，不能让中外合作产品完全沦为国外主导、西方话语下的产物，否则将与国际传播能力建设事业背道而驰。

（四）做实自有出海平台，推行本土化策略

在中国纪录片"走出去"的过程中，国内新媒体平台主要是借助市场化手段，这是符合国际主流范式的。但如何在顶层设计中纳入国际传播层面的考量，怎样平衡原汁原味的中国特色内容和文化差异背景下海外观众的接受心理，是值得思考的问题。

国内新媒体平台近年来通过"借船出海"有效输出了优质且多元的纪实内容，同时也开始通过自主搭建国际化传播平台塑造有别于传统媒体的自发传播优势。例如芒果TV、爱奇艺、腾讯视频、哔哩哔哩分别推出国际版 APP，针对海外用户上线国际版精品内容。而国内原生视频网站在相对陌生的海外市场落地，在开拓期势必会出现"水土不服"的情况。

当前，中国媒体竞争力的问题不在其硬件设施，而在其软实力方面，即本土化策略上①。国内头部视频网站海外版自主平台的落地，是中国媒体进一步向海外市场拓展的重要尝试之一。而要真正推行本土化策略，并非一味立足中国本土内容的无差异输出，而是应该转换思维，重视海外用户体验，真正将针对国别和区域的精准传播和运营策略落到实处，甚至考虑"一区一策""一国一策"，增强中国内容的国际表达，降低海外用户接受门槛，提高国际传播效能。在"造船出海"初期，可以践行地域细分的本土化，重点突破头部流媒体平台耕耘不深的非洲、拉美等欠发达国家和地区，以及东南亚、日韩等汉文化繁荣或华人密集区，针对性投放内容，并在译制与精准营销等方面加大资源投入。

结　语

"讲好中国故事，传播好中国声音，展示真实、立体全面的中国"已不单单是外宣部门的工作，更是国际传播能力建设战略视野下多元主体共同致力的事业。

十年左右时间，国内新媒体平台在纪录片领域持续发力，促使互联网驱动下的纪录片国际合作与传播从多线采购走向联合制播，中外合作步入常态，并不断深化，自制产品和平台"出海"的能力也不断提高。在纪录片国际市场中，国内新媒体平台从"买家"变成"卖家"，从被动接受者变成主动的传播者，从"借船出海"到"造船出海"，话语

---

①　钟新、崔灿：《中国媒体全球化的正当性与竞争力——对话国际传播知名学者达雅·屠苏》，《对外传播》2019 年第 6 期。

权和自主能力由弱到强。

新媒体平台打造的纪录片多以互联网为传播载体,以商业化模式和国际通行规则对接海外市场,开辟出一条与政治主导下的"走出去"截然不同的道路,也让国际传播的覆盖面有所拓展,效能有所提升。中国纪录片的国际传播能力建设需要借力这一重要协同主体,实现纪录片在"网生时代"讲好中国故事、传播中华文化的使命。

跨文化传播视域下的纪录片超真实

——基于对《完全可控》的意识形态批评

王达[*]

（清华大学新闻与传播学院，北京，100084）

摘 要：2020年美国总统大选前，抗疫纪录片《完全可控》上线播出，并被我国多家主流媒体正面报道。本文以"超真实"为路径，采用批判话语分析法对该纪录片进行意识形态分析。研究发现，该纪录片借助多种视觉修辞手段呈现了三层"真实"。由此，本文对跨文化传播中的纪录片"真实"进行反思，提出我国在用纪录片讲好中国故事的同时，需提升文化甄别能力，进而创造"第三种文化"。

关键词：纪录片；超真实；意识形态批评；跨文化传播；《完全可控》

2020年美国总统大选前，纪录片《完全可控》（*Totally Under Control*）上线播出。这部影片揭露了特朗普政府在应对新冠肺炎疫情期间的种种问题，播出后引起国际社会的热烈讨论。美国《纽约时报》、英国《卫报》等媒体认为，这是一份难得的批评报道，将有利于民众看见真相。

在我国，这部纪录片通过互联网平台进行传播，并被包括央视在内的多家主流媒体报道[1][2]。这些报道大多认可纪录片所揭示的内容，并对制作者"揭露真相"的行为做出正面评价。但正如跨文化传播研究学者所言，媒体在对异文化现象进行跨文化报道时，常会伴随着对于部分事实的遮蔽[3]。美国在抗疫初期的种种问题，经过纪录片制作者的"编码"、西方媒体的"再编码"与我国媒体的跨文化"转译"，所呈现的面貌是否依然"真

---

* 作者简介：王达（1993—），男，清华大学新闻与传播学院博士研究生。研究方向为纪录片、视听传播与批评。

① 央视网：《美纪录片〈完全可控〉深扒白宫抗疫乱象》，2020年10月16日，https://tv.cctv.com/2020/10/16/videgilv0hrbpe4mrqfejqpv201016.shtml，2022年7月21日。

② 环球网：《"疫情完全在我们的掌控之中"，美国纪录片〈完全可控〉讽刺白宫抗疫乱象》，2020年10月19日，https://world.huanqiu.com/article/40Ijr6uuqe5，2021年4月22日。

③ 单波：《面向跨文化关系：报道他者的可能性》，《新闻与写作》2020年第3期。

实"？在该纪录片的制作与传播中，是否携带着美国特殊的文化基因，却被我国媒体所忽视？

我国学者曾指出，美国政府应对新冠肺炎疫情的困境，与其决策机制和政治制度上的结构性影响密不可分[①]。但是，该纪录片在报道政府应对失利时，是归咎于某任政府的特定政策和领导人，还是诉诸政治社会体制的结构性问题？在揭露问题时，是为了帮助人们看见真相、唤醒批判意识，还是出于某个党派的选举利益考量？纪录片呈现了一个怎样的"真实"？循着这些问题，以下的讨论将围绕"超真实"概念[②]，对美国抗疫纪录片《完全可控》中所隐含的文化迷思进行批判性考察，从而反思美国抗疫纪录片中的"超真实"景观。

此外，抗疫纪录片的交流也是中美两国跨文化传播的一次具体实践。当前中美面临"叙事之争"。[③] 对于我国而言，这有三层含义，分别是如何讲清楚美国、讲清楚中国、讲清楚世界。若要"赢得"中美"叙事之争"，"首先要破除西方的虚假信息，要有针对性地解构其话语体系"[④]。倘若在跨文化传播中不多加以辨识，将有可能陷入美国建构的意识形态"陷阱"。借镜于此，本研究试图以抗疫纪录片为例，针对我国纪录片的跨文化交流提出策略建议。

由此，本文形成如下两个研究问题：纪录片《完全可控》是否（以及如何）利用修辞、叙事与反转构建"超真实"？纪录片《完全可控》对我国跨文化交流中的"纪录片真实"与中美叙事之争有何启示？本文主要采用批评话语分析（Critical Discourse Analysis，CDA）与多模态话语分析（Critical Multimodal Discourse Analysis）的方法展开研究[⑤][⑥][⑦]。在展开讨论之前，本文将先通过文献探讨，了解"超真实"概念的内涵及其在媒介文化研究，尤其是意识形态批判研究中的运用。

———————

① 刘力达：《美国政府应对新冠肺炎疫情的决策机制及其困境》，《美国研究》，2021 年第 1 期。

② 石义彬：《单向度、超真实、内爆：批判视野中的当代西方传播思想研究》，武汉：武汉大学出版社，2003 年，第 264 页。

③ 王义桅：《中美叙事之争：是什么，为什么，怎么办？》，《美国研究》2021 年第 4 期。

④ 王义桅：《中美叙事之争：是什么，为什么，怎么办？》，《美国研究》2021 年第 4 期。

⑤ Qian Linda, "The Political Economy and Cultural Politics of Rural Nostalgia in Xi-Era China: The Case of Heyang Village," *International Journal of Communication* vol. 11, 2017, pp.4423-4442.

⑥ Ruth Wodak, and Michael Meyer, "Critical Discourse analysis: history, agenda, theory and methodology," in Ruth Wodak, and Michael Meyer, eds., *Methods of critical discourse analysis*(Second Edition), Beijing: Peking University Press, 2014, pp.1-33.

⑦ 黄靖惠：《对美国〈时代〉台湾政党轮替报导的批判论述分析：以 2000 年及 2008 年"总统"选举为例》，《新闻学研究》2011 年第 106 期。

一、超真实与意识形态批判

（一）超真实理论："反转"作为关键词

"超真实"（hyper reality）是法国哲学家让·鲍德里亚（Jean Baudrillard）提出的概念，包括三个层面的含义，分别是强调"数字媒介技术"的实然层面，强调"文化符号学批判"的应然层面，以及强调"哲学反思"的第三个层面。①

相较于哲学研究中对于"真实"概念的反思与颠覆，根据鲍德里亚的阐述，"超真实"在应用分析中具有如下两层属性可供借鉴。第一是描述性的属性。"超真实"概念可用于描述各类科技所带来的"比真实更真实"（reality with no origin）的奇观现象，如电影特效、显微镜等②。第二是意识形态的属性。"超真实"概念可以用于分析、表现"比真实更真实"现象背后的人工性，并自然地引申出对意识形态的多重解读。

在鲍德里亚及后来学者的讨论中，迪士尼是分析"超真实"的经典案例。鲍德里亚利用"超真实"概念，指出了两个"迪士尼"的存在。③第一个迪士尼是现实中的迪士尼，也就是典型的现代主义意识形态批判者所揭穿的迪士尼。在他们看来，迪士尼的"真"体现在其建造者希望借此构建一种"真实"，让来此观光的游客沉浸其中，并误认为迪士尼就是"真实"的缩影。④

但鲍德里亚的批判不止于此，他指出了第二个"迪士尼"的存在，即外在于迪士尼的美国世界。鲍德里亚认为，现实中的迪士尼并不是"统治者"所要建构的"真实"。恰恰相反，"统治者"希望游客借由在迪士尼体验到的安逸与虚假，误以为外在于迪士尼的现实世界是更加"真实"的，因此更加臣服于现实世界的秩序与规则。这个外在于迪士尼的美国世界，就是第二个"迪士尼"，也就是"超真实"。"虽然事实上洛杉矶与其外围的所有美国，再也不真实了"⑤。

鲍德里亚的上述批判观点，可从其关于"反转"（reverse）的论述中窥得详貌。⑥"迪士尼乐园的存在是为了让我们相信，理性是在它幼稚领域的围墙之外的，而不是理性在任何地方都被幼稚所取代的事实。"⑦这一概念与"景观社会"（society of the spectacle）⑧相似。它们都对以资本主义为核心的西方政治体制及文化工业进行批判，认为其借助于各类文化手段"再制"（reproduce）意识形态，遮蔽矛盾、营造幻象。而这些批判，对于本文分析美国的抗疫纪录片，亦在理论与方法上有重要的启发。

---

① 马小茹:《"超真实"概念探析》,《哲学分析》2018 年第 5 期。
② 董金平、蓝江:《智能算法下的电影文化》,《电影艺术》2020 年第 1 期。
③ 尚·布希亚:《拟仿物与拟像》,洪凌译,台北: 时报文化出版社,1998 年,第 35 页。
④ 弗兰克·韦伯斯特:《资讯社会理论》,冯建三译,台北: 远流,1999 年,第 311 页。
⑤ 弗兰克·韦伯斯特:《资讯社会理论》,冯建三译,台北: 远流,1999 年,第 311 页。
⑥ 尚·布希亚:《拟仿物与拟像》,洪凌译,台北: 时报文化出版社,1998 年,第 46—47 页。
⑦ Richard Lane, *Jean Baudrillard*, New York: Routledge, 2000, p.90.
⑧ 居伊·德波:《景观社会》,张新木译,南京: 南京大学出版社,2017 年,第 5 页。

（二）"超真实"与媒介文化研究

媒介文化研究是文化研究与传播研究结合的重要面向，被广泛运用于新闻、影视等各领域的研究之中。当前，媒介文化研究存在多种范式，但不变的是意识形态批评在其中的重要地位。①②③

"意识形态"的定义繁杂。马克思发现，意识形态具有一定支配力，是统治阶级实现社会统治的思想政治形式。④因此，意识形态批判的工作之一，就是揭示意识形态的"虚假意识"（falseconsciousness）。这体现在如下四个方面：第一，着眼于对其进行社会历史结构的分析，而不是把意识形态虚假性归结为"有意识的欺骗或谎言"。第二，着眼于历史意识和阶级统治的历史变动分析，而不是把意识形态虚假性归结为其天然本性。第三，着眼于其载体——阶级和社会利益集团——的具体分析，而不是以摒弃意识形态的方式寻找克服意识形态虚假性的途径。⑤基于此，"超真实"分析便是马克思主义意识形态批判的一种体现。

鲍德里亚曾将"超真实"分析置于"水门事件"的案例中。他认为，虽然"水门事件"被当今西方新闻学界视为调查报道的经典案例，但其也是一种"超真实"。当人们把它定义为"丑闻"时，这个"超真实"让人们忘记了政治体制具有的系统性风险，反而更加"信任"它具有解决问题、自我疗愈的功能，从而减弱了民众的批判意识，更加服膺于美国的政治制度。水门事件的"景观"和迪士尼乐园一样，无非是"想象性的效应，遮盖起某个事实"。⑥

类似的"超真实"也存在于美国的好莱坞电影中。迈克·瑞安（Michael Ryan）与道格拉斯·凯尔纳（Douglas Kellner）曾在《摄影机政治：当代好莱坞电影的政治与意识形态》一书中对经典科幻电影《大白鲨》进行意识形态分析。他们指出："（在电影中）危机只是为了治愈危机的修辞策略。……危机电影既描绘了秩序的救赎性表征（redemptive representations of order）的想象回归，又通过将那些对社会现实的共同意识进行编码的表征引向保守的方向，为实际的恢复铺平了道路。"⑦

瑞安与凯尔纳的分析有两层含义：第一，这样的危机叙事本身就是对历史上将要发生的事情进行预备和制定，从而树立一个"理想的"领导者形象；第二，此类意识形态文本的出现与成功，天然就是"反意识形态"的——它虽然"解毒"，但总是指出了"疾

①　刘建明：《西方媒介批评的流派》，《当代传播》2012年第1期。

②　王君超：《媒介批评：起源·标准·方法》，北京：北京广播学院出版社，2001年。

③　刘涛：《媒介文化研究：现象的救赎与理论的生命》，《教育传媒研究》2022年第3期。

④　侯惠勤：《马克思的意识形态批判与当代中国》，北京：中国社会科学出版社，2010年，第49页。

⑤　侯惠勤：《马克思的意识形态批判与当代中国》，北京：中国社会科学出版社，2010年，第52页。

⑥　尚·布希亚：《拟仿物与拟像》，洪凌译，台北：时报文化出版社，1998年，第38页。

⑦　Michael Ryan and Douglas Kellner, *Camera politica: the politics and ideology of contemporary Hollywood film*, Bloomington, Ind: Indiana University Press, 1988. see the last two paragraphs in chapter 2 section1.Translated by this article.

病"的存在。正如鲍德里亚所言:"谐拟让屈从(soumission)与僭越(transgression)变得一样。"① 在这其中,否定性被颠覆,从而"透过想象性来证明真相,透过僭越来证明律法,透过罢工来证明工作,透过危机来证明体制,透过革命来证明资本主义"②。

基于"超真实"的上述内涵与运用,以下将从三个方面分析《完全可控》中的"真实"。第一层"真实",是由特朗普政府所构建、而由这部纪录片制作者所打破的"真实",即特朗普政府所构建的疫情"真实"。在特朗普政府建造的"第一个迪士尼"中,虽然他们强调疫情没有影响美国、一切完全可控,但事实并非如此。第二层"真实",是纪录片运用视觉特效、叙事手段所构架出的"比真实更真实"的"真实"。第三层"真实",则是借助于"反转"概念所发现的纪录片中隐藏的意识形态,即纪录片展现的"第二个迪士尼"("迪士尼"之外的世界),是美国"超真实"。

二、真相之争:特朗普政府的"迪士尼世界"

"真相"(truth)是纪录片《完全可控》的关键主题。制作者不仅在预告片中以黑底白字的形式,醒目地列出"真相会令你作呕"的标语(见图1),也在影片中多次出现"真相"一词。事实上,纪录片试图呈现的"真相"并不难以理解,即特朗普政府所言"美国疫情完全可控"是一个谎言,他们在利用各种手段掩盖"真相"。为了表现"真相"的遮蔽并揭露"真相",纪录片采用了多种隐喻。

图 1 预告片画面

---

① 尚·布希亚:《拟仿物与拟像》,洪凌译,台北:时报文化出版社,1998年,第52页。
② 尚·布希亚:《拟仿物与拟像》,洪凌译,台北:时报文化出版社,1998年,第47页。

图 2 特朗普政府官员发言中的"迪士尼乐园"

　　第一个隐喻是迪士尼的隐喻。鲍德里亚曾使用"迪士尼"比喻"超真实"的美国。[①]在 2020 年初的美国抗疫中，"迪士尼"再次成为一个具有特殊象征意义的符号。当时，美国疫情逐渐失控，但特朗普政府仍坚持放松管控的政策。在一次新闻发布会上，政府官员表示，去佛罗里达州（迪士尼乐园所在地）旅行的人，不应改变他们的旅行计划，而应尽情享受迪士尼乐园。特朗普也在公开讲话中反复强调："到目前为止，美国没有人死于新冠病毒。"但事实上，因疫情死亡的人数正在上升，美国的疫情正逐渐走向失控。此时，迪士尼世界仿佛是一个完美童话，政治集团与资本在这里合谋，构建出一个与世隔绝、没有疫情的虚拟世界。

　　为了戳穿特朗普政府的谎言，影片在语言的选择上，以各样的词语对特朗普政府所构建的虚假世界进行补充描述，如"谎言"（total lie）、"错觉"（delusion）、"噩梦"（nightmare）、"恐慌"（freakout）等。此外，影片也跟拍了一位受访者在城市道路上驾驶的画面（见图 3），以视觉修辞的方式表现"虚假"。以车为界，纪录片区分出迪士尼世界外与内的"我群"与"他者"。车窗内，受访者正焦急地谈论着对疫情失控的担心；而车窗外，游乐场里的摩天轮在发光运转，城市的灯光在黄昏时亮起，象征着现代经济秩序的摩天大楼在远处矗立。这意味着，在特朗普政府建构的"迪士尼"世界中，一切秩序井然，疫情"完全可控"，而在迪士尼世界之外，"真相"却触目惊心。由此，纪录片完成了它的任务，即揭露第一层"真实"。

---

① 尚·布希亚：《拟仿物与拟像》，洪凌译，台北：时报文化出版社，1998 年，第 38 页。

图 3 "迪士尼乐园"的视觉修辞

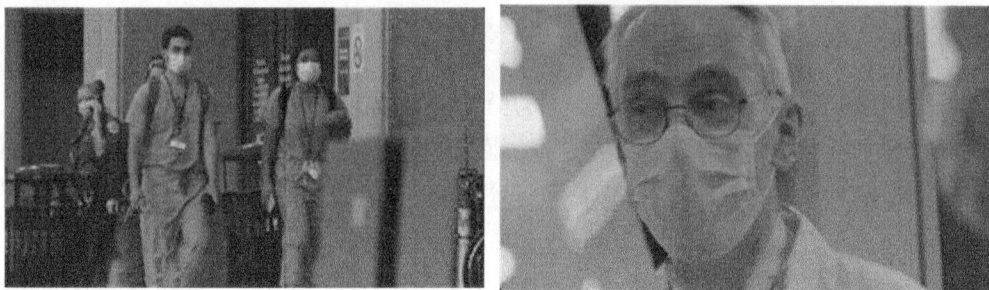

图 4 口罩的隐喻

第二个隐喻是口罩的隐喻。影片以视觉与解说词的方式，将疫情中人人都带口罩作为假信息（disinformation）传播与人们交流受限的隐喻（见图 4）。影片中的受访者说道：

现在我们都一直戴着面具。在交流时，你可以不用去注视别人的眼睛。无论此时你的眼睛是快乐、悲伤还是微笑的，你脸上的其他部位都已完全模糊，变得极端地去讲述正在发生的事。①

此处，制作者借由口罩的隐喻，指出人们当下多受限于"信息茧房"之中，缺少共情能力，采取情绪化与极端化的表达。而影片开始时的一段解说词，则更直接表现了假信息凭借媒介技术发展所形成的高度连接的网络社会（networksociety），进行快速而广泛的传播。二者不变的，都是对于"真相不可得"的担忧。

人类将被万维网连接在一起，人工智能会以指数级增长。人类思想和世界的力量，将被以信息为基础的大型企业所统治和控制，而无须政府干预。但当大自然释放出一种可怕的疾病，并利用我们所制造出的连接时，所有这一切都变成了技术官僚的错觉。②

---

① 采访，弗朗西斯·列多，美国常青医院传染病医学主任，第 118 分 31 秒.
② 解说词，影片 01 分 05 秒.

由上述讨论可知，纪录片《完全可控》并不仅仅讲述疫情如何发展与"完全可控"，而是试图强调随着媒介技术的发展，"真相"变得遥不可及。这既是因为政治与利益集团共同构建了一个虚假的"迪士尼世界"，亦是因为媒介技术高度发展对人类交往所造成的反噬与封锁。由此，纪录片完成了它的任务，即揭露第一层"真实"。对此，本研究持认可与支持态度。影片所强调的问题，在全球化与信息化的背景下，在全世界多个国家与地区均有出现。若从这个角度看，《完全可控》呈现了细节真实或部分真实。但是，该纪录片所呈现的整体是否真实，则需要在下文的讨论中进一步检视。

三、比真实更真实：纪录片中的奇观与叙事

鲍德里亚曾以"超真实"的概念为依，认为"海湾战争并没有发生"。[①]一方面，这是因为凭借逐渐完善的 GPS 定位与现代影像科技，人们可以实现远程作战和对军事目标的精准打击。另一方面，普通民众依靠媒体通信技术，也可以在电视中观看高清的"比真实还真实"的现场报道。这一论断固然是鲍德里亚为了表达观点所做出的夸张表述。但他的分析视角，却也同样适用于分析《完全可控》中的"超真实"现象。

（一）游戏化叙事与视觉特效

在影片的开始，一位受访者拿出一个名为"瘟疫危机"（Pandemic Legacy）的棋牌游戏，描述自己仿佛正在经历游戏中的一切（见图 5）。在该游戏中，四种病毒在世界各地爆发。玩家们可以选择不同的职业组成一支英雄队伍，然后拯救世界。正如该游戏在美国亚马逊中的介绍所言，"（玩家可以）在这个史诗般的冒险中努力拯救人类"。这个纪录片正是以游戏化的叙事方式讲述美国的疫情发展——它弱化了新冠病毒为人类带来的全面性灾难，而是将其简化为正邪之间英雄主义般的游戏。

此外，制作者也在影片中运用了类似电子游戏界面般的视觉特效，使观众仿佛带上虚拟现实（Virtual Reality）眼镜，进入一个"超真实"的游戏世界（见图 6）。此时，人们看到的是"比真实更真实"的影像——人员的伤亡、系统性的追责已经不再重要，重要的是观众所扮演的角色取得最后"史诗般"的胜利。

---

① Jean Baudrillard, *The Gulf War did not take place*, Bloomington, IN: Indiana University Press, 1995.

图 5　棋牌游戏"瘟疫危机"

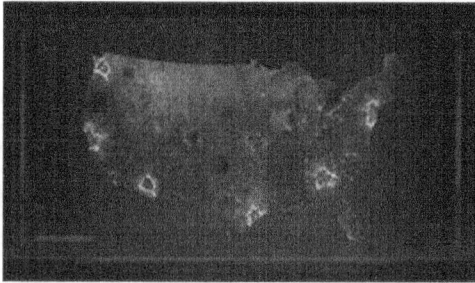

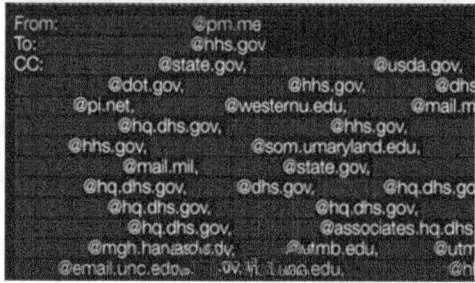

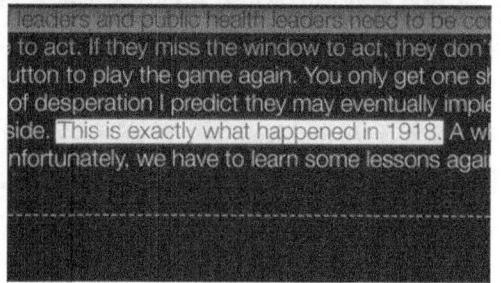

图 6　电子游戏界面般的视觉特效

（二）好莱坞叙事与英雄主义

"游戏化"的另一个体现，是影片采取了好莱坞经典的英雄主义叙事模式。这一叙事模式使影片不仅在视觉表征上"比真实更真实"，也使观众对于现实表征的感知产生"比现实更现实"的幻觉。

1. 英雄的登场

在影片简单展现了疫情的危机与混乱之后，受访者们如英雄般渐次出场。其中，在介绍一位戴着口罩的受访者身份之前，他先以同期声的方式出现："我报道了奥巴马的两届任期，所以对于奥巴马政府对寨卡病毒和埃博拉病毒的处理方式都非常了解。"（见图7）同时，影片还将其出席白宫记者会的画面作为补充佐证（见图8）。换言之，这位记者是谁已不重要，重要的是奥巴马这位真正"英雄"的出场——他可以处理疫情，而特朗普没有。

随后，其他的"超能英雄"也逐渐出场。一位受访者是美国乔治亚理工学院的博士（见图9）。她以鸟自喻，强调自己接受过专业的数学训练，会准确预测疫情的发展。另一位受访者则进一步分析并发布"英雄"的任务：危机的产生是因为缺乏明确的指导，所以需要"夺取"疫情的领导权（见图10）。

图 7　第二位受访者的出场

图 8　第二位受访者的出场

图 9　第四位受访者的出场

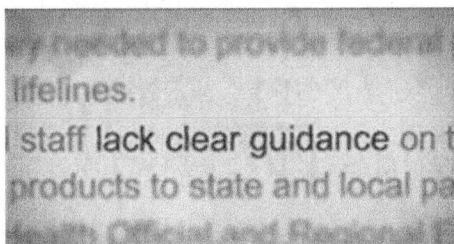

图 10　第三位受访者发布"任务"

2. 英雄的传承

在影片的第30分钟，奥巴马政府再次出现。解说词提道："2009年，当一种新的H1N1病毒出现时，奥巴马政府面临挑战。"随后，播放了时任美国卫生与公共服务部部长对于奥巴马的正面评价："毫无疑问，每个总统都应该从以前发生过的事情中学习。奥巴马总统从一开始就认为这非常重要。因此，当科学家发出预警时，我们就可以快速处理H1N1病毒。"此外，影片也访问了奥巴马政府时期的官员，以表现他们处理疫情的丰富经验、成绩与责任感，称赞时任新闻发言人为"流感的面孔"（见图11）。

为什么影片只谈奥巴马政府，而不谈其他政府？这是因为奥巴马政府是影片中英雄主义所需传承的重要历史（政治）遗产。为此，影片采用了与表现共和党政府时完全不同的视觉方式，以脸部特写或近景景别表现民主党人，并突显他们坚定的神情。影片看似以平衡报道的方式，批评当时有"13000 名美国人死于 H1N1 和奥巴马政府不当的疫苗分配政策"，却又立刻补充道："但是，科学家给政府打了很高的分数，行动迅速，对媒体和公众开诚布公"。

此时的画面是一张精心挑选的照片（见图 12）。观众可以看到奥巴马与官员在椭圆形办公室里认真商讨。画面中的奥巴马眼神坚定。随着画面缓缓拉出，可以看到背景里的美国国旗、国徽与桌面上的文件。作为英雄主义的传承，奥巴马政府已被再现为美国国家形象与正义的化身。借由这些视觉修辞的勾连，英雄的正面形象更加突显。

图 11 "流感的面孔"

图 12 作为"英雄"的奥巴马

3. 英雄的受挫与再出发

接着，"英雄"开始"受挫"。影片介绍道：奥巴马政府曾在吸取埃博拉病毒防疫经验的基础上，专门成立新的机构，并起草一份长达 69 页的流行病应对预案。但这份由上届政府起草的预案，却未被特朗普政府用于应对此次新冠肺炎疫情。除此之外，影片不断通过各种方式表现"英雄们"的受挫，例如受访者的专业意见未被特朗普政府采纳，从而导致情况的进一步恶化。在影片最后，"英雄"决定再次出发，开始"冒险"：

就在那一刻，我决定打破常规，以不同的方式提醒美国人。在这届政府里，挺身而出并不容易。我不想在这里软弱，但这并不容易。这是一个非常艰难的过程，会把我们的职业生涯置于危险之中。[①]

如此，英雄主义的叙事接近完成。从出场、传承、受挫到牺牲与再出发，这套模式化的叙事方式将影片建构为一个好莱坞式的"超能"故事。人们沉醉其中，不知不觉进入了纪录片制作者所搭建的"超真实"。此时，现实表征的叙事被模式化与简化。美国本土新冠疫情的时空，被简化为一个恶人与英雄之间的较量。所有的病毒（新冠、寨卡、

---

① 采访，里克·布莱特，时任美国生物医学高级研究与开发局（BARDA）局长，第 109 分 43 秒.

埃博拉）都被简化为一个空洞的能指符，而没有关于病毒特性差异、时空环境转换等方面更具历史唯物主义的解释与分析。

四、"真实"的反转：党派集团的"迪士尼外的世界"

上述的讨论分析了《完全可控》中可见的两层"真实"。下文将借助于鲍德里亚"反转"概念，进一步揭示由党派集团所建构的更深层次的"超真实"。

（一）危机与解决之道：塑造敌人

在由新冠疫情引起的全球公共卫生危机中，谁是"敌人"？为何归因于它，又将如何得到解决？影片虽未就这一系列问题给出明确答案，却在其叙事表达与影像修辞中有所显现。

"自1918年以来，科技的进步使我们看到了'隐形的敌人'。"这句解说词是个绝佳的隐喻。一方面，它将病毒视作人类的"敌人"，电子显微镜的发明使人们得以细致观察肉眼无法看到的"超真实"世界。另一方面，它也暗示这部纪录片将如显微镜一般发现更加细微的真相。只是，这两种理解下的"隐形的敌人"是否相同？影片通过视觉图像的修辞、敌我关系的转换、仇恨情绪的强调等方式进行了引导与暗示，透露着特殊意图。

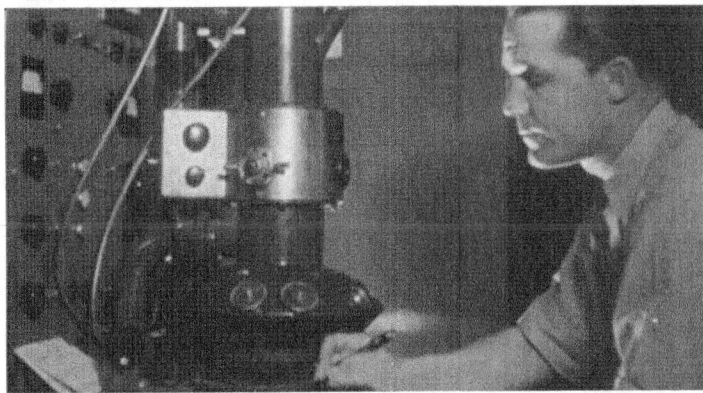

图13　历史影像：科学家通过显微镜发现病毒

"科学家面临的挑战是如何说服政治家，动员整个国家，对抗一种没人能看到的病毒"。这句解说词就是影片对于上述两种隐喻进行修辞操作的集中体现。此时，观众是与科学家站在一道的"我们"。病毒固然是"敌人"，但作者通过语言修辞巧妙地进行了转换，使"政治家"（或特指特朗普政府）变成了"敌人"。

这一点亦可从影片对于"战士"形象的视觉修辞中窥得。在影片呈现的一幅漫画中，一名战士身穿由阿奇霉素制成的防弹服、手持一把由羟氯喹制作而成的火箭炮，"攻击"新冠病毒。此时，"战士"代表的是科学家，"敌人"是新冠病毒（见图14）。但在影片所选取的另一支影片《赤色黎明》(*Red Dawn*, 1984)中，身穿军装、手持武器的"战士"却转换成俄罗斯"入侵者"，科学家与"我们"则成了躲在窗户后面、受攻击的教师与学生（见图15）。在身份转换的同时，影片通过多种修辞手段，强化观众对于"敌人"的仇恨认知。例如，影片在将美国与韩国的抗疫情况进行对比时，借助于视觉形象的类比，将特朗普描绘成造成韩国疫情扩散关键源头的韩国邪教领袖，将特朗普支持者类比为韩国邪教的非理性信徒（见图16、17）。

对于"敌人"的修辞杂糅，恰是制作者有意为之。由此，观众不再将病毒视作主要的敌人，而是被动员起来去推翻现任政府——至于病毒如何，则不再关心。这意味着，抗疫已不仅是针对"是否科学"的辩论，而是变成了正义与邪恶、外来入侵者与美国本土价值之间的战争。

表1　纪录片中"敌我"关系的多模态话语分析

文本		"我们"的能指与所指	"敌人"的能指与所指
解说词	表层结构	科学家	病毒
	深层结构	科学家与国家	政治家
图14　社区医生绘制漫画		以战士形象出现的科学家	新冠病毒
图15　《赤色黎明》片段		以老师与学生形象出现的科学家与民众	以战士形象出现的入侵者（特朗普政府）

续表

文本	"我们"的能指与所指	"敌人"的能指与所指
图 16　韩国邪教及其信徒 图 17　特朗普与美国民众	普通民众	以韩国邪教及其领袖形象做类比的特朗普及其政府

（二）"理性"与"非理性"：相互指责的党派政治

除了将特朗普政府塑造为"敌人"以外，影片也将阶层矛盾、意识形态矛盾（自由主义／保守主义）、种族矛盾（种族主义／多元文化主义）等美国长期存在的结构性社会矛盾①进行意义的挪移。在对危机进行片面归因的同时，影片也据此提出解决之道，以达成特定目的。

例如，当影片提到美国疾控中心的一名官员时，认为是因为他缺乏经验才导致防疫的失败。影片原可停止于此，但解说词继续说道："在艾滋病危机期间，雷德菲尔德宣扬宗教方针，要求将禁欲作为解决办法。"这些背景介绍与此次的新冠肺炎疫情并不相关，之所以在此语境下出现，是希望强调官员的保守主义色彩——将疫情的失控简单归因于保守主义的同时，增加人们对现任政府的厌恶。当影片介绍由特朗普政府指定的其他官员时，影片再次以宗教为焦点，强调这位成员之所以会被选中，是因为她的"基督教信仰和政治本能"。这些非此即彼的片面归因，无疑是在利用各类标签进一步明确"敌群"与"我群"的敌我关系。

图 18　艾滋病危机与宗教　　　　图 19　基督教信仰与政治本能

---

① 王浩：《美国政治的"特朗普革命"：内涵、动因与影响》，《当代美国评论》2021 年第 2 期。

此外，影片也将疫情中呈现的种族主义与阶级分化等问题，简单归咎于特朗普政府的保守主义，并进一步将其与前总统奥巴马所推动的健保项目相接合。仿佛疫情中这些与身份政治、贫富差距相关的社会问题，都仅是因为特朗普上台推翻了奥巴马所制定的健保政策。在政党轮替后，这些问题会自然痊愈，其背后也没有错综复杂的政治社会背景与历史脉络。①

事实上，新冠疫情中的一系列事件及美国政府和社会公众对这些事件的反应，是美国政治文化当代转型的结果，有着长期、复杂、多面的因素。②它包括政治生活中反智主义（Anti-Intellectualism）的强化③、政治制度僵化的进一步加剧、美国社会对美国政治制度信心的大幅下降等，而不只是"选错总统"或领袖个人能力的问题而已。福山（Francis Fukuyama）曾撰文指出，国家能力、社会信任和领导力等多元因素是成功应对新冠疫情的重要基础，而"高度极化的社会"就是让美国不能在此次新冠疫情中有效运转的原因之一。④其中，政治的极化（political polarization）具体表现为两党之间的党派恶斗、相互否决，展开完全以自身利益为导向的政治冲突和斗争。⑤

故此，《完全可控》已不再仅是美国政府应对新冠肺炎疫情"超真实"的表征，也是美国大选背后的价值冲突、社会撕裂、政治极化的再现⑥。影片中的疫情只是党派政治中被推上台的一个临时"演员"和政党相互攻讦的又一个工具，并非影片真正关心的主题。制作者不对深层问题进行揭露，反而借由"病毒""科学"等议题继续陷入党派之间相互指责的泥潭，其本质就是对党派政治文化的服膺，及对该文化中所存有的系统性问题避重就轻。

（三）"强大的美国"与美国中心主义

通过上述分析，可以看到一个"非理性"的抗疫"奇观"。吊诡的是，影片正是试图利用虚假与非理性的"迪士尼世界"去证明一个"真实"与"理性"的"迪士尼外的世界"（即现实的美国世界），利用"危机"去证明"强大"的美国体制及其在世界"中心"的地位。这就是影片最深层的"超真实"。

首先，通过危机证明"存在"与"强大"。在影片中，当前的危机只是暂时的，只需更换执政者就可被克服。如解说词提道："在危急时刻，世界上最强大的国家没能应付自

① 王建勋：《身份政治、多元文化主义及其对美国秩序的冲击》，《当代美国评论》2019 年第 2 期。
② 潘亚玲：《美国政治文化转型与特朗普变量》，《当代美国评论》2017 年第 2 期。
③ 刘颜俊、周礼为：《美国政治中的反智主义：表现、成因与后果》，《美国研究》2022 年第 1 期。
④ Francis Fukuyama. "The Pandemic and Political Order". *Foreign Affairs*. July/August 2020. https://www.foreignaffairs.com/articles/world/2020-06-09/pandemic-and-political-order?utm_source=google&utm_medium=cpc&utm_campaign=gap_ds&gclid=CjwKCAjwsMGYBhAEEiwAGUXJaR0saLhJHJeAvJznpCMf97fSudjsZWemeAmaWa9q_yWBVBgHys5TFBoCT6EQAvD_BwE.
⑤ 段德敏：《重思美国政治中的冲突与"极化"》，《学术月刊》2021 年第 1 期。
⑥ 庞金友：《无法摆脱的撕裂：美国大选背后的价值冲突与观念歧异》，《当代美国评论》2020 年第 4 期。

如。它陷入了分裂与混乱。"这些都是归因的陷阱：它将危机归因于某个细部问题，却在潜意识中突出了自己的强大和对体制的自信。

图 20 解说词："（美国是）世界上最强大的国家"

图 21 特朗普："美国是全世界羡慕的对象"

其次，通过他者证明自我。韩国是影片借以表现美国防疫问题的重要对比项。表面上，是通过对比韩国的疫情应对措施，突显美国执政者的问题。但实际上，正如影片特意选取一位韩国医生的独白：他在大学接受传染病学专业训练时，有超过 90% 的课本来自美国，他从美国的疾控中心学习到了很多专业知识。至此真相大白，影片之所以选择韩国作为对比案例，是想借此说明美国的强大——凭借美国自身的专业知识积累，完全有能力解决这次疫情，这一事实也在韩国得到了验证。在影片结尾处，出现了另一位韩国面孔。这位美国《洛杉矶时报》的韩国通讯员说：

对于我身边的很多韩国人来说，（这次疫情使我们）对于美国的看法真的动摇了。韩国人和世界上很多其他人一样，对美国有一定的期待，认为它是一个国家应该如何运作的晴雨表和基准。现在人们有一种难以置信的感觉。①

图 22　韩国医生　　　　　　图 23　美国媒体在韩通讯员

由此，这部纪录片的最终目的也被揭开。它其实和特朗普一样，希望传达"让美国再次强大"（Make America Great Again）的口号。而且美国一定是强大且自信的——暂时的挫折只是由特朗普政府造成的，通过更换政府即可"再次强大"。这样的话语比特朗普的口号更显简单荒唐。韩国的例子没有其他作用，只是突显了美国的自我中心主义与优越感。这部影片本质上仅是美国的又一部"宣传性纪录片"②③而已。

五、结语与讨论：纪录片"超真实"的甄别与反思

本研究以"超真实"为路径，对纪录片《完全可控》进行意识形态分析。研究发现，在纪录片中共存在三层"真实"，分别是特朗普政府建构的疫情"真实"、纪录片以游戏化特效与英雄主义叙事呈现的"比真实更真实"的"真实"，以及党派集团建构的美国"超真实"。影片中所呈现的危机不是"真实"的危机，而是可以被克服的危机；关于危机的解决之道，恰恰反映了影片制作者的价值追求，也体现其保守的批判力道。

（一）谁在"完全可控"？

《完全可控》貌似是以纪录片的形式，讽刺特朗普的"完全可控"只不过是一句谎言。但实际上，制作者是以"宣传纪录片"的形式，建构了另一套"完全可控"的话语——在美国这个"世界上最强大的国家"，特朗普作为"敌人"和政治"病毒"，一切问题都会在政党更替后迎刃而解、"完全可控"。

换言之，影片的目的并非启发民众对于疫情问题根源的批判性思考，而是动员民众

---

① 采访，维克多亚·金，美国《洛杉矶时报》在韩通讯员，第 115 分 19 秒.
② 聂欣如：《纪录片研究》，上海：复旦大学出版社，2010 年，第 134 页。聂欣如教授提出，宣传性纪录片包括"信息缺失、操纵表述、有利信源"三大要素。
③ 余权、刘敬：《什么是宣传性纪录片》，《新闻大学》2012 年第 2 期。

投票给民主党。虽然纪录片导演坚持认为"这部电影不是政治性的",但他们也坦诚,之所以在总统大选前发行是为了使公众意识到"现任政府"的无能。[①] 他们声称"拒绝为观众提供舒缓或令人满意的结论"。可是他们又号召民众行动起来,去"挑战那些可能破坏美国真实面目的当权者"[②]——尽管这些行动只是为政党轮替投下选票[③④],或将电视频道从福克斯电视台切换到 CNN 而已。CNN 的评价无意间道出了影片的本质:"(这部纪录片)对总统的诊断非常及时。"[⑤] 影片要让观众相信,由特朗普构建的"迪士尼世界"是虚假的,而外在于"特朗普世界"的民主党世界和美国政治文化,是真实的、理性的。这就是这部纪录片所呈现的"超真实"。

因此,就像鲍德里亚对"水门事件"的分析那样,《完全可控》的危机是"水门事件"的一次完美复制。它貌似以调查纪录片的方式,揭穿了美国抗疫中的种种问题,但实际上只是体制的一次公开表演。它的目的是让民众相信,体制是完美的,体制可以自我疗愈,体制"完全可控"。至于"为何会选出这样的总统?如何避免下一任总统重蹈覆辙?"这些问题都被排除在批判之外——那些只是政治的"意外"。

(二)创造"第三种文化"

本研究发现,除了《完全可控》的制作者以外,美国其他媒体也参与到这场"超真实"的建构之中。我国媒体在报道这部纪录片时,也基本采取正面报道的形式,按照西方媒体所设置的议程将其引介入国内传播。与其他类型的视听内容相比,纪录片由于具有"纪实性、过程性的影像品性"和较低的文化折扣,"更易于构建一个具有真实感的生动文本,获得不同文化背景受众的理解和认同",所以在人文交流、国际传播、国家形象建构等方面发挥着独特作用。[⑥] 但是,纪录片的"真实"是否无须质疑?在引进国外纪录片或对国外纪录片进行报道时,纪录片的"真实"是否必然可信?

不可否认,纪录片《完全可控》的确揭露了特朗普政府的种种弊端,但其在"真实"之名下却暗藏难以察觉的党派性与特殊的政治诉求。本文并非反对调查报道的精神,而是希望揭露影片中所潜藏的政治文化与意识形态,并提醒我国媒体在对这些纪录片进行

①　Shirley Li, "The COVID-19 Documentary All Americans Need to See", *the Atlantic*, October 20, 2020. https://www.theatlantic.com/culture/archive/2020/10/totally-under-control-essential-pandemic-documentary/616729/.

②　Shirley Li, "The COVID-19 Documentary All Americans Need to See".

③　Ben Kenigsberg, "'Totally Under Control' Review: In the Middle of a Pandemic Response", *New York Times*, October 13, 2020. https://www.nytimes.com/2020/10/13/movies/totally-under-control-review.html.

④　Susie Neilson, "The 9 biggest takeaways from 'Totally Under Control' - a new documentary filmed in secret about the Trump administration's coronavirus response", *Insider*, October 21, 2020. https://www.businessinsider.com/9-takeaways-from-coronavirus-documentary-totally-under-control-2020-10.

⑤　Brian Lowry, "'Totally Under Control' dissects failures in the US coronavirus response", *CNN*, October 13, 2020. https://www.cnn.com/2020/10/13/entertainment/totally-under-control-review/index.html.

⑥　何苏六、韩飞、程潇爽:《映像中国:纪录片参与下的国际传播与国家形象建构》,北京:社科文献出版社,2020年,第 I 页。

跨文化报道时，需要做好"文化甄别"（cultural screening）①工作。换言之，在跨文化交流中，纪录片的"真实"亦有可能借助于各种修辞手段（如视觉特效、模式化叙事、片面归因）以"超真实"的形态存在，对国内观众产生迷惑。

当前，中美正面临"叙事之争"。对于我国而言，如何辨识、解构西方话语，如何讲好中国故事、美国故事、世界故事，是跨文化传播中的重要问题。上述"文化甄别"工作并非要求我国在进行中美纪录片的跨文化交流与传播时，完全屏蔽外来的文化，而是强调我国需要提高文化甄别的能力，同时在加强彼此了解的基础上，强调对两种文化的批评，做出更逼近真实的报道，从而形成"第三种文化"。

正如单波所言："其理论逻辑在于，融合并不是一种价值观完全取代另一种，也不是把两种文化并置调和，它伴随着对两种文化的批评；融合并不是单向适应，而是一个相互改变的过程。"②中美叙事之争的目标"不是赢，不为争"，而是要最终"消除中美两国之间的误解和隔阂，化解双方意识形态分歧，展开中美和全球治理对话，凝聚中美共识，寻求中美共情"。③我国的跨文化传播目标，也正是探讨如何团结各国认同"以人民为中心"的治理理念，共同构建人类命运共同体。④

有趣的是，影片中曾出现一个中国工厂生产口罩的画面。画面中的横幅上写道："人民需要什么，五菱就造什么"。虽然影片并没有对该画面做出评价，但横幅上的文字却仿佛是个讽刺。西方的政客和工厂为了政治与经济利益而开启"口罩"的政治，但中国却坚持"人民性"、以人民为中心去处理疫情。这诚然是一次跨文化传播的"偶然"，但对于我国而言，如何在纪录片的跨文化交流与传播中宣传好我国的"群众路线"，也是一个重要的命题。

---

① 达拉斯·斯迈思：《自行车之后是什么？——技术的政治与意识形态属性》，王洪喆译，《开放时代》，2014 年第 4 期。

② 单波：《跨文化传播的问题域》，《跨文化传播研究》2020 年第 1 期。

③ 王义桅：《中美叙事之争：是什么，为什么，怎么办？》，《美国研究》2021 年第 4 期。

④ 王义桅：《中美叙事之争：是什么，为什么，怎么办？》，《美国研究》2021 年第 4 期。

图 24　影片中的中国横幅

灵空山下悬空寺　朱星雨作

体育文化与传播研究

主持人语

　　纵观古今中外，体育文化的传承发展、品牌塑造和对外传播，无论对一个国家的体育事业而言，还是对其在国际舆论中的形象而言，都具有十分显著的影响。因此，在加快建设体育强国，进一步弘扬北京冬奥精神之际，以体育文化为经，以传播研究为维，为新时代中国体育文化的品牌塑造找到恰当的历史坐标，为中华传统体育文化的传承发展找到切实可行的创新路径，已成为新时代亟待解决的理论命题。故此，本期专栏特汇集了来自新闻传播学界和体育学界的多位专家学者，试图从不同角度回答上述问题。

　　李晶基于新世界主义的视角，尝试对北京冬奥精神的内涵与价值进行深度解析，认为北京冬奥精神为中国提供了融入国际冰雪体育机制的指导理念，印证了天下观为基础的政治分析框架的超越性，并有助于扩大构建人类命运共同体的传播效果。董浩、赵将把研究聚焦到具体的人，通过对体育明星跨界的多维透视与反思，提醒我们注意在中国体育文化和体育事业大繁荣大发展的同时，如何化解体育的公共性与经济性之间的结构性矛盾。景奕飞、康德强、王哲则以《养性延命录》一书为研究对象，深入探究其蕴含的传统体育养生理论体系，包括道教哲学观、生命观、技法观等，旨在保护和传承中国传统文化，为促进"健康中国"及"体医融合"的实施发展提供借鉴。最后，郝童童、张永宏以闽南舞狮运动传播台湾的文化考察，围绕历史记忆、文化认同、民族精神共同体的构建等层面，为我们展示了中华传统体育文化的独特魅力。

　　当然，体育文化与传播研究意蕴深远、包罗万千。我们期待未来可以有越来越多的研究者深耕其中，以体育之名连接世界、沟通未来，助力华夏文化传播。

　　　　　　（梁骏，北京体育大学新闻与传播学院讲师，硕士研究生导师）

北京冬奥精神：基于新世界主义的内涵诠释与当代价值

李 晶[*]

（北京体育大学新闻与传播学院 北京 100084）

摘 要： 本文基于新世界主义的视角对北京冬奥精神的内涵与价值进行分析。新世界主义倡导的注重普遍性与差异性共存的观点超越了民族／国家对世界问题的分析视野，是对传统世界主义观的批判性反思和创造性超越，是中国崛起的价值承诺。以此对北京冬奥精神进行阐释，表明以"胸怀大局"作为彰显大国担当的重要前提，以"自信开放"作为推动文明互鉴的基本姿态，以"迎难而上""追求卓越"作为以人／人类为本的落地方式，以"共创未来"作为实现世界大同的终极目标。就其当代价值而言，为中国提供了融入国际冰雪体育机制的指导理念，印证了天下观为基础的政治分析框架的超越性，助力了扩大构建人类命运共同体的传播效果。

关键词： 新世界主义；北京冬奥精神；内涵诠释；当代价值

基金项目： 中央高校基本科研业务费专项资金资助课题："体育强国建设背景下中国体育文化的全球传播策略研究"（项目编号2021QN005）

在百年变局、新冠肺炎防控、国际关系日益复杂多变的背景下，北京冬奥会的如约而至，兑现了中国对世界的承诺，为世界奉献了一届简约、安全、精彩的奥运盛会。2022年4月8日，习近平总书记在北京冬奥会、冬残奥会总结表彰大会上言简意赅又鞭辟入里地提炼出北京冬奥精神——"胸怀大局、自信开放、迎难而上、追求卓越、共创未来"。[①]北京冬奥精神不仅是中国传统文化与奥林匹克精神互动融通的结晶，更是中国致力于构建和平公正和互利共赢的新世界秩序的宣告。可以说，北京冬奥精神是建立在新世界主义的价值承诺之上。新世界主义是对以利己的霸权政治为基础的传统国际秩序的超越，是以利他视角平衡世界普遍性和地方特殊性关系的中国方案。因此，本研究从新世界主义切入，对北京冬奥精神进行深入解析，旨在回答北京冬奥精神的内涵与价值，

---

* 作者简介：李晶，男，传播学博士、北京体育大学新闻与传播学院讲师、硕士研究生导师。
① 《北京冬奥会冬残奥会总结表彰大会隆重举行》，《人民日报》2022年报4月9日，第1版。

为深刻理解北京冬奥精神搭建一个阐释性框架。

一、新世界主义的理论阐释

中国崛起已是不争的事实，其对国际关系格局产生了重要影响。尤其是十八大以来，随着中国不断介入全球治理，中国参与国际事务的能力也得到很大提升。可以说，新世界主义可以视作"在中国综合国力显著增强的背景下，中国话语世界化的一次有益探索和实践"。[①] 中国以此为价值承诺，致力于构建一个以相互尊重、求同存异、和平共处为核心，异于西方传统中心观、零和观、霸权观的世界新秩序。

（一）新世界主义的提出背景

1. 民族主义的困局

民族主义是伴随着现代民族国家和资产阶级的兴起与发展的产物。现代机器工业大生产消除了地域的藩篱，文艺复兴和启蒙运动复归了人的主体性，从物质和精神的两个路径攻破了阻碍资本主义发展的路障，也为民族国家的建立扫清障碍。法国大革命高举"自由、平等、博爱"的大旗，奠定了民族国家构建的基本原则。可以说，民族主义在资产阶级最初反对封建主义起到了巨大推动作用，反映了新兴阶级摆脱发展桎梏的诉求，但在其羽翼丰满后逐渐与暴力相连，走向了帝国主义和殖民主义，成为压迫落后国家的"正当性"法则和理论依据。李宏图认为："当西欧民族国家建成之后，民族主义就转化成为一种带有侵略性的殖民侵略和扩张的学说。"[②] 这也引发了亚非拉地区的民族意识觉醒和争取民族独立的革命运动。

21世纪以来，民族主义在全球化深入推进中出现了各种各样的变种，除传统民族问题外，福音民族主义、极右翼民族主义、分离性民族主义等出现，形成了"新民族主义"。但无论民族主义如何变化，根本问题在于其"它具有一种类原教旨主义的特性，它丢弃了传统民族主义的核心价值原则和'文明社会'的基本礼仪，将内蕴于民族主义的某些危险甚至疯狂的本质因素在新的时代发展到极端"[③]，对世界和平与发展产生了极大破坏。所以，在民族主义的发展实践中看，其强调自己的民族经济、文化、历史、尊严、语言，成为带有凝聚功能的意识形态。同时，它还是"一种情绪或者一种运动"[④]，来激发民族自觉以产生民族内聚力。但是，民族主义过分以本民族利益为根本追寻，显示了利己的排他性，很容易在国际交往中失去平衡双边或多边关系的"他者"视角，成为误解甚至

---

① 韦路、左蒙：《新世界主义的理论正当性及其实践路径》，《浙江大学学报》（人文社会科学版）2019年第3期。

② 李宏图：《西欧近代民族主义思潮研究——从启蒙运动到拿破仑时代》，上海：上海社会科学出版社，1997年，第15页。

③ 周少青：《21世纪"新民族主义"：缘起、特点及趋势》，《中央民族大学学报》（哲学社会科学版）2021年第5期。

④ [英] 厄内斯特·盖尔纳：《民族与民族主义》，韩红译，北京：中央编译出版社，2002年，第1页。

是冲突的源头。在中国崛起的今天，如果以民族主义作为对世界秩序重构的原则与基础，那么将为西方炮制"中国威胁论"施以口实。

2. 逆全球化的阻碍

15 世纪因航海技术的发展导致地理大发现，带来了世界交往的普遍性和世界市场的逐步形成，孤立存在的原子式国家被串联成网络化体系，全球化开始起步。几个世纪后，在技术不断演进和革新的催化下，全球化的进程不断提速，地球变成了村落。但是，世界看似逐渐扁平化，其中却隐藏了种种不平等。刘金源等人认为，全球化导致"不同国家或地区的全球化程度及所受到的影响是不同的，因而呈现出不均衡性。这种不均衡性直接导致全球化世界中日益加剧的两极分化"。① 所以，一股逆全球化的力量应运而生。最初，逆全球化只是反对全球化带来的诸如环境恶化、经济风险、资源分配不均等负面影响，但进入 21 世纪后，尤其是从 2016 年开始的一系列"黑天鹅"事件到全球新冠疫情暴发，成为西方各个阶层进行利益呼吁与价值诉求的集中爆发风口，"表现出立论根基的霸权化、价值理念的私利化、实现手段的极端化、群体基础的广泛化、话语权力的显性化等诸多新特点"。②

从根源上讲，逆全球化的产生是西方新自由主义主导的全球化在不断去管制化、私有化、市场化过程中，财富集中于少数既得利益者导致的社会资源分配严重失衡。同时，当新兴市场国家（例如金砖国家）崛起，或者选择不同于西方安排的发展道路和社会制度时，西方国家会以零和博弈的思维，运用政治抵制、经济制裁、文化打压等方式对世界各国相互依存的大趋势进行分解和扰乱。特别是在此背景下复苏的民粹主义，以本国利益优先产生的排外情绪和种族主义，抗拒主流思想价值。例如在全球新冠疫情防控中，美国在民粹主义的蛊惑下，质疑国际组织的公正性，"刻意渲染疫情，超量预购囤积疫苗，排斥外来疫苗，拒绝国际援助"。③ 可以说，当前的逆全球化已经成为在"西方中心论"的霸权思维中滋生的过度保护主义和孤立主义，迟滞了国际问题的全球治理进程。所以，崛起的中国需要对西方霸权思维进行批判性否定，进而以探寻符合全人类共同利益和共有价值的路径来完成创造性超越。

（二）新世界主义的理论意涵

1. 以世界主义为理论继承

世界主义（cosmopolitanism）最初指向"世界公民"之义，《不列颠百科全书》把其定义为："一种一切人都共享一个共同的理性，并服从于一种理念。这是斯多葛学派在其

① 刘金源、李义中、黄光耀：《全球化进程中的反全球化运动》，重庆：重庆出版社，2005 年，第 12 页。
② 马超、王岩：《逆全球化思潮的演进、成因及其应对》，《思想教育研究》2021 年第 6 期。
③ 罗圣荣、赵祺、张新：《新冠疫情下疫苗民族主义的缘起、表现及其影响》，《世界民族》2021 年第 5 期。

哲学中，为抵制希腊人和野蛮人之间的传统上的区分所采取的一种主张"。[①]早期的对世界主义的认知主要集中于个体本位，人是道德关怀的终极目标和基本落脚点，以个体为权利、义务、道德的载体，超越地方对个体的束缚，以去政治归属来拓展个体的身份认同。可以说，世界主义的核心点在于以个人主义和普遍主义形成道德共同体，以对抗民族主义、社群主义和国家主义带来的排他性。

世界主义在经过不同时代的沐浴洗礼，在当今以个体本位的核心点已经无法解释和满足全球化语境下的国际关系行为体依存度愈加密切所带来的种种问题，世界主义也从"个体主义的世界主义转向全球主义的世界主义"。[②]"人类"取代"人"作为看待世界主义的新视角，因为"全球性是当代人类社会活动超越现代性、民族性、国家性、区域性，以人类为主体，以全球为舞台，以人类共同利益为依归所体现出的人类作为一个类主体所具有的整体性、共同性、公共性新质与特征"。[③]向人类本位迁移，预示着世界主义逐渐关注和放大了人之间的共性，旨在在全球范围内构建一个超国家、超民族、超宗教的共同体。

这虽然在对世界主义的认识是一大进步，但在实践论中却隐含了矛盾点——如何处理共性的强调与差异的鸿沟？这种实际暗含了一种对公平平等和相互尊重的世界秩序的期许与各利益主体实践中的关系断裂。所以，必须以一种新型的世界主义观来弥合这种断裂以推进和深化人类的和平共处关系。新世界主义在继承了世界主义的"他者"关照的基础上，以求同存异作为实现普遍主义的价值追寻，使得传统世界主义呈现的铁板一块的机械性特征转向多元共存的灵活性，进而"有效化解了本土性与全球性、民族性与世界性、特殊性与普适性的二元对立矛盾"。[④]所以，新世界主义是对世界主义的理论省思、批判、完善、超越，是在不同历史背景和空间语境下的继承与扬弃。

2. 以构建人类命运共同体为核心呈现

在全球化的语境下，国家和地区的边界日趋模糊，全球旅行带来的全球交往在政治、经济、文化等层面得到集中而强烈的反应。打破国家或民族对立、贸易保护主义、文明冲突是事关人类前途的刻不容缓的议题。所以，构建人类命运共同体呼之欲出。构建人类命运共同体是新世界主义的核心呈现方式，既是对马克思共同体思想的创造性运用，又是对中国与世界关系的当代回应，超越了空洞而矛盾的传统世界主义观，具有很强的可操作性。

从共同体的发展历程看，无论是血脉相通的原始共同体，还是资本激活的虚幻共同体，要么以地域和身体归属为边界确认自我归属，导致"老死不相往来"，要么以物化

---

① 《不列颠百科全书》（国际中文版），北京：中国大百科全书出版社，2007年，第531页。
② 蔡拓：《世界主义的新视角：从个体主义走向全球主义》，《世界经济与政治》2017年第9期。
③ 蔡拓等：《全球学导论》，北京：北京大学出版社，2015年，第487页。
④ 培仁、沈珺：《构建基于新世界主义的媒介尺度与传播张力》，《现代传播》2017年第10期。

崇拜挤压人性实现全球逐利，形成了"中心—边缘"这一带有强国必霸烙印的世界秩序，都已经不适应共商共享、合作共赢的时代话语。构建人类命运共同体是解除了以狭隘的民族主义、傲慢的霸权主义、激进的民粹主义等为底色的封闭、虚幻的共同体的束缚，以广阔的胸怀、真诚的态度、超意识形态的理念和巧妙的方式把中国带入推进世界文明进程的大潮中。从根本上讲，构建人类命运共同体回答了"世界怎么了，中国怎么办"这一深刻而紧迫的世纪之问，中国把自身命运与全球发展紧密相连，是中国对时代主题的深刻把握，是对国际形势的科学研判，是对国际问题的深切关照。它弘扬了和平、发展、公平、正义、民主、自由的全人类共有价值，秉承为"人的自由解放"而奋斗的使命，旨在实现"自由人联合体"这一最高级且最能反映人类本位的共同体目标。

3. 以中国传统"和合"文化观为内在底蕴

新世界主义是以中国传统文化为支撑。中国文化是在农耕经济和"家国同构"的宗法社会政治结构基础上产生的"以伦理道德为核心的文化价值系统"。[①] 在这一系统中，相互尊重、人格均等、修身养性、克己崇德是其重要特点。可以说，在中国古代，早就有在个人欲望、自身利益与道德理想、社会秩序发生矛盾时，以制欲也要求德之说。其根本在于"和合"。所谓"和合"观，是指"和"为人处理人际关系、社会关系、自然关系的一种态度、方法、原则；"合"是"和"的路径，显示出用多元替代一元，以包容替代狭隘的观念。陈霞指出，"和合观以'和'为本位，以'合'为方法，通过调整人与自然、人与社会、人与自身的关系，从而生发出以'天下主义'为基本精神的整体主义方法论、'天人合一'自然观、'天下为公'治理观、'和而不同'文化观"。[②]

以"和合"文化观为底蕴，彰显了中华民族几千年来以人为中心追求世界大同的理想信念。《礼记·礼运》曰："大道之行也，天下为公，选贤与能，讲信修睦…是故谋闭而不兴，盗窃乱贼而不作，故外户而不闭，是谓大同。"由此看出，"和合"文化观一方面强调了人的中心和主体作用，正所谓"民为邦本"。人是宇宙万物的中心，一切问题的根本，构成社会的基本单元，只有人释放其能动作用方能实现世界大同。另一方面，其描绘了一个普遍与差异共在的社会。世界大同不仅是一个带有普世性的理想，同时也要尊重世间万物的生长规律，"天人之际，合而为一"。从这个角度讲，"和合"文化观即内隐了传统世界主义的人本位和普遍主义的特点，也为新世界主义注入了求同存异、交流互鉴的动力。总而言之，新世界主义创造性继承、转换、升华了中国传统文化的"和合观"，正如习近平总书记指出："亲仁善邻、协和万邦是中华文明一贯的处世之道。"

---

① 张岱年、方克立：《中国文化概论》，北京：北京师范大学出版社，2004年，第210页。
② 陈霞：《和合文化：人类命运共同体的思想溯源》，《新疆大学学报》（哲学·人文社会科学版）2020年第3期。

二、新世界主义语境下北京冬奥精神的内涵诠释

由上文看出，新世界主义的核心问题在于如何构建一个兼具普遍性和差异性的新型世界秩序。这指向了一种跨文化的规范性建构——"由各种源自地方性的'普遍主义'论述在彼此的学习与对话过程中'汇聚而成'，同时又受到地方相对性的约束"。[①]北京冬奥精神是在伟大时代赋予的机遇下，从申办到筹办，从举办到总结，在历史继承和空间铺展的过程中提炼而成。它不仅是对国内经济生产和社会生活产生了必要驱动，也促进了世界各国和地区文化间的交流互动，是从"我"转向"我们"，从"个体"转向"人类"的重大跨越，有助于平衡全球视野与在地经验的关系。

（一）以"胸怀大局"作为彰显大国担当的重要前提

1. 释放社会主义制度优势实现中华民族伟大复兴

从北京冬奥会申办到筹办，再到举办，中国的主场优势逐步显现，集中体现在在中国共产党领导下的集中力量办大事的制度优势，展现了有中国特色社会主义制度的优越性。

一方面，从奥运场馆建设到重大交通线路的铺展，以高标准严要求保质保量完成。例如对于"鸟巢"的再次利用，"水立方"到"冰立方"的转型对接，这是中国政府秉持廉洁奉公与国际奥委会提倡"简化"（streamline）的高度契合。同时，京张高铁和京礼高速的铺设，有利于区域经济优势互补，以此带动体育休闲、文化旅游、绿色农业、健康养生等产业发展，形成大体育、大文化、大旅游、大康养、大农业等重点冬奥产业经济体系。另一方面，北京冬奥会的成功举办促进了国家治理，推动了中国冰雪运动经济高质量发展。从冬奥会申奥成功至举办前夕，全国参与冰雪运动人数为 3.46 亿人，完成了"三亿人上冰雪"的目标。以冰雪运动为媒介，关联群众健康，既是"借助冬奥'东风'将冰雪产业与体育旅游'燃'起来，让冰雪资源'动'起来，文化产业'活'起来"[②]。

从更深层次讲，北京冬奥会是中国探索现代化道路上的一次重要检验，是中国实力、地位、影响、形象不断提升的一次集中展现。中国经历了从鸦片战争后的被迫现代化到五四运动后探索主动现代化，从新中国成立以来的独立自主现代化到如今的中国式现代化，是从制度文化层面处理社会关系的准则变迁，也是把"中国问题"逐渐放置于"世界的中国"这一语境下进行省思，更是摆脱、批判、超越西方新自由主义带来虚幻普世效应时开出的"中国药方"。

2. 应对百年变局实现国际社会角色的转换

当今国际社会，西方政治体制逐渐衰败，国际格局的权力重心向亚洲转移，为中国如何完成从国际机制的"参与者"到"倡导者"再到"接力者"的角色转型提供了重要

① 刘擎:《重建全球想象:从"天下"理想走向新世界主义》,《学术月刊》2015 年第 8 期。
② 杨国庆:《习近平关于办好北京 2022 冬奥会重要论述研究》,《成都体育学院学报》2022 年第 1 期。

机遇。

一方面奥运申办面临"全球遇冷"，2022 冬奥会的申办出现了斯德哥尔摩、克拉科夫、利沃夫和奥斯陆先后退出的情况。因此，国际奥运会出台改革方案《奥林匹克议程 2020》，提出了 40 条改革意见来提升奥运会申办的热度。在此背景下，中国非但没有退缩，反而更加坚定不移地推动国际奥委会的改革，以真诚的态度和实际行动支持奥林匹克运动，表明了"中国不仅在全球经济治理、安全治理、环境治理中将发挥重要作用，而且在全球体育治理中也敢于直面难题、勇于承担责任"。① 另一方面，在东京奥运会因全球新冠疫情推迟，加之一些别有用心国家质疑中国防疫政策的压力下，对北京冬奥会安全办赛提出了更高的要求。中国抗击新冠疫情的阶段性胜利为北京冬奥会的顺利召开提供了宝贵经验和适应能力。赛事期间，在"外防输入、内防反弹"的方针指导下，闭环内的阳性比例仅为 0.45%。

可以说，胸怀国际大局展现了负责任大国的形象。如今中国已然不需要再向 2008 北京奥运会那样从物质上亟待证明"自己是什么和有什么"，而是在新的叙事空间中向世界宣告"自己如何做和贡献什么"。这既是一个"建设人类命运共同体的新世界主义的问题"，② 也是一个在"我与你"这种二元对立话语中经过不断实践调试并超越的过程，更是以"人民为中心"甚至是"人类为中心"协调各国关系和各方利益的结果。

（二）以"自信开放"作为推动文明互鉴的基本姿态

1. 推动中国传统文化与奥林匹克精神之间的互动融通

北京冬奥精神凸显了中国传统文化的自信与开放，其"所蕴含的思维方式、价值观念、行为准则，一方面具有强烈的历史性、遗传性；另一方面又具有鲜活的现实性、变异性"③，这也造就了其具有很强的完整度、继承性和包容性，正所谓"海纳百川，有容乃大"。所以中国传统文化从根本上并不带有攻击性、排他性、狭隘性，而是在"容"和"化"的基础上扬弃与创新。把这种观点投射至体育领域，找到中国传统体育文化与奥林匹克精神之间互动的契合点也就顺理成章了。

由于地理气候、政治经济和社会文化的影响，西方体育文化发展观念和实践突出了竞技性。同时主张通过运动塑造人的物质形态，例如肌肉发达，骨骼强壮，因外在而美，故得名"物理体育"。正因为如此，西方体育在很长一段时间内过分强调的是人的外形美和力量崇拜，这就容易造成"灵与肉"的二元对立。现代奥林匹克运动打破了肉体与灵魂的失衡状态，追求体能与智慧，体质与意志的结合，旨在转向人的物质形态与精神气质的平衡。正如顾拜旦认为，"在体育比赛中，精神的力量远比人们所认为的起着更大的

---

① 王润斌、肖丽斌：《2022 北京冬奥会举办的历史选择、成功基石与风险应对》，《天津体育学院学报》 2022 年第 1 期。

② 李小云：《冬奥之喻：中国式现代化的历史线索》，《文化纵横》2022 年第 2 期。

③ 张岱年、方克立《中国文化概论》（修订版），北京：北京师范大学出版社，2011 年，第 7 页。

作用"。① 奥林匹克仪式作为奥林匹克文化的直接体现，通过创意和延展成了"身心一体"的象征。

从这个层面讲，"身心一体"直达中国传统体育文化的内涵。中国体育文化"以心为本，以身为标，在心的统摄下，通过身体的整体锻炼，达到身心和谐"。② 也就是说，中国体育以身体康健、延年益寿为目标，养心以健体，修身以养性，重在与天地万物之和谐。可以说，中国体育文化是用精神性祛除竞技性带来的"人文危机"，超越了手段覆盖目的的狭隘体育观，显示了"消解去势"的态度，以此达到"身心一体"。例如北京冬残奥会开幕式点燃圣火的视障运动员李端，在尽一分钟的时间里摸索火炬插口让观众瞬间"破防"，这是"身"的体现——身残志坚、自强不息。而主火炬以"微火"之光照亮世间，有"微火"虽弱，但可"燎原"之意。这种一反"常态"的点火方式，既书写了国运与奥运相连的宏大叙事，又能映照个体的微观叙事，有助于激发人们对团结友爱、公平竞争、相互理解的奥林匹克精神的共识与认同，这是"心"的精神价值。可以说，"身心一体"是打开中西方体育文化交流大门的一把钥匙。进入这道大门，才能开掘二者更为丰富的文化遗产以共通共融。

2. 倡导平等对话超越"文明冲突"

中国传统文化的自信、包容、开放、进取，是可以为世界搭建一种超越西方所谓"普世文明"的文化主体间的对话关系，而非冲突。冷战结束后，美国学者塞缪尔·亨廷顿承认了后冷战时期多极文明的存在，而且诸多文明开始相互联系和碰撞，于是国际冲突的根源以从意识形态和军事因素转移到文明的冲突上来。但他过分强调了西方文明就是普世文明。西方文明作为现代文明的重要或者说在他眼中的唯一代表，促进了现代化，促进了非西方化和本土文明的复兴。他认为："用规范方式说，西方的普世文明信念断定全世界人民都应当信奉西方的价值观、体制和文化，因为它们包含了人类最高级、最进步、最自由、最理性、最现代和最文明的理想。"③

这里明显存在悖论：普世文明如果是西方文明，那么是否意味着其他文明必须接受其指导、教化，甚至是驯化和同化？除了西方文明应该被尊重外，其他文明只是处于其阴影下的二等文明吗？从这个角度看，亨廷顿已经违背了不同文明间互动的对话性质，他所谓的以中华文明和伊斯兰文明挑战基督教文明的"文明冲突论"，其本质恰恰相反，只是以个人主义或民族主义为逻辑起点的文化保守主义罢了。

北京冬奥精神映射了在全球化不断深入的今天，文明间的遭遇已经不可避免，"文化

---

① ［法］皮埃尔·德·顾拜旦：《奥林匹克回忆录》，刘汉全译，北京：北京体育大学出版社，2007年，第37页。

② 吴定勇：《奥林匹克与中国体育文化的碰撞和交融》，《西南民族大学学报》（人文社科版）2008年第9期。

③ 塞缪尔·亨廷顿：《文明的冲突与世界秩序的重建》（修订版），周琪等译，北京：新华出版社，2010年，第285页。

遭遇观念是文化差异的深刻表述"。① 文明遭遇需要秩序来引导，这种秩序不是西方以个人利益或国家利益至上的升级版或扩展版，而是从开放的视角以真诚、平等的对话方式来祛除分裂的状态。北京冬奥会开幕式中用激光与 3D 视效"雕刻"而成的冰立方，在碎裂后渐渐呈现出晶莹剔透的五环。五环破冰而出，正所谓"不破不立"——打破隔阂，相互理解，平等尊重。这反映了中国面对文明遭遇时的积极应对态度。因为"在地经验"与"全球视野"难免会引起"守成"与"创新"之间的矛盾与张力，但在这一过程中，文化不是既定不变和鼓励自闭的，而是在与其他文化的对话中不断建构，在普遍与差异的认同中产生反思、丰盈、转化、创新。由此可以说，北京冬奥精神跳出了割裂对话和交流的单向传播的窠臼，倡导平等的跨文化交流，进而推动文明互鉴。

（三）以"迎难而上""追求卓越"作为以人/人类为本的落地方式

1. 以人为本指向以人类为终极关怀

中国自古就提倡人本位，在天地和人神之间，人为中心，要"上揆之天""下察之地"，更要"中考之人"。人是宇宙万物的中心，古代统治阶级以"奉天承运"禁锢百姓思想，也只是把人格外化于天，但本质还是以帝王为教化万物的基石；农民阶级的起义以"替天行道"为口号，而"行道"的对象也是起义者和平民百姓。经过几千年历史的涤荡与洗礼，人的地位非但没有削弱，反而愈加突出，已然成为中国文化基本精神的重要内容。十八大以来，习近平总书记多次提及"以人民为中心""人民至上"，这既是继承了中国文化的优秀传统，更是秉持了中国共产党全心全意为人民服务的根本宗旨。

北京冬奥会虽然是备受世界瞩目的重大体育事件，也是中国的重要历史节点活动，但不管是"迎难而上"（例如奥运申办城市遇冷、赛会疫情防控），还是"追求卓越"（例如场馆建设速度与质量保证，运动员训练，冰雪运动普及等）最终落脚点还是以人为本，不但要带动全民健身、全民健康，还有提升全民的精神享受。现代体育运动的物化倾向挤压了精神空间，但北京冬奥会所展出的是体育复归人本位的初心，大力弘扬奥林匹克精神，实现人的全面发展。正如习近平总书记指出，"成绩不仅仅表征于奖牌的数量上，更在于自强不息、战胜自我、超越自我的奥林匹克精神能够得以彰显"②。

在更深层面，北京冬奥精神从以人为本指向了人类这一在全球语境下的以人类为终极道德关怀的新世界主义视角。全球化催生了世界问题，人作为问题的主体已经不能被地理、血缘、民族等"画地为牢"的因素所束缚，应把人类的聚合功能放在首位，以整体性看待世界问题的发生。北京冬奥会从办赛目标到办赛理念，再到办赛过程，从场馆建设到疫情防控，从宏大报道到个人叙事，不仅助力中华民族的伟大复兴，更是秉持为

① Gerard Delanty, "Cultural diversity, Democracy and the Prospects of Cosmopolitanism: A Theory of Cultural Encounters", *The British Journal of Sociology* (2011) Volume 62 Issue 4, p636.

② 《总书记的"冬奥时间线"》, 2021 年 6 月 21 日, https://www.beijing2022.cn/WOG2022H5/index.htm#/?newsId=20210622008012&column=undefined&page=2&sharer=164000&lang=zh, 2022 年 6 月 2 日。

全人类的高度使命感，为全球治理提供了中国智慧和中国方案。可以说，以北京冬奥会为重要契机，把全人类看作一个整体和实践主体，有助于"加快发展'一带一路'沿线经济、扩大冰雪运动版图、弘扬奥林匹克精神等，使全世界人民共享北京冬奥会成果"。①

2. 精神激励发挥凝神聚气的功能

中国传统文化以人为本释放了精神激励功能，从古至今激励着中国人民团结一致，不惧外侮，坚韧不拔，向上奋进、勇攀高峰。这同样也是"迎难而上""追求卓越"体现出的价值意蕴。例如在北京冬奥会中，谷爱凌大胆选择世界最高难度的左侧转体 1620 度，苏翊鸣选择极高的 1800 度旋转难度，在他们平稳落地的那一刻，展现了中国少年突破极限、超越自我的青春宣言和昂扬斗志。运动健儿们的表现把北京冬奥精神深深刻在运动场的每一个角落，感知于外受之于心，让肌肉的每一次发力和脉搏的每一次跳动都彰显追光前行的不屈之魂，展现新时代中国人的新形象。

同时，中国传统文化的精神激励凸显了是以"牺牲小我为大我"的整体为上的价值取向。这是以集体为单位的责任担当，是以"天下为公"超越个体利益的世界情怀。这与现代奥林匹克运动倡导的相互理解、友谊、团结和公平竞争的精神不谋而合。尤其是在全球新冠肺炎流行的背景下，国际关系从理论到实践需要重新设定"计算单位"，毕竟传统的"求己之私"很可能"损人不利己"。2020 年 8 月，巴赫主席撰文《奥林匹克主义与新冠肺炎疫情》，强调了团结应对世界变局。他认为："和平、团结、尊重与联合的奥林匹克价值观，将多元化的人类团结在一起，我们可以为这个后疫情世界做出重要贡献。"所以，"奥林匹克文化与中华文明的和合共生，是'简约、安全、精彩'的这届体育盛会为历史、当下与未来造就的奥运精神遗产"。②

（四）以"共创未来"作为实现世界大同的终极目标

1. 挖掘"一"的文化内涵指射普遍主义

新世界主义承接了世界主义的普遍主义思想，并不是生硬的概念搬移，而是源于深厚的文化积淀。中国传统文化的"一"，一是讲究"天人合一"，探寻"天地与我并生，而万物与我为一"（《庄子·齐物论》）。天与人的协调统一既是思想观念，也是处世原则，旨在自我与自然的平衡，进而达到天道与人道的统一。二是追求"大一统"。《春秋·公羊传》里曰："何言乎王正月，大一统也。"这种超越地域、民族的观念目的在于规避乱世，追求"太平世"——"'天下远近大小若一，夷狄进至于爵"（《公羊传》）。从这个方面看，中国传统文化的"一"其实就是吸纳一切可以吸纳的元素，划定了一切皆可想象的地理范围和政治统治单元，据此达到"大人者，以天地万物为一体者也，其视天下犹一家，

———
① 张矛矛、刘艳芹、孙葆丽：《北京冬奥会人民性的缘起与实践》，《体育学刊》2022 年第 3 期。
② 吴浩：《奥林匹克文化与中华文明的和合共生——北京冬奥会赋予历史、当下与未来的精神遗产》，《北京体育大学学报》2022 年第 5 期。

中国犹一人焉"①，显示了朴素的世界主义观和实现世界大同的基本路径。

从北京奥运会的"同一个世界，同一个梦想"到北京冬奥会的"一起向未来"，在奥运口号上不仅体现了团结、友谊、进步、和谐，共同参与、同享和平的梦想，更是中国传统文化中"天下一家，中国一人"的大同理想在奥林匹克运动层面的投射。简言之，"一"的整体性切中了奥林匹克精神价值的普遍性。2021年7月20日，国际奥组委将"更团结（together）"加入奥林匹克格言，这是现代奥林匹克创设百年以来首次对格言进行调整。这一调整旨在强调体育世界通用语言，释放其感召力和凝聚力，超越性别歧视、社群主义、民族主义、国家主义，可为弥合国际冲突，携手共创未来做出重要贡献。2021年12月2日，联合国第76届大会通过了"北京冬奥会奥林匹克休战决议"，由173个会员国共提该决议，体现了国际社会团结一致，同舟共济、共胜疫情的坚定信心与决心，以及实现世界和平的愿望与期盼。

所以，北京冬奥精神彰显的世界观与奥林匹克精神相通，无外乎"东南西北中"的地理位置，"大与小"的国土面积，"多与少"的人口总量，"强与弱"的国家综合实力，都可"合而为一"，以"合"的关系论追求和实现"和"的价值论，为实现人类未来和世界大同提供了中国方略。

2. 突出"和而不同"体现"求同存异"

如果说普遍主义是新世界主义的基础，那么其超越性很大程度上体现在尊重文化观念与社会制度的多元并存，可谓"不同的历史和国情，不同的民族和习俗，孕育了不同文明，尊重差异、包容多样，世界因此变得更加丰富多彩"。②这一观点也是厚植于中国传统文化的"和而不同"。例如孔子讲到"君子和而不同，小人同而不和"（《论语·子路》），还有《礼记·中庸》提及"万物并育而不相害，道并行而不相悖"。如果说"和"是出发点，那么"不同"就是承认并尊重差异性，进而以豁达和包容达到"存异"化的"求同"，而不是强制性的以我之优越逼迫你改制易俗。

"共创未来"是在"和而不同"的观念探寻"求同存异"。汪兰云认为："'存异'则是'求同'的前提和基础，表达了'求同'的亲和力和'存异'的包容度，更凸显求同存异下和平发展的北京态度和中国态度。"③北京冬奥会是一场有来自90多个国家约2900名运动员参加的大规模的国际大型体育盛会，但是举办前夕，来自西方一些诸如美国、加拿大、澳大利亚等国家借民主、人权、涉疆涉藏涉港、新闻自由等问题向中国发难，提出不派政府官员出席冬奥会等行为主张。所以，如何讲好中国故事是坚定立场，化解所谓的"外交抵制"，增进各国理解的关键问题。在北京冬奥会中，中国媒体以技术为支撑，

① 吴光等编《王阳明全集》（中卷），上海：上海古籍出版社，2011年，第1066页。
② 贾飞：《人类命运共同体理念的文化意蕴》，《经济日报》2019年03月14日，第16版。
③ 汪兰云：《人类命运共同体视域下北京冬奥口号的内涵解读与价值阐释》，《北京体育大学学报》2022年第1期。

从 5G 通信技术的铺展到 VR、AR 等智能传播技术的运用，搭建一个合理且可行的叙事框架。这一叙事框架的最终目的指向中国之"道"。"道"是主体与事件的抽象集合，既是指中国倡导平等与尊重的"道义"，也指中国开放且包容的"道路"，展现了"履不必同，期于适足；治不必同，期于利民"① 的治理观，有助于消除分歧、化解误解、通化情感。

三、新世界主义语境下北京冬奥精神的当代价值

北京冬奥精神是新世界主义的具体反映，为助力构建一个共建共享的世界提供了精神驱力和价值承诺。北京冬奥会不止于精心申办、精细筹办、精彩举办、精炼总结，而是会在更加广阔的层面为中国积极介入全球治理，参与国际机制合作，构建人类命运共同体产生更加深远的影响，也会为实现费孝通先生的十六字箴言"各美其美，美人之美，美美与共，天下大同"提供更具合理性、科学性、操作性、拓展性、持续性的中国方案。

（一）提供融入国际冰雪体育机制的指导理念

北京冬奥精神的内涵主张在尊重现有国际冰雪体育机制的前提下，应坚持合作共赢开放，打造中国冰雪国际朋友圈，拓展体育外交新领域。同时以"一带一路"为重要支撑，有助于主动融入全球冰雪体育治理组织体系，把握国际冰雪体育发展趋势，积极参与国际交流，充分利用冰雪体育强国先进的冰雪运动技术、场馆建设、科技助力等经验，努力推动中国冰雪体育外交的全面升级和深入发展，形成国际冰雪同行互学互鉴、竞争交融的蓬勃生态。

第一，在国内层面，促进建立适应满足大国特色外交需求的冰雪体育外交工作机制。在北京冬奥精神的指导下，进一步提升冰雪运动综合实力和国际竞争力的同时，应开拓思路，创新冰雪体育外交工作机制。通过冰雪体育外交战略规划、官方文件等形式，明确冰雪体育外交的指向性，确保冰雪体育外交策略实施效果，做好冰雪体育外交战略中主导思想建设和主阵地建设，从而进一步明确冰雪体育外交在国家公共外交、体育外交中的战略地位，提升在国家体育治理体系中的话语影响力。可以说，"十四五"时期，我国体育发展面临的国际环境更加复杂动荡，冰雪体育外交工作机制需能根据国际环境与冰雪运动发展需求不断调整自身的组织结构、管理制度和模式，助力冰雪运动的跨越式发展。

第二，在国际层面，主动加强与国际体育组织的合作与联系。冰雪运动的向前发展，需加强与国际奥委会、国际残奥委会、冰雪运动国际组织、冰雪强国体育部门的合作交流，广泛参加国际体育组织活动、遵守和认同既有国际体育规则等方式，以积极、开放、

---

① 习近平：《共倡开放包容 共促和平发展——在伦敦金融城市长晚宴上的演讲》，2015 年 10 月 21 日，http://www.Fmprc.gov.cn/web/ziliao—674904/zyjli—674906 /tl308131.shtml，2022 年 6 月 2 日。

进取的姿态融入全球体育领域，为深度参与国际冰雪体育治理提供基础性准备。例如2021年9月，上海市政府发布《上海市体育发展"十四五"规划》，其中提出"基本建成国际体育赛事之都"，"要建成一批国际一流体育场馆，引进培育一批国际体育组织办事机构和体育跨国公司地区总部"[①]，进一步强化国际冰雪体育的空间正义。

（二）印证天下观为基础的政治分析框架的超越性

北京冬奥会的成功举办，北京冬奥精神的精准提炼，不仅会在冰雪体育运动领域产生影响，更是对新世界主义的具体反映。新世界主义是对当今世界制度的反思、批判、继承与超越，是以中国传统文化为基础，以世界的整体性为思考单元的中国方略。简言之，新世界主义是对天下观的发扬光大。按照赵汀阳的研究，西方是以个人主义或国家主义去思考世界问题，在民族／国家的范畴是不能导出关乎人类命运和世界问题解决的有效方法，所以以此生来硬拽出来的世界制度并不能成为真正的世界制度。而天下观是中国政治哲学对世界问题思考的政治世界观，是以"天下—国—家"为政治排序，追求一种超越西方"个人—共同体—国家"的政治排序，以及探寻真正的以地理、民心、制度三位一体的天下体系——"任何一种可能的世界理念在逻辑结构上应该与天下理念是同构的"。[②]

从北京冬奥精神的内涵来看，其展现的"求同存异"显示了中国文化"化"的真谛。"化"的首要条件在于对于多元主义的秉持与尊重，在于"无外"。在面对西方一些国家别有用心的"外交抵制"时，中国跳出了民族／国家思考问题的传统框架，而是在更加广阔的世界高度思考"北京冬奥会—中国—人类—世界"的关系。所以，中国的回击是建立全人类和世界未来的基础上，认为"美方做法严重违背《奥林匹克宪章》确立的'体育运动政治中立'原则。同'更团结'的奥林匹克格言背道而驰，站在了全世界广大运动员和体育爱好者的对立面"[③]。中国正是以和平外交政策"立身"，以互利共赢的开放战略彰显介入全球治理的"真心"，轻松化解了这场外交闹剧。可以看出，北京冬奥精神继承了中国自古倡导的天下观为价值基础，"以天下观天下""从世界去思考世界"，对传统天下观进行"去中心化"和"去等级化"的扬弃，是可以导出"人类共享的普遍文明基础上寻求新的普遍性"的。[④]

---

① 《"基本建成国际体育赛事之都"，〈上海市体育发展"十四五"规划〉今日公布》，2021年9月23日，http://sh.people.com.cn/n2/2021/0923/c134768-34926592.html，2022年6月12日。

② 赵汀阳：《天下体系：世界制度哲学导论》，南京：江苏教育出版社，2005年，第46页。

③ 《赵立坚就美外交抵制冬奥会三答记者》2021年12月7日，https://m.gmw.cn/2021-12/07/content1302710496.htm，2022年6月16日。

④ 参见许纪霖、刘擎：《新天下主义》（知识分子论丛第13辑），上海：上海人民出版社，2015年，第3—25页。

（三）助力扩大构建人类命运共同体的传播效果

构建人类命运共同体强调"持久和平、普遍安全、共同繁荣、开放包容、清洁美丽"五位一体，为世界提供了未来发展的蓝图。体育所具有的公平竞赛、兼顾他人、以人为本、和平发展等特征，能够克服地域、人种、民族、文化的隔阂，在差异与矛盾中连接彼此，促进交流沟通。北京冬奥精神的提出，就是把北京冬奥会这一具体的国际体育事件符号化，既彰显了构建人类命运共同体的深刻意涵，促进其全球传播效果，也有助于契合"更团结"的奥运口号，提升共创未来的精神气质。

北京冬奥会举办期间，习近平主席同俄罗斯总统普京、埃及总统塞西、塞尔维亚总统武契奇等国首脑进行会晤，以"伙伴关系""朋友""友好交往""合作共赢""命运共同体"等关键词为双边关系奠定基调。在会见联合国秘书长古特雷斯时，习近平强调世界各国要同呼吸、共命运。他认为："面对各种紧迫全球性挑战，加强团结合作，共同坐上新时代的'诺亚方舟'，人类才会有更加美好的明天。"①进而他把维护和平与发展作为首要任务和重要目标，中国要在国际格局中展现大国担当。在会见国际奥委会主席巴赫时，他同样提及"更团结"的时代需要。总体而言，上述首脑会晤是中国借主场之利，重申中国特色大国外交理念，以及人类命运共同体的美好愿景，积极构建和夯实同他国的友好关系。这就是北京冬奥精神的价值呈现——"为世界人民带来了温暖和希望，为世界播撒了和平与友谊的种子，激发了人类增进团结、共克时艰、一起向未来的强大力量。"②

结　论

北京冬奥会是中国时隔14年再度拥抱奥运，是在复杂多变的国际形势和全球新冠大流行的背景下如约并成功举办，让世界感受中国速度和中国质量，为全球治理奉献中国智慧和中国方案。赛会举办后习近平总书记用20个字精炼地提出了北京冬奥精神。从北京冬奥精神的内涵看，对国内外大局的考量，以自信开放的姿态推动文明互鉴，以不惧风险、不断超越为世界人民搭建对话的平台，以"一起向未来"的奥运口号逐梦世界大同。可以说，它不仅是中华民族凝神聚气踏步向前的精神驱动，更是体现了新世界主义为中国积极参与全球治理和国际机制提供了的价值基础和理念导向。可以说，北京冬奥精神的当代价值不仅对国内政治、经济、文化的发展起到促进作用，还具备倡导以尊重普遍性和差异性共存追求世界和平的国际效能。所以，从新世界主义的视角分析北京冬奥精神，可以分析和论证其更加深远的影响——立足现实，超越褊狭，放眼全球，共建世界。

---

① 《习近平会见联合国秘书长古特雷斯》，2022年2月5日，http://www.moj.gov.cn/pub/sfbgw/gwxw/ttxw/202202/t20220205_447610.html，2022年6月16日。

② 《习近平复信国际奥委会主席巴赫》，《光明日报》2022年3月7日，第1版。

我国体育明星跨界的多维透视与反思

董 浩 赵 将*

（1.南京林业大学人文社会科学学院，江苏 南京 210037；

2.江南大学人文学院，江苏 无锡，214122）

摘 要： 在当今的明星文化中，体育明星跨界从事商业活动早已成为一种流行现象。但是，对于体育明星跨界的内涵、形成原因、现状及利弊如何，一直以来没有得到系统的讨论。因此，为了更好地认识与理解这一新现象和促进体育事业更好地发展，文章将从体育明星跨界的内涵、原因、现状及利弊进行多维的透视与反思；最后，在充分探析的基础上，进而提出一定的具有参考价值的建议、对策，以期能够充分地阐释这一新的体育传播现象。

关键字： 体育明星；跨界（圈）；内涵；原因；现状；利弊

基金项目： 本文系国家社科基金重大项目"我国青少年网络舆情的大数据预警体系与引导机制研究"（20&ZD012）的阶段性成果。

如果有一天，隔壁包子店的鲜花生意异常火爆，你大可不必为此惊讶，因为这是一个跨界的时代，每一个行业都在进行着整合、交叉、渗透。[1]

——《跨界时代：从颠覆到融合》

无论是现役运动员加盟，还是已退役的体育明星助阵，恰逢奥运年的中国电视荧屏充斥着十余档体育真人秀和综艺节目，堪称体育真人秀之年。究其原因，仅仅是因为奥运会要来了吗？[2]

---

　　* 作者简介：董浩（1990— ），男，博士，南京林业大学人文社会科学学院广告与传播学系讲师，主要从事新闻传播史论、媒介社会学、政治传播研究。赵 将（1992— ），男，硕士，江南大学人文学院讲师，主要从事新闻传播学、媒介社会学研究。

　　① 林汶奎：《跨界时代：从颠覆到融合》，北京：人民邮电出版社，2016年，"前言"，第1页。
　　② 中国青年报：《奥运年火了体育真人秀》，http://zqb.cyol.com/html/2016-04/18/nw.D110000zgqnb_20160418_2-08.htm，2022年9月22日。

——中国青年报

在这个跨界和整合已经渗透到各个行业的时代，很多人说，孙杨的行为并不值得上纲上线、大呼小叫。①

——人民日报海外版

近年来，刘翔、姚明、孙杨、张继科、刘国梁、武大靖、张国伟等一颗颗体育明星跨界到其他领域，并大放异彩。体育明星的跨界现象俨然成为体育界、影视娱乐圈、商业等领域里一道靓丽的文化景观。体育明星跨界现象的生成，在给我们带来近距离观看和消费机会的同时，也映射出随着中国社会政治、经济、文化的发展，体育事业、体育文化，尤其是优秀运动员自身定位和角色功能的变化。因此，这种现象十分值得研究，但通过文献综述发现，目前，关于这方面的解释还不是特别多。故为了更好地认识和解释这一新现象，我们需要来自现实实践的总结、归纳和理论的指导。什么是体育明星跨界？为何跨界，现状如何？又产生了什么影响？这些都是我们不得不思考的问题。简而言之，本文将从体育明星跨界的内涵、原因、现状及利弊进行多维的透视与反思，以期能够充分地阐释这一新的体育传播现象。

一、体育明星跨界的内涵透视

"跨界"（Cross Over），在当今社会逐渐成为一种普遍流行的社会现象。从娱乐圈众人瞩目的影、视、歌明星到时装界流行的"混搭"风格，可以说，各个领域都在不知不觉地运用"跨界"概念。体育界也概莫能外。但是，对于什么是"跨界"，一直没有得到集中的学术讨论和权威的学理确认。因此，为了准确地界定体育明星跨界的概念，有必要对"跨界"概念的进行辨析。

跨界（Cross Over）这一概念来自英文"Cross"。根据《牛津辞典》的解释，"Cross"有两种用法：一种是作动词使用，意为"穿过、越过"，主要是指在事物表面上横穿的意思；一种是作介词使用，一般可与 go/walk 等动词连用表示"横跨、横穿、穿越"的意思。而"Over"虽然可以作为副词、形容词的用法，但用在此处，显然是作为介词来使用，意为"（表示方向）越过、（部分或全部覆盖）在……上面"之意。因此，从词源意义上来看，跨界（Cross Over）一词，更多的是指"横跨、交叉、穿越、混合"的意思。

故综上所述，体育明星跨界主要是指"在体育领域成就卓越、表现突出、社会形象良好、为公众瞩目的杰出体育界人士，主要是指运动员和教练员"②，"穿越"体育界，"横跨"到其他领域、行业从事营利性的商业活动，或其他公益性活动以及出于兴趣爱好友

---

① 彭训文：《体育明星跨界不等于越界》，《人民日报海外版》2016年6月3日，第12版。

② 王加新：《体育明星价值的社会学审视》，《体育文化导刊》2007年第7期。

情参加的其他非营利活动，从而实现体育明星的社会价值和个人价值的过程。

因此，体育明星跨界主要分为以下几种类型：一是营利性的商业活动。这种类型又可具体细分为从事广告代言、参加综艺节目、经营商业活动等亚类型；二是非营利的活动，例如参加公益性活动或出于兴趣爱好友情参加的活动。但这只是为了理解的方便，事实上，在现实中，一个体育明星，可能同时横跨这两种类型，从事着多种跨界活动。

二、体育明星跨界的原因透视

我国体育明星之所以能够跨界到其他领域、行业，在很大程度上，是由我国体育培养的举国体制模式体育单位创收的需要和现代市场经济条件下运动员"经济人"角色的苏醒共同决定的。当然，除此之外，也有出于个人兴趣爱好，跨界到其他领域的体育明星。

（一）我国体育举国体制培养模式下单位创收的需要

中国体育由于实行的是举国体制的培养模式，因此，运动员都是在国家的资助下培养出来的。这决定了我国运动员具有一定的公共属性，因此，相关文件规定，运动员在具体商业活动中所获利益归国家所有，以致体育明星的社会价值得到更多的重视，而体育明星的个人价值长期被轻视乃至被忽略。一直至今，各体育管理部门、体育单位大都沿用这样的管理文件、要求，例如1996年国家体委颁布的《关于加强在役运动员从事广告等经营活动管理的通知》、2006年国家体育总局颁布的《国家体育总局关于对国家队运动员商业活动试行合同管理的通知》、2011年中国游泳协会下发的《国家游泳队在役运动员从事广告经营、社会活动的管理办法》等，虽然这些文件、规定是针对不同的体育项目，但是它们拥有一个或显或隐的共性，即体育明星在商业活动中的无形资产属国家所有。

因此，体育明星一直无法摆脱"体育单位"的影响。个人价值的实现是建立在单位基础上的。体育明星如若离开了单位，在中国举国体制的培养模式下，便基本上意味着体育生涯的终结，即使不是终结，那也会异常艰难。正如学者林琼所言，"在中国，再伟大的体育明星都要服从运动队的领导与管理，稍有独吞利益之异心则面临开除出局"。曾经风光无限的田亮，"因擅自以个人名义参加商业代言活动而被国家跳水队除名"[①]，不就是最好的例证吗？

（二）市场经济条件下体育明星"经济人"角色的苏醒引发跨界

从商品经济的角度来看，体育明星跨界现象生成的过程，既是体育与市场、资本"结

---

① 林琼：《比较法视野下刍议我国体育明星商业活动之困境——从孙杨"被代言"事件谈起》，《武汉体育学院学报》2013年第3期。

缘"的过程，同时也是体育明星作为一种特殊的商品被消费的过程。正如孔德国所言，"市场经济以前所未有的强大渗透力操纵了国人日常生活的方方面面，体育也不例外，市场经济将体育项目变成了体育产品，体育明星成为大众文化市场上具有最大交换价值和最完美的商品。"① 因而，体育明星之所以能够成为一种特殊的商品，被其他领域消费，概而言之，是因为市场经济条件下，体育明星"经济人"角色的苏醒。

体育明星跨界经营的成本经济、节约。体育明星本身不仅是体育界的明星，同时还是社会的明星。因此，拥有巨大的粉丝和迷群，具有广泛的社会影响力和号召力。这些无形的资产是体育明星进行跨界经营、变现的基础。根据市场投入与产出最优的原则，决定了体育明星是最佳的"跨界"交易商品，

一般而言，一个明星的培养要经过这样三个环节："制造系统、控制系统和再增值系统"②。而体育明星的却可以越过这些环节，直接面向市场，进行跨界经营，大大节省了正常明星培植的周期，可以直接变现。据透露，李娜、刘翔和郭晶晶这样的国际知名体坛明星的出场费都不低，这3人参加真人秀的出场费高达千万元，堪比国内一线娱乐明星的出场费③。

体育明星跨界具有市场时效性。体育明星具有先天的市场时效性，"当红"体育明星和"过气"体育明星的市场待遇具有天壤之别。这是因为体育明星在体育界的成绩是其进行跨界经营的基础和支柱。

体育明星自身的运动生涯是有限的，尤其是最能出成绩的"运动巅峰年龄"就那么几年，而我国的运动员的待遇又相对较低；而且，由于我国体育运动的举国体制，导致运动员常常是过度使用，所以我国运动员往往是一身伤病，但是退役之后，却不能很好地安置。并且，大多数运动员从小进行体育训练，所处环境较为封闭、单一，脱离社会，生活技能缺乏，退役之后生活较为困难。所以，体育明星往往会进行跨界经营，增加自己未来生活的经济保障，尤其是在自己当红的时期，在众多"跨界体育明星"中，孙杨的跨界最为典型。

三、体育明星跨界的现状透视

从体育明星跨界的概念和目前现实的体育明星跨界案例来看，我国体育明星跨界现象之所以能够出现，甚至成为一种流行，是与我国社会、经济的发展协同共进的。借鉴学者黄延春对我国体育明星价值嬗变过程的梳理，我们可以知道，我国体育明星的跨界现象大致是从"改革开放初期（1978—1990年左右）体育明星成为全民偶像"时期开始

① 孔德国：《体育明星及其消费文化功能研究》，《体育文化导刊》2007年第11期。
② 邱章红：《形象与资本：好莱坞电影工业明星制剖析》，《北京电影学院学报》2006年第6期。
③ 腾讯网：《奥运年真人秀瞄准体坛明星，刘翔、郭晶晶献"首秀"》，http://sports.qq.com/a/20160322/043845.htm，2022年9月22日。

的，经过经济转型期（1992—2002 年左右），一直到现在的"全球化时期（2002 年至今）作为商业宠儿"①。经过多年的发展市场化、商业化发展，体育明星跨界已逐渐成为一种风潮。

（一）单位创收与个人发展促使体育明星跨界以商业活动为主

我国体育的举国体制培养模式，确实在很大程度上促进了我国体育事业的发展，提高了我国的体育水平。但是，国家财政也面临着巨大的压力。各体育单位为了维持正常的运转，需要进行创收。因此，各体育单位自己培养出来的体育明星作为一个单位人，承担了一部分任务。所以，体育明星在为单位创收的压力下会跨界到其他领域，从事一些商业活动，为单位创造一定的经济效益。

与此同时，随着市场经济的发展与明星文化、粉丝文化的兴起，体育明星个人在市场经济条件下，不再仅仅作为一个单位人。具体而言，即个人在作为一个单位人的同时，还是一个具有一定社会自主权的个人，一个"经济人"。因此，体育明星愿意跨界到其他领域，从事商业活动，获取一定的经济报酬，创造个人价值。

（二）体育明星在举国体制的前提下从事商业活动的自主性增强

随着我国市场经济的发展和社会文化、价值观的多元，体育明星的自主性有所增强。首先，国家开始重视和尊重运动员的个人价值，运动员虽然依旧是在体制内，但是，开始拥有部分和体育单位协商利益分配的能力，而且体育明星的名气越大，与体育单位讨价议价的机会就越多。

其次，体育明星即使离开了体制，如若继续从事体育，依旧可以发展得很好，像李娜等体制外的职业运动员，依旧能够很好地发展，但是，目前大部分的体育明星，依旧是在举国体制的框架下从事商业活动。体制外的职业运动员毕竟是少数；如若不继续从事体育，依旧可以选择其他工作。因此，总的来说，体育明星的跨界从事商业活动的积极性、主动性、自主性不断增强。

（三）体育明星所跨领域的多寡与体育明星的知名度大小成正相关

体育明星跨界到其他领域，在当今已经成为一种流行现象。而且，体育明星的知名度越高，其所跨领域就越多；知名度较低的体育明星所跨领域就越单一。像"孙杨们"，不仅代言广告，而且参加各种综艺节目；更具商业眼光的体育明星可能还会投资其他行业，例如姚明不仅参加《爸爸去哪儿》、代言广告，而且还收购上海男篮，投资餐饮、体育、股市、音乐、红酒、房产、影视等行业。

而一般的体育明星由于名气较低，因而，所跨领域较为单一，更多的只是代言广告或参加一些综艺节目或经营一些时尚用品、体育用品的网店而已，像王大雷经营的时尚

---

① 黄延春：《我国体育明星价值嬗变审视》，《体育文化导刊》2012 年第 2 期。

服饰网店、王非经营的篮球用品网店等。总而言之，体育明星所跨领域的多寡与体育明星的知名度大小成正相关，即体育明星的名气越大，其所跨领域越多；体育明星的名气越小，其所跨领域就越少。

（四）体育明星与单位的劳动关系由雇佣关系转为资本关系

体育明星跨界到其他领域，从事商业活动，获取的经济报偿不再是简单的雇佣关系，而是构成了一种资本关系。首先，体育明星把自己的"身体"和无形资产（包括自己的粉丝、形象）作为资本，入股到其他领域，例如为企业进行广告代言、参加综艺节目等，体育明星出场费动辄几百万、上千万，少则几十万，这是一般的雇佣性工资收入所无法相比的。

其次，因为体育明星作为体制培养出来的单位人，按照相关（或明或隐的）规定，都规定"在役运动员的无形资产属于国家所有"[①]，体育明星在外从事商业活动所获经济报酬，要按一定比例交予单位作为发展基金、运动员输送单位、教练和有功人员，体育明星所获报酬只占其中的一部分。因而，从这个意义上说，体育明星与体育单位之间的关系，也不再只是一种雇佣关系，也存在一定的资本关系。

（五）体育单位与体育明星在商业活动利益分配上冲突不断

体育明星跨界从事商业活动，本是一个可以同时发挥体育明星社会价值、经济价值和个人价值的一举两得的好事。体育明星跨界所取得的社会价值、经济价值，可以帮助提升体育明星的个人价值；反过来，体育明星的个人价值的实现，也有利于帮助提升体育明星的社会价值、经济价值。但是，由于我国体育举国体制的培养模式不能适应市场经济条件下社会环境的变化，导致在商业活动方面体育明星的经济价值和个人价值存在一定的冲突。

在市场经济条件下，体育明星"经济人"角色的苏醒，要求保障个人利益，而国家依旧固守传统旧习，存在一些不合时宜的"强制性干预运动员商事权利的做法"[②]。这不仅与社会的市场经济大环境不符，也与我国建设体育强国的目标不协。

因此，如何协调体育明星的经济价值和个人价值，成为左右体育事业发展方向的关键性课题。正如学者林琼所言，"与其被动等到下一个'孙杨'羡慕姚明而跳出体制，不如趁早自我调整，走出运动员培养开发体制的困境"[③]。

---

① 林琼：《比较法视野下刍议我国体育明星商业活动之困境——从孙杨"被代言"事件谈起》，《武汉体育学院学报》2013年第3期。

② 林琼：《比较法视野下刍议我国体育明星商业活动之困境——从孙杨"被代言"事件谈起》，《武汉体育学院学报》2013年第3期。

③ 林琼：《比较法视野下刍议我国体育明星商业活动之困境——从孙杨"被代言"事件谈起》，《武汉体育学院学报》2013年第3期。

四、体育明星跨界的利弊透视

在市场经济和举国体制的培养模式的双重逻辑的影响下，体育单位创收和个人发展的需要，共同推动体育明星的跨界到其他领域从事商业活动。体育明星跨界作为当今社会的一个新的流行现象，我们没有以往的管理经验可以遵循，因此，为了更好地认识这一新现象，必须分清其所产生的利弊。

（一）体育明星跨界之利

体育明星跨界到其他领域，不仅为单位创收，增加了活动经费，促进了体育事业的发展，而且体育明星个人也实现了发展，更重要的是，体育明星跨界到其他领域，有效地传播了体育文化、体育精神。

1. 体育明星跨界为体育单位实现了创收

体育明星跨界到其他领域从事商业活动，根据各体育单位的规定，要按照一定比例上交给单位、教练、有功人员，确实在很大程度上为体育单位增加了收入，为体育事业的发展提供了一定的资金支持。

最为重要的是，体育明星跨界到其他领域，所获报酬，会回馈本体育单位。这样，无形中就在资金来源方面形成了一个良性循环的机制（虽然在某种程度上，忽视了体育明星的个人利益，但不可否认，确实促进了体育事业的发展），不仅培养了新人，而且调动了体育单位的活力。

2. 跨界成为体育明星提高个人价值的重要途径

体育明星跨界对体育明星个人来说，具有特殊的意义。首先，从营销学的角度来说，明星是一种可供大众消费的娱乐产品或商品，具有经济意义上的交换价值和使用价值[①]。因此，体育明星跨界可以获得一定的经济利益，有效地提高了自己的生活水平，为退役以后的生活提供保障。

再者，跨界为体育明星提供了一个难得的再社会化的过程。我国的体育明星大都是从小进行体育训练，所处的环境相对封闭，社交范围相对狭窄。而体育明星的跨界到其他领域从事商业活动，会和不同的人打交道，这样在某种程度上，促使体育明星为了适应社会，不断地进行社会规则和技能的学习，因而，在某种程度上，跨界为体育明星提供了一个难得的再社会化机会。

3. 体育明星跨界有效地传播了体育文化和体育精神

在体育形象的塑造过程中，不可否认，媒体发挥了巨大的作用。但是，站在体育界的位置上来看，媒体对体育的报道是一种他者的言说，多少带点被动的味道，而不是一种体育自主地向社会讲述；而体育明星跨界到其他领域所传达的则不同。

首先，体育明星跨界到其他领域，尤其是参加综艺节目，在一定意义上，是一种自

---

① 孙瑛：《跨界与流动：中国电视综艺节目明星形象的重构与再生产》，《新闻界》2014年第1期。

主的行为。体育明星在具体的跨界从事商业活动或公益活动中，体育明星自身，就是体育最好的代言，就是体育文化传播的最好媒介，就是对体育文化、精神最好的诠释。再者，现代大量的综艺节目、体育类真人秀节目，加入了体育游戏因素，这样不仅提高了节目的趣味性、新鲜性，增加了节目的吸引力[1]，而且，借助体育明星的"明星效应"，传递社会正能量和体育精神，丰富体育文化。

（二）体育明星跨界之弊

古语云，"凡事有利必有弊"。体育明星跨界现象也不例外。体育明星跨界在带来诸多好处的同时，也存在着一定的弊端。为了更好地促进体育事业的发展，我们应该极力规避体育明星跨界的弊端。

1. 跨界可能会影响体育明星的体育训练和体育成绩

体育明星之所以被称为体育明星，其中最为重要的一点就是"在体育领域成就卓越、表现突出"[2]，因此，体育明星的成绩对体育明星来说异常重要，是其作为体育明星的根本和保证。

而体育明星跨界到其他领域，需要花费一定的时间和精力进行学习、适应其他领域。因此，可能会影响体育明星的日常训练，进而可能会影响体育明星的成绩。所以，体育明星要协调好日常训练和从事商业活动的安排，包括时间与精力等各个方面。

2. 体育明星跨界可能会受到行业门槛的限制

体育明星跨界现象的流行，是市场经济和体育单位创收等驱使下的产物。因此，体育单位和企业、媒体等市场主体有需求。体育单位增加了单位收入，以此在一定程度上缓解体育事业发展的资金压力；企业、媒体等市场主体在市场经济的条件下，有借助体育明星的明星效应来传播自己良好形象、营销产品的需要。

故在现代市场经济条件下，随着体育明星跨界从事商业活动越来越多，对体育明星的要求越来越高。因此，在某种程度上，体育明星可能会受到所跨领域的专业化要求。例如体育明星跨界参加综艺性节目就对体育明星的要求颇高，所以，体育明星最好要具备一定的才能，像孙杨的唱歌才能。

一般而言，体育明星从小就从事繁重的体育训练，很少有时间发展其他方面的天赋才能，因此，具有一定技能的体育明星很少。当然，体育明星所跨领域，并不是都需要一定的天赋才能，可能这些行业、领域之所以邀请体育明星，看重的只是体育明星的异质性、差异性特质（或称之为体育才能）以及他们背后庞大的粉丝团。例如亲子类真人秀节目、户外类真人秀节目等。

---

① 代龙迪、席玉宝：《基于体育游戏之我国真人秀节目探究》，《体育文化导刊》2017 年第 6 期。
② 王加新：《体育明星价值的社会学审视》，《体育文化导刊》2007 年第 7 期。

3. 体育明星可能会受到所跨企业风险的波及

体育明星跨界到其他领域，与替他企业建立劳动关系，从事商业活动，为其企业代言或参加综艺节目，获取经济报酬的同时，也意味着要为其他企业分担一定的风险。

因此，"体育明星虽然可以作为发展体育产业的手段，但在营销过程中仍需要谨慎对待"[①]，体育明星和跨界企业之间的关系是平等的，他们之间的合作是一个双向选择的关系。而且，企业在选择体育明星作为自己的代言人，或媒体选择体育明星作为参加综艺节目的人选时，早已进行了系统、周密的风险评估，所以，体育明星在跨界从事商业活动时，"应选择有影响、有信誉、有潜力的公司，在获得社会效益和经济效益的同时，还应注意树立自身的形象"[②]，同时也要采取一定的措施规避企业可能带来的风险，尽量把风险降至最低。否则，产品、品牌等一旦出现问题，将牵累体育明星个人。

4. 体育明星与体育单位之间的利益冲突可能会进一步加剧

体育明星跨界确实在很大程度上为体育单位的发展提供了一定的资金补充，增强了发展的活力，极大地促进了体育文化和体育事业的发展。但是，由于我国体育事业实行的是举国体制，而现在市场经济条件下体育明星的"经济人"角色苏醒。因而，在体育明星跨界从事商业活动的利益分配上，体育明星和体育单位之间存在着一定的冲突。

而且从体育明星与体育事业健康发展的角度来讲，这种冲突亟须解决。因为随着体育明星跨界逐步成为一种常态现象，如若再不进行相关的体制机制改革，保障体育明星的个人利益，协调单位和体育明星的利益分配，体育明星和体育单位之间的关系可能会进一步加剧，甚至冲突程度达到影响体育事业健康发展的程度。

五、应对体育明星跨界弊端的方法透视

体育明星跨界作为市场经济条件下的产物，有着自身的规律和特点，在发挥其积极作用的同时，不可否认，仍存在一些不足之处。因此，为了更好地促进体育明星跨界的健康成长和推动体育事业的发展，本文认为，体育管理部门、体育事业单位、体育明星等相关主体应建立一个协同发展机制，兴利除弊，共同促进体育事业的发展。

（一）关键是要建立体育单位与体育明星的利益协调机制

体育明星跨界从事商业活动之所以与体育单位之间存在各种利益纠纷问题，主要是因为我国体育的举国体制培养模式及其相关管理体制、机制，不能适应市场经济条件下体育明星"经济人"角色的苏醒，因此，建立体育单位与体育明星之间的利益协调机制是关键，是根本。

---

① 何妍:《体育明星与"迷经济"关系论析》,《体育与科学》2013 年第 3 期。
② 李宝凤:《我国体育明星形象代言广告市场的现状与发展对策研究》,《北京体育大学学报》2006 年第 9 期。

对此，学者提出了多种解决方案，例如限制"无形资产"内涵与外延，明确调整对象和范围；进一步完善我国《体育法》；利益合同化、明确化；健全纠纷解决机制①。毋庸置疑，这样都是有效缓解体育明星与体育单位之间在商业活动中利益冲突的重要举措，但是问题的关键在于我国体育培养模式和管理体制、机制的变革，因为这是采取其他多种解决方案的前提。

（二）推广并完善符合中国国情的体育经纪人制度

产生于西方社会的体育经纪人制度，作为一套与西方的政治、经济制度相契合的配套制度，从其效果上来看，确实极大地促进了西方体育明星的成长和推动了西方体育事业的发展。因此，体育经纪人制度被世界各国所借鉴，作为体育大国的中国亦不例外。中国体育引入经纪人制度虽然较晚，但随着市场经济的发展，体育经纪人制度也得到了一定的发展。

尽管如此，与国际体育经纪人制度的发展相比，我国体育经纪人制度不仅发展缓慢，除极少数体育明星——例如姚明、丁俊晖等，配有经纪人外，绝大多数运动员仍是在举国体制的培养模式下发展；而且几乎从未得到体育主管部门的倡导。因此，我们应该反思为何体育经纪人制度在中国体育界发展困难、发展缓慢，在西方情境下产生的体育经纪人制度是否"放之四海而皆准"，是否真的完全适合中国社会。这种"去语境化"的生搬硬套，不加选择地强加给中国体育界，或许是一种危险的行为。

故在考虑到中国体育特殊的培养方式和管理方式的前提下，可以尝试建立具有中国特色的体育经纪人制度：一是尝试建立具有"事业性质"，但实行"企业化管理"的体育经纪人公司，或者建立国有制的体育经纪人公司；二是尝试由经验丰富的、成绩突出的退役运动员或教练，担任体育明星的经纪人，在确保体育明星做好日常训练的同时，做好发展规划、人生规划。

（三）体育明星跨界应适当增加公益性活动的比重

虽然，我国体育事业整体而言，属于公益事业性质。但是，目前，我国体育的中心仍是以"追求竞技体育价值、商业价值"为主，即"赛而优则贵"的生存逻辑或生存规则，因而，造成了中国体育明星"只问竞技不问公益"②，我国体育公益事业的现状不容乐观，不仅体育公益活动的参与比例小、形式单一、参与意识落后，而且参与渠道缺乏③、组织机制不健全、专门的体育慈善组织少④。因此，体育明星在从事商业活动的同时，一

① 林琼：《比较法视野下刍议我国体育明星商业活动之困境——从孙杨"被代言"事件谈起》，《武汉体育学院学报》2013年第3期。

② 周士君：《明星与公益事业》，《光明日报》2006年1月20日，第6版。

③ 李云霄：《我国体育明星参与公益事业的现状分析》，《湖北体育科技》2012年第3期。

④ 黄寿军：《我国体育慈善事业发展中的问题与对策》，《体育文化导刊》2007年第8期。

定要适当地增加公益性活动的比重。

这不仅是因为我国体育事业举国体制的培养模式，决定了体育的公共性、公益性，即必须承担一定的社会责任；更是因为在当今网络互联社会、媒介化社会，树立一个良好的媒介形象，对于促进体育事业的健康发展的重要性决定的。故体育明星需要适当增加公益性活动的比重。

（四）努力提高体育明星的媒介素养能力和危机管理能力

在当今的媒介化社会，体育明星跨界从事商业活动，在获得经济报酬、实现个人价值的同时，也面临着一定的风险和挑战，包括企业带来的风险、媒体带来的风险等，而在这些风险中，最需谨防的风险或者说危害最大的风险，是媒介风险。因此，体育明星应加强自己的媒介素养，尤其是"掌握应对全媒体的专业知识和技能"[1]，增强应对危机的能力。

具体而言，首先，体育明星可以聘请专业的媒体管理专家，设计、规划体育明星的媒体行动方案、路线；其次，体育明星可以邀请高校或者媒体的资深记者等来定期为体育明星讲课，传授经验，从而提供媒介素养，增强应对媒介危机的能力；再者，可以组建专业的危机公关团队，以应对媒介化危机。

六、结语

随着我国市场经济的发展，体育明星跨界到其他领域从事商业活动将成为一种常态。这是社会发展的趋势、社会发展的大潮，同时，这也是我国体育事业实现快速发展和由体育大国到体育强国发展的契机和机遇。但是，我们也应看到我国体育发展过程中的结构性矛盾，即我国体育举国体制的培养模式决定的体育的公共性和公益性和体育运动员，特别是体育明星运动员在市场经济条件下"经济人"角色苏醒强调个人利益之间的矛盾。

因此，相关单位和主管部门必须完善相关法律、健全相关的体制、机制，协调好体育单位与运动员之间的利益分割，解决好体育明星跨界从事商业活动过程中矛盾和问题。只有这样，我国体育明星跨界才能更加健康、有序地发展，同时也为实现中国由体育大国发展为体育强国迈出坚实的一步。

① 刘静、邓秀军:《明星运动员媒介形象的全媒体塑造策略研究——以李娜的"大满贯"参赛经验为例》，《武汉体育学院学报》2013 年第 9 期。

《养性延命录》中传统体育养生理论的现实阐释

景奕飞　康德强　王　哲*

（1. 天津体育学院 武术与民族传统体育学院，天津 301617；2. 天津体育学院 体育教育学院，天津 301617）

摘要：本文主要采用文献资料、逻辑分析等方法，探究《养性延命录》中蕴含的传统体育养生理论，旨在保护和传承中国传统文化，为促进"健康中国"及"体医融合"的实施发展提供借鉴。研究认为：《养性延命录》所蕴含丰富的传统体育养生理论体系，包括道教哲学观、生命观、技法观等。其中独特的道教体育养生理论体系对于当代健康发展具有深远的启示意义，也将促进我国优秀的传统宗教养生文化的保护、传承和发扬。

关键词：《养性延命录》；传统体育养生；健康中国；体医融合

基金项目：天津市教育科学规划课题 (CLE10089)；2021 年天津市研究生科研创新项目 (2021YJSS315)

　　道教作为中国本土宗教，其独特的体育活动方式影响着国民健康水平的发展。我国传统体育养生目前在体育领域与医疗领域占有主要位置，其中很多内容源于道教，道教独特的体育养生方式不仅可以起到固体强身的作用，还可以通过其理念帮助参与者正确树立养生观念。近几年国家颁布"健康中国"与"体医融合"的相关文件，表明健康问题是当今社会生活的重要议题。因此，整理与挖掘养生古籍是刻不容缓之事，本文试以《养性延命录》为线索，进一步探究本书中有关传统体育养生的理论，旨在保护和传承中国传统文化，同时为促进"健康中国"及"体医融合"的实施和健康事业的发展提供实践价值。

---

　　* 作者简介：景奕飞，（1998—），男，天津体育学院武术与民族传统体育学院硕士研究生，研究方向：传统体育养生理论与方法。康德强，（1973—），男，博士，天津体育学院武术与民族传统体育学院副教授，硕士生导师，研究方向：传统体育养生理论与方法。王哲，（1997—），男，天津体育学院体育教育学院硕士研究生，研究方向：传统体育养生理论与方法。

一、《养性延命录》概述及传统体育养生阐释

《养性延命录》的作者陶弘景，字通明，丹阳秣陵（今江苏省南京市）人。他生于南朝刘宋孝武帝孝建三年（456 年），是道教上清派茅山宗的开创者，南朝齐梁时期的著名道教理论家和医学家。他在养生学方面著有多部著作，包括《养性延命录》《导引养生图》《养生经》等①，其中《养性延命录》是我国现存最早的养生著作，对道教养生内容进行较为明确的分类，使道教养生学在魏晋南北朝时期逐步走向成熟。此书分两卷六篇，上卷包括教诫篇、食诫篇和杂诫忌禳害祈善篇，通过正反两面举例说明顺应和违背自然之道的养生方法，强调正确养生的重要性，并列举饮食和日常起居的注意事项；下卷包括服气疗病篇、导引按摩篇和御女损益篇，分别讲述服气疗病法、导引按摩法和房中术的具体时宜和方法并涉及五禽戏、六字诀等古老的导引养生术。

在我国古代并没有"体育"这一名词，其中与体育相关的词语有"武术""养生""导引"等②。"体育"术语于 1897 年"戊戌变法"前夕从日本传入中国，自此与我国传统养生导引术相融合，便开始进入了中西方合璧之境地。融合后，从我国文化情结出发，学界将其称为传统体育养生。传统体育养生：是建立在我国传统生命科学理论基础之上，以传统养生和西方体育的基本理论为基础，以身体练习或身体运动为基本手段，来调养生命的精气神从而修身养性，使人的身心、人与自然、人与社会逐渐和谐合一，进而达到增强生命健康水平、延长生命长度、诱发生命内在潜能的身体练习和身体运动养生的理论及技法体系③。那么传统体育养生又该做怎样的概念界定？综合研究认为：传统体育养生是以道教重人贵生的教义为基础，以身体运动为基本手段，注重促进人体健康、提高生命质量，追求生理和心理的平衡，其中包括道教哲学观、生命观、技法观的养生技法的内容④⑤。

二、《养性延命录》中传统体育养生的哲学观

《养性延命录》中内含着丰富的哲学理论，指导着传统体育养生不断发生发展，其中包括"天人合一论""气一元论""清静无为思想""阴阳五行学说"。

（一）天人合一论

道教养生学的形成离不开中国传统哲学范畴，在传统哲学的理论指导下道教养生进一步得到有效的发展。道教将人作为主体，提倡"天人合一"的整体观。道教认为："人

---

① 宁俊伟，赵懿:《〈养性延命录〉养生思想体系研究》,《山西高等学校社会科学学报》2019 年第 5 期。
② 刘崇庚:《〈养性延命录〉导论疏注》,《教育理论与实践》1987 年第 1 期。
③ 康德强:《传统体育养生的文化哲学研究》,博士学位论文,上海体育学院武术学院,2010 年,第 10 页。
④ 方方，张晓华:《道教养生体育文化探源》,《沈阳体育学院学报》2019 年第 5 期。
⑤ 邱丕相:《中国传统体育养生学》,北京:人民体育出版社,2007 年,第 3—5 页。

者，乃象天地，四时、五行、六合、八方相随，而一兴一衰，无有解已也。故当预备之，救吉凶之源，安不忘危，存不忘乱，可长久矣。"① 其意在将整个人体系统与宇宙大系统归为一个整体，共同发生发展，既道教将"天人合一"的哲学观作为养生调摄的核心。

道教以生为乐，追求长生不老，它认为"天道自然，人道自己"，在顺应天时、地利、人和的基础上形成"天人合一"的哲学理论。道教养生是追求顺四时而生万物，在"提挈天地、把握阴阳"上表现出对天地的崇拜。在基于"天人合一"的观点下，道教开始对养生问题进行较深层次的探索，这种探索在《黄帝阴符经》中得到概括"观天之道，执天之行，尽矣。"意为领悟和把握宇宙万物的运行规律，然后将天道的运行规律运用到实践之中，问题就会被解决。

同样，《养性延命录》提出："一体之盈虚消息，皆通于天地，应于万类。"这表明身体之变化与天地之运行相呼应形成天人之整体观。综合上述，体现出传统体育养生以"天人合一"的哲学观为基本指导理念，将人与天地万物融为同一本始、同一本体，在整体的包裹下通过自身修炼达到延年益寿的体养效果。

（二）气一元论思想

在《养性延命录》中关于"气"的描述有独立的一个篇章为《服气疗病篇》，突出"气"在养生中的重要地位。"气一元论"的哲学思想，在古代无论是道家、道教还是医家、儒家、佛教等都对其有清晰的阐释。宏观认为，气是存在于宇宙之中无形而运动不息的极细微物质，万事万物都是由其构成的②。微观认为，气是构成人体最基本的物质。《素问·宝命全形论》中提出："人以天地之气生，四时之法成，天地合气，命之曰人。"意为人是自然界的产物，由气所生，气又是维持人生命活动最基本的物质。人体活动需要从天地之气中摄取营养，以养五脏之气，从而维持机体生理活动③。

道教养生学认为气在人体中具有十分重要的作用，因而形成一套服气疗病的理论体系，其中包括行炁、胎息、存服外气法、服内元气法、存思服气法、昙鸾服气法等④。《养性延命录》中记载的《混元道经》曰："谷神不死，是谓玄牝，玄牝之门，是谓天地根。绵绵若存，用之不勤。"⑤ 此处描述了气的用途与方法。《服气经》中提到"道者气也，保气则得道；得道则长存"⑥，表明"道"的核心是"气"，保养就能得道，得道，生命就可能长存。

综上所述，"气一元论"哲学思想是以"气"为本源的根本思想，贯彻在传统体育养

① 张雪松：《道教养生》，北京：北京图书馆出版社，2006 年，第 9 页。
② 孙广仁，郑洪新主编：《中医基础理论》，北京：中国中医药出版社，2012 年，第 21—42 页。
③ 印会河：《中医基础理论》，上海：上海科学技术出版社，1984 年，第 54 页。
④ 陈兵：《问道——道教修炼养生学》，北京：中国时代经济出版社，2007 年，第 45—96 页。
⑤ 陶弘景著，刘丹彤、陈子杰主编：《养性延命录》，北京：中国医药科技出版社，2017 年，第 2—4 页。
⑥ 丁光迪：《太清导引养生经养性延命录》，北京：中国中医药出版社，1993 年，第 96 页。

生的修炼中。《养性延命录》中记载"气"与体育养生的修炼。例如《玄示》中指出："志者，气之帅也；气者，体之充也。善者遂其生，恶者丧其形。故行气之法，少食自节，动其形，和其气，志意专一，固守中外，上下俱闭，神周形骸调畅，四溢修守，关元满而足实，因之而众邪自出"①。传统体育养生通过对"气"的把握和调节加以身体锻炼从而达到修身养性的效果。

（三）清静无为思想

"清静无为"是道家老子的哲学思想，道教成立后延续了老子的哲学思想，成了道教立教之根本。世人对"清静无为"的理解是对万物发展不加干预，任其发展，对万事万物持有消极的态度。这样理解并不正确，其意思是指人的心性达到纯正恬静之境界，再顺应自然的发展而自化不加人为的影响和干预。对此《道德经》提出"致虚极，受静笃，万物并作，吾以观复"②，意思是指达到极致的虚空，保持深厚的宁静，万物得以蓬勃生发，观察到事物周而复始的运动规律。这样的意境使"清净无为"成为道教的养生学基础，并在道教养生学多部著作中都有直观的体现，例如《云笈七签》指出："专精积神不与杂物，谓之清。反神服气安而不动，谓之静。"正如周濂溪在《太极图说》中提出："无极而太极，太极动而生阳，动极而静；静而生阴，静极复动，一动一静，互为其根；分阴分阳，两仪立焉。"首先，从虚静中找到无极的状态，将自身化为空白融入天地间，从而进入自然的状态。其次，从中得出"道生一、一生二、二生三、三生万物"的身心体悟。最后，从道教养生的角度出发，使自身精神情志归于平静，减少身体的消耗而达到促进健康、延年益寿的作用③。

《养性延命录》中记载了相关"清静无为"的传统体育养生理念，例如《老子指归》提出："游心虚静，结志于微妙，委虑于无欲，归计于无为，故能达生延命，与道为久。"④从现代科学的认识出发，虚静状态下，人体物质和能量都会消耗缓慢减少体内熵的产生，避免身体走向无序化，使机体结构和功能更有序、更完善；通过体育运动的身体练习形式与清静无为的思想配合，从而使机体健全的结构被维持、机体的衰老程度被延缓、生命健康得到更长久的维系。因此，"清静无为"既是传统体育养生的哲学基础，同时也符合现代科学的学理。

（四）阴阳五行学说

阴阳五行学说，可分为"阴阳"与"五行"，二者相辅相成，五行必合阴阳，阴阳必兼五行，阴阳五行学说是我国古典哲学的核心，被称为古代朴素唯物主义哲学。阴阳，

---

① 陶弘景著，刘丹彤，陈子杰主编：《养性延命录》，北京：中国医药科技出版社，2017年，第62页。
② 老子著，吴北午译注：《道德经——北午注本》，沈阳：中国水利水电出版社，2016年，第49页。
③ 杨玉辉：《道教人学研究》，北京：人民出版社，2004年，第167—170页。
④ 丁光迪：《太清导引养生经养性延命录》，北京：中国中医药出版社，1993年，第72页。

是对自然界相互关联的某些事物或现象对立双方属性的概括，"阴阳者，一分为二也"。五行，是指宇宙间的一切事物都是由木、火、土、金、水五种基本物质所构成的，自然界各种事物和现象的发展变化，都是这五种物质不断运动和相互作用的结果[①]。阴阳与五行两大学说的合流形成了中国传统思维的框架。

《养性延命》正是在这样的哲学基础下汇集而成，其中传统体育养生的理论深受阴阳五行学说思想的影响不断深入发展。阴阳辨证促进事物发展，五行生克促使事物不断变化，中医学将阴阳五行学说的辩证关系作为诊治的根本原则，表明其中蕴含系统的人体结构关系。《黄帝内经·素问·阴阳应象大论》指出"阴阳者，天地道之也；万物之纲纪，变化之父母，生杀之本始，神明之府也"，突出阴阳五行学说的重要意义。《养性延命录》中提出："动胜寒，静胜热，能动能静，所以长生。精气清静，乃与道合。"再例如《中经》提出："静者寿，躁者夭。静而不能养减寿，躁而能养延年。然静易御，躁难将，尽顺养之宜者，则静亦可养，躁亦可养。"[②]上述涵盖一事物的对立阴阳两方面，在辩证中求得五行生克之中和，得以养生延命。相关"阴阳五行学说"的内容有"五禽戏"，该技法内容与阴阳五行学说最为贴切，同时体现出传统体育养生延续了该哲学思想。五禽戏是模仿五种动物的动作形态来达到调节脏腑活动四肢的目的。其中内涵阴阳正反两面，合理运用五行来设计动作内容，以保证人体内外循环完整。

《养性延命录》中传统体育养生正是借助"阴阳五行学说"的哲学思维框架而不断明确传统体育养生理论的发展，最终形成有关生命文化的理论体系。

三、《养性延命录》中传统体育养生的生命观

《养性延命录》中秉承着道教生命理论，指引传统体育养生追求明确的生命意义。道教生命理论包括：重人贵生理论、形气神生命理论、性命双修理论等，重点阐明上述理论的主要观点。

（一）重人贵生理论

"重人贵生"的生命观，是道教与其他宗教生命观的不同之处，是指其他宗教对来世的精神追求过高而忽略今世人自身修行的体悟过程，而道教更看重今世人自身的修行。这种观念使道教重视生命健康，提倡以身体运动形式来保持人体健康的状态。《太平经》指出："得长寿者，本当保知自爱自好自亲，以此自养，乃可无凶害也"。该句充分地体现出道教重生贵体、乐生恶死的主张，同时表现出道教对生命健康的追求是积极的、主动的[③]。

---

① 孙广仁，郑洪新主编：《中医基础理论》，北京：中国中医药出版社，2012年，第21—42页。
② 丁光迪：《太清导引养生经养性延命录》，北京：中国中医药出版社，1993年，第73页。
③ 张雪松：《道教养生》，北京：北京图书馆出版社，2006年，第12—13页。

　　道教继承了先秦贵生的思想并加以发展，形成了道教"重人贵生"的思想。《道德经》提出："吾有三宝，一曰慈，二曰俭，三曰不敢为天下先"。这里的慈可以解释为爱人、重人，而俭则是用以养生。道教有静以修身、俭以养生之说①。道教"重人贵生"的思想贯穿在养生学的各个部分，《养性延命录》中同样突出这样的理念，并将对人体健康有利的与产生不良影响的内容进行详细的梳理，逐渐形成较为成熟的理论。其中《教戒篇》指出"人生而命有长短者，非自然也，皆由将身不谨，饮食过差……百病萌生，故不能终其寿"②，意思是指人生命长短不定，不注意饮食、锻炼等都会导致体质的衰退。所以，应避免不良嗜好，保持良好的生活习惯。传统体育养生正是在"重人贵生"的生命哲学理论基础下所形成的以身体运动为主要形式的理论与技法，通过对《养性延命录》中传统体育养生理论的挖掘，将其理念贯彻在国民健康的循环周期内。

（二）形气神生命理论

　　道教以"重人贵生"的生命理论为基础，立足现实情况通过日常修行逐步形成完整的养生体系。道教对生命观的认识不只是停留在幻想层面，而是有明确的人体生命观研究。杨玉辉在《道教人学研究》中，清晰地将道教对人体生命观的认识进行系统梳理。从人的本质结构（形、气、神）到人体脏腑（心、肝、脾、肺、肾）再到人体经络（十二正经、奇经八脉、中黄之脉）③，说明道教养生理论绝不是空穴来风，而是有深厚的中医基础理论作为支撑。

　　纵观道教养生学的历史发展，同样渗透着先人对生命延续的渴望，不同时期人们所探索的养生方法不一，但是最终还是归于延年益寿当中④。综合上述，"形气神"是人体的本质结构，传统体育养生正是在形、气、神的基础上而进行的，在体育运动中通过三调的方法使生命达到自然和谐的状态。那么，什么是形？《周易》中记载："形而上者谓之道，形而下者谓之器。"⑤"形"的意义就是指形体，指看得见、有形状的物体。"形"对于人体本身就是构成人体内在（五脏六腑等）、外在（皮肤毛发等）的物质。"气"是构成人体的基本物质。中国传统哲学中的"气一元论"学说对"气"有着清晰的解释，认为，气是存在宇宙之中无形而运动不息的极细微物质，万事万物都是由其构成的。道教认为气在人体中具有十分重要的作用；气是人体生命的根本动力和源泉；气是人体神即精神意识产生与存在与作用发挥的基础。"神"在道教神学中是指"天神"，在中医全息理论中"神"则被称为精神意志、人体身心状态⑥。中医学的观点符合道教养生学的要求，将

---

①　史孝进：《道教养生学的形成与发展简述》，《中国道教》2003年第1期。
②　丁光迪：《太清导引养生经养性延命录》，北京：中国中医药出版社，1993年，第102页。
③　杨玉辉：《道教人学研究》，北京：人民出版社，2004年，第23—42页。
④　史孝进：《道教养生学的形成与发展简述》，《中国道教》，2003年第1期。
⑤　杨天才，张善文译注：《周易》，上海：中华书局，2011年，第569页。
⑥　李莱田：《全息医学》，山东：山东科学技术出版社，1991年，第33—34页。

神与心相呼应为心主之官，为身体之核心。《养性延命录》对神的表述为："谷，养也，能养神则不死。神为五藏之神，肝藏魂，肺藏魄，心藏神，肾藏精，脾藏志，五藏尽伤，则五神去。"通俗讲人能合理地养神，就能延年益寿。

综上所述：形、气、神之间相互依存、相互作用、相互制约而构成人体本质；但又不能对其进行简单的分析，形气神三者是人体结构组成的关键但又是抽象出的内容，应将其具体化，形成切实的生命理论与修行的指导方针，从而通过三者的运行增强形体的活力达到心旷神怡的境界。例如：传统武术在修炼的过程也是通过炼精化气、练气化神、炼神还虚，来不断提高传统武术的技术能力与增强体质的目的。传统体育养生基于"形气神"的生命观，通过三调（调神、调形、调息）的形式进行身体运动，会达到较好的养生保健效果。因此，"形气神"生命理论贯穿传统体育养生的始终，具有较强的实践价值。

（三）性命双修理论

"性命双修"理论是在道教"形气神"生命观高度融合的状态下所形成的理论。也可以讲性、命是与形、气、神有着密切联系的一对范畴。所谓命即生命，是与精、气相统一的生命。性即人的一般心性，道教更倾向于指整个人的精神意识，既神。剖析"性、命"的概念认为："性与命"的关系是生命与意识的关系，它们相互作用、相互影响，共同构成人体特殊的矛盾运动。从道教养生学的角度出发"性命双修"是必须遵循的原则，有"性无命不立，命无性不存"之说。《中和集》中提出："高尚之士，性命兼达。先持戒定慧而虚其心，后练精气神而保其身。身安泰则命基永固，心虚澄则性本圆明。性圆明则无来无去，命永固则无死无生。至于混成圆顿，直入无为，性命双全，形神俱妙。"[①]上述之意突出"性命双修"的重要性，强调其二者之间相互依存共同促进而达到身心自然的状态。刘金成认为：道教的生命修持就是乐观地调养身心，修命就是掌握身体的运行规律，增强身体素质，使其健康；修性就是控制心灵的感觉，提升自身道德素养，使其开朗。总体概括为身心兼修，兼顾人体生理机能与精神意识的修炼，从而达到身心和谐一致[②]。

"性命双修"的形成是传统体育养生的基础与遵守的原则，同样符合体育养生练习的要求。通过体育运动的形式既要注重外在肢体躯干的锻炼，也要注重内在脏腑情志的养护，进而使身体达到内强外壮的和谐状态。综上所述，《养性延命录》中传统体育养生是否具备"性命双修"的生命理论，首先从书名中可以得知是通过养性而达到延命的效果。其次书中提出"上古之人，其知道者，法则阴阳，和于术数，饮食有节，起居有度，不

---

① 杨玉辉：《道教人学研究》，北京：人民出版社，2004年，第161页。
② 刘金成：《性命双修 身体和谐——浅谈道教的生命智慧及其现代意义》，《中国道教》2012年第1期。

妄动作，故能形与神俱，尽终其天命，寿过百年"①，在自然、规律的状态下进行着全面的养生活动。最后，《服气疗病篇》与《导引按摩篇》对"性命"的修炼十分重视，正如行炁与导引相一致，修性与修命相统一已经融入传统体育养生之中。

正是遵循"性命双修"理论，使传统体育养生的生命观更加明确，在追求健康体魄的同时也注重健全心理素质，促进生理和心理两方面得到健康有序的发展。在现代焦虑的生活状态下能将传统体育养生的理论进行挖掘整理是非常有必要的，因为个人的健康关系整个社会，能够将正确的体育养生观念进行传播可以促进群体生理和心理的和谐健康，带动社会健康运动的氛围。

四、《养性延命录》中传统体育养生的技法观

《养性延命录》中蕴含着丰富的传统体育养生的技法理论，其中包括整体养生观、五禽戏技法观、六字诀技法观。

（一）整体养生观

《养性延命录》中蕴含着丰富的传统体育养生技法内容。从整体养生出发，传统体育养生是基于"天人合一""气一元论""清静无为"等哲学思想，再将道教的生命观"重人贵生""形气神""性命双修"等，融入实践操作中逐步形成以身体运动为主体，再以调神、调形、调息为核心的养生方式。通过对《养性延命录》的深入挖掘发现，传统体育养生的核心观点是对"形气神"的调控与把握。整体养生认为：传统体育养生的身体运动是对人体"形"的把控，在运动的过程中就要对呼吸吐纳的"气"进行调节，最后身体运动与呼吸调节都要指向对神的调节。传统体育养生就是要将以上三部分合为整体，运用于运动锻炼之中达到身体最佳状态。《养性延命录》中传统体育养生都是从整体出发进行的养生活动。例如：《张湛养生集·叙》："养生大要，一曰啬神，二曰爱气，三曰养形，四曰导引……九曰医药，十曰禁忌，过此已往，义可略焉。"其意为养生要义在于惜精养神、爱气行炁、保养身体、经常锻炼、注意饮食、慎守禁忌等。综上所述，传统体育养生是从整体养生出发结合道教哲学观与生命观，逐渐衍生出不同的体育养生技术与方法，其中以五禽戏与六字诀为代表。

（二）五禽戏技法观

传统体育养生是经过历代养生家、思想家和宗教家思想汇聚的成果，具有较强的实践性。《养性延命录》立足实践基础进行养生修炼，教戒篇中提出"养性之道，莫久行、久坐、久卧、久视、久听，莫强饮食，莫大忧愁，莫大哀思"②，强调实际价值，从实践的

① 陶弘景著，刘丹彤、陈子杰主编：《养性延命录》，北京：中国医药科技出版社，2017年，第22页。
② 陶弘景著，刘丹彤、陈子杰主编：《养性延命录》，北京：中国医药科技出版社，2017年，第12页。

角度分析，传统体育养生不是空中楼阁般的存在，而是通过先贤不断探索的结晶并能够经得起实践的检验。因此，《养性延命录》中的传统体育养生的理论立足实践，从现实出发逐步通过自身锻炼与体悟进而得到较好的身体练养效果。

　　道教对生命的维持是乐观地调养身心。《养性延命录》中对传统体育养生有较为全面的汇总，其中包括：导引、按摩（被动）、叩齿、握固、鸣天鼓、武术等①。其中以导引术为亮点。导引，导为导气，引为引体。导引：是采用调身、调心、调息（形气神）的措施，使人机体舒畅进而能够达到养生保健的功效②。五禽戏作为最早的导引术由于动作简单生动，易学易懂，健身养生效果极佳，被详细记录于《养性延命录》中流传世间。华佗创编五禽戏的缘由是："人体欲得劳动，但不当使极耳，人身常摇动，则谷气消，血脉流通，病不生，譬犹户枢不朽是也。……为导引术，作熊经鸱顾，引挽腰体，动诸关节，以求难老也。吾有一术，名曰五禽戏（虎、鹿、熊、猿、鸟）。"③"流水不腐，户枢不蠹"的道理，是指流动的水不会腐臭，经常活动的门枢不会被虫蛀蚀，以此来告诫人们要经常锻炼。五禽戏的目的是通过进行身体充分的运动，来提高体质，增强关节活动度，达到延年益寿的功效。

　　《养性延命录》中记载的五禽戏，是华佗通过"熊经鸱顾，引挽腰体，动诸关节"的方法，来弥补日常生活和劳动中活动不到的部位，使机体的各种功能得到良好的改善。根据藏象学说、经络学说进行分析，通过四肢的活动调动经络走向的反射点来调节对应的脏腑，再通过"调身、调心、调息"（形气神）使运动效果达到最佳，最终形成一种未病先防的理念，即通过体育运动的方式达到"治未病"的效果。经常练习五禽戏可"肖谷气，益气力，除百病，必得延年"④。所以五禽戏具有疏通经络、调和气血、增强体质、抵抗外邪，因此应重点挖掘《养性延命录》中的传统体育养生技法，将五禽戏的内容进行多重分析研究，使其更符合当代人们对健康的需求，不断完善健康领域的薄弱环节。

　　（三）六字诀技法观

　　《养性延命录》中所记载的六字诀是属于行炁的养生方法，通过一呼六吐的方式来达到促进健康的效果，阐释出"凡行气，以鼻纳气，以口吐气，微而引之，名曰长息。纳气有一，吐气有六。纳气一者，谓吸也。吐气有六者，谓吹、呼、唏、呵、嘘、呬，皆出气也"⑤。六字诀运用呼吸吐纳的行气疗法来强化脏腑与调节心、肝、脾、肺、肾的气机（吹主肾、呼主脾、唏主三焦、呵主心、嘘主肝、呬主肺），起到强壮脏腑、预防疾病、

---

　　① 陈兵：《问道——道教修炼养生学》，北京：中国时代经济出版社，2007年，第45—96页。
　　② 沈晓东，王兴伊，许峰：《考探中医学导引术的历史内容与现代进展》，《中医文献杂志》，2010年第5期。
　　③ 丁光迪：《太清导引养生经养性延命录》，北京：中国中医药出版社，1993年，第98页。
　　④ 陶弘景著，刘丹彤、陈子杰主编：《养性延命录》，北京：中国医药科技出版社，2017年，第80页。
　　⑤ 丁光迪：《太清导引养生经养性延命录》，北京：中国中医药出版社，1993年，第74页。

延长寿命的作用①。由于六字决的养生价值突出，在我国古代时期就被人们广泛应用，《养性延命录》中提出"心脏病者，体有冷热，呼吹二气出之。肺脏病者，胸背胀满，四肢烦闷，嘘气出之。脾脏病者，体上游风习习，身痒疼闷，唏气出之。肝脏病者，头眼疼痛，愁忧不乐，呵气出之。肾脏病者，体冷阴衰，面目恶瘘，呬气出之"②，说明六字诀对脏腑引发的病症有较好的疗效。通过不断对六字诀理论的深化，将身体运动形式与六字诀理念相匹配，运用"调身、调息、调心"（形气神）的方式，逐渐形成符合时代发展的传统体育养生理论与技术被称为"健身气功·六字诀"。随着"健康中国"及"体医融合"的提出，我们应重点研究《养性延命录》中的传统体育养生技法，发挥"六字诀"的养生价值使其"治未病"的理念贯彻在人们健康生活的全周期，为当代国民健康发展提供有效的现实意义。

五、《养性延命录》中传统体育养生的现实阐释

《养性延命录》蕴含的传统体育养生是服务当代健康生活的关键内容，可以为"健康中国""体医融合"提供启示性价值及促进其发展。

（一）《养性延命录》对"健康中国"的启示

随着国家信息化快速发展，健康问题成为阻碍国家长期发展亟待解决的对象。健康是促进人全面发展的必然要求，是经济社会发展的基础条件。实现国民健康长寿，是国家富强、民族振兴的重要标志，也是全国各族人民的共同愿望。2016年10月《"健康中国2030"规划纲要》提出"共建共享、全民健康"建设健康中国的战略主题，"鼓励开发适合不同人群、不同地域特点的特色运动项目，扶持推广太极拳、健身气功等民族民俗民间传统运动项目"。传统体育养生正是以慈心正道、正心达道、静心归道、真心会道、虚心合道的养生之法而立足③，使其与养生修炼相辅相成同时对"健康中国"的实施提供启示意义。正是基于此，发挥《养性延命录》中传统体育养生独特的健身方式，为"健康中国2030"规划纲要的实施发挥重要作用，将其中符合当代发展的传统体育养生理念、理论、技法等内容，为"健康中国"进一步发展提供理论与实践依据。

（二）《养性延命录》对"体医融合"的启示

"体医融合"出自《"健康中国2030"规划纲要》，强调要广泛开展全民健身运动，加强体医融合和非医疗健康干预，促进重点人群体育活动④。其目的是提高全民健康水平，

---

① 邱丕相：《中国传统体育养生学》，北京：人民体育出版社，2007年，第267—269页。
② 丁光迪：《太清导引养生经养性延命录》，北京：中国中医药出版社，1993年，第76页。
③ 张继禹：《修心与体道》，《中国道教》2012年第2期。
④ 新华社：《"健康中国2030"规划纲要》2016年10月25日，http://www.xinhuanet.com//politics/2016-10/25/c_1119785867.htm，2022年1月13日。

到达"治未病"的效果。《养性延命录》中的传统体育养生在促进人体健康方面具有可行的理论与实践价值,作者陶弘景所总结的养性延命方法包括:顺时、禁忌、调心、固本、力行等事宜完善了健康储备方法,从理论层面丰富了"体医融合"的传统文化内涵,从实践层面为"体医融合"的发展提供了新的路径,是理论与实践相辅相成的结果。传统体育养生是在道教哲学观指导下,秉承道教生命观运用身体运动形式并且与中医学进行融合而形成独有的体育养生技法体系。而"体医融合"是将体育内容与现代医学(包括中医学)进行有效的融合,形成互惠互通健康发展的新格局。二者的目的同是达到增强人民体质,促进身体健康。综合分析,传统体育养生与体医融合理念一致、目的相同,其中传统体育养生具有系统的养生观念与实用的体育养生方法,充分说明传统体育养生具备较为完整的"学、术"体系,对"体医融合"的推进有极大的启示作用。因此,《养性延命录》作为道教养生著作集大成者,其中的传统体育养生理论与技法内容应被精准地开发和应用,应该被合理地运用于"体医融合"之中。但是在内容选择方面应辩证对待,将精华创新发扬,摒弃糟粕部分。

(三)《养性延命录》推动"体医融合"的发展

随着国家高速发展,社会物质生活和文化生活水平进一步得到提高;同样,伴随着老龄化问题加剧、亚健康人群增多、慢性病困扰,人们的健康意识逐渐提升。因此,国家颁布了"体医融合"的健康发展战略。

传统体育养生推动"体医融合"的发展在于,内涵丰富的传统体育养生理念对"体医融合"的传播具有普及价值,传统体育养生技法内容可以形成有效的运动处方来帮助"体医融合"中"体"的部分补充与完善,再通过传统体育养生的生命理论丰富"体医融合"中"医"的内容。在《养性延命录》中提出体育养生的内容,"清旦未起,先啄齿二七,闭目握固,漱满唾,三咽气。寻闭而不息自极,极乃徐徐出气,满三止。便起狼踞鸱顾,左右自摇,亦不息自极,复三。便起下床,握固不息,顿踵三,还上一手,下一手亦不息自极三。又叉手项上,左右自了捩,不息复三。又伸两足,及叉手前却自极,复三。皆当朝暮为之,能数尤善"[1],记录每日早起所进行身体运动的动作、用法、次数、时间,满足人们日常练习的需求。《养性延命录》中还包括六字诀和五禽戏等传统体育养生技法理论,同是当今保养健身的重要活动内容。传统体育养生是较为完整的体育养生技法体系,其内容注重身心和谐、内外兼修,其目的为增强人们体质、促进生命健康,通过对《养性延命录》进行较深的探究,使其理论研究成为推动"体医融合"发展的基石。

事物的创新和发展都离不开传统文化的积淀,那是根基所在、源头所在。所以我们在做研究的过程中,不能只建立空中楼阁而不夯实基础、筑牢根基,不能一直紧跟时代潮流而忽视传统文化的保护与传承,在当今社会高速发展之下,那些中华民族的优秀传

---

① 陶弘景著,刘丹彤、陈子杰主编:《养性延命录》,北京:中国医药科技出版社,2017年,第70页。

统文化与思想仍然具有不可磨灭的时代价值。传统体育养生推动"健康中国"的实施，助力"体医融合"的发展是必然趋势，也是顺应时代的需求。因此我们应该更加深入地研究道教典籍中蕴含的传统体育养生理论，以此为国民的健康事业做出突出贡献。

六、结论

综合上述分析，《养性延命录》中蕴含着丰富的传统体育养生理论。本文从道教哲学观、生命观、技法观及现实阐释四方面进行综合研究，首先将《养性延命录》从哲学观的角度进行分析，其中传统体育养生理论包括天人合一的整体观、以气为源的气一元论、无为而为的清静无为思想及阴阳五行学说，并以哲学思想为传统体育养生理论之基石，逐步丰富传统体育养生的羽翼。其次将《养性延命录》从生命观的角度分析，道教自创立以来就秉承重视今世生命的理念，所以在修行的过程中形成较为成熟的生命理论体系，即道教重人贵生的观念、形气神生命理论、性命双修的理念，传统体育养生以此为追求，逐渐通过自身修炼与体悟达到"性命双修，形神俱妙"的境界。再次将《养性延命录》从技法观整体养生的角度分析，认为五禽戏与六字诀具有完整的理论与技法体系，并且简单易懂适合大众进行练习。最后将《养性延命录》中传统体育养生应用实践的理论内容进行现实阐释，认为传统体育养生理论与技法，满足国家提倡的"健康中国"及"体医融合"的政策需求，可以提高人民健康意识，推进"健康中国"的实施，助力"体医融合"的发展。因此，对《养性延命录》中传统体育养生理论的深入研究，是要立足当代，使其内容符合现代科学，其宗教文化内涵具有一定封闭性，需要在开放性、包容性、普遍性、共有性等方面加以完善，使传统体育养生发挥当代使命的同时得到传承与保护。

彩梦归故里　朱星雨作

历史记忆·文化认同·民族精神共同体构建

——基于闽南舞狮运动传播台湾的文化考察

郝童童　张永宏*

（北京体育大学中国武术学院，北京，100091）

摘　要： 舞狮运动及其文化随着族群迁徙与交流而传播至闽台各地。伴随着舞狮运动的空间播迁，在历史文化的纵向发展过程中，共同的创业经历、情感共鸣与理想追求凝聚于舞狮文化之中，成为先辈传递给后辈的历史记忆。个体记忆与集体记忆交融在一起的历史记忆，在后代人持续不断的舞狮运动展演过程中，唤起记忆底层的族群向心力，强化、巩固并继续传递着文化认同。文化认同的形成与强化，通过舞狮运动的身体展演形式，集中呈现了先辈与后辈之间、同时代人之间的血缘联系、情感沟通、价值共享、理想构建，最终成为构建精神共同体的组成要件与促进要素。当今时代，我们应当通过两岸舞狮运动的身体展演与文化交融，致力于建立闽南与台湾地区舞狮文化交流共享平台，深化舞狮符号象征，充盈舞狮身体展演内容，厚植团结互信土壤，助力两岸一家亲、中华民族多元一体的精神共同体意识。

关键词： 闽台舞狮；历史记忆；文化认同；民族精神共同体构建

一、前言

《尚书·舜典》记载了伟大的文化英雄虞舜治理天下，万民臣服，文化昌盛，"蛮夷率服"，地处边陲的野蛮民族都归化于舜帝。于是大舜安排夔典乐，"击石拊石，百兽率舞"。这是目前所知我国最早的模拟动物的舞蹈场景记载。① 然则，乐官夔排演的"百兽率舞"，应该没有包括狮子舞（舞狮）。狮子原产于西亚与非洲，直到张骞出使西域，汉武帝北逐匈奴，掌控了西域之后，西域各国进贡方物，狮子作为一种稀罕之物，才传入中国内地。

---

*　作者简介：郝童童（1998—），女，江苏徐州籍，北京体育大学中国武术学院2020级硕士研究生，主要研究方向为民族传统体育文化。张永宏（1983—），男，陕西吴堡籍，北京体育大学中国武术学院讲师，主要研究方向为中华武术文化、儒释道与民间信仰文化。

① 参见郑树荣：《舞狮的起源与发展》，《体育文史》1988年第4期。

有一种观点认为，作为一种民俗体育事项，舞狮产生于汉代。[1]

到了三国时期，舞狮更为流行，由专职工作的"象人"操演[2]。南北朝时期，舞狮运动已经得到一定程度的发展与传播。《洛阳伽蓝记》卷一"长秋寺"所载"四月四日……辟邪师子，导引其前……观者如堵"[3]，描述了北魏时期佛教文化与舞狮运动的融合与流行。到了唐代，舞狮已经非常盛行。《旧唐书·音乐志》特别记载了唐高祖李渊继承隋朝旧制，"用九部之乐"，其中"太平乐"又称"五方狮子舞"，通过舞狮运动以表达天下太平雍熙的美好愿景[4]。白居易《西凉伎》所称"假面胡人假狮子，刻木为头丝作尾。金镀眼睛银贴齿，奋迅毛衣摆双耳"，非常详细地记载了狮头的造型，以及"胡人"舞狮的高超技术。

唐高宗总章二年（669），陈元光随父陈政率军南下，平定泉潮间的族群骚乱。唐睿宗垂拱二年（686），朝廷准允陈元光的奏请，设立漳州，并带领军民开荒垦田，经营漳州，兴办学校，教化边民，启动了闽南地区的开发史[5]。陈元光《龙湖集》的数首诗词，如"舞蹈幽明洽，趋跄礼度微""兽舞梁山下，龙眠潮海涯"，均描述了当时老百姓生活富足、乐享太平的情景[6]。我们推测，"兽舞梁山下"，在某种程度上，可以视作舞狮文化传播到闽南的标志。杨广波、莫菲《闽南传统舞狮文化的源流及社会价值研究》认为唐宋以来，随着中原地区的移民活动，舞狮文化传播到闽南地区[7]。宋明时期，舞狮与军旅阵法结合，形成了独具特色的"以阵法演练、武术汇演、弄狮盘打"为一体的"闽南狮阵"，并随着"郑成功、施琅入台，漳泉军人落籍移垦"，而将"闽南故乡的狮阵文化、拳艺和风俗习惯"传播至台湾地区[8]。

闽台地区的舞狮表演，根据狮头不同，又有"开口狮"与"闭口狮"的不同。闭口狮流行于台湾南部，"外型似于竹笼，额多突出"，在舞法方面有瞌狮、睡狮、滚狮、咬脚狮、咬背狮、大小门、打四门、踏七星、踩八卦等类型；开口狮则因为狮嘴可以任意开合而得名，表演以"打狮节"为主，功夫由浅入深，共有狮咬脚、狮咬虱、狮过桥、抢金钱、拜庙、四门到底等"十八节"[9]。

无论是闽南地区，还是台湾地区，舞狮队一般由武馆组织，因为弄狮操演离不开拳脚功夫。在早期的舞狮运动中，习武健身与保卫乡里的色彩非常浓郁。这与闽台人开发边疆、建设家园、抵御外侮的历史经历密切相关。舞狮运动多与宗族文化、民间信仰相结合，舞狮表演是庙会的重要组成部分。通过庙会期间的舞狮表演，呈现和巩固了闽台

① 张延庆：《中国舞狮的起源与文化演变》，《体育文化导刊》2003 年第 11 期。
② 郭绿杨：《舞狮运动的起源与发展研究》，《当代体育科技》2017 年第 22 期。
③ 杨衒之著、杨勇校笺：《洛阳伽蓝记校笺》，北京：中华书局，2006 年，第 44 页。
④ 刘昫等：《旧唐书》，第 4 册，北京：中华书局，1975 年，第 1059 页。
⑤ 汤漳平：《陈元光传略》，《开漳圣王文化》2021 年，创刊号，第 27 页。
⑥ 陈元光：《龙湖集》，方南生笺注，云霄县燕翼宫文物保护协会所编内部资料，第 35 页，第 42 页。
⑦ 杨广波、莫菲：《闽南传统舞狮文化的源流及社会价值研究》，《体育科学研究》2017 年第 4 期。
⑧ 于海滨：《闽台狮阵的传承发展与创新》，《泉州师范学院学报》2016 年第 4 期。
⑨ 吴红叶：《台湾狮舞文化初探》，《佳木斯教育学院学报》2012 年第 7 期。

人的历史记忆与情感联系，而且具有娱乐、社交性质，在强化海峡两岸文化认同、构建闽台精神共同体方面，发挥重要作用。

作为中华优秀传统文化暨民族传统体育项目，舞狮运动及其文化以生动的身体展演方式，在促进闽台文化传播、海峡两岸传统体育交流、文化交融方面发挥重要的媒介作用①。以舞狮文化为代表的体育形式，保留了闽南和台湾地区不同阶段的历史记忆。这种集体性的历史记忆铸就了两岸民间社会与族群的身份认同与价值认同，进而能够促进两岸文化认同与精神共同体的构建②。这些历史记忆在一代代舞狮民众的身体展演中得以传承，在舞狮文化社交圈中得以巩固与延伸，无疑增强了宗族血缘认同、闽台地缘认同、文化生活认同，从而构成精神共同体的有效凝固剂。

二、两岸舞狮文化的个体记忆与集体记忆

从学理角度审视，我们可以将"记忆"理解为针对经历过的人或事进行再处理的过程及其结果。这个过程与结果，毫无疑问，与人的心理活动密切相关。个体的记忆呈现为碎片式的心理活动，无数碎片式的个体记忆，经过社会性的组合与发酵，可以演变、发展成集体记忆③。集体记忆以个体记忆的文化符号、场域仪式为载体而存在④。闽南与台湾地区的舞狮运动，通过身体展演和话语叙事的形式，凝聚与巩固着个体与集体的历史记忆，并以一种"同在"的样式强化了民众的文化认同。

（一）个体记忆在两岸舞狮文化中的体现

在闽南与台湾地区舞狮运动及其文化中，民众的个体记忆主要包括个人口述、前辈舞狮动作的模仿和改编等⑤。个人的口述来自个体的生命经验。这种经验，在早期的闽人南徙与东渡台湾过程中，伴随了疾病与战争的痛苦记忆，以及对于健康、勇猛与和平的追求向往。无论是汉人从中原迁徙福建途中遭遇的瘴疠疾病与猛兽盗贼，还是闽人渡台途中经历的惊涛骇浪与水土不服，均唤起民众对于健康与安宁的信仰追求。这是闽台人信仰各种俗神的动力所在⑥。围绕俗神信仰的庙会活动成为包括舞狮在内的各种民俗体育运动的展演平台。在台湾庙会的身体展演中，往往以"艺阵"的形式呈现。这些阵头表演包括了民俗体育性质的舞龙、舞狮，也包含有兼具武术性质的宋江阵、台湾狮、高跷

---

① 李秘：《从连锁社群到社会网络：走向民间交流的两岸关系理论》，《台湾研究集刊》2011 年第 6 期。

② 刘亚秋：《记忆研究的"社会—文化"范式：对"哈布瓦赫—阿斯曼"研究传统的解读》，《社会》2018 年第 1 期。

③ 麻国庆：《记忆的多层性与中华民族共同体认同》，《民族研究》2017 年第 6 期。

④ 余安妮、李红梅：《记忆的多层性与民族地区中华民族共同体意识培育路径》，《四川省社会主义学院学报》2020 年第 3 期。

⑤ 陈墨：《口述历史：个人记忆与人类个体记忆库》，《当代电影》2012 年第 11 期。

⑥ 谢军、陈少坚：《闽台民俗体育与民间信仰的关系》，《体育科学研究》2010 年第 3 期。

等①。例如"双狮对头",两狮相对,时而俏皮可爱,时而凶猛待发,皆源自于先祖早期野外生存所见所闻;再如舞狮中将身体下盘压低扭动模仿狮子捕食,反映了当时群体间存在激烈竞争关系。这些身体展演均诉诸个体的生命经验与人生追求,是呈现个体记忆的重要组成部分。

漳州地区在舞狮的基础动作上融入了马步、空翻等武术元素,对于呈现狮子的勇猛形象发挥重要作用。台湾地区舞狮活动中的狮阵、宋江阵,从历史溯源角度考证,大多与当年闽人抗击倭寇、郑成功收复台湾等历史事件密切相关。这些历史事件通过舞狮运动的身体展演得以呈现,通过舞狮运动参与者的口述活动,强化、巩固并形塑了个体记忆。在舞狮运动的话语叙事中,特别在两岸共同参与的庙会活动中,个人口述成为两岸舞狮传承的关键媒介,参与庙会的村落与族群成为两岸舞狮运动发展的重要场域,强化了两岸个体记忆。闽南与台湾地区宗族间的血脉联系,以舞狮活动为媒介得以传承,通过身体展演和回忆等方式加强两岸的文化认同与凝聚力。

(二)集体记忆在两岸舞狮文化中的体现

集体记忆是社会心理学的概念,是由一定的群体传承的文化事物②。毫无疑问,闽南和台湾地区的民众,通过举办包括舞狮活动在内的庙会活动,通过舞狮运动的身体展演,强化了双方的集体记忆。这种强化了的集体记忆,本质上是基于现实活动而对过去的群体经历进行了一番重构的工作。正如哈布瓦赫所说:"过去不是被保留下来的,而是在现在的基础上被重新建构的。"③

凝聚在两岸舞狮运动中的个体记忆通过国际赛事、节日庆典、传统习俗等仪式活动场域,以舞狮文化符号为依托形成了集体记忆。由此,在个体记忆与集体记忆之间形成了一种辩证的对待关系,"个体通过把自己置于群体的位置来进行回忆,但也可以确信,群体的记忆是通过个体记忆来实现的,并且在个体记忆中体现自身"④。在两岸舞狮活动的身体展演中,个体记忆得以呈现与再现,从而增进了个体之间、宗族与村落之间的沟通与往来,进而影响了参与者的思想,促进了集体记忆的形成。

年度性或季节性的舞狮运动都会出现在庙会活动、祭祖活动和各种传统节日庆典中,在一代代的传播与交融中,舞狮文化与俗神信仰、宗族文化有机融合、相互依存。每到春节,台湾多地均会举办两岸文化交流活动,来自大陆各地的舞狮人齐聚一堂,河北的卢春玲曾表示:通过身体展演,武术与杂技相结合,向台湾同胞展示了祖国大陆北方地区人们豪迈、热情的性格特点。2001年北京申奥成功,台湾群众在夜里当街进行舞狮展演,通过身体展演,表达对申奥成功、举国欢庆的心情,以及对祖国大陆体育事业取得

---

① 周传志:《台湾庙会中的民俗体育》,《体育科学研究》2012年第5期。
② 周晓虹:《集体记忆:命运共同体与个人叙事的社会建构》,《学术月刊》2022年第3期。
③ 哈布瓦赫:《论集体记忆》,毕然、郭金华译,上海:上海人民出版社,2002年,第71页。
④ 同上。

重大成功暨两岸和平统一的美好愿景。在台湾地区的佳里金堂殿建醮仪式庆典中，常常安排有宋江阵表演，其中也可以看到舞狮的身影。据调研发现，在祭祀过程中，舞狮队伍往往以先导的身份走在前列开路，这种范式是大众"祖源性"的体现，深化了两岸大众对郑成功借助宋江阵驱赶外敌的印象。舞狮人在交流融合的过程中将自我意识的个体记忆发展成为集体记忆。在台湾各乡镇，大陆的泉州、漳州等地区的庙会庆典与祭祀活动中，人们进行跳八将、宋江阵、舞狮展演等，将祭祀俗神、英雄崇拜、缅怀先祖的情感通过身体活动展演形式得以抒发和传承。在这样一种活动交流的过程中，构建了两岸交流互动的场域，为两岸的文化认同奠定了坚实的基础。

三、两岸舞狮文化的认同向度

文化认同可以看作基于特定的价值判断而产生的群体性心理倾向。认同发源于个体认知，这种认知又深受个体对特定人或事物的记忆之影响[①]。也就是说，历史记忆影响个体认知，并在社会交际过程中影响文化认同。在特定历史时期，参与者通过强调某种记忆以塑造并强化文化认同[②]。闽南和台湾地区舞狮运动中体现的个体与集体的历史记忆，成为塑造两岸民众文化认同的来源。在两岸舞狮文化中，无论是抗击倭寇、祭祀英雄的个人记忆，还是以传统节日庆典为依托发展而成的集体记忆，都耳濡目染、潜移默化地影响着两岸民众的血缘身份与民族文化认同。

（一）两岸舞狮运动深化血缘身份认同

中华民族传统文化重视血缘关系，强调血缘归属与民族认同[③]，影响着中华民族多元一体格局及其文化意识形态的维护与深化。历史记忆促进民众的身份认同感[④]，两岸民众对舞狮运动及其文化形成的血缘身份认同源于个体与集体记忆的存在。福建等地区的村落以族群为纽带，将宗族文化与舞狮文化相融，强化了参与者血缘身份的认同与归属感。在台湾地区的田野调研中，舞狮队员口述台湾的宋江阵、舞狮由漳州先祖引入，特别强调自身也是龙的传人、炎黄子孙。来自台湾高雄的报告人（舞狮人）讲述了先祖如何勇敢顽强抵抗外敌侵略，又通过智慧与坚持，在特殊复杂的环境下成功将舞狮身体活动范式传承至今的故事。在报告人讲述的时候，满怀深情，故事描述栩栩如生，对于祖先的生存境遇充满敬意，对于舞狮文化充满欢喜，皆可见台湾民众对于舞狮文化暨闽台文化

① 邓婧：《"民族共同体"视野下的两岸关系——试从文化、历史的语境下认知两岸政治认同问题》，《台海研究》2016年第4期。

② 刘志森、耿志杰：《情感仪式视域下档案与身份认同：理论阐释、作用机理及提升路径》，《档案学研究》2022年第3期。

③ 范莉娜、岑怡、张晶：《结构化视角下民族传统村落跨文化交流中的适应与认同——基于黔东南2个侗族村落的实证研究》，《重庆社会科学》2022年第6期。

④ 胡仕坤：《文化符号视域中的中华民族共同体认同》，《河南师范大学学报（哲学社会科学版）》2022年第4期。

渊源的认同感与向心力。诸多身体记忆源自宗族先祖，英雄崇拜的心理与信仰代代相承。这种话语叙事，无疑高度重视集体记忆的文化符号及其象征意义。

闽台民众对生命来源的认同是其情感和信仰的体现①，两岸舞狮运动参与者的血缘身份认同，以理性与感情相交融的先祖情结为基础，以祖先血脉传承为导引，在两岸宗亲联谊、祭祀祖先、神明庆典、庙会活动中，通过宋江阵、舞狮等活动，以身体展演为中心，构建了舞狮文化与宗族文化的身份认同场域。在两岸民众的文化交流往来中，思想层面与行为层面表现为一种高度的契合性，强化了中华民族多元一体的集体意识，促进了"文化同源、民族同根"的血缘身份认同。

（二）两岸舞狮运动增进民族文化认同

中华民族传统文化是中国人的身份象征，文化认同是中华儿女的共识。台湾地区的民众对舞狮文化的认同实际上是对中华民族传统文化的认同。这种文化认同是宗族群落的选择，血缘情感、文化符号、风俗习惯都是文化认同的关键元素，舞狮运动作为闽南与台湾地区的同源文化，在两岸交流往来中自然而然地融入民众的日常生活，加深参与者的民族情感，以身体展演与话语叙事为媒介体现着对中华民族传统文化的认同②。

在台湾地区的调研中发现，郑成功驱逐荷兰殖民者收复台湾的历史记忆是台湾地区舞狮参与者民族文化认同的重要依据，基于抵御外侮的身体活动模仿是舞狮发展的理据之一。据当地居民口述，当地祖先从闽南地区搬迁到台湾，常常将舞狮文化与宗族文化紧密联系。这些集体记忆与宗族文化记忆息息相关，是中华民族传统文化的重要特征，是强化民族文化认同的根本源泉③。

与此同时，在庙会期间的舞狮运动及其身体展演，成为重现过去的重要方式。在重现过去的过程中，特别在舞狮运动参与者，以及舞狮文化分享者的互动之中，中华民族共同体意识、两岸一家亲的情感会更为强烈。而且，基于哈布瓦赫的理解，与宗族等群体记忆经由彼此互渗而趋于一致相比，基于宗教群体的集体记忆与文化认同更为强烈。这是因为，"宗教的客体永恒不变……表达这种观念的宗教行为（也会因为它们无限的重复和彼此一致的特点）……模仿或至少象征着宗教的这种永恒性和不变性"④。由此，庙会中的各种阵头表演，除了可以很好地传承传统文化之外，还可以密切两岸民众的血脉联系，"维护和增进了中华民族的凝聚力"⑤。

---

① 扬·阿斯曼、管小其：《交往记忆与文化记忆》，《学术交流》2017年第1期。
② 闫桢桢：《身体的记忆政治与文化认同——音乐舞蹈史诗〈东方红〉的审美策略》，《北京舞蹈学院学报》2020年第3期。
③ 宋晓楠、地里木热提·阿不都卡的尔、孙健：《文化自觉视域下中国传统体育文化发展方向的思考》，《北京体育大学学报》2017年第2期。
④ 哈布瓦赫：《论集体记忆》，毕然、郭金华译，上海：上海人民出版社，2002年，第157页。
⑤ 周传志：《台湾庙会中的民俗体育》，《体育科学研究》2012年第5期。

2019 年第十一届海峡论坛期间，来自海峡两岸 20 支队伍同台竞技，在泉州石狮参加了海峡两岸舞龙舞狮大赛暨狮阵大会演，通过舞龙舞狮的传统民俗体育方式，促进两岸人民的情感交流、文化认同与民族共同体意识构建。台湾彰化文兴高中生创新性地将现代音乐与舞狮结合，精彩的表演令人耳目一新。参赛的台湾学生很多都是第一次来到大陆，对他们而言不仅是比赛，更可谓寻根之行，通过大赛走访与沟通，增进了解，深化民族认同感。台湾体育总会理事长郑锦洲在采访中报告说："台湾人的祖先很多来自大陆闽南地区，海峡两岸有着共同的文化和民俗。这次来参加赛事的台湾选手基本都是青年一代，他们中有许多人第一次来到大陆。所以，这不仅是一次比赛，更是一次寻根之旅，让台湾选手通过走访和交流，认识到自己的血缘和文化来自哪里。"这种论述，可以看到台湾体育界尤其是青年一代对于中华文化的情感与中华民族的身份认同。

在两岸舞狮文化的材料搜集中，我们发现，舞狮表演时观众的掌声最为激烈。舞狮活动通过再现先祖的历史，唤起个体与集体的历史记忆，引起身体与精神层面的共鸣，在两岸文化共享的情境中促进相互信任，强化民族文化认同。

四、两岸舞狮文化共筑"同源同根"民族精神共同体

闽台两岸共同体包括诸多层面，包括血缘、地缘和精神共同体，林其锬先生最早以"五缘"（亲缘、地缘、神缘、业缘、物缘）文化来概括，认为五缘文化具有"调谐安定社会秩序的作用"[①]，在海外华人社会中具有重要的文化凝聚力。"五缘"文化的历史根基在于包括台湾同胞在内的全球华人具有"同根同源"的天然联络，并通过各种社会性、文化性操作，而凝聚为一种中华民族的精神共同体。"大道之行，兼容并蓄"，思维、信仰、价值构成了多元的民族文化体系[②]，中华民族精神在文化体系中得以呈现[③]。从这个意义上说，两岸应当构建舞狮文化的共享平台，不断充盈舞狮身体展演的文化内容，讲好舞狮文化故事，深化闽台民众之间的团结互信，助力两岸共筑"同源同根"的民族精神共同体。

（一）构建舞狮文化共享平台，共筑"同源同根"民族精神共同体

舞狮运动多在特定场域和平台中进行，参与者的集体记忆在场域和平台中得以保持和更新，促进参与者的文化认同感不断加深。因此，构建舞狮文化共享平台对于提高两岸凝聚力具有积极意义。舞狮多在乡镇、村落、庙宇、宗族中流传，在泉州乡土社会，舞狮成为宗族缅怀祖先的文化，亦是村落宗族间的黏合剂，维系着宗族的繁衍与壮大，

① 林其锬：《"五缘"文化与亚洲的未来》，《上海社会科学院学术季刊》1990 年第 2 期。
② 马俊毅：《论多民族国家精神共同体的建构及价值》，《中央民族大学学报（哲学社会科学版）》2015 年第 6 期。
③ 张志坚：《海峡两岸出版共同体建构：必要性、障碍和模式》，《出版科学》2017 年第 4 期。

凝聚为以血缘为枢纽的共同体[1]。在台湾地区舞狮传承中，舞狮仪式与宗族祭祀文化交融发展（祭祀的祖先皆源自祖国大陆），演变为现代与历史对话的渠道。在两岸舞狮文化活动中，构建民众互动的共享平台，两岸交流逐年增多，正是这些场域维护宗族文化得以延续，民众的家国情怀得以强化，"同源同根"的民族精神共同体才能得以筑牢。

（二）充盈舞狮身体展演内容，共筑"同源同根"民族精神共同体

台湾地区的民俗文化丰富多彩，其中祭拜先祖、俗神等仪式场合相当隆重，祭祀用品琳琅满目，仪式节目品种繁多，参拜时肃穆有序，充分体现了参与者对神明和先祖的敬重。在祭祖与祭神的场合，往往举行娱人娱神的舞狮表演。舞狮文化与祭祀文化相融，参与者在精神层面的血缘认同和归属感得以强化。为增进民族凝聚力，在两岸舞狮活动中，提倡身体素质与技艺的切磋，丰富舞狮动作表现形式与内容，例如空手打狮、大刀杀狮、虎鬼娘医狮、五鬼弄醒狮、醒狮跳桌等招式和互动最为有趣，对于助力两岸民众心意相通、深化集体记忆、加强民族文化认同具有积极的促进意义[2]。两岸民众的文化同源、民族同根是血脉传承中永恒的集体记忆，是历久弥新的民族文化认同。在舞狮文化交流中，两岸民众应更深层次了解彼此，共筑"夫族之众虽千万人，皆由始祖一人之身所出也"的认同感。

（三）讲好舞狮文化故事，共筑"同源同根"民族精神共同体

讲好舞狮文化故事，发出中华民族声音，是唤起民族集体记忆、增强民族凝聚力的有效途径，是筑牢"同源同根"的爱国精神共同体意识的重要策略。无论是古代闽台迁徙活动，还是近现代闽台两岸人民共同抵御外来侵略者与殖民者，以及当代闽台两岸的经贸往来、民间交往与文化交融，都涌现了许多感人的事迹，彰显了闽台两岸一家亲的民族认同与家国情怀。这些民族认同与家国情怀，可以通过舞狮运动的形式得以呈现，通过舞狮运动讲述两岸情、一家亲。因此，应发挥舞狮运动的文化载体作用，充分挖掘两岸民众的个体记忆与集体记忆，讲述舞狮参与者爱国主义精神的故事，在故事情境中再塑认同与归属感。两岸民众的沟通互动不仅包括身体展演，还要以话语叙事和情境再现等历史层面的方式直击心灵，强势浸润，增进团结，加强两岸民众的血缘身份与民族文化认同，为筑牢"文化同源、民族同根"的中华民族爱国主义精神共同体意识添砖加瓦。

五、结语

作为中华民族最具代表性的传统体育项目，舞狮运动是闽台两岸具有影响力的民俗

---

[1] 燕海鸣：《集体记忆与文化记忆》，《中国图书评论》2009年第3期。

[2] 徐勇：《实证思维通道下对"祖赋人权"命题的扩展认识——基于方法论的探讨》，《探索与争鸣》2018年第9期。

体育活动，至今仍然活跃于闽台各地村落与族群之中，而且随着城市化的发展与现代教育的普及，在高校和中小学也得以传承，潜移默化影响着两岸民众对于中华民族多元一体格局的文化认同。无论是历史上，还是当今时代，舞狮运动在海峡两岸民间社会的影响力，均离不开个体记忆与集体记忆的价值导向，这些历史记忆往往表征为爱国主义、宗族中心、乡梓情结，并且在宗族内部与宗族之间代代相传，以身体展演和话语叙事的方式深刻影响着两岸民众的民族血缘与文化认同。历史记忆与文化认同凝聚了民族力量，共同铸就了"文化同源、民族同根"的、两岸一家亲的精神共同体意识。时值当前百年未遇之大变局，着眼于中华民族伟大复兴，为了加强两岸民众的文化凝聚力与精神向心力，促进两岸和平统一，从民俗体育的角度而言，我们应当建立闽南与台湾地区舞狮文化交流的共享平台，强化舞狮活动的仪式与符号象征，充盈舞狮身体展演的文化内容，讲好中华舞狮文化故事，弘扬舞狮运动中团结互信的精神品质，筑牢"文化同源、民族同根"的精神共同体意识。

大榕树下　朱星雨作

传统文化现代诠释与转化研究

主持人语

习近平总书记就传承弘扬中华优秀传统文化问题，予以系统性论述和全方位部署，提出了"创造性转化、创新性发展"，这对传承中华优秀传统文化来说既是要求，也是目标，同时也是方法。"媒介学"提出者德布雷认为"传承指的是在时间中传递信息，确切地说，是在不同的时空方位内进行的"。对中华优秀传统文化的传承就是一集合、一过程：传承既是与古代进行对话，进行当代阐释；也是以传统为内容，进行现代转化；最终实现的是对中华优秀传统文化的传承与发展，赓续华夏文明。

"儒释道"作为中华优秀传统文化的主干，其诸多著述典籍承载着深刻的思想精髓，其中《坛经》主要记载了禅宗六祖惠能得法的经过和惠能说法的内容。黄晓军的《〈坛经〉的传播思想及其当代价值》用现代的传播思想阐释《坛经》：在内向传播上，《坛经》的特色是以自性观人性；在人际传播方面，《坛经》提倡无诤的思想；在教育传播方面，《坛经》呈现的层次论、对法和不说破的思想富有启发性，并认为这些思想对于当下客观理性传播态度的形成、和谐传播礼仪观的建立、回归教育传播本真具有重要的参考价值。

在华夏文明的传承中，一个个经典的人物形象在传承中被广大民众接受，并在不同时期、不同媒介中不断发生嬗变。王笋的《基于媒介变迁的非遗人物形象演变梳理——以钟无艳为例》对齐文化的标志性人物钟无艳的形象进行了集中梳理。从梳理看，钟无艳可见形象的嬗变过程从西汉一直持续到当代，从《列女传》的文字记载到网络手游《王者荣耀》的网络呈现，其中刘向的历史记录是其形象源起，郑光祖的元杂剧为其艺术形象奠定了基础，鼓词《英烈春秋》将其形象塑造得成熟，电影、电视、手游的出现则引发其形象在当代发生再变。在钟无盐的形象演变过程中，媒介的变迁对其影响作用巨大。

中华优秀传统文化的传承需要借助一定的媒介进行实现，李承志的《"儒学"与"纪录片"的解构性比较——试论二者的共通互济关系》对儒学与纪录片进行比较研究，将儒学与纪录片两者做去熟悉化处理而进行解构性比较并加以重构后，二者被解构出了本质、功能以及倾向诸元素，并认为儒学和纪录片大可融通互济，儒学与纪录片的共通互济是一种"现代性诉求的民族性表达"。

当下，河南卫视因为"奇妙游"国风系列节目频频出圈，从春晚上的《唐宫夜宴》到以博物馆为主题的《元宵奇妙游》以及前两天的《七夕奇妙游》，该系列节目已成为"两创"背景下的中华优秀传统文化转化的典型。李珊、吴斌的《时间与媒介：河南卫视"奇妙游"系列节目的图像化构建》正是围绕该节目展开分析，主要从时间维度来阐释媒介是如何构建图像的，从"时间的味道"和"时间的分叉"两方面分析得出，现代性是一种时间断裂状态，人与技术之间呈现出一种不稳定状态，最明显的表征就是媒介时间成为影响人们现代性时间感知的形式之一。

总的来说，本栏目所收录文章都试图探索中华优秀传统文化的当代价值，并试图分析其在转化过程中的实践意义，究其根本，都是在阐释中华优秀传统文化如何被传承的问题。

王笋（淄博职业学院讲师，主要研究方向为华夏传播与影像传播）

《坛经》的传播思想及其当代价值

黄晓军 *

（南昌大学新闻传播学院，江西南昌，330031）

摘　要： 从传播思想的视角看禅宗六祖惠能的《坛经》，可以发现《坛经》在内向传播、人际传播、教育传播方面的深刻内涵。在内向传播上，《坛经》的特色是以自性观人性；在人际传播方面，《坛经》提倡无诤的思想；在教育传播方面，《坛经》呈现的层次论、对法和不说破的思想富有启发性。这些思想对于当下客观理性传播态度的形成、和谐传播礼仪观的建立、回归教育传播本真具有重要的参考价值。

关键词：《坛经》；传播思想；当代价值

《坛经》是佛教禅宗六祖惠能大师的著作，并由其弟子集记而成，主要记载惠能得法的经过和惠能说法的内容。《坛经》是一部由中国人自己创作的佛经，它和《道德经》《论语》并称，同是中国传统文化的经典；和后二者不同的是，《坛经》是佛教禅宗的经典，作为宗教的禅宗，传播《坛经》是其必然的行为和使命，不传播《坛经》不能延续其存在和发展。

一、《坛经》与禅宗传播

《坛经》一方面是惠能大师面向大众说法内容的记载，本身可被看作传播的成果。禅宗离不开传播，禅宗思想和禅法是通过传播为大众所知的，离开传播，大众不能了解禅宗，禅宗也难以对其形成影响。《坛经》并不是以传播为旨趣的著作，它是佛教禅宗六祖惠能大师传播顿教禅法的结晶。从《坛经》里的记载可以看出，惠能大师有着强烈的传播意识。如："吾今为说摩诃般若波罗蜜法，使汝等各得智慧，志心谛听，吾为汝说。"（般若品）"吾有一无相颂，各须诵取。"（般若品）

惠能大师作为传播者，要传播什么内容，清楚明了。同时对听受者提出了要求，如

---

*　作者简介：黄晓军（1973—）男，湖北孝感人，南昌大学新闻与传播学院副教授，硕士生导师，武汉大学新闻学博士。研究方向：新闻实务、文化传播。

要求听受者端正态度，所谓"志心谛听"，即要求听的人专心听，仔细听。"各须诵取"，则好比布置的作业，要求听众回去完成，诵读记忆。"汝慎勿错解经意，见他道开示悟入，自是佛之知见，我辈无分。"（机缘品）这是提醒听的人，听懂自己的意思，以免误解误受。还有"迷时师度，悟时自度"则强调了传播者和接受者在不同阶段不同状态的重要性。

禅宗的传播从个人层面讲，主要是面对自己，处理自己和自己的关系，即内向传播，特别是脱离大众的个人清修，是直面自己的传播，要处理的是自己念头和烦恼等问题。但禅宗属于大乘佛教，向来呵斥只求个人解脱的小乘行者，自利之外还须利他，这就不免要处理自己和他人的关系，不管是同修也好还是所谓世俗之人也好，都是面对他人的传播，所谓修行水平的提高也需要在与他人的交流碰撞中不断检点磨砺出来。另一方面，禅宗的传播还包括宗派自身的传承，而传承往往是通过教育活动体现的，这通常体现在宣教式的"上堂"和"应机"的教育传播中。

可以说，禅宗的教育传播在实践上兼具詹姆斯·凯瑞所说的"传递观"和"仪式观"的特色。禅师上堂所宣说的内容，从禅师那里传递到听众那里，符合传播的传递特色。但是禅师和学人的随机应答，则具有仪式观的特色。禅师和学人在应答试探中营造的是心心相印、共享大道的氛围，在那个当下的气氛中，话语都是多余的，"禅客相逢只弹指，此心能有几人知？"（唐·贯休）①禅师不是把什么东西递交到学人那里，而是印证共享一个东西。这种教育传播更能彰显禅宗教育的鲜明个性。

禅宗个人层面的内向传播、人际传播思想、宗教传承层面的教育传播思想在《坛经》里都有比较集中的体现，能够给当下焦虑的网民的个人道德修养、人际问题、教育问题带来思想的启迪。

二、内向传播：以"自性"观人性

内向传播又称为人内传播、自我传播，是发生在一个人体内的一种信息交流活动，是在主我（I）和客我（me）之间进行的。内向传播是人的自我对话，此时自我作为传播者，既是发送者，又是接受者。人的内向传播一般表现为自言自语、自我反省、自我陶醉、自我发泄、自我安慰和自我消遣等多种形式。②禅宗的修行在很大程度上依赖自我独处，即便是共修，也基本上是要面对自我的各种心念，进行自我的省察。因而，从传播的角度看禅宗的修持，是一种典型的内向传播过程。《坛经》蕴含着丰富的内向传播思想。从方法论上说，《坛经》从"心"出发，一以贯之。"但用此心，直了成佛"③，"心"成为禅宗修行用功的对象和范畴，一切身外之物，都要从"心"认知。比如"度众生"，是要

---

①　禅宗在教育传播中除了言语应答外，充斥大量的非语言传播，限于篇幅不赘叙。

②　胡正荣、段鹏、张磊著：《传播学总论》，北京：清华大学出版社，2008年，第93页。

③　见宗宝本《六祖大师法宝坛经》，以下引文同。

度"心中众生",即"所谓邪迷心、诳妄心、不善心、嫉妒心、恶毒心、如是等心,尽是众生。"又如佛教的佛和菩萨,并非要从身外求,也在心中:"慈悲即是观音,喜舍名为势至。能净即释迦,平直即弥陀。"慈悲、喜舍、能净、平直就是一个人心的境界或者状态,举例说,一个人如果具备慈悲心的那个时候,就是观音。我们又何必认为观音菩萨是自身以外的偶像呢?世人常常疑惑天堂和地狱是否真正存在,从"心"认知的话,"善知识,常行十善,天堂便至","贪嗔便是地狱",天堂和地狱不过是善心念和恶心念的体现而已,就看一个人对于当下心念的把握和选择了。《坛经》的这种从"心"出发,一以贯之的方法论,化外为内,内向用功,是以自我省察为特色的内向传播。这种内向传播的目标是通过激发个人的主体性,进行由凡转圣的自我超越。这其中的关键是觉悟到自性。"自性迷即是众生,自性觉即是佛。"自性的迷悟是众生和佛的分界,也就是凡和圣的分界。

禅宗的自性即是佛性、本性、本心、自真如性或真如本性等等。自性并不高远,是人人本有之性。自性在自心内求,自心和自性的关系是:"心是地,性是王,王居心地上。"由此可见,这种内向传播的方向是向心内用功的,直至见性为止。用功的方法是《坛经》所说的"三无"法门,即无念、无相、无住。无念是"于诸境上,心不染,曰无念。于自念上,常离诸境,不于境上生心"。无念不是不起一念,百物不思,这是《坛经》特别说明的。无相,是"外离一切相",意思是云散而虚空明净,于相而取著相的话,就如同云雾障于明净的虚空,外离一切相的结果,是法体的清净,所以《坛经》说以无相为体。无住,是人的本性,即人的心念本来就是念念不住的,但是容易顾念过去,欣求未来,耽着现在,于念念中系缚,做不到无住。尤其是"于世间善恶好丑,乃至冤之与亲,言语触刺之时",产生了系缚,心中过不去,思前想后,所以无住就是要在这个时候"并将为空,不思酬害,念念之中,不思前境……于诸法上,念念不住,即无缚也,此是以无住为本"。这三者既是见性的用功方法,实则也是"自性"的体相用。无相是性体清净——体,无住是本性无缚,心无所住——相,无念是真如起用,不染万境。从此悟入自性,就是"见性成佛"。①见性成佛之后呢,内向传播也是无相、无住、无念而已,只是这个时候,"真如自性起念,六根虽有见闻觉知,不染万境,而真性常在"。

《坛经》总的要义有二,一是见性成佛,二是"三无"法门。前者是目标,后者是途径,也是带有禅宗特色的内向传播过程。不同于儒道两家在人—天框架内的内向传播,《坛经》的内向传播在人性—自性的范畴内。儒家是由人到天的思路,如孟子说:"尽其心者,知其性也。知其性,则知天矣。存其心,养其性,所以事天也。"②人和天的关联是通过扩张善良的本心而来,在这个内向传播的过程中去体会天(命)。道家是由天到人的思路,老子《道德经》一开始就讨论"常道",这就是从天地自然的认识角度出发来思考

① 释印顺:《中国禅宗史》,上海:中华书局,2010年,第338页。
② 杨伯峻译注:《孟子译注》,上海:中华书局,1960年,第278页。

人类的生存及其在宇宙中的地位。①《坛经》的内向传播从人人具备的自性出发来观人性，"自性能含万法是大，万法在诸人性中。若见一切人恶之与善，尽皆不取不舍，亦不染着，心如虚空，名之为大，故曰摩诃"。人性和自性并不是二，不取舍，不染着，人性就是自性，若取舍，若染着，自性就是人性，所谓无相、无住、无念就是站位于自性来观人性，以使人性趋于自性。人性越是趋向自性，越是具有智慧。"一切般若智，皆从自性生"，"本性自有般若之智，自用智慧，常观照故，不假文字。"以自性观人性，便是《坛经》独特的内向传播思想。

三、人际传播：无诤论

人际传播是在两人或两人以上进行信息交流活动，可以是面对面的，也可以是凭借简单的媒介如电话、书信等非大众传媒媒介进行的。《坛经》中识心见性，是内向传播，处理的是主我与客我的关系，人际传播要处理的是人我关系，或者是自我与他人的关系。按照《坛经》的说法，人和人应当是无诤的，无诤的前提是"不见他人过"，"常自见己过"。如《无相颂》中说：

> 世人若修道，一切尽不妨。常自见己过，即与道相当。
> 若真修道人，不见世间过。若见他人非，自非却是左。
> 他非我不非，我非自有过。但自却非心，打除烦恼破。

对于禅宗信徒来说，见到他人乃至世间一切过错，心中就有高下之分，容易站在道德的高地指责他人，营造出世人皆醉我独醒的优越感，这实际上助长了自我的执着，执取边见，于大道的领悟愈加远离。同时，对他人指责他人过失的行为，也不要产生他人都指责了，我也可以指责的心理，如果有这种心理，也是一种过失。关键是不要站在一边，哪怕是正确的一边去指责他人。做好自己，常常自省自查自己的过失，就离大道不远了。

《坛经》的"无诤"思想，很有可能是秉承自《金刚经》。《金刚经》是自禅宗五祖弘忍印心的经典，六祖惠能因听讲《金刚经》而悟道，惠能大师对《金刚经》是相当熟悉的。《金刚经》中说："世尊！佛说我得无诤三昧，人中最为第一，是第一离欲阿罗汉。""无诤三昧"是佛教术语，是无诤正定，也就是无我人，无高下，无凡圣，一相平等。显然，无诤不在对立之中，不能站在一边俯视另一边。有诤通常是在有分歧、有异见的时候发生的，各各认为自己正确，各各执于一端。那么，如何对待和自己不一样的观点和思想呢？《坛经》"真假动静偈"中说：

---

① 谢清果：《华夏自我传播的理论建构》，厦门：厦门大学出版社，2021年，第8页。

若言下相应，即共论佛义。若实不相应，合掌令欢喜。

此宗本无诤，诤即失道意。执逆诤法门，自性入生死。

惠能大师的这个意思很明了：谈得来就好好谈，谈不来，谈不拢，礼貌客气地打住，不谈就行了。如果为这个相互指责，起了争执，这种行为本身离大道就远了，失去了"悟道"的初心，从而沉沦于凡俗，不能超凡入圣。这里的无诤思想和孔子说的"道不同，不相为谋"相似，只是儒家显得决绝理性，禅宗的表达显得客气。另外，《坛经》里也提到处理自他关系，要心平行直，要忍让，如："心平何劳持戒，行直何用修禅。让则尊卑和睦，忍则众恶无喧。"这和无诤的要求是一致的，总的来说是不能处在人我对立当中，忘记修道的初衷。

四、教育传播：层次论、对法、不说破

禅宗教育总的说来，教育艺术水平高，其特点不在机械的宣教，而是针对不同的对象施设不同的方式方法。据研究者的总结，《坛经》蕴含着丰富的教学艺术资源，主要有巧譬妙喻、诗化偈颂、反诘导语、默传意会、机锋问答和随方解缚等。[①] 这里仅就《坛经》里师生双方传授的基础及互动特点加以说明。首先，禅宗并非有教无类，对学人是有要求的，看重学人层次。其次，在传受过程中，禅宗用"对法"来消解学人执着。再次，禅宗在教学上秉承"不说破"理念，以此激发学人的亲身体悟。

（一）层次论

惠能大师作为宗教教育家，对所持法门需要什么样的传播对象其认知是很清晰的。按照惠能大师的解说，学人分小根（小智）人和大智人（上根人）之分。深法的传授，小根人接受不了，不会相信。比如《金刚经》，此法门是最上乘，为大智人说，为上根人说。小根小智人闻，心生不信。顿教法门犹如大雨，小根之人好比草木，小根草木遭遇大雨，悉皆自倒，不能增长。而原因呢？缘邪见障重，烦恼根深，犹如大云覆盖于日，不得风吹，日光不现。这里，小根和大智的区分，有利于传播者因材施教，将一定的传播内容和传播对象的层次进行适当的匹配，才有可能师生契合，完成一场有效率的传播。惠能大师以后，禅宗对于学人的勘验和接引相当成熟，比如沩山灵佑禅师问自己的学生仰山慧寂禅师："子既称善知识，争辨得诸方来者，知有不知有，有师承无师承，是义学是玄学？"[②] 沩山在仰山出世传播禅宗以后，和自己的学生交流怎样识别前来参学的学人是否适合禅宗顿教法门，"知有""师承""义学玄学"这三个问题就是考察来者的根性层次的重点问题。

---

① 李如密：《〈坛经〉的教学艺术初探——读禅悟教学之一》，《当代教育与文化》2011 年第 2 期。

② 普济著，苏渊雷点校：《五灯会元·中》，上海：中华书局，1984 年，第 532 页。

按照惠能大师所说，禅宗最关键的是自性，学人的层次跟其对自性的认知是相关的，所谓小根和大智，并不是固定的区隔，而是围绕着自性，可以实现转化的。修行觅佛，未悟自性，即是小根。同样的，愚人和智人的区隔也在于自性。愚为小人，智为大人。愚者问于智人，智者与愚人说法。愚人忽然悟解心开，即与智人无别。这里，悟解心开，当然也是识得体认自性，到了这一步，就没有愚智之分，小大之别了。

（二）对法

对法属于教学法，是惠能大师教徒弟们住持一方时，应对来访学人的方法。"汝等不同余人，吾灭度后，各为一方师。吾今教汝说法，不失本宗。"对法的特点是针对学人执着的一边，以另一边消解学人的执着，达到解粘去缚的效果。"忽有人问汝法，出语尽双，皆取对法，来去相因，究竟二法尽除，更无去处。"可见，这用来消解一边执着的另一边，最后也是要消解的。惠能大师举例说："若有人问汝义：问有，将无对；问无，将有对；问凡，将圣对；问圣，将凡对。二道相因，生中道义。"对法往往在语义上显示出对立，表面看起来，似乎传受双方都是执着的，但对法的目的并非以一种执取代替另一种执取，而是先用一种执取消解另一种执着，这用来消解的也要消解，所谓"二道相因，生中道义"，从两边双方消解中去体会中道，这才是对法的最终目标。

例如《坛经》中慧能大师对禅宗"不用文字""不立文字"，执取空边的情况进行了批评，对卧轮禅师的偈子采用了对法进行消解。卧轮禅师的偈子是："卧轮有伎俩，能断百日想。对境心不起，菩提日日长。"慧能大师的偈子针对性非常明显："慧能没伎俩，不断百日想。对境心数起，菩提作么长？"卧轮禅师的偈子以"能断百日想，对境心不起"来标榜，执着于空边，所以慧能大师以有边来消解，这种消解并非是对空的全盘否定，否定的是对空的执着。

《坛经》中慧能大师提到的对法有三十六对。所谓外境无情五对，法相语言十二对，自性起用十九对。"三十六对"由外及里、从外部世界到主观自我，将所有现象与本性分为三大类，每一大类均是相对、相待的两边义。禅宗以此相对概念包含世人种种分别之心，借助对相对概念的超越，表达"无念无相无住"的万物本来面目。[①] 因而，对法实际上也是一种引导术，只不过这种引导术不是为了建立某种思想理论，而是消解执着，超越执着。

（三）不说破

《坛经》总体风格是直陈其事，即由惠能自述得法经过以及顿教法门的要义，上述"对法"可以看作是惠能大师明确传授给学生的教学方法。同时，《坛经》也通过惠能大

---

① 张海沙、侯本塔:《〈坛经〉"三十六对"与苏轼诗歌创作之关系》,《华南师范大学学报》2019 年第 6 期。

师接引禅宗学人的描述，呈现出实际教学过程中的引导方法。其中"不说破"的方法在《坛经》中已现端倪。例如惠能和神会的对话：

> 一日，师告众曰："吾有一物，无头无尾，无名无字，无背无面，诸人还识否？"神会出曰："是诸佛之本源，神会之佛性。"师曰："向汝道无名无字，汝便唤作本源佛性！汝向去有把茅盖头，也只成个知解宗徒！"

惠能呵斥神会成个知解宗徒，是因为佛性并不能作为理解的对象，而是需要个人自己的领悟。即便知道了"什么是佛性"的标准答案，并不等同于个人的直接体悟。相反，知道这个答案流弊甚多，比如未悟言悟或者得少为足，在修行上止步不前。更为重要的是，这个答案是别人得出的，跟自己没什么关系。对于禅宗学人而言，别人悟的是别人的，自己悟的才是自己的，所谓"说食不饱"或"数他人珍宝"，于自己的修行没有半分益处。所以，惠能在这里的提问，是启发式的，有所得的学人会呈现见地，但通常不会通过语言直接道出，也就是不说破，若说破恐怕对他人修行造成障碍。这里，神会就犯了这样的错误。

"不说破"实际上跟儒家的"不愤不启，不悱不发"的教学法是有相似之处的。所谓"不愤不发，不悱不启"的意思是：教导学生，不到他力求明白而未能明白的时候，我不去开导他；不到他想说又说不出的时候，我不去启发他。学生的这种状态实际上是一种"孵化"的状态，即将通达而又不通达，需要外力的点拨，才能破壳而出。学生的主观能动性发挥了，其所得才是自己真正所得。禅宗非常重视这种状态，把老师点拨和学生用功的这种相互作用叫作"啐啄同时"。[①]六祖以后，禅宗高僧对于"不说破"的教育手段是一脉相承的，最典型的例子莫如香严智闲禅师的悟道。沩山灵佑让香严智闲就父母未生前本来面目，呈现自己的见解。智闲禅师茫然无对，回去后翻阅平时看过的文字，想一句酬对而不能，所以他屡乞沩山说破。但沩山拒绝了："我若说似汝，汝以后骂我去。我说底是我底，终不干汝事。"[②]后来香严智闲暂时放下这一问，在某一天除草的时候，抛瓦砾打到竹子上发声，他听到声音忽然醒悟，发明心地。这个时候，他非常感谢沩山当初的"不说破"："和尚大德，恩逾父母。当时若为我说破，何有今日之事。"

《坛经》所体现的"不说破"的教育传播思想，还只是端倪，六祖以后的禅师将这种教育法发挥得比较充分，在师生问答中，不说破除了不说之外，还有呵斥、棒打、竖拂子、做女人拜等行为，或者"吃茶去""麻三斤""庭前柏树子"等答非所问的言语。

---

① 圆悟克勤：《碧岩录》，尚之煜校注，郑州：中州古籍出版社，2011 年，第 43 页。圆悟评唱："法眼禅师有啐啄同时底机，具啐啄同时底用，方能如此答话。"

② 普济著、苏渊雷点校：《五灯会元·中》，北京：中华书局，1984 年，五三六至五三七页。以下同。

五、《坛经》传播思想的当代价值

（一）《坛经》以自性观人性，建立内心的力量，有助于传播者形成客观理性的传播态度

无论是主流媒体传播者还是自媒体传播者，其传播行为是受各种因素的影响和制约的。大而言之，有政治法律因素、经济因素、社会文化因素，信息自身因素、传播组织自身的因素、受众因素和技术因素等，小而言之，是传播者个人的因素，这包括个人的世界观、价值观，个性特征、传播方式等。传播者在自媒体平台上进行传播时，个人因素的影响比较突出，容易发生不客观不理性的传播行为。比如缺乏辨别，受他人影响，散发道听途说的信息，选择性地转发和自己立场一致的信息，不考虑可能对他人造成的伤害。即便是主流媒体的传播者，也有因个人情绪的不当，缺乏客观理性的传播态度。比如2021年天津某广播台的主持人在节目中吵架已是严重的播出事故，①造成不良的社会影响。

以自性观人性，是通过无念、无相、无住的用功方法实现的，这是一个内向传播的过程，也是一个直面自己的心理训练过程。这个过程要面对各种善恶心念，且不论这些心念携带的信息有何种差异，要同化为念头的来来去去，截断心念相续和相续带来的情绪牵动，从而消解由善恶心念带来的各种情绪，直面一个更加真实的自己。这种心理训练的结果能使个人建立起内心的力量，看待事物客观而理性。当然，最圆满的结果是见性，按照《坛经》里惠能大师所说："何期自性本来清净、何期自性本不生灭、何期自性本自具足、何期自性本无动摇、何期自性能生万法。"这几个"何期"正是对内心力量的认知，具有定力，不希求通过外力肯定自己、满足自己，不受外界影响。看待事物如明镜照物，不虚美不隐恶，在见自性的训练过程中，客观理性对待一切事物的态度是自然生发的。

（二）《坛经》倡导"无诤论"，有助于远离当下畸形的饭圈文化，保持传播和交流应有的礼仪

饭圈是以年轻人为主体，追逐偶像所形成的亚文化群体。偶像对粉丝有着不可估量的影响。如果偶像有意识地引导粉丝树立积极的人生态度，遵守道德法规，倡导奉献精神，当然是社会各界赞成乐见的，但是随着消费社会和偶像经济的来临，饭圈从最初追星粉丝自发组成的文娱社群逐渐演化为有组织的、专业化的利益圈层，以前通过买唱片、看演唱会的方式支持偶像的散粉状态渐渐落伍，取而代之的是为偶像买周边（衍生产品）、买数据、租广告位做宣传、打榜投票以及做慈善公益活动等多种饭圈方式。由此各饭圈

---

① 郝莹:《天津交通广播事件进展：涉事主持人停职，男主持称向搭档和听众道歉》2021年11月13日，https://baijiahao.baidu.com/s?id=1716316368345251555&wfr=spider&for=pc，2022年9月7日。

之间的冲突不可避免，产生了比较恶劣的影响。《人民日报》批评畸形的饭圈文化说："饭圈"乱象愈演愈烈，粉丝互撕谩骂、拉踩引战、挑动对立、侮辱诽谤、造谣攻击、恶意营销等现象屡见不鲜，破坏清朗网络生态，甚至违反法律法规。畸形的"饭圈"，非治不可。守护未成年人健康成长，必须明确追星应有底线，①非常明确地代表了党和政府对于畸形饭圈文化的态度。

饭圈的"畸形"虽然有利益的驱动因素，但是从根本上讲，这是建立在粉丝各自的执取、过于鲜明的立场上的。《坛经》倡导的"无诤"，实际是一种传播和交流的礼仪和修养。对于不同的人群和不同的意见能够采取求同存异，甚至是搁置一边的态度，避免引起无谓的争吵和谩骂、破坏社会和谐文明的氛围。"无诤"从个人心理修养上说，要常见己过，能够看到受情绪牵动的自己，并能进一步有共情的心理，一方粉丝能够理解另一方粉丝的思维和行为。

"无诤"从传播礼仪上说，言语投机，可以相互激发讨论，言语不投机，则"合掌令欢喜"，双方各自散去，不生冲突。这样一种洒脱、淡然的人生态度，是当前饭圈粉丝们需要学习和遵行的传播礼仪。

（三）《坛经》呈现出多种形式的教育法思想，有利于反思当下教育传播的功利性，回归教育唤醒个体的初衷

《坛经》所呈现的教育法思想，集中体现在前述层次论、对法和不说破的教育法中。首先，可以看出禅宗教育重视个体差异性。学人层次不同，教育的内容就应该不同，因材施教，这就照顾到个体的特殊性，对当下"一锅烩"的教学方式是一种提醒，学生资质有长短，教师应该有不同的应对。其次，可以看出禅宗教育的灵活性。对学人资质有认识，在此基础上还能认识到不同学生的短板所在，有针对性地进行教育。对于禅宗来说，就是消除学人目前的执着。对于当下的教育来说，则需要针对学生的弱项查漏补缺，这不仅包括知识上的，更应该是心性上的，有针对性地开展教育。再次，可以看出禅宗重视激发学人自身的主观能动性。不说破答案，让学人自己领悟，老师只是起到激发返观的作用，让学人自己成就自己。授人以鱼不如授人以渔，禅宗教育表现得相当典型。

这种教育法，通常表现在禅师和学人的对话中，在很多禅宗公案中，禅师和学人的对话充满着当事人才能理解的氛围，教育时机往往是在"电光石火"间。②禅宗宗师们善于观察来人层次，或消除执着，或看准时机棒喝，令学人回头转脑，顿时领悟。这种心性教育于当下来说是非常缺乏的。当下的教育传播总体上是功利性的，学校和家长都比较重视知识的传播，对于学生心性的成长和关怀相比之下显得不足。《坛经》的教育法思

① 陈圆圆：《整治"饭圈"乱象 清朗网络空间（清朗未成年人网络环境）》，《人民日报》2021年8月12日，第13版。
② 意思是闪电的光，燧石的火；原为佛家语，比喻事物瞬息即逝；现多形容事物像闪电和石火一样一瞬间就消失。出自《五灯会元》："此事如击石火，似闪电光。"

想对于知识的传播具有一般的启发意义，例如因材施教、补齐短板、激发探索等等，但更重要的是把禅宗的教育法思想运用到学生心性的成长中去。这种教育法丝毫不亚于苏格拉底式的对话教育，禅宗教育法的个性化是其精髓，一旦面对所有学人不分等差施行，则落入窠臼，毫无意义。内省式的、电石火光式的唤醒教育，有时比单纯的知识教育更重要。教师也好、家长也好，亟须在和学生的交流互动中抓住时机，诚如雅斯贝尔斯所说，教育的本真是"以一棵树摇动另一棵树，一朵云推动另一朵云，一个灵魂唤醒另一个灵魂"，切实注意学生的个体差异性，唤醒和激发个体的真正成长！

好是春风湖上亭　朱星雨作

基于媒介变迁的非遗人物形象演变梳理

——以钟无艳为例

王笋*

（淄博职业学院，山东淄博，255314）

摘　要：钟无艳作为中国非遗的典型人物，其形象在民间文学、传统戏剧、曲艺、影视作品等中皆有呈现，她可见形象的演变过程从西汉一直持续到当代，从《列女传》的文字记载到网络手游《王者荣耀》的网络呈现。其中刘向的历史记录是其形象源起，郑光祖的元杂剧为其艺术形象奠定了基础，鼓词《英烈春秋》将其形象塑造得成熟，电影、电视、手游的出现则引发其形象在当代发生再变。在钟无盐的形象演变过程中，媒介变迁起到的影响作用巨大。

关键词：非遗；钟无艳；齐文化；华夏传播

基金项目：2022年度淄博市社会科学规划研究课题项目"媒介化进程下的文艺育人机制研究"（项目编号：22ZBSKB039）

　　非物质文化遗产具有"活态性"特征，对非物质文化遗产的保护主要是通过已掌握其各项表现形式的个人或群体的传习继承来实现的，[①]这种"人传"的文化遗产，在传承过程中其传播内容会因媒介的变化而发生变化，造成某些非遗人物形象发生嬗变。作为民间"四大丑女"之一的钟无艳，是中国非物质文化遗产中的典型人物，其形象在民间文学、传统戏剧、曲艺、影视作品中皆有呈现，对钟无艳形象进行梳理时，会发现媒介变迁对其形象演变产生重要作用。

　　媒介是传播必不可少的一元素，"是讯息的搬运者，也是将传播过程中的各种因素相互连接的纽带"。[②]尼尔·波兹曼将关注点在媒介的更迭，他认为"媒介即隐喻""媒介即

---

　　* 作者简介：王笋（1986—），男，山东淄博人，淄博职业学院讲师，研究方向：华夏传播、影视传播。

　　① 蔡靖泉：《文化遗产学》，武汉：华中师范大学出版社，2014年，第249页。
　　② 郭庆光：《传播学教程》，北京：中国人民大学出版社，1999年，第59页。

认识论"。"技艺引入文化（媒介的变迁），不仅仅是人类对时间的约束力的延伸，而且是人类思维方式的转变，当然，也是文化内容的改变。这就是为什么我要把媒介称为'隐喻'的道理","为了理解这些隐喻的功能，我们应该考虑到信息的象征方式、来源、数量、传播速度以及信息所处的语境"。① "媒介学"概念的提出者德布雷，将研究着眼于文化领域和技术领域的互动，认为媒介研究的重点是"中介行为"，提出"媒介领域"概念，其学说号称研究"传承"而不仅仅是传播。② 从媒介的视角看，钟无艳可见形象的嬗变过程从西汉一直持续到当代，从《列女传》的文字记载到网络手游《王者荣耀》的网络呈现，她的人物形象的演变发生在传播媒介的历史变迁过程中，这一形象的变化与媒介的变迁有着密切的关系。

一、姓名的演变

单从钟无艳的姓名变化看：该女子最早见于刘向的作品，被记载为生于无盐的女子，《列女传·辩通传·齐钟离春》:"钟离春，齐无盐邑之女"。③ 在其《新序》中，则写为"号曰无盐女"④。故知该女子叫钟离春，号无盐。唐代李白、李端及宋代赵蕃、滕岑等在其诗词作品中也都将其写为无盐之女、钟离春。元曲四大家之一的郑光祖在其作品《钟离春智勇定齐杂剧》中亦作"钟离春"。及至明代，余邵鱼的《列国志传》及冯梦龙的《东周列国志》皆作"齐之无盐人，复姓钟离，名春"。在成名于清代末期的武旦名角阎岚秋藏本的《湘江会》中，已出现钟无盐这一姓名。清朝《英烈春秋》已将钟无盐写作钟无艳，"钟无艳"被大众广泛接受。在当代相关作品中，大多以"钟无艳"作为该女子的名字，如 1939 年电影《钟无艳》、1955 年电影《钟无艳》、1985 年电视剧《钟无艳》、2001 年香港电影《钟无艳》、2005 年电视剧《我爱钟无艳》、2012 年电视剧《东西宫略》、2015 年发行的《王者荣耀》中的英雄钟无艳、2018 年网络剧《齐丑无艳》等。⑤

姓氏从单姓"钟"到复姓"钟离"，其实并未发生实质性变化。"钟离"与"钟"的分类皆以封邑名称为氏，为春秋时宋国公族后代伯宗后裔。从二姓的起源看，这两个姓氏实际上属于血缘相同的一家人。⑥ 在从郑光祖的《钟离春智勇定齐》中，钟离信在介绍钟离春及其哥哥这两个孩子时,他称"老儿钟大……女孩儿钟离春"⑦。这说明郑光祖亦认为"钟离"与"钟"是同源之姓，本是一家。

"无盐"到"无艳"的变化则与媒介的变迁、媒介主导者转移密不可分。刘向的史书、

①　尼尔·波兹曼:《娱乐至死》，章艳译，桂林：广西师范大学出版社，2011 年，第 14 页。
②　骆世查:《作为中介行为的媒介：德布雷的媒介理论初探》，《中国传播学评论》2019 年第 1 期。
③　刘向:《列女传》，刘晓东校点，沈阳：辽宁教育出版社，1998 年，第 65 页。
④　刘向:《新序校释》，石光瑛校释，北京：中华书局，2001 年，第 281 页。
⑤　本文在具体论述中，无特殊说明，皆作具体作品中的姓名，不再具体说明。
⑥　廖康强:《中华姓氏起源通史》，北京：中国商业出版社，2014 年，第 410—411 页。
⑦　郑光祖:《郑光祖全集》，太原：山西人民出版社，1992 年，第 436 页。

唐诗宋词元曲等，皆为文化精英主导的媒介，主要体现的是文人阶层的审美情趣；至清评书，钟无艳是在民间进行口传的，更多地体现了底层民意及审美，任骋在《护国皇娘传》整理发行版的前言中就特提及："考虑到有利于人物性格的突出，整理者甚至还尊重民间艺人的习惯，把'无盐'继续写作'无艳'。"①从这可看出，从"无盐"到"无艳"是民间艺人的艺术加工的结果，是约定俗成的习惯的传承；当代，影视作为大众传播的主要媒介，它选择"亲民性"的"钟无艳"并进行作品创作，在争取受众的同时也加强了"钟无艳"在大众中的传播。故，从表面看，在媒介的历史变迁中发生了人物姓名变化，但实质体现的是媒介主导者的转移变化。

二、形象的演变

从媒介变迁对钟无艳的形象演变进行梳理，其过程大致经过源起—丰满—成熟—再变四个阶段：

（一）记录历史：汉《列女传》与钟无艳形象的源起

钟离春的形象源起于刘向的作品。《列女传》对其外形描述为："其为人极丑无双，臼头深目。长指大节，仰鼻结喉，肥项少发，折腰出胸，皮肤若漆。行年四十，无所容入，衒嫁不售，流弃莫执。"②刘向在《新序》中，亦收录钟无艳，其外在形象为："其为人也，臼头深目，长肘大节，昂鼻结喉，肥项少发，折腰亚胸，皮肤若漆。行年三十，无所容入，炫嫁不售，流弃莫执。"③从外形看，两部著作对钟无艳描写是一致的，都是"极丑无双"的。在年龄上，二作虽有"四十"与"三十"的出入，但可确定她是一大龄待嫁的女子。

至于她的才气，二作的描述也较为一致，都写了钟离春自谒齐宣王，上表谏言，从齐国的外忧内患分析"四殆"：秦楚之患，众人不附；大兴土木、怨声载道；任用佞臣，谏言不达；荒于朝政，沉迷酒色。齐宣王最终也接纳了钟无艳的谏言，拆渐台、罢女乐、退谄谀，去雕琢，选兵马，实府库，四辟公门，招进直言，延及侧陋。并"择吉日，立太子，进慈母，显隐女，拜无盐君为后"。④该作写明，齐国大安者，丑女之力也。刘向在《列女传》中对钟离春颂曰："无盐之女，干说齐王。分别四殆，称国乱烦。宣王从之，四辟公门。遂立太子，拜无盐君。"⑤

后晋朝、唐、宋等时期，史官、文人也多将刘向所载的"钟离春"的典故放入自己

---

① 见石印红、章程整理的《护国皇娘传》（石家庄：花山文艺出版社，1988年）所作前言，第5页。
② 刘向：《列女传》，第65页。
③ 刘向：《新序校释》，第281—284页。
④ 刘向：《新序校释》，第294页。
⑤ 刘向：《列女传》，第66页。

的创作中。例如《晋书·周顗传》载周顗所说的"何乃刻画无盐，唐突西施也"①。此时，周顗只是借用了钟无艳的丑，认为以丑比美，比得不恰当，亵渎了美好的人物。后宋代朱松的《季野见和次韵》、陈师道的《别黄徐州》、苏轼的《答孔周翰求书与诗》等作品中也都引入了"刻画无盐"的典故。据统计，唐代创作的与钟离春相关的诗屈指可数，只有李白等3位诗人写了五首与之相关的诗，如李白的《效古》、李瀚的《蒙求》。宋代，有46位诗人写过53首与之相关的诗词，如赵蕃的《寄刘凝远峦》、滕岑的《赠何应叔》。元代有杨维桢等3位诗人写过4首相关诗词，如杨维桢的《荆钗曲》、曹伯起的《赠画师佟明之》。②

　　总的来说，在宋以前，"钟离春"是作为史记女性形象出现的，后人多用客观的历史形象与个人认知进行勾连，"钟无艳"更多是被赋予了符号意义，引用丑女钟离春自荐枕席等典故表达自己怀才不遇、传扬贤良美德的品质。值得注意的是，刘向笔下的钟无艳的形象为以后大家对钟无艳进行形象杜撰提供了一个素材，成为后面她的艺术形象塑造的源起，这点是非常重要的。杨博涵认为西汉刘向在进行古籍整理中贯穿着美女破国、丑女兴邦的理念。③刘向对"钟离春"历史形象的着墨虽不甚多，所记内容多被列为史料，但他所载的钟无艳这一历史人物形象为后世的创新性加工提供了原型：一个是，呈现了外貌丑陋但内具远见卓识的具有矛盾冲突性才女形象，这一冲突性是针对钟离春个人而言的。第二个是，长相丑陋的布衣之女却被封为了正宫，本事件具有戏剧冲突性，而这一冲突是针对社会事件而言的。"任何一种叙事艺术，都离不开矛盾冲突。冲突是叙事情节的基础和动力，是塑造人物的主要手段之一。"④钟离春的史书形象从个人到事件都是有"事"的，所以后人会选择她进行再创作，围绕她进行故事虚构。

　　（二）构建故事：元《智勇定齐》与钟无艳形象的奠定

　　钟无艳的形象变得丰满起来，是从元曲作家郑光祖开始的。郑光祖将钟离春的故事进行了重新编辑，撰写了题目为《晏平仲文才安国》，正名为《钟离春智勇定齐》（本文后简写为《智勇定齐》）这一杂剧，钟离春的形象在舞台上得以展示，奠定了钟无艳艺术形象的整体基调。

　　《智勇定齐》这一剧作共分为四折一楔子（楔子于第二与第三折间）。郑光祖从刘向所载的钟离春的故事取材，大胆虚构，最终撰写成一个情节曲折的杂剧。

　　《智勇定齐》为钟离春重新设定了家庭出身。在刘向的笔下，钟离春只是"不容于乡

---

　　①　房玄龄等：《晋书》，北京：中华书局，1974年，第1851页。

　　②　澈力木格：《钟无盐形象在蒙汉文学中的传播》，硕士论文，内蒙古大学文学与新闻传播学院，2017年，第4页。

　　③　杨博涵：《美女破国与丑女兴邦的二重奏——〈列女传〉的女性观及其文学表现》，《学术交流》2008年第4期。

　　④　徐燕：《剧本写作教程》，北京：中国传媒大学出版社，2017年，第115页。

村布衣"的"无盐之女",并未涉及其他家庭背景。在《智勇定齐》中,郑光祖对其身份进行了明确,为其杜撰了一个完整的家庭。在第一折中,其父对整个家庭情况进行了介绍:"老汉复姓钟离,名个信字,积祖是这齐国钟离无盐邑人氏。嫡亲的五口儿家属:婆婆刘氏,儿孩是钟大,媳妇儿邹氏,女孩儿是钟离春。"①针对钟离春的外貌,郑光祖也没有提及"极丑无双",只是作"有些儿颜陋"。另外对钟无盐的年龄,郑光祖亦是进行了重新设定,设置为较年轻的"年长二十岁"。在构建人物角色的时候,郑光祖重点对钟无盐的才学进行了突出,写她为:"昼诵诗书,夜观天象,十八般武艺皆通,九经三史尽晓,非因学而成就,实乃天赋其能。文武兼备,韬略精深,有安江山社稷之才,齐家治国之策。"②未嫁给齐公子前,剧也多称其为"贤女",突出其"贤"。

　　郑光祖的《智勇定齐》依然借用了钟离春被封后这一事,但对《列女传》所载的钟离春的主体内容"四殆"并未引入,只是在第二折写桑林与晏婴对话时,说出了:"您如今便士不能文,您如今兵慵傲武,殆哉殆哉!"③其他所载故事就多为杜撰。在整部杂剧中,共有3个主要人物,分别为正旦钟离春、冲末齐公子、外晏婴。从这可对该剧发生年代进行断代,本杂剧的题目为《晏平仲文才安国》,晏平仲即晏婴。晏婴,晏氏,字仲,谥平,史称"晏子",后世亦称呼晏婴为晏平仲。晏婴以上大夫身份先后历经齐灵公、庄公、景公三朝,且以多智而闻名于世。在《智勇定齐》中,晏婴上来自我介绍的时候曰:"小官姓晏名婴字平仲,官拜齐国上大夫之职。"④因此,此晏婴应为春秋齐国的晏婴。当然,郑光祖对其描写也多有与史料不相符的地方,比如晏婴的谥号为"平",他在做自我介绍的时候不该出现"平"字。简言之,从晏婴的角色引入可推断齐公子应为齐灵公、庄公、景公中的一位。另外根据第一折齐公子登场时所说:"今各分十二国,乃鲁国、卫国、晋国、郑国、曹国、蔡国、燕国、陈国、宋国、楚国、秦国、俺齐国,惟俺东齐封疆宽阔,桑麻遍地,积粟如山,黎民乐业,雨顺风调。"⑤从所叙版图划分看,此时的齐公子应是春秋时期的齐公。故从这几点能推断该剧发生时代应是春秋时期。但钟离春嫁给的是战国时期的齐宣王,再加之剧作多出现吴起等战国时期的人物,据此应推断该作发生时间应为战国时期。综合来看,《智勇定齐》呈现的是一个架空的时代,所涉及的人物也应是重新塑造的角色。郑光祖为让该剧的可看性增强,在剧作也将其他故事杂糅进该杂剧,例如将齐宿瘤女的故事引用到钟离春身上。《列女传·齐宿瘤女》载:"宿瘤女者,齐东郭采桑之女,闵王之后也。项有大瘤,故号曰宿瘤。初,闵王出游,至东郭,百姓尽观,宿瘤女采桑如故。"⑥这与郑光祖所设置的钟离春与齐公子初遇的诸多细节相一致。

————————

①　郑光祖:《郑光祖全集》,第436页。
②　郑光祖:《郑光祖全集》,第436页。
③　郑光祖:《郑光祖全集》,第446页
④　郑光祖:《郑光祖全集》,第434页。
⑤　郑光祖:《郑光祖全集》,第433页。
⑥　刘向:《列女传》,第66—67页。

另外该剧还重新杜撰了破连环、响蒲琴、九宫八卦阵破来敌等故事。

《智勇定齐》对钟无艳的形象塑造及传播起到了关键作用，奠定了其艺术形象基础。首先，该作塑造了一个全新的人物形象。她出生于临淄的一大户人家，颜有些陋，不谙女工却具文韬武略；她性格外向且胆大心细（从桑林与齐公子、晏婴的对话可看出）、果敢（破连环）、机智（响蒲琴）、善战（多场御敌）等。后世对钟无艳的形象塑造都据此展开。其次，郑光祖大胆对历史进行架空，对人物、事件等都进行合理虚构。在其剧中，引用历史人物晏婴、吴起等人物的同时，也虚构出秦姬辇、孙操等人物形象。这为后世相关创作提供了思路，后世作品亦能虚构东鲁王薛坤、西宫娘娘高金莲等人物形象以丰满钟无艳的形象；戏剧故事方面，除钟无艳响蒲琴、给衅齐者刺字等情节在后世作品中被继续传承外，又有大量的其他故事被虚构，大大增加了作品的可看性。第三，郑光祖加速了受众对钟无艳的形象接受。郑光祖作为元曲第二期的代表作家[1]，其作品受到世人的推崇，被广为传唱。例如何良俊就在《曲论》中盛赞郑光祖，认为他是元曲作家中的头牌军。郑光祖的作品也是明代被收录、被扮演、被改编的最多的元作家之一。[2]

《智勇定齐》通过元曲这一形式进行传播，塑造人物形象，是与时代背景是分不开的。1. 国家的统一，为元曲在全国范围内传播提供了保障。元代结束了南宋时期中国分裂局面，中国又进入了一个一统时代。在国家政权推动下，"元曲作为曲之'正声'具有较高的文学地位，规范了南方各类'乡野俚曲'"[3]。在这种政治规范下，郑光祖及其作品得以突破南北方的界限，作品在全国得以传唱。2. "女"德教育，促进了女性意识的发展。"元代的士宦阶层把培养世之父母得有贤女，而为舅、为姑皆有贤妇，为夫、为子皆有贤妻、贤母作为女性教育的终极目的。"[4]钟无艳恰恰符合当时女德教育所推崇的形象定位。在元曲中，女性形象在作品中多有展现，例如关汉卿的《窦娥冤》、马致远的《汉宫秋》、白仁甫的《梧桐雨》等，这都体现了当时元朝女性意识的发展，他们所塑造的女性形象与传统女性安静、内敛、囿于闺阁的女性形象有很大区别。作为擅长写历史、爱情的郑光祖，其作品塑造了多位女性形象，例如《智勇定齐》中的钟离春、《倩女离魂》中的倩女等。3. 元曲的艺术表现形式，受广大受众的喜爱。"杂剧之为物，合动作、言语、歌唱三者而成。"[5]在角色类型中，"元剧除末、旦主唱，为当场正色外，则有净有丑"[6]。作为表演的艺术，元剧大大丰富了舞台呈现，吸引了广大受众。此外，"在元代，宴饮的场

① 王国维：《宋元戏曲史·人间词话》，沈阳：北方联合出版传媒（集团）股份有限公司、万卷出版公司，2015 年，第 83 页。

② 李双芹：《试论"元曲四大家"在明代的传播与接受》，《名作欣赏》2011 年第 8 期。

③ 张婷婷：《从音乐传播方式看元曲衰落的原因》，《四川戏剧》，2012 年第 2 期。

④ 谭晓玲：《冲突与期许——元代女性社会角色与伦理观念的思考》，天津：南开大学出版社，2009 年，第 82 页。

⑤ 王国维：《宋元戏曲史·人间词话》，第 101 页。

⑥ 王国维：《宋元戏曲史·人间词话》，第 103 页。

合成为游戏的场合，也成为作曲与唱曲的场合"，"在前代基础上，元代酒令有了新的发展，其标志之一，就是戏曲与散曲进入酒令"①。从这可以看出，元曲能被不同阶级、文化层次的人所接受，通过元曲的传播，普通民众接受钟无艳成为可能。

（三）融入神话：清《英烈春秋》与钟无艳形象的成熟

明清时期，王渔洋等人亦在诗词中引用钟无盐的相关典故，且她基本都是"丑妇"的代称。戏曲方面，在该时期，昆曲、京剧等也对钟无艳形象进行了戏曲展现。例如在京剧《湘江会（阎岚秋藏本）》中，就描写了齐后无盐随齐宣王赴湘江会，并射死魏灵公，战败吴起的故事。②明清小说作为中国古代小说巅峰时期，大量经典产生，钟离春也在相关作品中被呈现，代表作品有明代余邵鱼的《列国志传》及冯梦龙的《东周列国志》（即《新列国志》），其中冯梦龙的《东周列国志》根据《列国志传》改写而成。在《列国志传》第九十八回"丑女献策为皇后 卫鞅掳魏建奇功"对钟离春的外貌进行了描写："白额深目，长指大脚、昂鼻结喉，驼背肥项，少发折腰，皮肤若漆。"③并对齐宣王自谏分析齐国面临的危险，齐王纳谏这一事件进行描述。《东周列国志》第八十九回"马陵道万弩射庞涓咸阳市五牛分商鞅"中对钟离春进行了描述，外貌依然为丑妇，并增加"身穿破衣"④，所载事件与《列国志传》相差不大。综合来看，两部作品都是对刘向所载的钟离春的形象进行扩展性描写，并未进行过多的艺术化加工。

钟无艳形象真正成熟于鼓词作品《英烈春秋》（又名《无盐娘娘》），其形象主要通过口说这种媒介进行塑造。"英烈春秋鼓词是说唱艺人六部春秋之一，是现存最重要的长篇部头鼓词小说之一，是说唱艺人与部头鼓词的代表作。"⑤现存版本主要有京都东二酉堂的《英烈春秋》（又名《新刻国母钟无盐娘娘鼓词全传》）、清车王府藏曲本《英烈春秋》以及从清朝传承而来的李庆海传本《无盐娘娘传奇》（后简称《无盐娘娘》）等。本文将以民间艺人传本分析钟无盐在民间的形象塑造，其中神话、非凡事件等的融入使钟无艳的形象真正成熟。

1.重新给定了原生身份。在过去的记载中，很少对钟无盐的原生身份进行设定，只有郑光祖《智勇定齐》中将其设定为大户钟离信之女。《无盐娘娘》对钟无盐的原生身份则有了详细的介绍。她本为玉皇大帝与王母娘娘的九女中的第六个女儿，也是最漂亮的一位，雅号"牡丹仙子"。她同时也是梨山老母的弟子。她因同情人间疾苦，故申请下凡。她由于下凡心切，错穿了夜叉皮并生于凤凰岭的钟离天雕家，其母刘氏。后遇梨山老母，并拜其门下学艺。在二十岁时学成艺业，并遇齐宣王。这带有神话色彩的人物形象开始

① 康保成：《酒令与元曲的传播》，《文艺研究》2005年第8期。
② 北京市戏曲指导委员会：《京剧汇编》（第九十二集），北京：北京出版社，1962年，第25—41页。
③ 余邵鱼：《列国志传》，北京：中国文史出版社，2019年，第331页。
④ 冯梦龙：《东周列国志》，延吉：延边人民出版社，2007年，第435页。
⑤ 蒋丹：《清京都东二酉堂刊〈英烈春秋〉鼓词研究》，山西大学硕士论文，2013年，第1页。

在作品中出现。

2. 外在形象设置为非世间常人貌。在《无盐娘娘》中，钟无盐已非人类形象。齐宣王首见钟无盐时，只见她"身高一丈，膀阔三尺，牤牛身一搂开外，两条口袋腿又粗又肥，两只大脚足有一尺半长……往脸上看，头如麦斗，眼似铜铃，狮子鼻，火盆口，宽脑门儿，红头发"①，俨然一副夜叉的形象。但是她又可在夜晚恢复美女形象。在第二十二回"晏平仲搬兵回临淄 钟离春夜半现真容"里，齐宣王醉酒第一次进钟无盐寝宫，在半夜醒来，看到了钟无盐的真容："但见此女面似桃花眉似柳，青丝如墨樱桃口，鼻若悬胆含清秀，千娇百媚一女流。"②该作最后，钟无盐记起往事，褪去夜叉皮，重新变为六公主，并随众姐妹架起祥云向天上飞去。钟无艳的外形出现极丑与极美的对立冲突。

3. 故事进一步完整。整部《无盐娘娘》共计四十五回，用浪漫主义手法详细描写了钟无盐从下凡并辅佐齐宣王理政的过程，事件解决的关键往往是"神"助。其中旱井降异兽、高台破藕丝琴、收薛坤为义子、破棋盘会、戏五龙等都是该作经典部分，对后世对钟无艳的再编影响很大。作品在突出钟无盐智勇双全的同时，也描写她善妒的一面；而齐宣王则被完美刻画为"有事钟无艳，无事夏迎春"的形象；薛坤、高金莲、燕丹、廉颇、夏迎春等新的人物形象也都被塑造得很丰满。从整个故事构建看，《无盐娘娘》受郑光祖的元杂剧《智勇定齐》的影响较大，是在他设定的故事框架下进一步完善展开的。

钟无艳的形象在该时期的作品中成熟是与当时社会发展、世人审美是一致的。首先，传播力的增强。"明清两朝是小说戏曲等通俗文学繁盛时期，这些通俗文学的大量刊刻问世由多方面的因素促成，其中，明清时期商业经济的繁荣、出版印刷业的快速发展等，为明清小说戏曲等通俗文学的繁荣提供了良好的社会环境和有力的经济保障，并形成强大的助推作用。"③这就进一步推动了钟无艳形象的大众传播。其次，艺术的融合。小说、戏曲、曲艺等艺术的融合发展，为钟无艳的形象产生提供了新方向。以小说为例，明清时期长篇白话小说的发展大致经历了历史小说、神魔小说、人情小说和讽刺小说四个阶段。④鲁迅在《中国小说的历史的变迁》亦指出，中国小说"在进化中的情形却有两种很特别的现象，一种是新的来了好久之后而旧的又回复过来，即是反复；一种是新的来了好久之后而旧的并不废去，即是羼杂"⑤。《无盐娘娘》恰恰是对历史与神魔的杂糅，它将历史小说体现的"仁义礼智"与神魔小说的光怪陆离给有机杂糅起来，塑造了一个具有神性的忠义勇猛的女后形象。最后，封建理念下的女英雄形象审美定式。在明清文艺作品中多有描写美女的作品，例如《金瓶梅》《红楼梦》等，但这些作品中的女性都非英雄

---

① 李庆海：《无盐娘娘传奇》，白佩玉、范继伟编写，沈阳：春风文艺出版社，1988 年，第 14 页。
② 李庆海：《无盐娘娘传奇》，第 215 页。
③ 刘畅：《论明清小说戏曲繁荣与出版印刷业发展之间的关系》，《戏剧文学》2012 年第 9 期。
④ 彭国元：《明清长篇白话小说发展规律简论》，《社会科学研究》1989 年第 6 期。
⑤ 鲁迅：《鲁迅文集全编》，北京：国际文化出版公司，1995 年，第 1545 页。

形象。《三国演义》中的孙尚香，《水浒传》中的顾大嫂、孙二娘、扈三娘可谓都是正面的女性形象，但她们却都是男性化的女英雄，外貌也大多极丑。尤其《水浒传》中的三位女性好汉，其绰号也都是"母大虫""母夜叉""一丈青"。以对孙二娘的外貌描写为例："眉横杀气，眼露凶光。辘轴般蠢垒腰肢，棒锤似桑皮手脚。厚铺着一层腻粉，遮掩顽皮；浓搽就两晕胭脂，直侵乱发。红裙内斑斓裹肚，黄发编皎洁金钗。钏镯牢笼魔女臂，红衫照映夜叉精。"①这与《无盐娘娘》里的钟无盐的身体形象颇有相似之处。总的来说，明清时期对女性英雄的形象没有逃脱封建理念的束缚，呈现的依然是男尊女卑的观念。

（四）创作多元：当代文化产品与钟无艳形象的重塑

在现当代，尤其进入改革开放后，钟无艳的形象又发生了很大变化，且实现了依靠不同媒介、不同艺术表现形式对钟无艳的形象进行全面塑造，对广大受众传播致效。

首先，在戏曲、曲艺中得到传承与再创作。除了昆曲、京剧对钟无艳进行进一步传唱外，豫剧、粤剧等也进行了创作表演：豫剧四大坤旦之一司凤英在1954年参加山东省第一届戏曲会演和华东戏曲会演，其演出的《无盐出征》就获奖；粤剧演员马师曾、于素秋等出演的越剧电影《钟无艳挂帅西征》在1962年发行。石印红根据说书艺人石长岭口传本整理的《护国皇娘传》在尊重前人的故事构建下，剔除了"戏不够，神仙凑"的荒诞不经的内容；在当代，德云社当家人郭德纲的长篇单口相声《丑娘娘》上演，受到了大家的喜爱。另外，依托网络而诞生的网络剧也开始对钟无艳进行展现。2018年，由金盾影视公司等拍摄，李相国执导，郝文婷、高海诚、武虹言等主演《齐丑无艳》在"爱奇艺"网络视频平台进行播放。但总的来看，这些作品的表现形式主要是对钟无艳过去作品的传承或简单加工，未见进行创新。另外，香港歌手谢安琪演唱了《钟无艳》这一歌曲，该歌曲由林夕作词，泽日生作曲，并成为谢安琪的代表作品。该歌曲借传说中的钟无艳之名，抒发在爱情路上如何面对波折的积极情绪，这对钟无艳的形象塑造也产生了一定积极意义。

"爱情是人类最古老，也是最伟大、最具永恒性的主题之一。"②爱情也成为当代荧屏上的永恒主题。围绕爱情主题创作的电影《钟无艳》、电视剧《我爱钟无艳》等作品对当代"钟无艳"形象再造影响很大。虽然以往钟无艳的故事描写了她跟齐宣王的爱情，但是仍置于"定齐"上，突出她的政治才能，但当代影视作品将焦点聚焦于爱情上并重新杜撰故事。电影《钟无艳》由香港著名导演杜琪峰操刀，知名女星郑秀文（饰钟无艳）、梅艳芳（饰齐宣王）、张柏芝（饰狐狸精）主演。整部电影以幽默、风趣、无厘头的方式讲述了一个三角恋的爱情故事。在电影中，好色的齐宣王首先是被钟无艳的美色所吸引，二人一见钟情。但中间杀出个可男可女的狐狸精，Ta逼无艳与自己相爱而不得，故对无

---

① 施耐庵、罗贯中：《水浒传》，北京：人民文学出版社，1989年，第144页。
② 郝建：《电影类型教程》，上海：复旦大学出版社，2018年，第43页。

盐施以"爱情咒",只要钟无艳爱齐宣王,她的脸上就会出现大痣,变得丑陋。齐宣王被长痣的钟无艳吓跑,转而追求狐狸精化身的美女夏迎春。故事最后,国破家亡之后的齐王终于醒悟自己所爱的是钟无艳。在故事的推进中,土地公、齐桓公等神、鬼亦在作品中出现。《我爱钟无艳》则是 2005 年在大陆发行的 30 集电视剧作品,由潘文杰执导,范文芳、罗嘉良、徐锦江等联袂主演。该剧讲述了孤儿齐国民女钟无艳为鬼谷子所收养并成为其大徒弟,鬼谷子教之以兵法战术。无艳文韬武略,无所不通,并为保门派安定,修炼绝情功,自绝情欲,不再动情念。不爱理朝政的齐王在朝廷重臣的帮助下寻得无艳,邀请她出山治理齐国,没想到却爱上了无艳并对其追求。无艳最终动情,做了齐后,协助齐王处理朝政;但她的动情欲与绝情功发生冲突,无艳的脸上出现一块大红印,变丑。鬼谷子的师弟无常子素来嫉妒师兄,故指使其四位美女徒弟去勾引齐宣王,并对付无艳和朝中大臣。齐宣王亦被她们所迷惑,直到在生死关头,他终于清楚知道钟无艳才是最爱自己的人,她也是最值得自己去爱的人。从两部作品中不难发现,作品除了借用"钟无艳"等人的名字外,整个故事构建与以前作品完全不同,属于重新编撰。第一,整个故事构建主要放在对爱情的展现上,率兵打仗、治理朝政等并未过多涉及。第二,从钟无艳的外在形象看,钟无艳已非丑女,而是绝世美女,她的丑都是由外力暂时造成的。第三,作品都充满了"无厘头"式情节,增加了作品的搞笑性。第四,由知名导演制作,当红明星出演,通过电影电视进行传播,增强了大众传播的传播效果。最终,钟无艳的形象在当代成功塑造,并被大众所接受。

　　网络已经成为当代年轻人获取知识的主要途径。当前,对年轻人认知钟无艳产生巨大影响的是腾讯英雄竞技手游《王者荣耀》,钟无艳是其中的一个英雄,其职业为战士。在游戏官网上对她的介绍:"历史上的她"从《列女传》取材。"英雄故事"则是游戏自编:钟无艳为人与魔种混血,她强健、性感(自称),意志坚定(公认),天生神力,个性集古怪、冷僻、高傲为一体,以夺宝猎人的身份活跃在稷下。钟无艳与一男子相爱结婚,但一场事故中,她的丈夫被潜伏的魔种所杀害,无所留恋的她,开始执着追寻魔种和魔种的秘密,对于想要阻挠她的人,她都以标志性武器百万吨大锤进行迎战。钟无艳在游戏中的标志性开场白为:"霸占!摧毁!破坏!"[1]因此整个钟无艳被塑造成暴力"御姐"形象,在游戏中她是一个擅长控制的战士身份。因该英雄的技能属性,钟无艳除了受广大手游爱好者的喜欢外,同时也受到职业玩家的推荐。[2]《王者荣耀》作为当前最炙手可热的网络手游,其必然对玩家的英雄认知产生巨大影响。一方面,该游戏对这些人物的形象传播确实起到了积极作用,扩大了他们的知名度。另一方面,那些与人物原型偏差较大的英雄形象会不会对玩家产生认知扭曲也是值得深思的问题。《人民日报》《光

　　① 王者荣耀官网:《英雄资料·钟无艳·英雄故事》,2016 年 5 月 https://pvp.qq.com/web201605/herodetail/117.shtml,2016 年 5 月。

　　② 杨梓:《王者荣耀哪些英雄值得练?职业选手们这么说》,《电子竞技》2017 年第 6 期。

明日报》《中国教育报》等都对此进行了相关评论，何威等专家学者也通过《戏假情真：
〈王者荣耀〉如何影响玩家对历史人物的态度与认知》[①]等论文进行科学论述。此外，《王
者荣耀》的衍生动画《王者？别闹！》也在哔哩哔哩等视频网站上被推送，该动画讲述
各英雄在王者峡谷中的搞笑对战日常，在第 17、23、33 等集中皆有钟无艳的出现，其仍
然保持着游戏设定的御姐形象。

结　语

总的来看，钟无艳的形象在历史的嬗变中呈现了全方位立体化活态化的特点，其形
象也是不同媒介传播效能的可视化呈现，集中体现了多种文化作用力的碰撞与融合。

从媒介变迁对非遗人物形象变化进行梳理，是将非遗人物形象置于历史语境、媒介
场域进行分析，侧重的是研究其形象的传承性。媒介的变迁，从技术层面为人物形象塑
造提揭创作的可能，并争取目标受众提供技术手段。更重要的是，人物形象改变伴随着
媒介的变迁而发生的，呈现的社会属性的变化，体现的是媒介主导者的转移变化，以及
受众审美情趣的变化，人物形象的改变需从历史语境、社会环境进行分析。

特别值得注意的是，网络信息时代的到来，给钟无艳形象的塑造与传播带来了新的
机遇与挑战，"基于网络社交的'圈层文化'在年轻人中逐渐成为传统熟人社会的替代形
态，网络媒介环境开展的非遗普及传播往往覆盖面更广，"[②]钟无艳所代表的非遗在这个网
络传播文化场域中将如何继承与转向是非遗人所必须面临的时代课题，非遗人只有找准
方向，采用行之有效的传播方式，非遗才能被很好地传承下去。

---

① 何威、李钥：《戏假情真：〈王者荣耀〉如何影响玩家对历史人物的态度与认知》，《国际新闻界》2020
年第 7 期。

② 杨红：《目的·方式·方向——中国非遗保护的当代传播实践》，《文化遗产》2019 年第 6 期。

"儒学"与"纪录片"的解构性比较

——试论二者的共通互济关系

李承志*

（山东大学儒学高等研究院，山东济南，250100）

摘　要：儒学与纪录片的比较研究殊难展开，这是因为前现代性与现代性以及民族性与西方化的矛盾深刻甚至顽固地寄寓在两比较对象之中。将儒学与纪录片两者做去熟悉化处理而进行解构性比较并加以重构后，二者被解构出了本质、功能以及倾向诸元素。儒学"天—人—君"与纪录片"观众—拍摄对象—拍摄者"的三元本质结构，儒学"文以载道"的文艺功能观与纪录片应承担的社会政治与文化责任以及儒学和纪录片共有的现实与历史倾向被彰显无遗。在此意义上，儒学和纪录片大可融通互济。目前，儒学的"幽魂"正无所依托，纪录片是一个颇恰合的宿主；而纪录片亦需从儒学中汲取思想尤其是道德资源。另外，纪录片作为一种兴起于西方的记录方式，其本土化的过程中也不能缺失儒学的观照。儒学与纪录片的共通互济是一种"现代性诉求的民族性表达"。

关键词：儒学；纪录片；解构性比较；民族性；现代性

基金项目：本文系 2022 年度山东省社科规划项目"全球视野下儒家文化的现代转化与跨文化传播学的本土化建构"（22CXWJ05）的阶段性成果。

　　从"结构主义"的视角看，"儒学"和"纪录片"实际上是彰显不同观念层级、结构与功能的"不可比较之物"（Incomparable things），因此对二者的比较则只能从"还原主义"或"解构主义"的角度在某种"前存在者"的意义上着手。故"儒学"与"纪录片"应被视作一系列"去熟悉化"（Defamiliarized）后客观存在的"集合的元素"（A set of elements），而非两个现成在手的"元素的集合"（A system of elements），比较发生在"前存在者"的"本质""功能"与"倾向"等诸"元素"层面。某种程度上，解构还原的过

---

　　* 作者简介：李承志（1997—），男，山东省邹城市人，山东大学儒学高等研究院 2022 级博士研究生，主要研究方向：儒家哲学、华夏传播、纪录片理论。

程是无穷无尽的,我们又必须依循着某种时代需要和现实意义对"元素"重新加以整合。确切地说,"儒学"与"纪录片"的整体比较过程是一个先解构(Deconstruct)再结构或重构(Reconstruct)的过程。同时,比较是在共时性的情景中展开的,历时性的说明为共时性的比较服务。

一、关于儒学与纪录片本质的比较

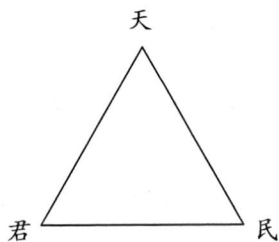

图1 儒学本质关系图   图2 纪录片学本质关系图

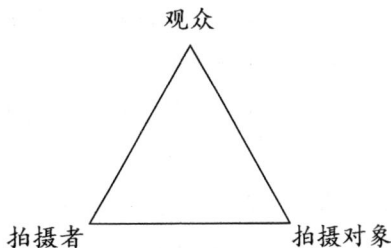

"究天人之际,通古今之变"[1];"学不际天人,不足以谓之学"[2]。清儒章实斋在《文史通义》中写道:"欲为良史,当慎辨于天人之际,尽其天而不益以人。"[3]钱穆先生曾在文章中指出:"'天人合一论',是中国文化对人类最大的贡献"。[4]汤一介先生也曾在文章中讲道"'天人关系'问题则是历史上我国哲学讨论的最重要的问题。"[5]"天人之辩"是儒家的一以贯之的基本主题和历史使命,天人关系是认识儒学的重要维度,甚至在某种意义上说,儒学的本质问题是如何处理"天"和"人"之间的关系。在此二元素中,"天"已经无可解构,但是"人"却可以做进一步的拆分。例如,黄玉顺先生就从政治哲学的角度出发,认为儒家政治哲学的主体为"天""君"和"民",并且认为其关系表现为图1所示的"权力三角"[6]——也就是说,"人"被拆分成为"君"和"民"。进一步地,权力三角的问题可以被进一步划分为三个方面:"天→君;君→民;民→天"[7]。由于政治哲学(外王学)是儒学的重要组成部分,甚至在一定意义上能够代表儒学,是故我们便可以在某种程度上认为,儒学的本质问题即是处理"天""君"和"民"三者之间的关系。

纪录片的本质问题在学界向来是一个争议问题,"真实性"在很长一段时间内被认

① 班固:《汉书》,颜师古注,北京:中华书局,1962年,第2735页。
② 邵雍、黄畿:《皇极经世书·观物外篇》,郑卫绍生校理,郑州:中州古籍出版社,2001年,第298页。
③ 钱穆:《中国史学名著》,北京:生活·读书·新知三联书店,1993年,第266页。
④ 钱穆:《中国文化对人类未来可有的贡献》,《中国文化》1991年第1期。
⑤ 汤一介:《论"天人合一"》,《中国哲学史》2005年第2期。
⑥ 黄玉顺:《中国正义论的形成——周孔孟荀的制度伦理学传统》,北京:东方出版社,2015年,第66页。
⑦ 黄玉顺:《中国正义论的形成——周孔孟荀的制度伦理学传统》,第66页。

为是这一问题的标准答案。但这个答案随着时代的发展引发了越来越多的争议，争议的倾向大致有二：一种是修正倾向的，即认为"真实性"仍然是纪录片的本质，但"真实性"本身却是可以探讨的，这反映的是纪录片从纪实主义向"后纪实时代"过渡。例如俄国电影理论家谢尔盖·爱森斯坦（Sergei M. Eisenstein）在 1925 年便指出："它是一部表演出来的故事片还是一部纪录片，不重要。一部好电影要表现真理，而不是事实。"① 又如"1979 年，美国四所高校编撰的《电影术语词典》将之归纳为：'一种非虚构的影片'。"② 另一种倾向是批判性的，即认为纪录片的本质为"真实性"这种观点本身便有问题，应得到重新建构。例如英国学者布莱恩·温斯顿（Brain Winston）"接受'纪录片'这一概念是非常勉强的，因此他要推翻所有有关纪录片的传统的观念，建立他自己对于纪录片的想象"③。另外，随着人文社会科学的发展，定义纪录片的角度也在逐渐丰富。例如在人类学的视野下，"纪录片是一种人类生命与文化的表述"④。

纪录片的本质非真实，而是关系问题——这亦是对纪录片的一种批判性定义。美国学者比尔·尼可尔斯（Bill Nichols）认为："在（1）电影制作者、（2）被摄主体或社会演员和（3）受众或观众相互影响的三重关系中，可以形成完全不同的组合形式。"⑤ "对每一部纪录片而言，它至少包含来自三方面的相互关联的故事：制作者的故事、影片本身的故事和观众的故事。"⑥ 由此我们不难总结出，纪录片的本质问题是如图 2 所示的"拍摄者""拍摄对象"和"观众"之间的关系问题。

综上所述，儒学和纪录片在本质上都可以被解构成为关系问题，并且每组关系中皆兼及三个主体，这就为二者的对比研究打下了基础。但在具体比较中，又有如下两个具体问题须加以说明：一方面，关系的对比是任意的。儒学本质关系中的任一主体都可以与纪录片本质关系的任一主体形成对比（例如"天"分别可以与"拍摄者""拍摄对象"或"观众"对应）。因此图 1 和图 2 所反映的一种对照只是多种对比关系中的一种。但由于这种对照关系存在一定的内在逻辑关联，例如"君"和"拍摄者"都具有某种"操控"的权力，"民"和"拍摄对象"则是某种意义上的"被操控者"，而"天"和"观众"则都具备所谓的"上帝视角"，因此我们仅分析这样一组对照关系。另一方面，儒学和纪录片的对比研究是互相的，对比成果也应是互济的。但在现实操作中，我们偏向于谈论儒学对纪录片的观照意义。

① 黎丁玮：《电影纪录片故事化反思》，《神州》2013 年第 8 期。
② 周康：《论纪录片的本质》，《西部广播电视》2015 年第 11 期。
③ 聂欣如：《纪录片：纪实还是游戏——布莱恩·温斯顿纪录片理论之商榷》，《新闻大学》2014 年第 3 期。
④ 雷璐荣：《人类学视野下国内纪录片的表述本质与类型》，《新闻知识》2014 年第 10 期。
⑤ 比尔·尼可尔斯：《纪录片导论》，陈犀禾、刘宇清、郑洁译，北京：中国电影出版社，2007 年，第 22 页。
⑥ 比尔·尼可尔斯：《纪录片导论》，第 73 页。

（一）"天"对"君"的约束与受众监督

在儒家看来，王朝合法性在于"天命"。"君之所以立，乃天之所命。"[①]当君不堪大位时，便会出现诸如"汤武革命，顺乎天而应乎人"[②]的事来。析言之，"天"对"君"的作用大致有二：一是"受命"，一是监督。同样地，我们认为"观众"对"拍摄者"的作用也不外乎此二者：一方面，"观众"的存在保证了纪录片拍摄具有意义——道理很浅显，没有了"观众"，就没有了表演。另一方面，"作为受众，我们经常在电影中找到我们想要找到，或者必须找到的东西"[③]，这就从本质上保证了纪录片的质量，也就是发挥了观众对纪录片质量的监督作用。

（二）"君"对"民"的治权与拍摄者"主权"

"溥天之下，莫非王土；率土之滨，莫非王臣。"[④]"天子由'受命'而'受民'，于是君主合法地'治我所受之民'"[⑤]，这在传统政治哲学中被称为"君为民极"，也就是说，君主为人民立法，或者说君主本身就是人民的准则。相对地，"拍摄者"对于"拍摄对象"来说也具有主导权，或者说"拍摄者"为"拍摄对象"立法：一方面，"拍摄对象"必须通过摄影机才能为受众所知。否则不管"拍摄对象"本身多么具有被展现性，也终究不为人知。另一方面，"拍摄对象"被展现的方法、角度、层次以及形象都由或者很大程度上由"拍摄者"决定。"拍摄者"的想法决定了纪录片的最终呈现。从这个角度上来说，由"主权在君"推导出"拍摄者"是"权威代言人"[⑥]这一说法倒是也不为过。

《尚书》中有"亦越文王、武王……以敬事上帝，立民长伯"[⑦]。即在儒家看来，君主是由天受命的直接代言人，君主对且只对"天"负责。那么，自然而然地，我们便可以由"主权在君"推导出"主权在天"。借鉴到纪录片关系中，即"观众"赋予了"拍摄者"拍摄"拍摄对象"的权力，"拍摄者"对且只对"观众"负责，"拍摄者"能够将"拍摄对象"拍摄好就是对"观众"负责的表现。故上文所指出的"拍摄者"的核心地位其实是由"观众"赋予的。

（三）"民"对"天"的影响与被拍摄者话语

儒家素有民本思想的传统。《尚书》中有"民为邦本，本固邦宁"[⑧]，孔子有"古之为

---

① 黄玉顺：《中国正义论的形成——周孔孟荀的制度伦理学传统》，第66页。

② 黄寿祺、张善文：《周易译注》卷七·革卦第四十九，上海：上海古籍出版社，2004年，第377页。

③ 比尔·尼可尔斯：《纪录片导论》，第76页。

④ 程俊英：《诗经译注·二雅·小雅·北山》，上海：上海古籍出版社，2004年，第349页。

⑤ 黄玉顺：《中国正义论的形成——周孔孟荀的制度伦理学传统》，第67页。

⑥ 修倜、李文英：《"看"与"被看"：人类学电影主体间性关系探究》，《现代传播（中国传媒大学学报）》2015年第4期。

⑦ 李民、王健：《尚书译注·周书·立政》，上海：上海古籍出版社，2004年，第351页。

⑧ 李民、王健：《尚书译注·虞夏书·五子之歌》，上海：上海古籍出版社，2004年，第93页。

政，爱人为大”①，孟子有“民为贵，社稷次之，君为轻”②。儒家之所以重民，是因为“天视自我民视，天听自我民听”③。冯友兰先生认为这是儒家用“人归”代替“天与”，用“民意”代替“天意”④，意即为“民与天的等量齐观”⑤。这是儒家政治哲学的最闪光处，“主权在天”也终于引申到“主权在民”这个根本上来。

儒家对“民”的重视提醒我们在纪录片关系中应当重视“被拍摄对象”这一在以往研究中往往被忽视的弱势群体：

一方面，随着纪录片的不断发展，“拍摄者”在拍摄中的主体地位和权威性实际上在削弱，“拍摄对象”的主体性正在得到尊重并且成为纪录片质量的重要保证，在纪录片拍摄中发挥着越来越重要的作用。纪录片正在“由电影制作主体（‘我’）来讲述对象（‘他们’）的故事。转变为对象主体（‘我们’）向电影制作主体（‘你’）讲述‘我们’的故事，在叙述上由他位视角转向本位视角”⑥。但是，随着“拍摄对象”的地位在不断提高，他们的面前却仍然存在着“拍摄者”这一限定条件，即使他的限定作用正在被削弱。就像传统的“君民关系”被“政府与公民”的关系一样，君权虽被削弱，但政府却仍是必不可少的恶。因此，理想的“拍摄者”与“拍摄对象”的关系应当是和谐的，“这种形式使得电影制作者从与影片主体相分离的位置，转而成为其中的一员，具有了共性”⑦。这种关系亦被称为“纪录片拍摄中记录者与被拍摄对象共谋关系”⑧。

另一方面，“观众”总是自觉或不自觉地站到或者在主观上倾向于“拍摄对象”一边，因为多数“观众”都不是专业的电影从业人员，他们天生只是没有记录能力的被记录者，身份的认同使他们不得不这么做。基于这一点，儒家“天从民愿”“天民相因”“天裕民生”等思想便可以对纪录片进行观照了。观众对拍摄对象的立场总是带有主观同情心、同理心的。实际上这是悬隔了“拍摄者”，将“拍摄对象”和“观众”直接联系起来。“拍摄对象”的一举一动都会引发“观众”的感动与反思。随着科技的不断进步，这一点在参与式的交互纪录片表现得更为突出。

二、关于儒学与纪录片功能的比较

《论语》中有“小子！何莫学夫诗？诗可以兴，可以观，可以群，可以怨。迩之事父，

---

①　杨天宇：《礼记译注·哀公问第二十七》，上海：上海古籍出版社，2004 年，第 657 页。

②　朱熹：《四书章句集注·孟子集注卷十四·尽心章句下》，北京：中华书局，2001 年，第 367 页。

③　李民、王健：《尚书译注·周誓·泰誓中》，上海：上海古籍出版社，2004 年，第 199 页。

④　冯友兰：《中国哲学史新编（上册）》，北京：人民出版社，1998 年，第 353 页。

⑤　黄玉顺：《中国正义论的形成——周孔孟荀的制度伦理学传统》，第 71 页。

⑥　修倜、李文英：《“看”与“被看”：人类学电影主体间性关系探究》，《现代传播（中国传媒大学学报）》2015 年第 4 期。

⑦　比尔·尼可尔斯：《纪录片导论》，第 26 页。

⑧　王东东、刘跃：《纪录片拍摄中记录者与被拍摄对象共谋关系分析》，《现代传播（中国传媒大学学报）》2012 年第 5 期。

远之事君。多识于鸟兽草木之名"①，又有"不学诗，无以言……不学礼，无以立"②。这是后世儒家文论的起源与核心，而"兴、观、群、怨"成了儒家文学批评的主要标准，亦是儒家眼中为文者所必须承担的责任和好的文章所必须带有的功能。经后世韩愈、柳宗元等人的发展，宋儒周敦颐在《通书·文辞》中提出了"文所以载道也"③，而"文以载道"亦遂成了儒家评判文学作品的重要标准。

"文以载道"的"道"究竟指代什么历来存在争议。但浑言之，大体不出政治、伦理与道统（义理）三个范畴。仅就道统而言，葛兆光先生认为这是一种为确立儒学"合法性"与"合理性"的历史系谱或者叙事方式④。潘志锋女士认为它是"为描述儒家思想的传承历史而人为构拟的历史性谱系"⑤，具体表现为"人物谱系"和"经典谱系"，有"政治论证"和"文化论证"的功能。事实上，道统的论证功能体现在两个方面，即历时性的传承体系和共时性的叙事体系。故儒家为文，必须在空间和时间层面上肩负起社会与政治责任，伦理与义理责任。

如果我们将纪录片看作图文记录在一定的社会科技发展条件下的新的记录方式的话，"文以载道"便自然而然地可为纪录片所借鉴。纵然将纪录片看作一种新兴而独立的记录方式，其与儒学仍有诸多可比较之处：

（一）政治与社会责任

纪录片需要肩负起偏重于共时性（Synchronic）的政治与社会责任。一方面，在纪录片的发展历程中，众多的国家与政党都认识到了纪录片的重要宣传作用，纪录片便随之成了重要的政治宣传工具⑥。另一方面，纪录片的使命就是记录现实、观照现实与映射现实。无论纪录片本身是否具有引领社会方向和改造社会的主观意愿，但它们的的确确起到了这样的作用，或者说是推动社会进步的重要一环。如果不能取得诸如此类的作用，纪录片本身的存在意义就会大打折扣。

同儒学一样，纪录片亦与政治保持着若即若离的关系——既有依托，又有抗争。不得不承认，政治扶持是儒家道统能够持续的重要因素。汉武帝时的"罢百尊一"和"崇儒更化"无疑壮大了儒家的声威；反过来说，战国时与儒家同为当世之显学的墨家却一蹶不振。与此类似的，某些纪录片的艺术巅峰也是政治势力的促成，最典型的莫过于莱尼·里芬斯塔尔（Leni Riefenstahl）的《意志的胜利》（*Triumph of the Will*,1934）和《奥林匹亚》（*Olympia*,1938），而这两部纪录片所展现的"法西斯美学"的前提即是政治美

①　朱熹：《四书章句集注·论语集注卷九·阳货第十七》，北京：中华书局，2001 年，第 178 页。
②　朱熹：《四书章句集注·论语集注卷八·季氏第十六》，北京：中华书局，2001 年，第 173—174 页。
③　郭绍虞、王文生编：《中国历代文论选》卷二，上海：上海古籍出版社，2014 年，第 283 页。
④　葛兆光：《道统、系谱与历史——关于中国思想史脉络的来源与确立，《文史哲》2006 年第 3 期。
⑤　潘志锋：《清初道统观研究》，北京：社会科学文献出版社·人文分社，2016 年，第 9 页。
⑥　部分这样的影片甚至沦为了资料影片和科教影片，严格意义上来讲，这根本不能被称为纪录片。

学——诚如墨索里尼（Mussolini）一句人尽所知的名言："法西斯主义，首先是一种美。"在这里，政治和纪录片达成了妥协，就像道统和政统达成妥协一样，儒学也成为维护现有统治的工具。

但是，儒家道统和纪录片在政治面前并非彻底宾服，当社会的要求与政治的要求发生冲突时，政治就成了儒家道统与纪录片的对立面。儒家道统"以道抗政"和"以德抗位"的例子当然可以溯到孟子那里，"君有大过则谏，反复之而不听，则易位"①。宋儒更是如此，余英时曾断言："宋代'士'以政治主体自居，他们虽然都寄希望于'得君行道'，但却并不承认自己只是皇帝的'工具'，而要求与皇帝'同治天下'。"②"明末三先生"黄宗羲、顾炎武和王夫之与有清"乾嘉诸老"甚至都一定程度上在专制皇权下开出了启蒙蘖芽。纪录片也是如此，他在指涉社会问题时，自然地面向政治。除了那些有意无意地沦为了政治斗争而将矛头指向他者政治的影片③之外，更多的还是指涉自身所在的政治环境的，例如《篮球梦》（Hoop Dreams,1994）直指美国根深蒂固的种族问题，《心灵与意志》（Hearts and Minds,1974）彻底反省了美国军事力量的不道德，《提提卡蠢事》（Titicut Follies,1967）甚至因为批判精神病患者监护制度引起骚动，而随即在马萨诸塞州禁演④。

（二）文化责任

纪录片需要肩负起偏重于历时性（Diachronic）的文化责任：罗晟丹从人类学的角度给纪录片总结了四个文化功能，即"记录、保存和交流人类文化的功能，文献研究价值的功能，艺术价值和审美功能以及教育功能"⑤。这和儒家道统的文化论证功能如出一辙：正是由于道统的存在，中华文明尤其是儒家文明得以记录并保存，"经典谱系"作为道统的表现方式之一具有文献价值的功能，艺术价值和审美功能。教育功能则更不必多言，因为道统本身就是依托教育传承开来的。

应当注意，人类学、民族志式的纪录片所关注的往往是少数民族的、边缘化群体的生存，而儒家道统所关注的则是以华夏族为主的核心群体。路径虽然相反，但却也形成了一种互补关系，而这种互补关系的前提便是人本精神。正如道统表现为一种"人物谱系"一样，人类学纪录片是也必须是将人视为基本线索。从《北方纳努克》（Nanook of the North）的纳努克，到《雪落伊犁》里的巴黑拉，再到《牛粪》里的藏民，人始终是纪

---

① 朱熹：《四书章句集注·孟子集注卷十·万章章句下》，北京：中华书局，2001 年，第 324 页。
② 余英时：《中国文化史通释》，北京：生活·读书·新知三联书店，2012 年，第 18 页。
③ 如世界三大反华影片：安东尼奥尼的《中国》、黑泽明的《德尔苏·乌拉扎》以及让·雅南的《中国人在巴黎》，前两者都可归类为纪录片。
④ 马萨诸塞州最高法院要求导演在片尾加诸如"拍摄后，精神病院的状况有改进"的注解，导演将这句话加在了片尾，同时将法院的要求做了说明。
⑤ 罗晟丹：《人类学纪录片的功能及分类》，《中国民族博览》2015 年第 12 期。

录片活的灵魂。钱穆先生著名的"民族文化生命史观"[①]和核心观点即"文化乃是一个民族生活的总体,把每一个民族的一切生活包括起来称之为文化"[②]。我们尝试着将这个观点倒推,那么文化即民族生活,而民族生活是每个个体生命的总和,因此文化实际上也是每个人的生命的集合。纪录片关注人,关注生命,实际上就是在关注文化本身。

综上所述,在一定意义上,纪录片可被视作儒家道统在历史时间上的延续,在知识范围上的扩充。

三、关于儒学与纪录片倾向的比较

(一)儒学的历史倾向与现实倾向

儒学有两个比较明显的倾向,即历史倾向与现实倾向。

"六经皆史"是在儒家内部存有争议的由来已久的命题,历史上持此说的儒者不在少数,而目前史界公认此说归于章学诚。细考其源流,《孟子》中便有"鲁之《春秋》……其文则史"[③],此似为"经史一体"的最早说法,亦即"六经皆史"说之滥觞。钱穆先生则认为"六经皆史"肇源于《汉书·艺文志》中的"诸子皆出于王官说"[④]。照此说法"六经皆史"便可追溯到东汉的班固甚至西汉刘向、刘歆父子那里。此后,隋人王通《文中子》中有《诗》《书》《春秋》"此三者同出于史而不可杂也"。唐人陆祖望指出"《书》则记言之史也……《春秋》则记事之史也……";刘知己认为诸经(《尚书》《春秋》等)为"史之源流"。宋人刘恕认为"古有史而无经"并将五经按史归类。元人郝经在《经史论》中写道"古无经史之分",而经与史的分野源自《史记》。明代阳明先生认为"六经皆只是史","以事言谓之史,以道言谓之经……春秋亦经,五经亦史"[⑤];王世贞有"盈天地间无非史而已",李贽笔下已明确有"六经皆史"四字。此外,南朝裴松之,宋人王应麟,元人刘因,明人宋濂、潘南山、何良俊、胡应麟,清人全祖望、袁枚、钱大昕、汪祖辉亦持次说或有此倾向。[⑥]"六经皆史"终于在章学诚那里定谳。

"实事求是"是古代儒家一个重要的命题,首见于《汉书》:"修学好古,实事求是。"[⑦]此后儒家,尤其是宋儒对其进行了深刻的阐释,直至今日还通过各种方式深刻地影响着

---

① 徐国利:《钱穆的历史本体"心性论"初探——钱穆民族文化生命史观疏论》,《史学理论研究》2000年第4期。
② 钱穆:《从中国历史来看中国民族性及中国文化》,台北:联经出版事业公司,1979年,第13页。
③ 朱熹:《四书章句集注·孟子集注卷八·离娄章句下》,北京:中华书局,2001年,第295页。
④ 钱穆:《中国史学名著》,北京:生活·读书·新知三联书店,1993年,第254页。
⑤ 王阳明:《传习录注疏》,邓艾民注,上海:上海古籍出版社,2012年,第22页。
⑥ 田河、赵彦昌:《论"六经皆史"源流考》,《社会科学战线》2004年第3期;姜广辉、钟华:《章学诚"六经皆史"论批判》,《哲学研究》2018年第3期;梅寒:《理性与信仰之间——"六经皆史"与返魅经典辨析》,吉林大学硕士学位论文,2019年。
⑦ 班固:《汉书·卷五十三·景十三王传第二十三》,颜师古注,北京:中华书局,1964年,第2410页。

国人的思维。而"经世济用"则被认为是"中华文化的价值核心……主导着中国文化、文学的发展"①,更是儒学发展历史进程中永恒不变的精神内涵。儒学本身并不是空中楼阁,就像陈寅恪在《雨僧日记》中所言"中国古人唯重实用,不究虚理"。即便是兴起于思孟,并在儒学中尽占主流的心性之学亦求实用与现实关照,例如孟子也为百姓奔走于齐梁之间,王阳明也将"破山中贼"作为修身之一标准。大学所载"八条目"之落脚点在于"治国平天下"便是儒家入世的现实倾向的表征。

另外,中国儒学不像西方哲学那样单纯地"爱智",为了真理而真理,为了逻辑而逻辑。黄玉顺先生有"人天然是儒家"②的经典论断,这是因为儒家的大本大源是仁爱,而人天然便有爱的能力。同时,这也在一定程度上反映了儒家的现实性,即每一个现实世界中的人都可以参与到儒学中来,儒学不是空中楼阁,它关照普罗大众中的每一个成员。

(二)纪录片以"生存之镜"照亮历史

与儒学类似,纪录片也同样具有历史属性和现实属性。其中,历史属性是现实属性在时间层面的运动,现实属性是历史属性的形成基础。

纪录片是与"庶民研究"③尤其底层普通人是密切相关的。"纪录片是一面生存之镜"④——"电影是虚构出的镜像世界。是一面镜子,能照出人们的善恶,以及我们观看这个世界的角度与方式"⑤。现实性是成就纪录片伟大的根源,纪录片的伟大是现实与选择的现实的伟大。而现实性的传统从被公认的世界上第一部纪录片罗伯特·弗拉哈迪(Robert Flaherty)的《北方纳努克》(Nanook of the North)那里就开始了。该片之所以能够引起观众的共鸣并且开纪录片之先河的重要原因就是将影片的拍摄活动与现实社会的人际交往有机地融为一体。当然,优秀的纪录片,无论是"直接电影"还是"真实电影",都自觉不自觉地接受并传达特定的意识形态和思想观念——但这些纪录片的形而上学的要素一定是从现实中来,又作用于现实社会的。也就是说,无论是形上还是形下层面,纪录片都是由现实给出的,现实是纪录片的大本大源。换言之,纪录片即现实,现实之外别无纪录片。

纪录片的使命在于"照亮历史的每一个角落",此即为纪录片的历史性的通俗解释,纪录片的这种历史性是其现实性依照时间线的运动,是生命永恒存在的一种特殊表现形

---

① 韩书堂:《经世致用:中国传统文化与文学的价值取向》,《理论学刊》2007 年第 6 期。

② 黄玉顺:《人天然是儒家》,见于《儒学与生活——"生活儒学"论稿》,成都:四川大学出版社,2009 年,第 262 页。

③ "庶民"(subalterno)最早见于葛兰西的著作中,后常被南亚尤其是印度学者引用,随着《庶民研究》丛刊的成熟,"庶民研究"在印度成了一门显学。

④ 秦扬:《锤子与镜子——对纪录片功能的思考》,《视听界》2013 年第 4 期。

⑤ 边恒然:《纪录片的品格是从探险开始的——由罗伯特·弗拉哈迪〈北方的纳努克谈起〉》,《电影评介》2013 年第 17 期。

式。从这个角度上来说,纪录片承载了"阐明抉择与解释历史"①的使命。陈勇志曾撰文指出:"纪录片的本质就是对现实的真实记录和反映,其价值在于对真实现实的有意义的还原和保存,留给历史以真实的影响,为后世留下宝贵的影像现实……纪录片总是在严谨而忠实地记录着历史与现实的交响,并以独特的文化眼光、严肃的历史精神、精妙的艺术手法以及现实的市场法则赢得历史的认可与观众的认同并得以延伸新的发展空间。"②如果我们将现实性理解为纪录片在空间与共时性意义的展开的话,那么纪录片的历史性便是在时间与历时性意义上的铺陈——时间和空间共同交汇在纪录片这一焦点上。如此看来,纪录片甚至具有成为哲学意义上某种特殊本体(Ontology)的潜质。

结语:儒学与纪录片共通互济关系

通过以上详尽的解构性比较,我们力图得出这样的结论:儒学和纪录片在本质、功能和倾向上具有极为相似的共同特征,两者在诸角度都有极大的、潜在的对话空间。

儒学和纪录片都具有媒体或载体的性质③。他们在不同的时代共同承载着极其相似的历史使命与社会责任,纪录片或在一定程度上承载了儒学前现代社会中的重要功能。对儒学而言,现代儒学如同"幽灵""死灵"般,再找不到传统社会中的"家""国"甚至"士"作为依托,而在相似性的基础上,纪录片或许可以算作儒学"还魂"的一个躯体。对纪录片而言,为了充分发挥其"济世"的作用,也为了避免其作为一种外来的记录艺术形式④在中国的水土不服问题,纪录片也有相当必要视儒学为指导思想,从儒学的丰富思想资源中提炼出本土化的拍摄思想与原则,反过来观照那些原本兴起于西方的纪录片的拍摄思想。

纪录片从儒学中提取养分并不是玄而又玄的事情,我们这里以"纪录片的道德问题"为例做一个尝试性的说明。纪录片的道德问题由来已久,涉及拍摄者、拍摄对象与观众三方关系,其实是一个颇为错综复杂的问题。但自从影像技术出现以来就存在"虽然照片不会撒谎,但撒谎者却可能去拍照"⑤的问题,因此我们说以拍摄者为主体的道德问题是纪录片的道德问题的主要方面——如果纪录片的拍摄者能够能够遵守道德伦理规范,纪录片的道德问题也就从根本上被解构掉了。因此纪录片的道德问题说到底还是人的问

---

① 赖黎捷:《人文精神与纪录片文化景观》,《重庆师范大学学报(哲学社会科学版)》2011年第5期。

② 陈勇志:《纪录片基本品格寻踪》,《东方文化周刊》2017年第3期。

③ 我们对儒学的认识没有必要执于一端,尤其是在我们当下所处的一个需要解构并重建儒学的时代。从传播学的角度我们大可以将儒学视为一个媒体,他的媒体性源自其广泛无边的涵容和深远不断的历史。借助儒学,人们近乎可以从任何角度与几千年来的先圣先贤对话,儒学遂成了一个自由交流思想的载体。这种特殊的媒体性是除儒学之外的其他学科所不具备或不完全具备的。

④ 科学与艺术当然无国界,但我们却无法否认国内纪录片拍摄后发的事实,也无法否认当前先进的纪录片拍摄思想鲜少在中国本土产生或在中国实现本土化的。

⑤ 彼得·伯克:《图像证史》,杨豫译,北京:北京大学出版社,2008年,第20页。

题。当涉及"人"的时候,作为"成己之学"的儒学的"反求诸己"[①],"反身而诚"[②] 以及"己所不欲,勿施于人"[③] 的思想就能够给纪录片的拍摄者划定一个清晰的伦理道德底线,是谓"善人而恶作,古来未有闻"。

最后应当说明的是,本文的解构比较过程本身就包含了儒学对纪录片的观照:例如天人关系对纪录片拍摄的启发,儒家的文艺观对纪录片拍摄观的影响以及儒家为纪录片社会、政治、文化责任所提供的前鉴。可以预见,通过类似解构的比较,作为"现代性诉求的民族性表达"[④](The National Expression of Modernistic Pursuit)的实践路径之一,儒学和纪录片的共通互济之处亦绝非本文所限。

---

① 朱熹:《四书章句集注·孟子集注卷七·离娄章句上》,北京:中华书局,2001 年,第 278 页。
② 朱熹:《四书章句集注·孟子集注卷十三·尽心章句上》,北京:中华书局,2001 年,第 350 页。
③ 朱熹:《四书章句集注·论语集注卷六·颜渊篇第十二》,北京:中华书局,2001 年,第 132 页。
④ 李欣人、李承志:《儒家文化视域下跨文化传播观念的重构》,《现代传播(中国传媒大学学报)》2021 年第 7 期。

时间与媒介：河南卫视"奇妙游"系列节目的图像化构建

李 珊 吴 斌

（贵州大学文学与传媒学院，贵州贵阳，550025）

摘 要：时间是人认知世界的先验方式，本文从"时间的味道"和"时间的分叉"两方面分析得出，现代性是一种时间断裂状态，人与技术之间呈现出一种不稳定状态，最明显的表征就是媒介时间成为影响人们现代性时间感知的形式之一。换言之，媒介技术既是现代性的原因，也是现代性的表征，在这种情境下，为了接合这种断裂，既要在"时间断裂"的否定性视角下，重塑叙事；也要在"时间断裂"的肯定性视角下，回溯历史。河南卫视"奇妙游"系列节目利用图像叙事和图像内容的呈现帮助观者建立起持续性的时间意识和历史观念。以现时为原点，"时间的味道"强调的是从过去保持经验的持续性，"时间的分叉"强调的是从未来发展挖掘当代的可能性，二者殊途同归，都需要"召唤历史"和"复活历史"。媒介要想重新具备真正的时间性特征，则需要在叙事层面和文化层面开展媒介实践。

关键词：时间；图像叙事；媒介；河南卫视"奇妙游"系列节目

一、河南卫视"奇妙游"系列节目图像的"历史—时间性"来源

"任何一种存在之理解都必须以时间为其视野。"[①]时间是哲学、历史等诸多学科领域开展研究的出发点抑或落脚点，新闻传播学也是如此，"新鲜性""时效性"等都是时间的代名词，关注时间实际上就是在关注人本身，这是因为人是时间性的存在物，时间的存在状态与人的存在境遇密切相关[②]。现代性社会的技术、生活节奏等各领域的加速都是

---

* 李珊（1995—），女，山东省平度市人，贵州大学文学与传媒学院新闻传播学院2020级硕士研究生，主要研究方向：图像传播。吴斌（1969—），男，贵州省贵阳市人，历史学博士，贵州星空影业有限公司党委书记、董事长，高级记者，贵州大学硕士生导师，主要研究方向：产业经营、民族文化传播。

① 海德格尔：《存在与时间》，陈嘉映，王庆节合译，北京：生活·读书·新知三联书店，1987年：第1页。

② 顾建红：《时间与时间性：马克思的感性时间观及其现象学精神》，《社会科学战线》2021年第1期。

对时间的过度占有，尤其是数字技术所带来的媒介生活"加速"，人们的所感所触似乎都变得即时化、短暂化和碎片化，持续性的经验越来越缺失，所以，技术引发了媒介领域内对时间的讨论和关注。但是，波德莱尔认为，短暂偶然的瞬间与永恒不变的本质同属于现代性本身，是一个阴阳共生、正反相成的相互共依的内在性存在①。现代性时间也是如此，看似加速即时的时间，实际上也是追逐永恒的时间。韩炳哲认为现代性时间是一种去时间化、缺少方向性和指向性的意义，而赵汀阳认为，过去和未来产生断裂的现时时间具有当代性的存在论意涵。置言之，在现代性社会中，对于时间这一问题的考量，既有对"时间断裂"的否定，也有对"时间断裂"的肯定，这实际上就是波德莱尔所以为的现代性的矛盾性本质特征，导致出现"时间的味道"和"时间的分叉"交织在共同的历史问题域之中。河南卫视"奇妙游"系列节目作为一种图像化的媒介时间，既从历时性的角度向当代传达了文化历史的厚重，也展示了一种弥合断裂的时间意识的形式。分析河南卫视"奇妙游"系列节目对传统文化的图像化构建，可以管窥其围绕"历史—时间性"所展开的媒介实践。但是需要说明的是，图像不仅是时间性的秩序，也是空间性的"形式"。数字媒介时代的图像，其时间性通过媒介中的图像叙事和图像内容所展开。就传统观念认为，图像/绘画一直被视为是空间的，因为其本身呈现的就是某个时间点上的事物或者事件，图像被认为是传递信息或意义的媒介，这样看来，空间也是一种媒介。从人类传播媒介的发展轨迹可以看出，媒介的进化与空间的发展存在重合上的两大趋势：空间媒介化和媒介空间化。河南卫视"奇妙游"系列节目在其生产的过程中，便出现了空间媒介化和媒介空间化趋势的并置，借助媒介技术，媒介时间的构建能够呈现一个线性的运动图像，且囊括的空间范围也越发广泛，建构的社会关系网络也越发密集。但究其本质，图像的空间性特征是遵循时间性的，即遵循线性叙事逻辑，将看起来片段化的图像构建成完整的表达，以此传递持续性的经验。

本文将立足于"历史—时间性"这一维度，通过分析河南卫视"奇妙游"系列节目是如何通过图像叙事和文化觉醒构建其图像所表征出来的"历史—时间性"特征的。在展开论述之前，首先要回溯该节目图像为何选择以叙事以及传统文化来表达，这取决于叙事能够完整化节目图像，而不是碎片化的图像拼凑，同时，将古代诗歌和绘画、节日习俗等进行图像化呈现是一种文化意识的觉醒。

（一）回溯叙事：构建节目图像的整体性表达

获得一种叙事张力或深层张力的时间能取得一种持续性，它在深度和广度上，即在空间上会有所增长时，便开始散发芳香，即叙述让时间芳香起来。而点状时间是没有芳香的时间，是被剥去意义结构和深层结构、被原子化或浅薄化的时间，此刻的时间就丧

① 杨柳、何光顺：《短暂的瞬间与永恒的本质——波德莱尔从时间维度开启的现代性之思》，《理论月刊》2021年第8期。

失掉芳香①。因此，去叙事化是一种无方向性的加速，本质上是持续性经验的缺失，这种去叙事化体现在叙述者和"缺席的叙述者"中。叙事学理论认为叙事的定义元素包括因果、时间和空间，其中因果和时间是核心②。所以，叙事的和谐韵律预设的是一种作为整体的时间，但因为缺少起选择作用的叙事轨道，叙述者没有能力通过构成着有意义的剪辑片段和阶段来划分历史，所以他们找不到可以让缓慢与加速进行和谐变奏的韵律③。所以，新媒体时代是一种内向爆裂的时代，像短视频是没有时间元素的，形式上是无限连接的，但内在是缺少叙事逻辑并且是自我重复的，实际上是一种反连接。大量的媒介内容因为缺失整体性的叙事被认为是"快餐文化"，短暂性娱乐观众之后便消失在迅速更迭的全新媒介内容中。

在碎片化的短视频时代，观众常常难有整体性的时间感知，观众作为"缺席的叙述者"就在这种非持续性的时间中沦为常人，因为短视频的叙述者缺少叙事逻辑致使去叙事化的持续性经验断裂，加之媒介物以及物质性行为的丰富性、能动性和自主性，作为行动者之一的媒介物质已经成为本体论的存在，人们可以从媒介物上汲取所需的经验，而不是习得一整套体系的经验④。"缺席的叙述者"被短促的体验所规定，无法集合生命时间的意义，也就无法展开自身的叙事，人们的心理感受和主观体验跃升上位，其症候就是在刷动屏幕的简单动作中不知不觉地流逝掉大块时间。作为时间感知功能的媒介时间，取代了具备度量功能的钟表时间，同时摆脱了社会时间的象征仪式而占据了现代性时间的主导⑤。此外，受到数字媒介技术影响的社交，除了人际连通，更重视自动连接，其中，连通性是目的，连接性是手段。连通性的目的在于关系的建构，连接性的目的则是数据的产生。所以，当社会活动转化为算法概念时，人际联系和自动联系会自动融合，并由数字表达⑥。"缺席的叙述者"在算法的"数字逻辑"中不仅陷入"非时间"——没有方向和终点，永远处在未完成的时间感知中，而且被数据推到被动的关系建构中，这种关系往往是短暂的，并不能够保证经验的持续性和传递性。

不管是叙述者还是"缺席的叙述者"，都在去叙事化的现代性时间中失去持续性经验的积累。但是，现代性本身是一个正反相成的相互共依的内在性存在，它在去叙事化、对碎片化的拓展中，也在召唤整体性叙事的回归。"媒介传播为现代性所建构，同时建构了现代性。"⑦既然整体性叙事迷失在媒介场域中，也需要在此重构。河南卫视"奇妙游"

① 韩炳哲：《时间的味道》，包向飞、徐基太译，重庆：重庆大学出版社，2017 年：第 42 页。
② 何塞·范·迪克：《连接：社交媒体批评史》，晏青，陈光凤译，北京：中国人民大学出版社，2021 年：第 5—6 页。
③ 韩炳哲：《时间的味道》，第 57—58 页。
④ 李珊：《时间感知与叙事建构：物质性视域下青年群体的媒介实践》，《东南传播》2022 年第 2 期。
⑤ 王润：《作为现代性的媒介与时间：论媒介时间的三重面向与人的全面发展》，《浙江传媒学院学报》2015 年第 6 期。
⑥ 何塞·范·迪克：《连接：社交媒体批评史》，第 12—13 页。
⑦ 马杰伟、张潇潇：《媒体现代：传播学与社会学的对话》，上海：复旦大学出版社，2011 年：第 69 页。

系列节目作为叙事者，尽管生产出来的是图像，但仍然能够抓住叙事这一策略，将各种图像切片按照一定的叙事逻辑归置到它所处的位置，将其建构成一个整体性的、而非碎片的图像呈现给观者，给观众带来整体性的时间感知，将传承五千年的中国文化以图像叙事的方式继续延续下去，以达到文化传播的目的。

（二）文化觉醒：构建节目图像的历史性表达

"过去、现在和未来是时间意识的自我解释，过去和未来都在现时中出场，现在时是主体性的唯一时态，当代性就是过去和未来双向来到现时的汇集状态，即所有时刻一起在场的状态，但这种当代性状态构成的是历史的开端或者时间的断裂。"[①] 这种当代性是过去与未来交汇于现时的存在状态，意味着一种时间的可能性。所以，对人的存在来说，应当是可能性、当代性的，"当我们面对的问题既不是必然性，也不是现实性，而是可能性，主体就离开了知识状态进入了创作状态。此时主体在创作状态中与时间同在，即处在过去的已经过去的而未来的尚未到达的临界状态，所谓当代状态。"[②] 换言之，如果现时是处在历史的开端或者时间的断裂，便是具备可能性的当代状态，是一种可能性的存在，在这种现时的当代状态中，人的存在也要具备当代状态，即进行创作（行动）。这种积极性的创作主要体现在两方面，分别是"复活历史"与"复活思想"，前者指的是从历史性事件中寻访重要思想与传统，后者指的是复活反思状态与可能性意识。

"历史的方法论是复活，即对历史所积累的思想问题所开启的精神线索的复活，意味着把尚未结束的线索和问题重新当代化。"[③] 历史的问题相对于现时而言，其中蕴含着不同于以往的可能性，在新的历史开端或者时间断裂中，历史是促使我们走向未来的筹划。历史的本质是思想史，人在时间中创造的是历史，"复活历史"的实质是"复活"历史事件中的精神传统或者文化特质。人是具备历史性的特质，换言之，也就是文化性的特质。由于现代性时间缺少芳香，这种特质也被弱化，但历史的思想性和文化性也正是在这种断裂中被凸显出来，接合这个断裂成为创作的使命。

最先导致意识分叉的是介入人与自然直接关系中间的工具[④]。最古老的革命性媒介是工具，它影响的是关系和意识。置于如今情境中，技术作为工具的同义词，它改变的不仅是人与自然的关系，还有人与技术本身、人与人之间的关系，进一步影响了意识和思想问题。尤其是数字技术的发展和应用，媒介成为关系本体论上的存在，媒介在建构关系时显现出来。在现时的可能性中，媒介本身的技术性和关系性是影响意识反思的重要因素，反思这种行为在韩炳哲那里已经体现，他对"非时间""去叙事化""意义终结"等的讨论便是明证。此外，赵汀阳认为，否定词不仅是语言的开端，也是思想和逻辑的

① 赵汀阳：《四种分叉》，上海：华东师范大学出版社，2017年：第14—19页。

② 赵汀阳：《四种分叉》，第17页。

③ 赵汀阳：《四种分叉》，第32—33页。

④ 赵汀阳：《四种分叉》，第41页。

开端，因为否定词化时间为空间，产生同时并存的可能性①，由此可见，在当代性的时间断裂中，人作为创作主体弥合这个断裂就要复活历史的思想性和文化性，这就要求首先做到意识的分叉，即有反思意识，这种反思意识最先体现在工具媒介中，其次体现在以否定词开创的语言领域中。换言之，我们要反思工具和语言（文化），这不是一种否定，而是更换新的认知方式，我们不去支配技术，而且让其与人共存，我们也不会遗忘语言（文化），而是以图像的方式去铭记它。为了应对"时间的断裂"，"奇妙游"系列节目图像的"历史—时间性"也需要从文化出发，弥合叙事的空乏。

在"时间的味道"中，叙述者缺乏叙事能力，同"缺席的叙述者"一起在去叙事化的时间里产生持续性经验的断裂，现代技术使人远离大地，要使人重新土地化、再事实化②。所以，技术使人失去重心，致使时间无方向加速。因此要重建叙事。神话式时间与历史性时间构造着叙事的连续性，不产生任何空洞③。换言之，历史的重要性和意义是抵抗时间加速和时间空洞的方式。所以，时间召唤的方略是召唤历史，找回废除掉的中间时间。在"时间的分叉"中，历史性留住了时间，在当代性的现时中积极开展创作行动首先要有反思意识，在工具的使用中进行反思，应用到媒介领域，便要在媒介实践中展开反思。

这样看来，"时间的味道"否定了断裂的时间，"时间的分叉"肯定了断裂的时间，而这种断裂的时间都与技术相关，实际上这种断裂的时间，即科学意义上的时间与人文意义上的时间是对抗与冲突的。不过，"时间的味道"和"时间的分叉"同时提出要接合这种断裂，接合的方式虽然不同，但是都需要回到历史和文化中找到意义。而且马克思的实践唯物主义哲学也认为时间在根本上就是人的"自由自觉的活动"，是感性的、历史性的实践④。因此，时间的本质是人具备历史性的、经验性的行为或者实践，因为过去对现时是有决定性意义的，是深化在场的不在场。而现代性是一段关于时间的历史，媒介技术的发展也同时间形式的变化和现代性的特征有着紧密的关联⑤。处在现代性社会，理解时间就要进入媒介时间中，由于时间指向的是人进行的历史性的、经验性的实践，因此，认识媒介时间便要关注围绕媒介所开展的媒介实践，媒介实践是具备历史性的，是具备叙事性、反思性以及语言性的行动，其目的在于从媒介实践中发现人的本质结构、实现人的本质性回归，其一般性结果便是生成了以图像表征出来的形式，这个过程借助的是形象的复活——叙事的和思想性历史性的回归，因此，这种图像形式也是叙事的、思想性的和语言的。

---

① 赵汀阳：《四种分叉》，第 54 页。
② 韩炳哲：《时间的味道》，第 47 页。
③ 韩炳哲：《时间的味道》，第 42 页。
④ 顾建红：《时间与时间性：马克思的感性时间观及其现象学精神》，《社会科学战线》2021 年第 1 期。
⑤ 王润：《作为现代性的媒介与时间：论媒介时间的三重面向与人的全面发展》，《浙江传媒学院学报》2015 年第 6 期。

因为时间召唤的是中间时间，其中，间歇是逃出近缘关系和同时性的中间时间，不仅有延缓的效应，还有规整和划分的作用，而庆典时常构成这一中间①。庆典即仪式时间，在中国语境中，传统节日往往是仪式时间的典型代表，节日就是在共同的时空环境下由参与者共同举行的仪式行为，表现的是人类对时间、对自然界生命节律的敬畏和礼赞，而对共同时空感的神圣化构建正是节日的宗旨②。河南卫视"奇妙游"系列节目便是从传统节日这个间歇性的中间时间里，找到历史意义的文化性表达，重建叙事，才能够进入整体性的时间而非点状时间。

二、河南卫视"奇妙游"系列节目图像叙事策略

经典叙事学是对文本、语言等线性叙事的研究，进入视觉文化时代，图像完全参与到社会叙事系统之中，人们得以在图像维度上认识世界和理解世界③。这里将着重分析图像叙事中的叙事形式和叙事主体，其中，叙事形式是以系列图像的故事性讲述体现的，叙事主体则是文化诉求的群体性表达。

（一）叙事形式：系列图像的故事性讲述

由于图像的去语境化特点，图像以叙事的方式再次重构新的语境。图像作为时间的切片进入叙事中，是要通过它反映出事件的发展逻辑、时间顺序或者因果逻辑，将其重新纳入时间的进程中，因此，空间的时间化是图像叙事的本质④。"空间的时间化"就是空间的运动化、过程化、绵延化，它将空间上的并存性、广延性存在转化为时间上的先后性、持续性存在⑤。需要指出的是，这并不意味着图像本身是空间的，而非时间的，如果从行为实践的角度来看，画通过身体间接地表现时间行为，诗通过行为间接地再现身体形式。身体或行为只是以画或诗的形式呈现在我们面前，是间接地通过形状或色彩呈现的，这种"直接"与"间接"的区别是程度的差异，而不是种类。所以，画与诗的差异只是主要和次要再现、直接和间接表现之间的差异，但是这种差异只是顺序、程度上的差异，并不是本质上的差异⑥。传统的认知是从图像所表征的内容来断定图像／绘画是空间的艺术。对比两者的认识就可以发现，行为实践是图像生成的过程，内容表征是图像生成的结果，如果按照线性思维的方式来理解的话，我们现在就处在整个动态的发展之中，也就是处在时间之中，因此，图像是空间的，也是时间的。图像在脱离原来的语境，重新语境化的过程中更加偏向空间性的。

---

① 韩炳哲：《时间的味道》，第 83 页。
② 吕新雨：《解读 2002 年春节联欢晚会》，《读书》2003 年第 1 期。
③ 刘涛：《图像叙事与戏剧主义修辞批评》，《教育传媒研究》2021 年第 6 期。
④ 龙迪勇：《图像叙事：空间的时间化》，《江西社会科学》2007 年第 9 期。
⑤ 卢鹏：《历史叙述中的"画"与"诗"》，《甘肃社会科学》2016 年第 2 期。
⑥ W.J.T. 米歇尔：《图像学：形象、文本、意识形态》，陈永国译，北京：北京大学出版社，2020 年：第 119—140 页。

在图像叙事中，主要有两种使空间时间化的方式。第一种是利用"错觉"或"期待视野"而诉诸观者的反应，主要表现为发现或者绘出"最富于孕育性的顷刻"。第二种则是利用其他图像来组成图像系列，从而重建事件的形象流（时间流），要让人在图像系列中感觉到某种内在逻辑、时间关系或因果关联（否则就只是多幅图像的杂乱堆砌）。根据对时间的处理方式，单幅图像叙事的叙述模式大体可分为三种：单一场景叙述、纲要式叙述与循环式叙述①。单幅图像叙事只是图像叙事中的一类，还包括更为复杂的系列图像叙事，诸如摄影报道、电影、电视等。这种分类方式是从图像静态—动态来区分的。在运动图像中，静止与动态不再以静态图像为原点，而是直接将动态图像（即图像的运动速度）作为参考标准，那么系列图像叙事中也包括单幅图像叙事，单幅图像叙事之中还有单幅图像叙事。

以河南卫视传统文化节目来看，"中国节日""中国节气"是系列图像，以河南卫视"中国节日"系列节目来看，"奇妙游"系列节目也是系列图像。系列图像是沿着"中国节日"等真实的中国夏历来叙事的，换言之，"奇妙游"系列节目本身就是在时间的流动中展开的，所以整个系列图像叙事是以"唐宫小妹"在中国传统节日的奇妙经历展开的。具体而言，每个节日的"奇妙游"将一天内的节日活动浓缩在40分钟左右的图像中，也是一种单幅图像叙事，这种叙事主要是以纲要式叙述为主，以单一场景的叙述为辅。纲要式叙述是把不同时间点上的场景或事件要素挑取重要者"并置"在同一图像之中，这种叙事模式与意识的"共时性"原理暗合②。"奇妙游"系列节目是以中国节日为主题，便将每个具体节日的文化精神、习俗特点展现出来。在2021年"端午奇妙游"中，将祭龙祈雨、赛龙舟、吃粽子、饮雄黄酒、缅怀屈原等重要的"瞬间"展现出来。在2021年"中秋奇妙游"中，以相思、团圆为主题，将中国人对月亮的想象、重乡土重家庭等图像着重提取出来。在2021年"重阳奇妙游"中，从古代尊崇孝道文化到现代崇尚爱老助老的发展，将过去的精神图像汇合到现在的精神图像中，并置到该单幅图像中。纲要式叙事模式将历时与共时结合，把不同时间内不同的动作浓缩在同一时空之中，尽可能将时间线上的故事呈现出来，但这叙事方式也存在缺点，把繁纷复杂的事件压缩到单幅图像中，可能会丢失掉一些细节。

单一场景的叙述要求把"最富于孕育性的顷刻"通过某个单一场景表现出来，既让人看得出前因（过去），也让人看得出后果（未来）。只有这样的图像，才能让人们在看了之后产生时间流动的意识，从而达到叙事的目的③。在"奇妙游"系列节目中，单幅图像叙事中的具体节目呈现具体场景，在2021年"中秋奇妙游"中，《少林·功夫》中其最富有孕育性的时刻是通过一个小孩子与一个成人关于功夫的对话，以传承来拓展时间

---

① 龙迪勇：《图像叙事：空间的时间化》。

② 龙迪勇：《图像叙事：空间的时间化》。

③ 龙迪勇：《图像叙事：空间的时间化》。

的持续性。河南卫视"奇妙游"系列节目在重新语境化中，通过纲要式叙事和单一场景叙事，实现了图像叙事中空间的时间化，具体体现为将中国节日中的重要事件或者关键瞬间提取出来并置到同一幅图像中，并且以最富有孕育性的时刻让观者产生过去、现在、未来的时间感知。

（二）叙事主体：文化诉求的群体性表达

经典叙事学中关于"声音"的研究重内容、轻形式，只着重于叙述人的声音表达出来的文学性描述，后经典叙事学则对"声音"的理解从符号学拓展到社会价值层面上，进行叙述形式、言说方式、聆听方式等形式层面的叙事学考察①。美国叙事学家苏珊·S.兰瑟则是从"声音"和"性别"视角将叙事策略分为作者型叙述、个人叙述、集体型叙述的声音，这三种叙述形式是来自女性主义叙事学领域，指向女性的叙述声音。但是兰瑟也认为，新的终极集体型叙述声音包容每一个愿意从头开始的人。此时的声音就跨越了性别，针对所有人共同关注的问题。近几年，"国潮""复古""汉服""文博类综艺节目"等社会现象的出现，都是以不同的形式表达对中国传统文化的关注。叙事学主要研究的是以书面语言为载体的叙事作品，罗兰·巴特认为任何材料都适宜于叙事，媒介领域的图像叙事非常值得研究。具体而言，在"奇妙游"系列节目中，图像叙事以集体型的叙述方式来呈现中国传统节日，这里的集体型的叙述即是兰瑟所提出的新的终极集体型叙述策略，其侧重于对图像叙述形式的分析，并没有过多涉及图像内容。而河南"奇妙游"系列节目正是通过叙述方式的创新，引发了受述者的共鸣。

集体型叙述是一种群体性的声音，指的是"具有一定规模的群体被赋予叙事权威，这种叙事权威通过全方位、交互赋权的叙述声音或者某个获得群体授权的个人的声音在文本中以文字的形式固定下来"②。它包括三种表现形式，分别是"单言""共言"和"轮言"。单言指的是某个叙述者代替群体的意志发言；共言指的是以复数形式出现的"我们"直接表达其所属群体的价值观念；轮言指的是群体中的个人轮流发言以表达自己内心的声音。"奇妙游"系列节目采用了集体型叙述中单言、共言、轮言相结合的方式表达了不同群体的声音。

首先，以共言的图像叙述形式建构包括受述者在内的传统文化共同体。从2021年清明、端午、七夕、中秋、重阳、2022年河南春晚，河南卫视打造的极具有辨识度的原创IP"唐小妹"贯穿始终。在2021年"端午奇妙游"前期，河南卫视便发布"唐小妹"名字征集令，让观众全程参与。参与者需要下载大象新闻APP从2021年5月16日到5月26日为预选名字投票，每人1天3票，或者留言取名，呼声最高名字也可以加入投票选

① 孙桂荣：《叙事学视野下的"女性声音"研究及其中国化建构》，《山东青年政治学院学报》2019年第1期。

② 苏珊·S.兰瑟：《虚构的权威——女性作家与叙述声音》，黄必康译，北京：北京大学出版社，2002年：第23页。

项内。2021 年 5 月 27 日，"唐小玉""唐小彩""唐小可""唐小竹"成为受述者共同参与下票选出的名字。此外，她们的剧本，也是通过网友投稿的方式得来的，并穿插在节目单元中。在共言式的图像叙事中，虽然没有出现复数形式的"我们"，但叙述者也将受述者作为其群体的组成部分，以受述者媒介实践的方式让其表达对传统文化的情感，叙述者和受述者以"共言"形式把叙述声音融合一体，表达热爱传统文化群体的共同意志。

其次，以单言的图像叙述形式表达不同群体的文化特质。"唐小妹"除了拥有姓名，还有各自的人设。"唐小玉"出身码头世家，勇敢正直，有领导能力，代表中国人不甘落后、勇于争先的精神品质；"唐小彩"出身宫廷乐官世家，天赋异禀，代表中国的传统音乐；"唐小竹"出身医药世家，传承张仲景医术，代表中医；"唐小可"则是民间百戏艺人，性格古灵精怪，超喜欢美食，代表中国传统戏剧和美食文化，还有飞天达人"唐小天"，代表中国人的飞天梦。每个"唐小妹"化身为复数群体的代言人，所代表的是不同的文化群体或者文化精神，她们在进宫献艺的过程中经历了中国的传统节日端午、七夕、中秋、重阳、春节，并最终在春节齐聚一堂展现各自的技艺。尤其是在 2021 年"端午奇妙游"中，交代了唐小妹的出身背景和性格特点，并以她们各自所代表的群体通过图像形式得以展现。"唐小玉"出身码头，节目以端午祭祀码头和水下舞蹈节目《祈》开场，《祈》借鉴敦煌飞天壁画的动作演绎曹植的名篇《洛神赋》，展现中国传统舞姿，也呼应了端午祭祀祈愿的习俗。《龙舟祭》则配以楚辞风格的歌词："乘龙御风兮登昆仑，浮舟泛海兮济沧溟；风行雨施兮恩泽，德被天下兮苍生；腾龙起凤兮华夏，薪火传承兮文明。与天地兮比寿，与日月兮同光。"其中最后一句是出自屈原《涉江》，表达了中华民族自强不息、战天斗地的民族精神，以"单言"式的舞蹈图像体现了"唐小玉"所代表的精神品质。《江上清风游》《天下同》的器乐演奏，也是通过"单言"式的声音图像展现了"唐小彩"所代表的中国传统器乐。《唐印》中唐俑见证了唐朝发展，通过"单言"式的真人造型图像体现了"唐小可"所代表的中国传统戏剧中的木偶戏。《医圣传人》以说唱方式唱出药方，通过"单言"式的语言图像体现"唐小竹"所代表的中医文化。

最后，以轮言的图像叙述形式表达归属群体的文化诉求。不同文化群体中的叙述者在各个传统节日中轮流进行叙述，使人的文化性本质得以显性化。在中国戏曲文化的图像中，2021 年七夕浪漫奇妙夜《爱》中演唱了昆曲《牡丹亭》、越剧《梁山伯与祝英台》、豫剧《白蛇传》；2021 年中秋寻亲奇妙季《戏韵》中以一曲戏的幕后前台，展现了京剧中的戏靴、京绣、戏曲盔头、脸谱等服化道，以及京剧中不同派别的传承人，诸如余（叔岩）派、谭（鑫培）派、杨（小楼）派、荀（慧生）派、张（君秋）派等；2021 年重阳最忆是少年中戏曲《定军山》以传承和发展为主题，从现代京剧谭派第六代、第七代传承人谭孝曾、谭正岩的传承故事入手，在父与子的对话中展开，致敬中国戏曲的传承和发展，同时致敬中国第一部电影《定军山》。在中国传统器乐演奏的图像中，2021 年清明、端午、七夕、中秋"奇妙游"中，分别呈现了《精忠报国》《天下同》《破阵乐》《豫见》等节目图像。

中国传统文化博大精深、源远流长，这不是一个系列节目所能够完全展现的，但为了尽可能呈现多样的传统文化，叙述者采用单言、共言、轮言相结合的集体型叙述方式，这意味着叙述者向社群的转变，目的是要开创一种公开化的、公共话语的愿望——形成传统文化的话语力量以及希望边缘群体的声音能够被听见。

三、河南卫视"奇妙游"系列节目图像内容呈现

河南卫视"奇妙游"系列节目的叙事性特征不仅体现在叙事形式和叙事主体上，其叙事内容体现了文化性和历史性，增加了节目的内涵与厚度。其图像内容主要体现为两个特征，分别是将原本作为文本的诗歌和作为形象的绘画同时并置在图像中，既作为重要图像元素展示了这些著名诗歌和绘画，也将其融入新的图像构建了新的节目；将不同节日的习俗以情景演绎的方式再现勾起人们的回忆，这种将传统文化与现实生活的无缝勾连，能够让人们认识到节日文化的发展与继承的重要性。

（一）文本与形象的融合：诗歌和绘画作为图像的背景

对于文本与形象而言，两者之间进行类比所产生的差异到底是本质性的还是程度性的，因为它们的关系在再现、意指和交流的领域反映了我们在象征与世界、符号与其意义之间的关系[1]。学者们对此有不同的看法。德布雷认为，画面不等同于文本。"语言是一种双重连接的体系，包括带有含义的意素，是象征性的；不带含义的音素，按顺序排列组织。语言范畴的两个构成特点：双重联接和纵聚合词项／横组合词项之间的对立，而图像不受这两点的约束。也就是说，图像是不能够被分解的，"原材料"的空间变化是延续的、邻接的、无限的。"[2]德布雷是从时空范畴来区别文本与图像的，即文本是时间性的，图像是空间性的。而米歇尔认为，诗与画之间没有本质的差异，因为没有任何差异始终控制着这些媒介的本性、它们所再现的对象或人类精神的法则[3]。可见，米歇尔则是从可变性，即控制文本与图像之间差异的规则的变动性，认为二者并不能够完全区别开来。本文更加赞同后者的看法，文学空间化也可作为明证。所以，文本会融入视觉性，视觉再现也会融入文本性，差异是相似的前提，所以，形象与文本之间既有关系也存在差异，它们之间是相互阐释与相互补充的，我们在文本与图像再现之间的对话中创造了我们的世界。文本图像和图像文本是二者基于相似性原则和联系性原则进行互文的结果。"奇妙游"系列节目既是文本图像也是图像文本，并且是这两者的混合形式。

---

① W.J.T. 米歇尔：《图像学：形象、文本、意识形态》，第 47 页。
② 雷吉斯·德布雷：《图像的生与死：西方观图史》，黄迅余、黄建华译，上海：华东师范大学出版社，2014 年：第 38 页。
③ W.J.T. 米歇尔：《图像学：形象、文本、意识形态》，第 54—59 页。

文本图像，视觉形象作为语言内部差异的场所[①]，在这里，图像效果超过文本，观者更容易从图像层面被吸引。而这种效果是通过文字和印刷的物质性、诗歌样式、描述的作用等方式所产生的，即通过发挥文本的作用使图像的效果最大化。在 2021 年"清明时节奇妙游"中，歌曲《春暖花开》画面中的文本，除了歌词，都是出自古代诗歌，诸如谢灵运的"春晚绿野秀，岩高白云纯"，曾巩的"滋荣冬菇湿常早，涧泽春茶味更真"，李白的"黄河落天走东海，万里写入胸怀间"，白居易的"风回云断雨初晴，返照湖边暖复明"等，平凡常见的景色在诗歌文本的描绘中显得更加美好浪漫，带给观者以情感上的满足。在 2021 年"重阳奇妙游"中，《逍遥》以诗人李白为原型，在云台山潭瀑峡舞蹈舞剑，其诗歌中的名句诸如"飞流直下三千尺，疑是银河落九天""大鹏一日同风起，扶摇直上九万里""天生我材必有用，千金散尽还复来"等以书法的形式展现在画面中，诗歌结合书法的形式更能够使人感受到云台山大瀑布等景观浩浩荡荡、气势磅礴。

图像文本，语言在视觉领域的再现和压抑[②]。文本效果超过图像，更能够吸引和调动观者的情感体验或者理性思考。诸如抽象绘画、最小主义雕塑、摄影文本等都是图像文本形式，它们都是发挥图像信息最小化的作用（虽然其效果使观者更为模糊）使语言讨论最大化。2021 年"清明时节奇妙游"，在虚拟人物唐宫小姐姐所表演的舞蹈中，是由《秋芳诗帖》《瑞鹤图》《千里江山图》《王羲之玩鹅图》《溪山行旅图》等著名的字帖、绘画作为图像背景的，虽然这些绘画本身并不是抽象绘画，但经过媒介技术的二次图像化后，对于中国传统绘画知之甚少的观者来说，就相当于"抽象绘画"，其在节目播放的过程中所引起的语言讨论也是较多的，比如出现满屏的弹幕。此外，"奇妙游"系列节目播出后，有关节目中所出现的文本图像、图像文本等都引发了较高的讨论，比如微博热搜、节目解读等，因此，从整体和宏观的视角来看，这种图像文本在图像信息最小化的情况下，语言得到了较高程度的再现和释放。

文本图像和图像文本的分别是，在两者互动中是图像的作用还是语言的作用更能影响观者，但无论谁的作用更明显，都承认了一个预设的前提就是文本与形象是相互联系和相辅相成的，因此，文本与形象是可说的与可见的混合形式，一切艺术都是由文本和形象共同"合成"艺术。之前，画被视为唯一适于再现可见世界的媒介，诗关注思想和感情的不可见领域。这种语言与视觉的分化，不仅是历史写作的修辞特征，也是了解历史本身何以被分化成为"人们所说"和"人们所做"之辩证关系的关键[③]。换言之，"人们所说的"之语言的与"人们所做的"之视觉的一直是被分裂的，这是因为西方哲学强调分离、抽离，以视觉的"看"为优先，更加注重距离性，以主体间可观察性为宗旨[④]。

① W.J.T. 米歇尔：《图像学理论》，陈永国，胡文征译，北京：北京大学出版社，2006 年：第 95 页。
② W.J.T. 米歇尔：《图像学理论》，第 95 页。
③ W.J.T. 米歇尔：《图像学理论》，第 93 页。
④ 贡华南：《味与味道》，上海：上海人民出版社，2008 年：第 219—220 页。

因此，像文本与形象、视觉与语言、精神与物质等种种二元对立经常出现在西方观念中，带来更多分裂，米歇尔提出的文本与形象的融合，与中国语境中"象"是时空统一体、是形式与质料的结合、是物我合一等强调相互作用和一体性不谋而合。

（二）习俗的情景化再现：传统文化与现实生活的呼应

中国节日习俗来自古代社会人们的各种崇拜观，比如祖先崇拜、自然崇拜等，了解深厚的中国传统文化，不仅要从习俗的再现去看，也可以从"习俗"二字本身去看，因为汉字源自象形文字，其本身就是一种图像，蕴含着古代人的先知先觉。因此，本节会从语言形象以及习俗的情景再现两方面，阐释"奇妙游"系列节目的节日构思。

语言形象指向两种不同的语言实践，一种是语言形象是隐喻性的语言，是一种谈话技巧；另一种视语言形象为某一命题的直接意义，直接指涉客体。但是词与其再现的原型隔着物和形象，即词是思的形象，思是物的形象。语言形象既是外部的、与感知的经验模式相关的形象，也是内在的、活的形象。此时，这个形象不是被界定为图画的相似或印象，而是某一隐喻空间中的共时结构（呈现思想和情感综合体的东西）。我们要通过用物质的形象取代精神的形象而为精神形象祛魅（用观看物体或描摹的过程取代想象的过程）①。综合来看，语言形象不直接指向客体和意义，是要经过中介的，在这一中间过程能够产生思想和情感，这一中介便是其他物质或与物质相关的行为。

如果将习俗作为一种语言形象，习俗的中间过程，具备物质性行为和引发思想的意义。从"习俗"二字字形来看，习的甲骨文字形，上边是表示羽毛的羽，下边是表示太阳的日，合在一起，就是一只鸟在日复一日地挥动翅膀，练习飞翔。习的本义是练习，后来引申为习惯。俗的金文与现在字形并无太大差异，在《说文·人部》中："俗，习也。从人，谷声。"因此，人的行为的练习即是"习俗"，还包括一种从自然性向非自然性转化的过程，所以，习俗作为人感觉生活在时间中的一种能力，既是将人从自然状态中提升出来的环境图像，也是人展开行动和实践的行为图像，它是社会的、文化的和地方的。在这里，习俗将作为物质性的行为图像，以及非物质性的精神图像，同时也是"习俗"和自然的融合。从仪式视角来看待习俗的图像特征，它既作为一种区隔的媒介能够标记自身，又是一个同一化过程能够触发模仿行为。

河南卫视"奇妙游"系列节目是根据中国节日打造的系列图像，作为区隔的媒介，清明、端午、七夕、中秋、重阳、春节等中国节日是区别于中国以外的其他地区的独有的文化特征，这些节日的来源与中国历法密切相关。中国的传统历法是夏历，即阴阳合历，人们出于农事的需要根据太阳的运行来确定纪时、纪年以及季节和节气，即夏历的阳历，又依据月亮的运行来纪日、纪月，即夏历的阴历。在夏历之前，节气和节日是一回事，由于阴阳合历制度的创立，导致节日和节气的分化，庆典原本是在特定的节气举

---

① W.J.T. 米歇尔：《图像学：形象、文本、意识形态》，第 119—140 页。

行的，现在则被安排在阴历的特定日期，所以形成了以阴历纪时的庆典时间序列，这就是节日系统；而原本要举行庆典活动的节气，被剥除了庆典内容，在阳历中作为单纯的农时周期保留了下来，这就是现在的二十四节气系统。于是，在中国，就形成了节日系统和节气系统并行不悖的两个时间序列①。这也是除了以中国节日为主题"奇妙游"系列节目之外，河南卫视也相继推出以中国节气为主题的"奇遇记"系列节目，呼应了中国节日和节气的历史特征，体现了对中国传统文化的深刻理解。回到以中国节日为主题"奇妙游"系列节目中，节日不同，习俗也不同。"清明时节奇妙游"中展现了斗草、蹴鞠、荡秋千、投壶、放风筝等习俗，"七夕奇妙游"则完整展现了古代女子梳洗备巧、投针验巧、遥拜织女、穿针乞巧以求美好爱情的方式，"重阳奇妙游"中呈现了插花、簪花、点茶、制香、赏菊等习俗。这些习俗是人的社会化和文化性的行为，发展至今，不仅是关于节日以及农时的行为实践图像，更是中华民族五千年所传承下来的精神文明图像，从自然图像中学习生存规律，敬畏自然、取象自然。因此，习俗本身就体现了人与自然的关系，更体现了中国哲学中"天人合一"的思想。米歇尔也提到，从文化和历史关系的角度看待形象，不仅将其看作自然的组成部分，也看作我们自身的组成部分②。

2021年"七夕奇妙游"中从2035年穿越而来的唐小妹，循着牛郎织女的故事，探寻人世间的美好爱情，最后回到宇宙浩瀚中，将古代先人的梦想与当今航天事业发展相结合，契合了我国的从飞天梦到航天梦的实现。在2022年"清明奇妙游"以清新、淡雅、自然为整体基调，借鉴宋代极简美学风格，将中国文人的雅集传统之一——北宋"西园雅集"跟清明节气的自然特征相互融合，用中国古典文学作为纽带，把节目和剧情串联起来。文人雅集是中国历史上自汉魏而下，在士人群体中所展开的一种人文觉醒和自我确证的文化图景。除了著名的东晋"兰亭修禊"，就是北宋王诜组织的"西园雅集"，这次聚会由李公麟以白描手法绘制《西园雅集图》，画中有王诜、李公麟、苏轼、苏辙、晁补之、僧人圆通等共二十二人。表演者还演绎了其他宋代名人和各种场景，有"李清照"和"秦观"海棠树下对词、"苏轼"和"苏辙"对坐饮酒闲谈、"苏轼"与"米芾"深夜共饮、"陆游"与"辛弃疾"的暮年相逢等。这种身体展演的方式为观者想象当中的名人赋予了真实的形象，并且通过电视节目图像的方式获得了另外一种精神图像，这个图像成为一种双重存在的媒介，有人的身体作为媒介，也有电视图像记录技术，成为替代的图像行为。2022年"端午奇妙游"以武林英雄的视角共同参加天下第一龙舟大赛的剧情，让每一个英雄都体验端午节的习俗，包括钟馗画像辟邪、包粽子、制作香囊、缅怀屈原、挂艾草等。《定军山》中蜀汉老将黄忠奇袭定军山，斩杀了曹魏大将夏侯渊以护卫汉中地区的爱国卫国精神，契合了每个中国人的爱国情怀，以古喻今，激发观众情感共鸣。

---

① 刘宗迪：《从节气到节日：从历法史的角度看中国节日系统的形成和变迁》，《江西社会科学》2006年第2期。

② W.J.T. 米歇尔：《图像学：形象、文本、意识形态》，第90—104页。

　　所以，习俗作为同一化的过程，指的是习俗逐渐"自然"化的过程。自然并不是基于生物学意义的，而是"第二自然"，即惯习化的，习俗逐渐被赋予忠实性和自然性①。所以，在这个意义上来说，图像从起点开始就不是生物学意义上的自然，而是语言修辞学和社会学意义上的习俗性，这就意味着图像与人自始至终就是融合在一起的。从一开始，习俗作为时间的感知，就不断为其自身自立规则，这种规则很大一部分来自自然，是自然的规则，当这种规则逐渐惯习化，自然规则夹杂着社会规则成为一种习俗。"奇妙游"系列节目也是一种规则的化身，其本身努力呈现中国节日及其习俗，反过来说，我们实际生活中的这些习俗已经慢慢淡化，这意味着人与自然的关系被忽视，而习俗作为一种重拾之物，它是建基性的，是人存在的基础，作为同一化过程意味着历史文化的延续、人自我认知的完整，这是它能够出发模仿的基础。除了节目所要表达的习俗，由于其火爆出圈，习俗式的文化类节目越来越多，诸如《舞千年》等。所以，从习俗作为一个同一化的起点与过程来看，它是规则的和惯习的连续形式，也是物质性行为图像和非物质性的精神图像的融合。

　　结　语

　　时间是人认知世界的先验方式，本文从"时间的味道"和"时间的分叉"两方面分析得出，现代性是一种时间断裂状态，人与技术之间呈现出一种不稳定状态，最明显的表征就是媒介时间成为影响人们现代性时间感知的形式之一。为了接合现代性的断裂，既要在"时间断裂"的否定性视角下，重塑叙事，也要在"时间断裂"的肯定性视角下，回溯历史。河南卫视"奇妙游"系列节目利用图像叙事和图像内容的呈现帮助观者建立起持续性的时间意识和历史观念。以现时为原点，前者强调从过去保持经验的持续性，后者强调从未来发展挖掘当代的可能性，二者殊途同归，都需要召唤和复活历史。所以，媒介要想重新具备真正的时间性特征，需要在叙事层面和文化层面开展媒介实践。

　　在叙事层面，河南卫视"奇妙游"系列节目首先在图像叙事中的单幅图像和系列图像利用纲要式叙事和单一场景叙事等系列图像的故事性讲述完成时间并置，将"中国节日"这样具备重要性的事件以及最富孕育性的时刻呈现在同一图像中，让观者产生"共时性"的时间感知，以此唤起观者对传统文化的记忆；其次，该节目以共言、单言、轮言的集体型叙事方式来表达群体的声音，以此来建构包括受述者在内的传统文化共同体、表达不同群体的文化特质和所属群体的文化诉求。

　　在文化层面，语言形象具备多重含义，首先"奇妙游"系列节目是可说的文本和可见的形象相结合的混合形式，不管是文本图像还是图像文本，文本与形象的融合通过诗歌和绘画作为图像背景体现出来；其次，"中国节日"既是传统文化，更是生活习俗。作

---

　　①　W.J.T. 米歇尔:《图像学：形象、文本、意识形态》，第 90—104 页。

为习俗，从语言角度来看，作为习俗的"中国节日"，是物质性的行为图像与非物质性的精神图像的集合体，也是规则的"习俗"和惯习的"自然"的融合过程，这一融合过程借助电视媒介的公共性，以情景再现的方式，让人们意识到习俗等传统文化与现实生活的呼应。所以，该节目既作为一种区隔的媒介能够标记自身，又是一个同一化过程能够触发模仿行为。河南卫视"奇妙游"系列节目的图像构建和媒介实践以叙事为形式、以文化为内容完成了对时间和历史的召回，重塑了观者的时间感知。

峥嵘老柏寒犹健　朱星雨作

中国电影与中华文化研究

主持人导语

　　"数字人文"可以看作新世纪以来整个文科体系最大的学术范式转型，它利用大数据和计算机软件对固有的人文学科范式提出了严峻的挑战。与之前学界盛行的"文本细读"相反，长时值的海量数据使得"远读"成为可能。黄雪雯和付永春的论文顺应数字人文的潮流，通过《陆洁日记摘编》等原始资料，使用社会网络分析软件 Gephi 绘制了以陆洁为中心的电影圈人际关系整体网络图，以总结陆洁人际关系也是电影圈人际关系网络的特点。《西游记》作为"四大名著"有其文学史上的重要意义，以《西游记》为蓝本的电影改编也贯穿整个中国电影史。阮加乐的文章对百年电影史上两岸暨香港的《西游记》电影改编进行了梳理，作者意图通过一部《西游记》的改编来重新结构电影史，作为对"重写电影史"的回应，颇有初生牛犊不怕虎的冲劲，勇气可嘉。武晓旭和王杰泓的论文讨论了黄梅戏影片流行的易装反串的设定。该文通过对邵氏公司黄梅戏电影的案例分析，指出黄梅调电影的反串情节巧妙利用传统戏曲资源，超越了性别意义，建构起观众独特的审美期待与家国想象，为邵氏后期的类型拓展打开了一条新路径。吕亚菲的文章在分析好莱坞何以能够制霸全球电影市场之外，考察了中国电影市场近几年的崛起并挑战了好莱坞在华的市场霸权。吕亚菲认为，中国电影抵御好莱坞在华扩张的途径主要包括：寻求与好莱坞合作、以喜剧片和古装片与好莱坞差异化竞争以及制作本土"高概念"大片。需要看到吕亚菲的政治经济学分析主要针对疫情前的国内电影市场。处于百年未有之大变局，中国电影市场格局最近几年又有新的变化，如何总结、分析和展望疫情以来的世界电影市场格局是摆在学界和业界面前的一个重大议题。

（付永春　浙大宁波理工学院传媒与法学院副教授）

以陆洁为中心的电影圈人际关系网络研究

黄雪雯　付永春 *

（浙大宁波理工学院，浙江宁波，315100）

摘　要：陆洁是中国早期电影业杰出的制片人。陆洁日记也是中国电影史研究极为重要的原始史料之一。本文运用社会网络分析方法，依据《陆洁日记摘存》中的内容建立数据库，使用社会网络分析软件 Gephi 绘制出以陆洁为中心的电影圈人际关系整体网络图（1924—1937）和分时期网络图，并对其进行分析，总结出陆洁人际关系网络的特点。

关键词：陆洁；陆洁日记；社会网络分析；电影圈；关系网络

一、引言

陆洁（1894—1967），字焕章，江苏嘉定（今上海嘉定）人。1921 年 12 月，陆洁与顾肯夫、张光宇合编了中国第一本电影杂志——《影戏杂志》，陆洁在其中负责翻译和编务工作，同时首创了"导演""明星""电影本事"等一系列电影专业名词。此后，他在大中华影片公司、大中华百合影片公司、联华影业公司、文华影业公司先后任职。他做过编剧，干过导演，然而从进入联华影业公司开始，他便将工作重心放在管理上，担任"制片人"的角色。

陆洁有写日记的习惯，生前他将自己的日记捐赠给了国家。中国电影资料馆对陆洁日记进行整理出《陆洁日记摘存》。《陆洁日记摘存》包含了陆洁从《影戏杂志》至文华影业公司工作的全过程，还有电影界在各时期发生的重大事件以及电影人的活动，这些内容对于研究中国电影史具有重要意义。

---

* 作者简介：黄雪雯，（2001—），女，广西柳州人，浙大宁波理工学院华莱坞电影研究中心科研助理，研究方向：中国电影史；付永春，（1981—），男，山东潍坊人，浙大宁波理工学院传媒与法学院副教授，研究方向：早期电影史，跨国电影。

二、文献回顾

作为研究中国电影史的一手材料，《陆洁日记摘存》在众多有关中国早期电影的论文中多次被引用，但对于《陆洁日记摘存》本身的研究却寥寥无几。国内学者陈刚将陆洁形容为早期中国电影的"多面手"，他以陆洁 40 年从影经历中的身份变迁和角色转换为线索，力图勾勒出这位"多面手"的人生轨迹[①]。王冉借《陆洁日记摘存》，回顾了陆洁与电影为伴的艺术人生，并以陆洁的电影活动为线索追溯中国早期电影的历程[②]。总而言之，目前学界关于《陆洁日记摘存》的研究主要集中于陆洁的生平上，研究角度较为单一，对于书中涉及的人物关系研究甚少。

社会关系网络理论在社会学等领域已有较为丰富的研究成果，但是将社会网络分析法应用在我国电影圈人际关系中的研究还比较少。赫南等人应用复杂网络的理论和方法对 2001—2006 年拍摄电影中的演员合作关系网络进行了初步研究，发现中国电影演员合作网络具有明显的聚类效应和小世界特性[③]。李彪、陈璐瑶采用社会网络分析法对 2004—2014 年国内票房较高的电影职员表中的电影制片人和导演的合作关系进行分析，发现一部分制片人群体逐渐占据网络的中心地位[④]。周静等人运用社会网络分析法中的双模网络分析方法，对 2004—2013 年中国电影圈主要的导演和演员之间的合作关系网络进行了描述和分析，发现导演与演员的合作网络关系十分稀疏，同一地区的导演与演员更愿意在一起合作[⑤]。方爱华等人基于社会网络理论的双模网络分析法，对 2007—2016 年间华莱坞电影圈票房排名前十的导演与主演的合作关系进行描述和分析，发现华莱坞电影圈中存在"派系"，有小世界现象[⑥]。

综上所述，目前国内已有的，采用社会网络分析法对中国电影圈内人物合作关系做的研究大多聚焦于现代制片人与导演、导演与演员、演员与演员之间。关于中国电影史上人物关系的研究以及电影圈除导演、演员外的从业者的研究较少。

众所周知，一部电影的诞生不仅仅需要制片人、导演、演员的努力，还需要编剧、摄影师、收音师、作曲家等重要角色为之付出，因此本文将《陆洁日记摘存》中记录的所有电影从业人员均纳入了研究范围之中。陆洁作为制片人，与众多电影人有着密切的

---

① 陈刚:《陆洁：早期中国电影的"多面手"》,《电影艺术》2008 年第 4 期。

② 王冉:《〈陆洁日记摘存〉中的陆洁及其电影活动研究（1920—1949）》, 硕士学位论文, 南京艺术学院, 2015 年。

③ 赫南、淦文燕、李德毅、康建初:《一个小型演员合作网的拓扑性质分析》,《复杂系统与复杂性科学》2006 年第 4 期。

④ 李彪、陈璐瑶:《从专业逻辑到资本逻辑：中国电影生产主体的社会网络分析——基于 2004—2014 年电影制片人和导演的合作关系》,《国际新闻界》2015 年 7 月。

⑤ 周静、袁瑛、涂平:《中国电影圈主要导演和演员合作网络的结构特征分析》,《复杂系统与复杂性科学》2016 年第 3 期。

⑥ 方爱华、羊晚成、陆朦朦、陈安繁:《社会网络分析视角下华莱坞电影圈导演和主演合作关系研究》,《全球传媒学刊》2018 年第 1 期。

交流，他的人际关系网络有着怎样的特点？和他关系密切的人物有哪些？这是本文主要探究的问题。

在《陆洁日记摘存》中，陆洁记录了自己的社交活动，由于文字信息量过大，不够直观，笔者采用社会网络分析软件 Gephi 对陆洁的社交关系网络进行分析并将数据可视化，以便能更清晰地观察其关系网络的特点，下面对研究过程进行简要阐述。

三、研究设计

1. 构建数据库

数据库的建立是社会网络分析中的重要一环，笔者首先摘出 1924 —1937 年间《陆洁日记摘存》中涉及的人名，共得到包括陆洁在内的人名 336 个。使用 Excel 将除陆洁外的 335 个人名在《陆洁日记摘存》中出现的次数进行降序排序，绘制得到图 1 的人物频数分布直方图。由于人数过多，无法全部展示，x 轴只显示了部分人物姓名，y 轴数据对应的是 x 轴人名在日记中出现的次数。研究发现，《陆洁日记摘存》中人物的出现次数近似服从幂律分布，具有"长尾"特点，即在《陆洁日记摘存》中只有少部分人被陆洁多次写进日记当中，大多数人在日记中出现的次数极少。基于幂律分布规律，在《陆洁日记摘存》中只出现一次的人，对于本文研究意义不大，可以忽略。本文主要研究陆洁与电影圈内人员、其他电影圈内人员彼此之间的合作关系，故对数据进行进一步筛选，只保留出现次数大于等于 2 的电影行业从业人员，最终剩余 122 人。

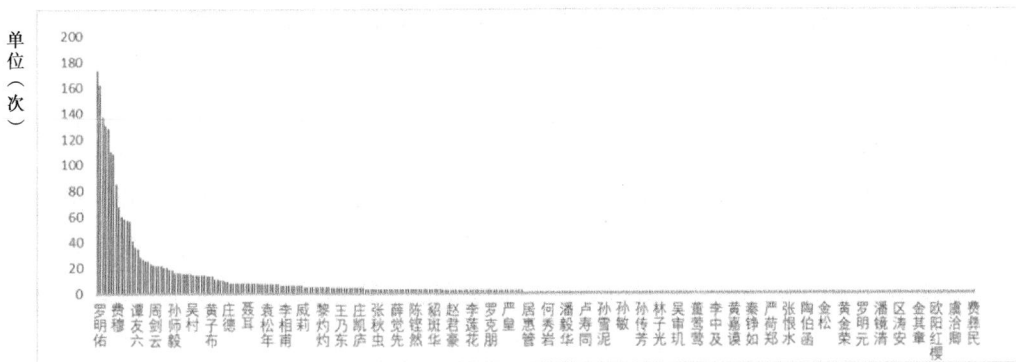

图 1　人物频数分布直方图

2. 构建人物邻接矩阵

接下来对这 122 个人在日记中出现的次数进行统计，并根据《陆洁日记摘存》中每一天的记载分析人物之间关系，若两人在一天之内有交集，则给两个节点之间边的权重加 1，反之，若文中无证据能够证明两人之间有联系，则边的权重为 0。例如在 1924 年 6 月 6 日这一天，"卜约往江湾观赛马，肯夫、元龙同行[①]。"通过卜万苍约陆洁、顾肯夫、

---

① 陆洁:《陆洁日记摘存》，北京：中国电影资料馆，1962 年，第 4 页。

王元龙一同看赛马比赛的行为，可以推断出卜万苍、陆洁、顾肯夫、王元龙之间相互认识。因为四人在这一天共同参与活动，存在联系，所以给这四个节点两两之间边的权重数值加 1。根据以上定义，制作人物邻接矩阵如表 1。

表 1　人物邻接矩阵（部分）

	陆洁	罗明佑	吴性栽	蔡楚生	吴邦藩	陶伯逊	朱石麟	孙瑜	费穆	王元龙
陆洁	0	166	67	131	73	110	104	109	68	1
罗明佑	166	0	8	5	9	13	11	3	0	0
吴性栽	67	8	0	1	6	8	2	1	4	0
蔡楚生	131	5	1	0	3	5	3	13	8	1
吴邦藩	73	9	6	3	0	15	9	3	2	0
陶伯逊	110	13	8	5	15	0	13	8	6	0
朱石麟	104	11	2	3	9	13	0	3	8	1
孙瑜	109	3	1	13	3	8	3	0	4	1
费穆	68	0	4	8	2	6	8	4	0	0
王元龙	1	0	0	1	0	0	1	1	0	0

3. 数据处理

使用社会网络分析软件 Gephi 进行数据处理，计算网络结构参数（网络密度、点度中心度、接近中心度、中介中心度等）并进行绘图。使用 Excel 作为辅助软件，统计《陆洁日记摘存》中人物被提及次数和共现[①] 次数，绘制频数分布直方图及人物联系趋势图。

四、研究结果

将人物邻接矩阵导入 Gephi 进行绘制，得到图 2。在本文构建的关系网络中，节点与节点之间的"关系"为电影圈从业人员在《陆洁日记摘存》中共现的次数。假设陆洁因为某事联系了罗明佑，那么罗明佑与陆洁之间必然存在联系，因此各节点之间是一种无向关系，采用无向线进行连接。图中线的粗细代表两点之间边的权重，线越粗，权重越大。节点的大小反映该节点与其他节点连线次数的多少，连线次数越多，节点越大。为了能更直观地观察电影圈人物关系网络的特点，笔者根据人物身份信息用不同颜色对每个节点进行区分[②]。

---

① 共现指的是两个人在《陆洁日记摘存》所记载的某一天共同参与了某项活动。

② 由于部分人物身兼多职，为方便统计，本文中各人物的身份标签由他们在《陆洁日记摘存》中出现次数最多的身份所决定。例如陆洁有编剧、导演、制片人等多种身份，但由于其在联华时期不再担任编剧、导演的工作，重心全部放在制片人上。而在本文所选取的时间段当中，联华时期的占比最大，故将陆洁的身份定为制片人。

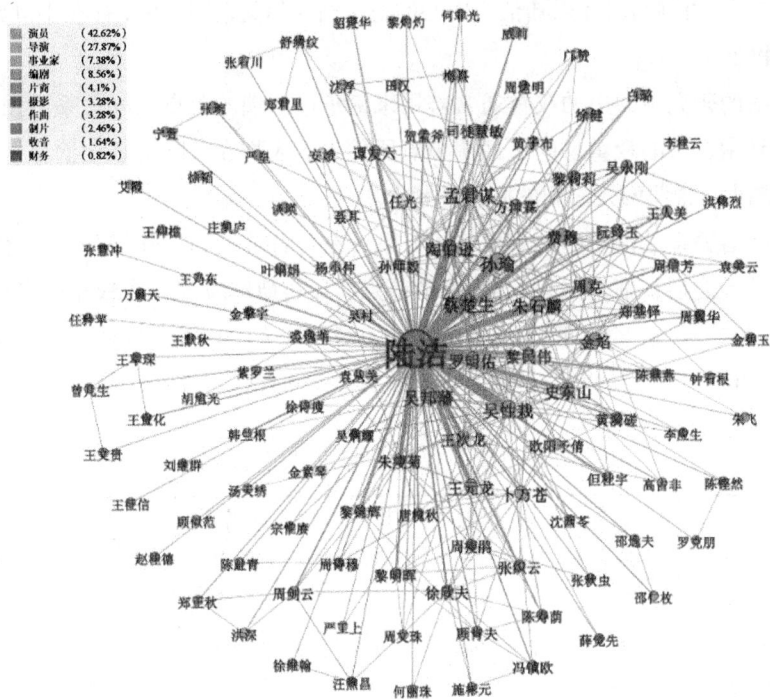

图 2　以陆洁为中心的电影圈人际关系网络（1924—1937 年）

1. 整体网络特征分析

（1）网络密度

网络密度衡量的是网络中成员之间联系的密切程度。图 2 的网络由 122 人构成，其中有 50 名演员、35 名导演、9 名事业家、8 名编剧、5 名片商、5 名摄影师、3 名制片人、4 名作曲家、2 名收音师、1 名公司财务。经过计算，该网络密度为 0.061，即观察到的网络中成员之间的合作关系只是理论上最大值的 6.1%，说明这是一个较为稀疏的关系网络，并且该网络还在不断发展、扩大。

（2）网络直径和平均路径长度

网络直径是在网络中任意两点之间的距离最大值，平均路径长度是网络中所有节点之间的平均最短距离。在整体网络中，两点之间的距离指的是二者间至少需要通过多少条边关联在一起[①]。

通过软件 Gephi 对数据进行分析，得出该网络的直径为 2，平均路径长度为 1.939，说明相隔最远的两个节点之间最多存在两条边，也就是在这个网络中，两个"陌生人"之间最多只存在一个中间人。根据六度空间理论：你与世界上任何陌生人之间所间隔的

_____

① 刘军：《整体网分析：UCINET 软件实用指南（第二版）》，上海：格致出版社，2014 年，第 21 页。

人不会超过六个①，可判断出在以陆洁为中心的电影圈人际关系网络中，存在小世界现象。

（3）边的权重

在复杂网络的研究中，边的权重通常被用来衡量边两端的节点之间关系的强弱。在本文的研究设计中，边的权重反映了两个节点所代表的人物在《陆洁日记摘存》中共现的次数，权重越大，说明两人之间的联系越紧密。

为观察与陆洁关系最密切的人有何特点，笔者在对各节点与"陆洁"节点之间边的权重数值进行统计之后，筛选出排名前 20 的节点。经过研究发现，在权重排名前 20 的人当中，有 11 名导演，4 名事业家、3 名演员、1 名制片人、1 名摄影师，详见表 2。由此可知，陆洁与电影事业家的联系最频繁，与导演身份的人联系最多。

表 2 边的权重数值排名前 20 的节点

排序	姓名	身份	权重	排序	姓名	身份	权重
1	罗明佑	事业家	346	11	史东山	导演	116
2	吴性栽	事业家	302	12	王次龙	导演	116
3	蔡楚生	导演	262	13	孟君谋	事业家	112
4	陶伯逊	制片人	220	14	黎民伟	导演	96
5	孙瑜	导演	218	15	谭友六	导演	72
6	朱石麟	导演	208	16	周克	摄影	66
7	吴邦藩	事业家	202	17	方沛霖	导演	56
8	费穆	导演	136	18	金焰	演员	54
9	王元龙	导演	132	19	黎莉莉	演员	50
10	朱瘦菊	导演	120	20	黎明晖	演员	48

（4）点的 3 种中心度

"权力"是社会科学中的一个重要概念，在社会网络学者看来，一个社会行动者之所以拥有权力，是因为他与他者之间存在关系，能够影响他人②，在社会网络分析法中，通过点的中心度可以衡量出行动者在社会网络中的重要程度，判断其是否处于中心地位。

本文使用点度中心度、接近中心度和中介中心度这三种中心度对网络中各职业群体进行测量，详见表 3。点度中心度表示与该节点直接相连的其他节点的个数，连接数量越多，则该点的点度中心度越高，越接近网络中心。点的接近中心度衡量的是在网络中该节点与多少个节点之间存在短"距离"，如果与所有节点之间的距离都很短，则该节点具有较高的接近中心度，说明该节点与大多数节点接近，在社交网络中能更便捷地传递信息，从而居于网络中心。中介中心度测量的是该节点在多大程度上控制他人之间的交往，

---

① 由美国社会心理学家斯坦利·米尔格兰姆（Stanley Milgram）提出。

② 刘军:《整体网分析: UCINET 软件实用指南（第二版）》，第 126 页。

如果一个节点处在许多节点之间联系的最短路径上，则该节点的中介中心度较高。

表 3　三种中心度统计

身份	中心度	均值	最大值	最小值
制片	点度中心度	49.00	121.00	3.00
	接近中心度	0.69	1.00	0.51
	中介中心度	2005.22	5953.61	0.11
事业家	点度中心度	13.44	28.00	2.00
	接近中心度	0.53	0.57	0.50
	中介中心度	37.11	98.73	0.00
导演	点度中心度	9.56	32.00	1.00
	接近中心度	0.52	0.58	0.50
	中介中心度	13.78	104.13	0.00
作曲	点度中心度	5.50	9.00	2.00
	接近中心度	0.51	0.52	0.50
	中介中心度	0.89	3.05	0.00
编剧	点度中心度	4.50	8.00	2.00
	接近中心度	0.51	0.52	0.50
	中介中心度	0.63	2.85	0.00
演员	点度中心度	4.21	17.00	1.00
	接近中心度	0.51	0.54	0.50
	中介中心度	1.90	25.75	0.00
摄影	点度中心度	3.50	4.00	2.00
	接近中心度	0.51	0.51	0.50
	中介中心度	0.53	1.00	0.00
财务	点度中心度	3.00	3.00	3.00
	接近中心度	0.51	0.51	0.51
	中介中心度	0.11	0.11	0.11
收音	点度中心度	3.00	4.00	2.00
	接近中心度	0.51	0.51	0.50
	中介中心度	0.17	0.33	0.00
片商	点度中心度	2.50	4.00	2.00
	接近中心度	0.51	0.51	0.50
	中介中心度	0.25	0.50	0.00

从表 3 中可以看出，在本文构建的关系网络中，中心度排名前 3 的群体分别是制片人、事业家、导演。其中制片平均与 49 名电影圈内人员有过联系，事业家平均与 13 人

联系，导演平均与 9 人联系。另外值得注意的是，在整个关系网中占比最大的演员群体平均联系人数只有 4 人，排名第 6。

这说明在该网络中，制片人、事业家、导演这三个群体在信息传递上效率更高，对于资源的控制能力更强。虽然演员在网络中的基数大，中心度却普遍较低，绝大多数演员在网络中处于边缘位置。出现此现象的原因可能是在一部电影的整个创作过程中，只需要一名总制片人和一名总导演，但是却需要大量的演员，这就导致一名制片人、一名导演可以同时和多名演员进行合作，而在大多数情况下，一名演员一次只能和一名制片人、一名导演进行合作，因此在网络中出现了演员人数多，与他人联系次数低的情况。

本文还统计出了点度中心度、接近中心度、中介中心度均排名前 20 的节点，分别是陆洁、孙瑜、蔡楚生、吴邦藩、孟君谋、吴性栽、陶伯逊、朱石麟、史东山、罗明佑、费穆、王元龙、金焰、卜万苍、王次龙、周克、黎民伟、朱瘦菊、谭友六、徐欣夫，详见表 4。

表 4　中心度排名前 20 的人

排序	姓名	身份	点度中心度	接近中心度	中介中心度
1	陆洁	制片	121	1.00	5953.61
2	孙瑜	导演	32	0.58	101.36
3	蔡楚生	导演	31	0.57	104.13
4	吴邦藩	事业家	28	0.57	98.73
5	孟君谋	事业家	28	0.57	96.45
6	吴性栽	事业家	25	0.56	92.11
7	陶伯逊	制片	23	0.55	61.94
8	朱石麟	导演	23	0.55	46.02
9	史东山	导演	21	0.55	42.75
10	罗明佑	事业家	20	0.55	39.22
11	费穆	导演	19	0.54	30.86
12	王元龙	演员	17	0.54	22.39
13	金焰	演员	17	0.54	25.75
14	卜万苍	导演	17	0.54	31.31
15	王次龙	导演	15	0.53	18.85
16	周克	演员	15	0.53	12.88
17	黎民伟	导演	15	0.53	16.30
18	朱瘦菊	导演	12	0.53	11.62
19	谭友六	演员	12	0.53	17.13
20	徐欣夫	导演	12	0.53	19.05

　　由于《陆洁日记摘存》中的事件是陆洁本人所记，被写进日记中的人均与陆洁存在联系，因此在本文绘制的关系网络图中，除"陆洁"外的所有节点都与"陆洁"这一节点有直接连线，所以"陆洁"节点拥有最高的点度中心度、接近中心度和中介中心度，在网络中占据最中心的位置。

　　从身份信息上看，中心度排名前20的人当中有10名导演、4名事业家、4名演员、2名制片，而在排名前10的人中，只有制片、事业家、导演，没有一名演员。表4身份信息所呈现出来的特点与表3基本一致，再次证明了身份为制片、事业家、导演的人在该网络中拥有较大的"权力"。

　　与表2相对照，在边的权重数值排名前20的人当中，除了黎莉莉和黎明晖之外，其他人尽管在排名上略有不同，但中心度都排在了前20。这说明与陆洁关系密切的人，同样在网络中拥有较大"权力"。

　　2.大中华时期至联华时期人物关系网络演化分析

　　本文选取的1924—1937年这一时间段涵盖了陆洁工作生涯的三个时期：大中华时期、大中华百合时期、联华时期。为了研究在三个时期中陆洁与电影圈内人员的合作变化趋势，笔者根据《陆洁日记摘存》中记载的大中华影片公司、大中华百合影片公司、联华影业公司成立和停办的具体时间对三个时期进行划分。

　　从1924年2月5日，"甲子元旦九日冯镇欧出资所办公司定名大中华，今天在白克路永年里成立"[①]，至1925年6月19日"公司董事会，决议与百合公司合并，改名为大中华百合影片公司"[②]，为大中华时期。

　　1925年6月19日至1930年8月29日"罗拉大中华民新等合作之新公司定名联华，近日已在对外分发认股书"[③]为大中华百合时期。

　　1930年8月29日到1937年8月20日"九时至邦家候款饭后始得，携款入厂发工资遣散工友"[④]为联华时期。

---

① 陆洁:《陆洁日记摘存》，第4页。
② 陆洁:《陆洁日记摘存》，第7页。
③ 陆洁:《陆洁日记摘存》，第40页。
④ 陆洁:《陆洁日记摘存》，第96页。

（1）三个时期的网络变化趋势

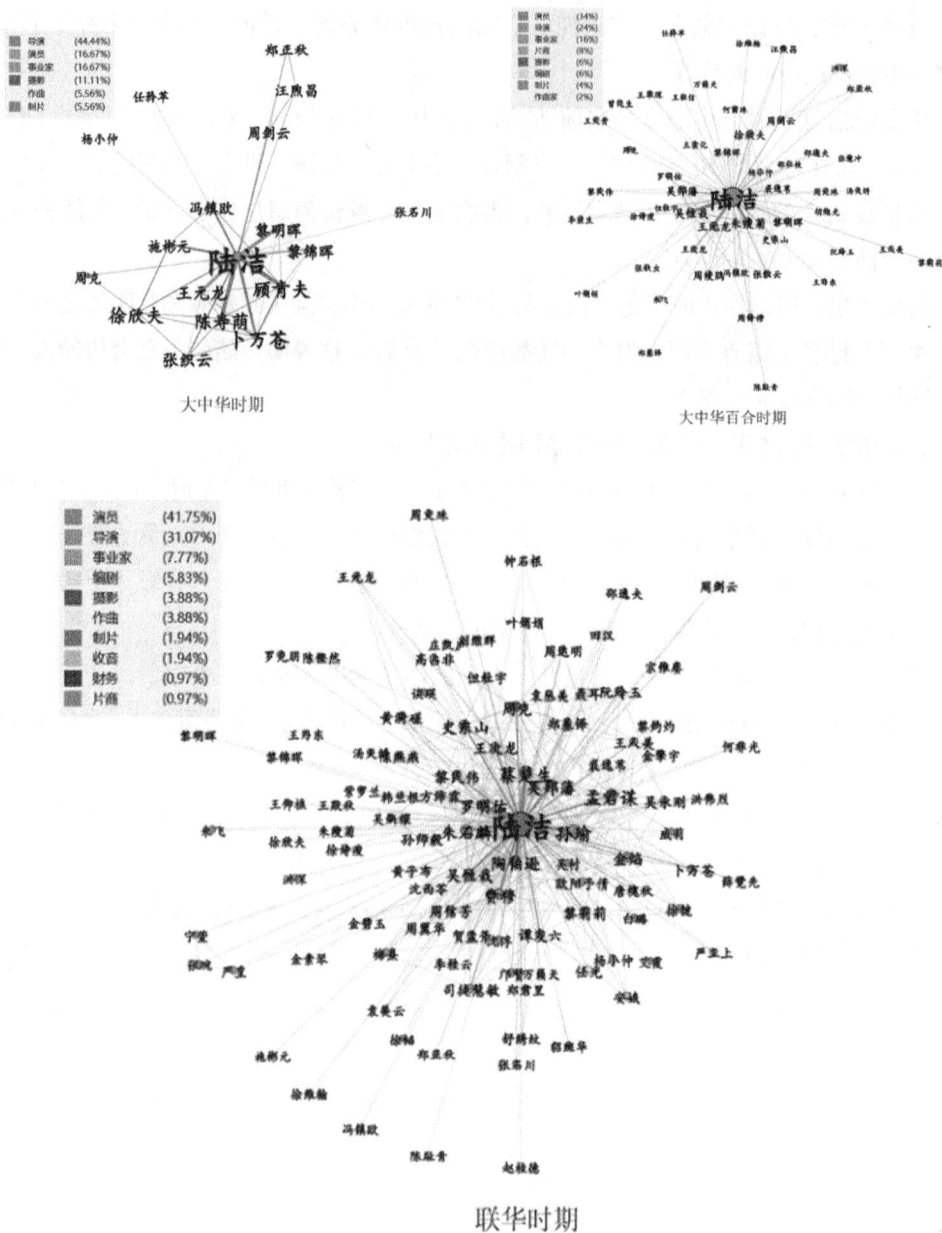

大中华时期

大中华百合时期

联华时期

图 3　以陆洁为中心的电影圈人际关系网络（分时期）

表5　人物关系网络结构测度表

时期	大中华时期	大中华百合时期	联华时期
节点数	18	50	103
边数	41	107	363
密度	0.268	0.087	0.069

基于上述时期划分，计算出各时期网络的节点数、边数、密度，绘制出各时期人际关系网络图并对各职业从业人员在三个时期网络中的占比进行统计，通过分析可得：

从大中华时期至联华时期，以陆洁为中心的电影圈人际关系网络的图密度呈下降趋势，但是网络中的节点数、边数呈上升趋势，详见表5。导演和演员在三个时期的网络中均占有较大比重，导演在网络中的占比在大中华百合时期虽然有所下降，但是在联华时期有一定的提升。在所有职业当中，只有演员在网络中的占比呈现连续上升趋势，由大中华时期的16.67%上升至联华时期的41.75%，详见表6。

1931年3月，中国第一部有声电影故事片《歌女红牡丹》在新光大戏院公开上映，结束了中国电影的"沉默"历史。从表6可以看到，在联华时期，网络中首次出现了收音师这类从事电影声音创作的人物。

由此可知，随着我国电影业的发展，电影创作中的分工更加精细，电影从业人员的规模也在不断扩大。新兴电影职业从业人员的加入，以及随着时代发展涌现出的大批电影导演及演员，在不断稀释该网络的密度。

表6　电影圈各职业在三个时期网络中占比

	大中华时期	大中华百合时期	联华时期
制片	5.56%	4%	1.94%
事业家	16.67%	16%	7.77%
导演	44.44%	24%	31.07%
演员	16.67%	34%	41.75%
摄影	11.11%	6%	3.88%
作曲	5.56%	2%	3.88%
编剧	0%	6%	5.83%
片商	0%	8%	0.97%
收音	0%	0%	1.94%
财务	0%	0%	0.97%

（2）三个时期均与陆洁有联系的人物

在时代的变迁当中，陆洁结识了越来越多志同道合的电影人，并将其写进自己的日记里。那么是否有人三个时期与陆洁都有联系，他们之间联系的密切程度在三个时期中又有何变化？

笔者按照时期的划分，将《陆洁日记摘存》中提及的电影圈人物以及他们各自与陆洁之间的联系次数分别列出，接着从中找出三个时期都与陆洁有联系的人，最后用 Excel 绘制出陆洁与这些人在三个时期中的联系次数变化趋势图，详见图 4。

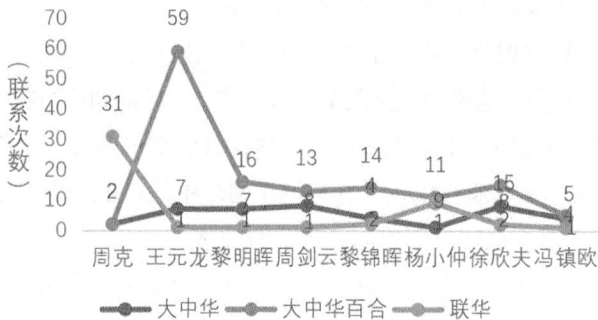

图 4　人物联系次数变化趋势图

经过统计发现，在本文筛选出的 122 名电影圈从业人员当中，陆洁仅与周克、王元龙、黎明晖、周剑云、黎锦晖、杨小仲、徐欣夫、冯镇欧 8 人从大中华时期至联华时期一直有联系。为防止极端数据对统计结果造成影响，除去联系次数最多和最低的数据后，计算陆洁在各时期与这 8 个人联系的平均次数，得到大中华时期平均联系次数为 5 次，大中华百合时期平均联系 10 次，联华时期平均联系 3 次。从整体上看，陆洁与这 8 个人的联系次数先增后减。

从局部看，大中华百合时期，除周克外，陆洁与其余 7 人的联系次数有所增加，其中与王元龙的联系特别密切，达到 59 次。在大中华百合前期，陆洁与王元龙之间的联系主要是一同解决在影片创作过程中遇到的问题。1927 年 9 月 11 日，大中华百合影片公司改组，将导演分成三组，由陆洁、王元龙、朱瘦菊各带领一组。1928 年 11 月 30 日，大中华百合公司停止拍片，在仁记路设办事处发展发行业务，代理其他公司发行影片。公司停拍后，将场地、人员、机器设备分给王元龙和朱瘦菊实行包戏制，但是由于承包人只追求速度而不注重质量，导致出品的片子粗制滥造，观众对大中华百合影片公司逐渐失去信任。1929 年 6 月 30 日，公司决定整厂停拍，然而王元龙并不愿意，他多次与陆洁、吴邦藩商量解决办法，希望能够继续拍片，最终并未谈妥。1929 年 12 月 21 日，"王氏弟兄来办理结束手续，临去时元龙云三年后再见"①。此为大中华百合时期，陆洁与王元

---

① 陆洁:《陆洁日记摘存》，第 37 页。

龙之间的最后一次联系。由此可以推断，王元龙的离开，是导致联华时期陆洁与王元龙之间的联系次数骤降的原因之一。

与大中华百合时期相比，联华时期陆洁仅与周克1人有密切联系，共联系31次，与其余7人的联系次数均有下降，与大多数人的联系次数仅有一次。联华影业公司在创办时期，基于"各厂有历史关系"，暂时采用"分厂制"：原民新影片公司改称第一制片厂，原大中华百合影片公司改称第二制片厂，原香港影片公司改称第三制片厂，上海影片公司改称第四制片厂①。陆洁在其中担任联华影业公司第二制片厂（以下简称"二厂"）厂长。1931年，周克加入联华影业公司，任摄影师，隶属二厂。陆洁作为领导与周克之间的联系多为工作上的安排，例如在影片正式拍摄之前，令周克先行前往勘景，确定好外景拍摄地。1933年10月26日，陆洁得知周克有离开联华影业公司，去艺华影业公司任职的打算。1933年12月28日，陆洁与周克进行谈话，让其尽快完成工作交接，此后陆洁与周克再无联系。

结　语

本文采用社会网络分析法对《陆洁日记摘存》中的人物关系进行研究，绘制出了人物关系网络图，接着对网络结构进行分析，最终得出以下结论：

1. 从大中华时期至联华时期，越来越多电影人被陆洁写进日记当中，不断稀释网络密度，因此根据《陆洁日记摘存》所构建的"以陆洁为中心的人际关系网络（1924—1937）"十分稀疏，并且陆洁的人际关系网络还在不断扩散。

2. 无论是在1924—1937年的整体网络，还是在大中华、大中华百合、联华三个分时期网络当中，网络内部均存在小世界现象。由此可知在以陆洁为中心的人际关系网络中不存在绝对的陌生人。

3. 《陆洁日记摘存》中人物被提及次数经过研究发现符合幂律分布特征，只有事业家、小部分导演及个别演员反复在日记中出现，与陆洁之间联系较为密切，且在电影圈中拥有较大的影响力。其余的大多数人处于网络边缘，基本上无法对网络中的关系造成影响。

4. 在与陆洁有两次及两次以上联系的122个电影人中，仅有8人从大中华时期至联华时期与陆洁一直有联系。从整体上看，陆洁与这8个人在三个时期的联系呈先上升后下降的趋势。从局部看，在大中华百合时期，陆洁与周克之间的联系次数未发生变化，与其余7人的联系次数增多，其中与王元龙之间的联系次数最多，高达59次。联华时期，陆洁仅与周克的联系次数有增加。此外，在这8个人当中，周克、王元龙、黎明晖3人在整体网络中与"陆洁"节点之间边的权重排名排在前20，这3个人不仅与陆洁一直有联系，而且联系较为密切；王元龙、徐欣夫在整体网络的中心度排名中，排在前20，他

---

① 陈刚：《陆洁：早期中国电影的"多面手"》，第83页。

们2人除了在三个时期均与陆洁有联系之外，还与网络中的其他人有一定联系，因此在整体网络中拥有比较高的"权力"。

本文在研究中还存在一些不足：第一，《陆洁日记摘存》中记录的人物姓名并不都是全名，例如陆洁会用"性"指代"吴性栽"，"朱"指代"朱石麟"，具体指代何人是根据上下文内容和相关资料推断出来的。但是还有一些在日记中多次出现的人，如"梯维""世昌"，在全文中只有名没有姓，无法判断他们是何人，未将其姓名摘出编入数据库中，因此本文对于在《陆洁日记摘存》中被提及的电影从业者的统计并不完全。第二，本文没有借助python等软件对《陆洁日记摘存》中人物共现次数进行爬取，而是由笔者本人根据文中内容判断人物是否共同参与了某个活动，再对人物之间的共现次数进行记录，在统计时可能会有遗漏。第三，本文没有为人物添加地区标签，无法具体分析网络中的"派系"情况。在后续的研究中，可以进一步观察三个时期的网络各自有何特点；找出陆洁在各时期与哪些人有密切联系，分析他们之间的联系对公司发展造成了怎样的影响；将人物所在地区纳入研究范围，以此判断网络之中是否存在"派系"。

《西游记》的中国电影史

阮加乐 *

（南京师范大学文学院，江苏南京，210046）

摘　要：古典文学《西游记》在两岸暨香港，共历经了百余年的电影改编史。西游电影经历了中国近代以来的沧桑巨变，也增添了小说母本中所没有的文化意义：两岸暨香港电影人不断适应时代语境，其创造类型多样的西游电影构成了对时代的再现、隐喻与想象，因而百年间 170 余部西游电影成为中国社会史的缩影。尽管《西游记》的改编研究已经成为"显学"，但是学界对《西游记》本身的电影史情况，尚未厘清。通过一部文学作品来收拢百年中国影史，也是对"电影史"书写方式的尝试。

关键词：西游记；电影史；电影改编；西游电影

基金项目：江苏省哲学社会科学重点项目"中国当代电影主流意识形态建构研究(1979—2018)"(19YSA002) 的阶段性成果

作为中国古典浪漫主义小说的高峰，学界对《西游记》小说文本的研究，可谓历久厚积，而以 20 世纪 80 年代央视版《西游记》电视剧和 90 年代香港电影《大话西游》为节点，关于西游影视文本的讨论，也如雨后春笋般一路猛进。从 1906 年到 2021 年，作为中国最丰厚的古典文化资源遗产，《西游记》历经了百余年的影像史。学界对西游影像的研究方兴未艾，现有的研究集中在以下几个方面：一是对《西游记》影视改编现象的研究，此类研究较多，侧重于探讨西游故事文本改编的文化语境、改编的方式、改编的特点、人物对比分析、故事情节变异等方面。[①] 二是在 20 世纪 80 年代以来后现代娱乐思潮下，西游影视剧的颠覆改编，引发研究者对此乱象的诸多批判，以此探讨了大众审美

---

* 作者简介：阮加乐（1992—），男，河南周口人，南京师范大学文学院影视学系 2020 级戏剧与影视学博士研究生，研究方向：中外电影关系史。

① 王同坤：《〈西游记〉：从小说向影视的转型》，《山东社会科学》2006 年第 8 期；刘雪梅：《论 20 世纪〈西游记〉影视剧改编及价值实现》，硕士学位论文，山东大学，2011 年；陈延荣：《〈西游记〉影视改编研究》，硕士学位论文，华东师范大学，2012 年；吴美娟：《审美文化传播视野下〈西游记〉影视改编中的怪诞呈现》，硕士学位论文，江西师范大学，2020 年。

的心理、经典文化资源与现代诠释的关系等方面。^①三是针对西游电影 IP 开发的生产模式及其市场得失的总结^②。四是对西游影视中某个具体人物的形象流变的研究,如孙悟空、猪八戒、唐僧、沙僧等,^③该类研究的视角既有只聚焦电影,也有将电视剧、文学原著、动画片进行总体分析,但此类关注人物形象的研究也与前面第二类探讨改编与大众心理的研究多有重合。五是对西游电影总体改编特点、断代史的梳理与点评,研究者大多针对 20 世纪 80 年代以后的作品进行关注批评,或是只关注到某些著名影片,^④这类研究对西游影史的把握往往显得较为片面。六是对西游影视海外改编与传播的关注。^⑤综上可见,学界对西游电影的研究已经十分多样,但是对西游电影史的研究较为薄弱。当以改编角度进行回顾时,由于西游电影史通常作为论文的“序言”章节而出现,而不是研究的核心部分,因而学界现有的研究往往多有疏漏,^⑥并且学界对于我国香港地区、台湾地区西游电影发展史,尚未触及。图像理论学者米歇尔曾强调“对有关视觉文化任何有意义的

---

①　房伟:《文化悖论时空与后现代主义——电影〈大话西游〉的时空文化研究》,《山东师范大学学报》(人文社会科学版) 2007 年第 1 期;陈明星、袁曦临:《文化基因的传承和期待视野的变化:经典名著诠释与改编的双重驱动》,《图书馆建设》2016 年第 3 期;第唐玲:《香港导演“北上”的现代大众审美研究——以近年“西游”文本的影视改编为例》,《东南传播》2020 年第 11 期;Yan Liang. "A Myth about the Present: The Shaw Brothers' The Monkey Goes West Series in the 1960s", *The journal of popular culture.* Volume45, Issue6,2012,pp.1289-1309.

②　袁聪:《新世纪“西游”IP 电影研究》,硕士学位论文,南昌大学,2018 年;石力月:《影视作品的 IP 化及其基于交换价值的生产——以西游题材电影为例》,《上海师范大学学报》(哲学社会科学版) 2018 年第 6 期;付大椿:《国内电影市场开发“西游 IP”的思考——基于罗默经济增长模型的简单分析》,《当代经济》2018 年第 5 期;Feng (Robin) Wang、Philippe Humblé & Juqiang Chen, "Towards a Socio-Cultural Account of Literary Canon's Retranslation and Reinterpretation: The Case of The Journey to the West", *Critical Arts*,Volume 34, 2020 - Issue 4,pp.117-131.。

③　白惠元:《英雄变格:孙悟空与现代中国的自我超越》,北京:生活·读书·新知三联书店,2017 年;孙聪聪:《“陌生”的孙悟空:经典文学形象的电影改编研究》,硕士学位论文,南京师范大学,2018 年;Chengcheng You. "Aesthetic Dilemmas of Adaptation and the Politics of Subjectivity: Animating the Chinese Classic Journey to the West". *International Research in Children's Literature*, vol. 12, No. 1 ,2019, pp. 34-46.

④　张宗伟:《20 世纪 90 年代以来〈西游记〉的电影改编》,《当代电影》2016 年第 10 期;李静:《21 世纪以来的〈西游记〉电影改编研究》,硕士学位论文,西北大学,2017 年;欧阳东峰、游子荆:《〈西游记〉百年影视作品史研究》,《电影文学》2021 年第 4 期。

⑤　涂文娟:《〈西游记〉IP 电影在新加坡的网络营销策略研究》,硕士学位论文,江西财经大学,2020 年;沈宸、袁曦临:《从跨文化到融文化传播:基于〈西游记〉日本影视改编历程的实证》,《数字人文》2021 年第 2 期;Hongmei Sun . "Time travel and chronotope: The Lost Empire and The Forbidden Kingdom as adaptations of Journey to the West" *Asia Pacific Translation and Intercultural Studies*.Volume 3, 2016 - Issue 2.pp.175-187.

⑥　例如,陈延荣的《〈西游记〉影视改编研究》(硕士学位论文,华东师范大学,2012 年)是较早爬梳中国西游记电影的研究,在他硕士论文的附录表中,作者整理了 1926—2012 年的西游记影视改编表,表格罗列出了 80 部影视作品:其中 19 部电视剧、61 部西游记电影。遗憾的是,此表多有错漏,正如本文指出的,西游记电影实际上诞生于 1906 年的戏曲短片《金钱豹》,而不是该文认为的 1926 年。而且该表中罗列的 61 部西游记电影的年代、导演、出品方等也有 11 处错讹。如该附录表中序号第 41 的内容:1977 年白克导演的《唐三藏》。实际上,导演白克于 1964 年以“海外通谍”的罪名已遭到台湾当局的枪杀而英年早逝。且笔者经过对台湾电影史方面的文献资料查阅,也没有在 1977 年的台湾影片目录中找到该片。由于该硕士论文目前引用次数颇高,可见此文疏漏、错误的地方会不断造成以讹传讹。

理论反思，都必须叙述视觉文化的历史性"。① 根据笔者统计，1906—2021 年间《西游记》在两岸暨香港共问世了 170 部左右的电影作品。② 这些数量庞大的作品以不同的时代、技术手段、地域、文化背景，赋予了古典文学《西游记》多维度的视觉形象与符码所指。正如早期电影理论家乔托·卡努杜和维切尔·林赛指出的，电影对文学及其他艺术门类的借用而使得自身得以发展为一种艺术形式。③ 因此，本文将对两岸暨香港的西游电影进行一次整体观照，以此也可以从另一角度重返中国电影"美的历程"。

一、西游电影的诞生及其在大陆的多次热潮

当电影在清末传播到上海时，还是一种戏园茶馆的新奇"杂耍"，出售摄影器材的丰泰照相馆最早在中国尝试电影创作。当 1905 年戏曲短片《定军山》在这里横空出世，成为中国第一部电影，这家北京的照相馆又在第二年拍摄了一批戏曲演出的短片，其中包括《金钱豹》中俞振庭表演的孙悟空大战金钱豹等京剧片段。可见西游电影几乎与中国电影的起源同步发生，④1906 年的这部戏曲短片《金钱豹》也成为中国第一部西游电影。这种外来的媒介科技与本民族古老戏曲艺术糅合成的视觉魔力，在当时引发了"万人空巷来观之势"。⑤

① W. J. T. 米歇尔：《图像理论》，陈永国译，北京：北京大学出版社，2006 年，第 13 页。

② 其中内地和台湾的西游电影数据，在程季华主编的《中国电影发展史》、中国电影图史编辑委员会主编的《1905—2005 中国电影图史》、高小健的《中国戏曲电影史》、颜慧、索亚斌的《中国动画电影史》等文献中，进行逐年查阅而得。因《1905—2005 中国电影图史》一书，或是出于版面考虑，对于 1949 年后的香港电影，只列出主要影片目录，而并不是所有影片的目录，故此笔者又查阅了香港电影资料馆《港产电影一览 1914—2010》的研究资料，从 9861 部香港电影中逐年寻找，单独得出香港西游电影的数据，而后汇总两岸暨香港西游电影后，得出该数据。一些以古代神话传说与《封神演义》的故事或人物为主体的影片，如"沉香救母"故事中的"二郎神"杨戬、"哪吒闹东海"中的哪吒等，虽然与《西游记》有交集，但考虑《西游记》的主体性，故这 170 部左右的数据中没有包括该类影片。

③ 罗伯特·斯塔姆：《电影理论解读》，陈儒修、郭幼龙译，北京：北京大学出版社，2017 年，第 35—36 页。

④ 李道新：《光影绵长：〈西游记〉电影的跨国生产与消费》，2016 年 3 月 27 日，北京国家图书馆讲座，http://read.nlc.cn/allSearch/searchDetail?searchType=52&showType=1&indexName=712&fid=00T16089，2021 年 2 月 21 日。

⑤ 《电影》周刊，1938 年第 14 期，转引自程季华主编：《中国电影发展史（第一卷）》，北京：中国电影出版社，1981 年，第 15 页。

图 1　《金钱豹》剧照，俞振庭饰演金钱豹、姚喜成饰演孙悟空
（《半月剧刊（北平）》，1936 年第 3 期，第 1 页）

　　当电影在 20 世纪 20 年代以后被确认为一项具有艺术审美和商业利润的文化产业，得益这种商业氛围和中国知识分子的艺术跨界创作，中国古典小说、西方现代通俗剧纷纷被改编成电影，出现在上海的各大中外影院。或许是《西游记》的神话色彩和天宫海底幻想世界的魅力，令中国影人并不止步于早期将戏曲与电影进行媒介结合的"影戏"尝试，当《西游记》的影像创作出现在上海时，首先是电影动画形式。1923—1924 年，上海《申报》对此进行过报道，称中国动画片制作先驱杨左匋，在英美烟草公司影片部下设的滑稽影片画部创作的动画片《大闹天宫》已在戏院上映，李允臣、黄文农、沈延哲等在中国画片公司创作的动画片《西游记》也已创作完成。①1926 年两部黑白默片《孙行者大战金钱豹》（天一影片公司，胡蝶主演）与《猪八戒招亲》（大中国影片公司，陈秋风导演），也同样是在上海开启了《西游记》的真人电影之路。而让《西游记》的电影文本取得轰动性影响的，当属 1927 年"FF 小姐"殷明珠主演的《西游记·盘丝洞》（上海影戏公司，但杜宇导演）。该片因大胆的情色镜头和精美的服装置景设计，在中国上映

①　《英美烟公司影片部之内容》，《申报》1923 年 7 月 3 日，第 17 版；《中国画片公司成立》，《申报》1924 年 6 月 24 日，第 22 版。

后引起观影热潮和社会争议，不仅随后传播到东南亚地区，还于 1929 年在挪威奥斯陆一家 "斗兽场" 的电影院上映六天，轰动一时。[①] 作为第一部在北欧放映的中国电影，该片在中国电影史上可谓意义非凡。在这种早期中国默片进军海外电影市场的案例中，可见西游电影增加了小说母本难以企及的传播吸引力。在当时欧美电影席卷全球的挤压下，西游电影同时具备了汤姆·甘宁所言的 "吸引力电影"[②] 和传统叙事电影的特质，它以幻想世界与法术打斗为国际观众分享了没有文化折扣的奇观和快感，使得当时积贫积弱的中国一样可以实现中华文化 "走出去"。

图 2　早期西游默片在海外放映

（《北洋画报》，1928 年 2 月，第 159 期卷，第 1 页）

据笔者统计，在 1926—1930 年的短短 4 年里，中国一共问世了 30 部左右的西游电影。李少白在《影心探骊：电影历史及理论》中也指出，这时期 "出品的武侠神怪片，多改编于《西游记》"。[③] 可见，西游电影是中国电影史中 "武侠神怪热" 的重要部分。1931年鉴于 "武侠神怪热" 展现的封建迷信的社会氛围与当时国民政府倡导的 "新生活运动" 极不相符，国民政府内教二部合组的电检会，开始严厉查禁所有神怪、暴力元素浓厚的

---

① 丁亚平：《论中国电影史研究的嬗变及其新走向》，《当代电影》2014 年第 8 期。

② 关于吸引电影的论述，可参见汤姆·冈宁：《吸引力电影：早期电影及其观众与先锋派》，杨远婴主编：《电影理论读本（修订版）》，北京：北京联合出版公司，2017 年，第 453—459 页。

③ 李少白：《影心探骊：电影历史及理论》，北京：文化艺术出版社，1991 年，第 50 页。

电影，致使这一波"武侠神怪热"戛然而止。但是当中国西游电影沉寂时，1938年日本大都电影公司摄制的西游电影问世，又引起了国内某种民族情绪和文化焦虑，电影杂志载文批判日本西游电影虽然"完全参照中国的西游记说部"①，但是"荒唐麻醉是最恰当的评语"。②日本侵华造成的民族危机加深了中国电影界救亡图存意识，"国防电影"继而成为首要的创作方向。此时，偏安一隅的上海"孤岛"电影界却扎进了古装片消极避世的精神世界：1940年艺华影业公司吴文超导演的《新盘丝洞》的上映和媒体高调宣传，③无疑宣告上海"武侠神怪热"消退后的某种短暂"复活"。抗战期间这种借助古装片的托古言志、借古喻今，也成为躲避日伪电影审查的灵活策略。比如万氏兄弟的黑白动画片《铁扇公主》（1941年）结合时代背景，借孙悟空深入人心的斗争形象，表达了中国人民不屈不挠的抗战精神。该片使西游电影进入了一个有声美术片时代，不仅创下了当时亚洲地区第一长动画的记录，而且在东南亚、日本反响热烈，在世界电影史上占有重要地位，它"标志着当时中国的动画艺术已经接近世界先进水平"。④

由于大批上海影人在国共内战期间南下香港避难，社会动荡的生存体验让电影界偏爱《乌鸦与麻雀》式的针砭时弊、同情底层的现实主义创作。新中国成立初期毛泽东对电影《武训传》的批评，又致使文艺界风声鹤唳，一向具有神怪片、商业色彩的西游电影，在这些持续的社会动荡和主流意识形态的"紧箍咒"下，只能以达尔文"进化论"般的生物性色彩，进行某种文化自觉式的调整与适应。在1958年上海美术电影制片厂的剪纸片《猪八戒吃西瓜》和木偶片《火焰山》利用民族工艺美术，取得较好反响的基础上，1961—1964年，上海美术电影制片厂以动画大师万籁鸣为核心的团队制作的动画电影《大闹天宫》（上下集）石破天惊地蜚声国际电影节，并被法国报纸称赞为"动画片真正的杰作"。⑤除了出现民族美术片的新样式，这一时期的绍剧电影《孙悟空三打白骨精》（1960年，杨小仲），以擦亮"火眼金睛"，认清敌人和同志以便进行阶级斗争的时代寓言，受到毛主席、郭沫若等人的称赞，并于观影后相继为该剧题写诗词。⑥虽然1906年京剧短片《金钱豹》最早尝试将西游文学故事、戏曲、电影艺术进行媒介跨界创作，但直到此时，西游戏曲片才获得了空前的认可和生命力。1983年三部西游京剧作品问世将西游戏曲片推到顶峰后，1990年新闻电影制片厂的《闹天宫》为这种"影戏"传统画上

① "说部"，即小说、戏曲以及民间说唱文学等著作的旧时称谓。

② 《荒唐麻醉是最适当的评语：西游记在日本上银幕》，《电影（上海）》1939年第23期，第764页。

③ 《"西游记"说部上银幕——〈新盘丝洞〉艺华公司摄制吴文超导演》，《电影世界》1940年第9期；《盘丝洞影片导演吴文超和小王捣蛋，头发一剃再剃三剃》，《青青电影》1939年第4卷第37期；吕智元：《艺华新片七情：导演吴文超在片中兼饰孙行者》，《影迷画报》1940年第2期；秦泰来、翁飞鹏：《摄影场杂志：吴文超导演"盘丝洞"时候的情形》，《影迷画报》1940年第6期。

④ 颜慧、索亚斌：《中国动画电影史》，北京：中国电影出版社，2005年，第20页。

⑤ 章柏青、贾磊磊：《中国当代电影史（下册）》，北京：文化艺术出版社，2006年，第171页。

⑥ 郭沫若：《"玉宇澄清万里埃"——读毛主席有关〈孙悟空三打白骨精〉的一首七律》，《人民日报》1964年5月30日，第7版。

了一个句号，之后内地西游戏曲片归于沉寂。新中国至 1990 年的这 40 年之间，内地一共有 16 部西游电影面世，但意味深长的是，只有戏曲片和美术片两种类型，它们均借鉴传统民族文化中戏曲、美术的有益艺术形式，将具有神怪打斗和情色意味的古典小说文本，转变为孙悟空无性化的"革命英雄"成长史式的红色叙述。在变幻莫测的政治环境与主流意识形态的规训下，这种视觉形象的媒介改造和"社会主义民族新电影"①的身份构建，无疑彻底将民国时期上海西游电影的市民娱乐性驱逐干净，也在冷战时期的社会主义国家电影周等国际文化交流中，为新中国量度打造了新的文化身份与国际形象。

随着改革开放的深入，1991 年张彻导演的具有京剧色彩的《西行平妖》，由香港长河影业与内地潇湘电影制片厂联合摄制。该片剧情有所欠佳，但却是新中国成立后内地与香港合作的第一部西游电影。两岸电影的频繁合作，也带来了西游电影史上两部重要的作品：《大话西游之月光宝盒》《大话西游之仙履奇缘》（1995 年）。法国电影新浪潮"主将"特吕弗和批评家安德烈·巴赞，曾对法国电影传统中那些忠于经典名著，所谓的"优质电影"（Boulevard Cinema）的美学取向予以扬弃，②倡导"作者论"概念下的艺术精英主义和创作手法的自由化。而这两部《大话西游》正是对西游经典元文本的嬉戏式游离，其对权威经典的嘲讽和命运无力感的喟叹，使西游电影具有了一种颠覆性的审美体验。这场电影美学变革如海啸般地引发了内地文化界后知后觉地对于"大众文化""青年亚文化"等议题的关注与讨论，还为中国理论界运用当时火热的杰姆逊"后现代主义"理论提供了极佳的本土案例。

21 世纪后，内地西游电影陆续出现了 3D 新技术（如 2007 年的 3D 动画电影《悟空大战二郎神》）、跨国摄制（如 2008 年中美合拍的西游电影《功夫之王》、2017 年取景印度的喜剧片《大闹天竺》）等新现象。除了传统院线的故事片与动画片，其他类型也大为丰富，如 2009 年金铁木执导的电影纪录片《玄奘大师》，该片辗转多个国家进行实景拍摄，以真人剧情和画外解说方式再现了玄奘传奇而卓绝的一生；2012 年李珞导演的先锋电影《唐皇游地府》，该片将西游故事嵌入现代背景，由一群业余演员操着湖北方言，以一种荒诞派的戏剧方式，完成了龙王与李世民之间的恩怨叙述，并获得当年温哥华电影节的最高奖"龙虎奖"。由于电影特效更迭后的技术保障和商业资本对"IP"变现的追逐，内地西游电影近年来更为扎堆涌现：《西游降魔篇》（周星驰，2013 年）将目光聚焦在唐僧身上，来延续《大话西游》里关于爱情和时间关系的命题。《西游记之大圣归来》（田晓鹏，2015 年）以浓郁民族性的勾勒，创造了当年国产动漫票房的新纪录，观众在网络平台自发的高评分，还产生了"自来水"这一年度网络热词。《万万没想到·西游篇》（易

① 为响应当时摆脱苏联教条主义的号召，中国文化界开始有意识地探索自己的民族艺术，1956 年，时任文化部部长的沈雁冰正式提出"社会主义民族新电影"的创作指示。参见《创造出更多更好的社会主义的民族新电影——文化部沈雁冰部长在优秀影片授奖大会上的讲话》，《中国电影》1957 年第 4 期。
② 蒂莫西·科里根：《定义改编》，刘琼译，《北京电影学院学报》2020 年第 1 期。

小星，2015 年）作为擅长打造网络短剧的万合天宜公司向院线电影转变的一次跨界尝试，也取得了票房的成功。由香港导演郑保瑞执导的《西游记之三打白骨精》（2016 年）、《西游记·女儿国》（2018 年）则是专注视觉奇观，不仅邀请韩国特效团队，也是卡梅隆佩斯集团（CPG）的 3D 摄影机首次在亚洲使用。[①] 以及生产机制较为灵活的"网络大电影"《西游记之锁妖封魔塔》（2016 年）和展现职场生存法则的《西游伏妖篇》（徐克、周星驰，2017 年）等作品都使得西游电影声势煊赫，2016 年，据不完全统计有 23 部西游题材立项。[②] 这股电影界抢夺西游"IP"登峰造极的浪潮，陆续引起了《人民日报》《光明日报》《中国艺术报》《文汇报》等主流媒体的讨论，党媒和业内媒体都表达了对西游电影泛滥后，还能否讲好新时代"中国故事"的担忧。西游电影系列、《画皮》系列、《狄仁杰》系列等这股东方奇幻电影浪潮和主流舆论场的某种"礼崩乐坏"的文化焦虑感，似乎均可以与默片时代的"武侠神怪热"相提并论，从中我们再次看到了商业法则、情色诱惑、视觉奇观等民国时期上海电影传统"现身"的魅影。

二、西游电影在中国香港：娱乐性与故土符号

由于国民政府在 20 世纪 30 年代对"武侠神怪片"的严厉查禁，以天一影业公司邵醉翁为首的上海电影界转而在香港开设分厂，继续拍摄武侠神怪电影以便从南洋放映市场中大获盈利，这种投机性行为也将中国电影中的娱乐香火，最终得以在电检制度鞭长莫及的香港保存、延续。[③] 根据笔者在香港电影资料馆的线上查阅，香港第一部西游电影应该是 1948 年香港导演彼得的《孙悟空大战猪八戒》。当时香港影坛武侠、色情之风大为流行，中共领导的在港进步影人通过占据舆论阵地，发起了"粤语片清洁运动"。[④] 当 1949 年邵氏影业公司叶一声导演的《红孩儿》上映后，成为左派新闻媒体开设的"电影批评"专栏的矛头指向。这部由粤剧童星羽佳出演的电影，其剧情以铁扇公主色诱唐僧展开，片中"妖形怪状的女演员，一件件衣服脱下"，[⑤] 因此被《大公报》批判为该电影放大了色情淫恶。这场电影清洁运动同时也号召"伶星分家"，媒体上展开了"粤剧名伶应否把事业重心放在电影上"的大讨论。[⑥] 出于对左派影人日益发挥影响力的担忧，港英政府 1952 年两次将爱国影人"递解出境"。但这种政治与文化的角力，总体上来说没有太大影响到香港影界对古典小说的热衷。西游电影在香港的世界观可谓发展宏大，《红孩儿大战五龙公主》（1949 年，叶一声）、《哪吒大战红孩儿》（1950 年，叶一生、梁琛）、《哪吒三战六耳猴》（1950 年，洪仲豪）、《铁扇公主神火破天门》（1959 年，陈焯生）等影

---

① 曹宇：《后期调色在电影中的运用与意义》，硕士学位论文，苏州大学，2016 年，第 40 页。
② 邵岭：《IP"七十二变"？别把悟空"玩"坏了》，《文汇报》2016 年 2 月 9 日，第 001 版。
③ 宫浩宇：《武侠神怪片的兴衰及其对早期上海电影业的影响》，《电影艺术》2011 年第 2 期。
④ 郑睿：《中国共产党在香港影界文化战线的发展脉络（1937—1956）》，《东方学刊》2019 年第 4 期。
⑤ 何休：《请拿出良心来——评"红孩儿"》，《大公报》（香港）1949 年 3 月 4 日，第 0007 版。
⑥ 罗丽：《延展与凝视：粤剧电影发展史述评》，北京：人民出版社，2017 年，第 128 页。

片，都是单独抽离《西游记》的配角进行再编演绎。还有将取经团队的某一人为主体来展开的影片，如"孙悟空系列"：《孙悟空打九尾狐》（1964 年，黄鹤声）、《孙悟空三戏百花仙》（1965 年，黄鹤声）等。因在粤语中，孙悟空也被称为马骝精，故以"马骝精"作为电影片名的数量也大为可观：如《马骝精大闹天宫》（1949 年，陈平）、《马骝精大闹女儿国》（1950 年，顾文宗）、《马骝精出世》（1962 年，雷英）等等，此类影片由于南下香港的左派影人对粤语片市场的重视，这几部"马骝精"电影在主题思想上具有"革命"旧制度、赞扬反抗意识的意味。同样还有以猪八戒为主角的西游电影：如《猪八戒招亲》（1953 年，叶一声）、《猪八戒招亲》（1957 年，吴回）等。相比当时禁欲、无性化的唐僧和孙悟空，"招亲"情节中的喜剧冲突设置、猪八戒的情色欲望，十分契合香港电影的商业基因与感官机制。

有趣的是，香港西游电影在《大话西游》之前，就已经有了戏谑性改编的先河。1965 年黄尧导演的《摩登马骝精》就是一部现代剧，剧情是讲述孙悟空在现代显圣。还有 1969 年和 1971 年分别由唐煌导演的《孙悟空大闹香港》《孙悟空再闹香港》，两部电影均为西游人物"穿越"到香港后发生的故事。此种戏谑的西游作品满足了娱乐宣泄，在梦幻想象与怪力乱神间，建构了一种狂欢化的仪式机制。正如香港电影研究者罗卡（Law Kar）、法兰宾（Frank Bren）总结的："将传统与现代磨合，民间传说与流行文化搅合，使之混为一体，正是 60 年代香港电影创作的主要方向之一。"[①] 这期间纷至沓来的"孙悟空大战"系列、"大闹"系列、"猪八戒"系列、"红孩儿"系列等西游电影，不免带有香港电影工业机制下粗制滥造的痕迹。相较而言，1966 年到 1968 年间邵氏电影公司著名的编导何梦华、程刚联手制作的四部西游影片：《西游记》《铁扇公主》《盘丝洞》《女儿国》，影响较大，甚至在新加坡上映时也广受欢迎。[②] 该系列电影有意增加女性角色的剧情分量，穿插民间文艺传统中的黄梅调歌谣，再加上彩色电影的技术使用，构建了颇有中国古典意境的镜头语言。该系列电影深刻影响了后续香港电影人的"西游"观。周星驰在后来接受采访时就坦言，自己对西游电影的认知与兴趣就来源于这几部作品。[③] 但是邵氏电影不可避免的商业色彩，使这几部西游电影仍带有一些风月艳情的特点。

由于香港电影在东亚汉文化圈的票房号召力，香港电影的制作也颇为国际化：1957 年，香港与日本合拍了《孙悟空大闹盘丝洞》，该片由日本东宝株式会社负责技术，是香港西游电影的第一次国际合作。较为成功的是 1962 年与韩国合拍的《火焰山》，该片由香港导演莫康时执导，获得了韩国艺术文化振兴会最佳合作演出奖、最佳演技奖、汉城大学编剧荣誉奖等多项殊荣。在对白语言上，香港的西游电影颇为多样。作为一个特殊

① 罗卡、法兰宾：《香港电影跨文化观》，北京：北京大学出版社，2012 年，第 175 页。
② 参见导演何梦华的口述史，郭宁静编：《香港影人口述历史丛书 5：摩登色彩——迈进 1960 年代》，香港：香港电影资料馆，2008 年，第 248—249 页。
③ 任姗姗、杨海：《"西游"变形记》，《人民日报》2013 年 3 月 21 日，第 24 版。

殖民地与避难移民地区，二战后，东南亚市场是香港命脉所在，海外不同籍贯华侨的需要、本土大量的外来人口等原因，造就了香港成为摄制方言片的"造梦工场"。因此，除了以国语片和粤语片为主体，香港西游电影也有多部方言片：1957 年黄凡导演的《红孩儿大战孙悟空》是一部厦语片、1964 年蔡昌导演的《猪八戒招亲》是一部潮语片。内地的绍剧电影《孙悟空三打白骨精》作为地方戏曲片，对于香港来说，是一种熟悉又陌生的"声音"，通过中共领导的香港南方影业公司，该电影得以在 20 世纪 60 年代的香港上映，近 40 万人次的观影热潮，①使得故土乡音和中华文化在香港人的集体观影仪式中凝结成族群的"想象的共同体"。

　　1949 年至 1990 年间，相较于内地与台湾，香港一直是西游电影最繁盛的地区。尤其是 20 世纪五六十年代，可谓香港西游电影的高峰时期。也可能是电影资本对利润回报的追逐，香港对制作程序较为烦琐的美术片并不热衷。虽然 20 世纪 40 年代初香港就诞生了动画电影，但一直是香港电影中的薄弱部分。②根据笔者统计，1949 年至 1990 年间，香港一共拍摄了 44 部西游影片，但剧情故事片占据了绝大部分，戏曲片只有 2 部：《哪吒三斗红孩儿》，（1962 年，黄鹤声）、《红孩儿》（1975 年，张彻），而美术片的数量则为零。这显然迥异于同时期内地以戏曲片和美术片为主，台湾为故事片与美术片兼有之的生态格局。

　　20 世纪 90 年代以后，香港电影新浪潮的消退与本土票房的萎缩，资本和娱乐产业陆续"北进"，香港与内地十年间合拍了 3 部西游电影（上文已提到的《西行平妖》《大话西游》系列），但是票房均为失利。而 2002 年张艺谋《英雄》的全球 14 亿票房成绩，被视为香港与内地合拍电影的一针强心剂。片中"统一天下"的主题思想，似乎凑巧地成为华语电影身份融合与重构的某种宣言。③2003 年，内地与香港签署 CEPA 协议后，香港与内地合拍上映的《情癫大圣》《西游降魔篇》等西游影片，果然获得了"国产片"的身份归属。随着内地电影业的崛起及对西游题材的热衷，西游电影的主要场域转移到了内地，早已是不争的事实。2016 年刘镇伟所执导《大话西游 3》在内地上映，然而影片美学趣味推陈出新的疲软以及对"大话 IP"的情怀消费，均令观众的审美期待大为受挫。近年香港与内地合拍的《湄公河行动》《红海行动》等电影，在思想主旋律、视听手段工业化、叙事流畅性上做到了难得的兼容性平衡。相比之下，香港与内地合拍的西游电影，在多变的电影市场和复杂的文化语境下仍有值得挖掘和进步的空间。

①　当时一些内地戏曲影片在香港的观影数据，参见许敦乐：《垦光拓影五十秋——南方影业半世纪的道路》，香港：kubrick 出版，2005 年，第 222—229 页。

②　赵卫防：《香港电影史（1897—2006）》，北京：中国广播电视出版社，2007 年，第 402 页。

③　张建德：《香港电影：额外的维度》，苏涛译，北京：北京大学出版社，2017 年，第 316—317 页。

三、西游电影在台湾地区:"影像家书"及其衰落史

日据时期,台湾地区的电影萌芽但发展缓慢,且并无涉及西游题材。抗战开始后,慑于台湾同胞的反抗,日本控制的台湾总督府对大陆影片视若洪水猛兽,不仅修改审查规则,还禁止台湾民众偏爱的大陆影片的输入与上映。但在台湾民众对日本影片的无声抵制下,又经片商不断的要求和活动,1942年台湾总督府批准了两部大陆影片进口:华成公司的《木兰从军》和万氏兄弟的《铁扇公主》。两片借古喻今,表现了中国在日寇铁蹄下英勇反抗的民族气节,对教育和鼓舞台湾群众起了良好的作用。[1] 由此可见,大陆西游电影《铁扇公主》在台湾影史上也可谓具有重要意义的作品。1949年两岸关系趋于紧张后,台湾电影史学者杜云之,对当时台湾电影的薄弱基础做过介绍,称当时中国的影业设备和人才,80%滞留在大陆,15%在香港,而台湾只占了5%。[2] 因此,直到1957年台湾才出现第一部本土西游电影《唐三藏救母》。本片导演白克,作为官方电影体制中"台湾电影的开拓者",接受了台湾佛教会的拍摄赞助,不可避免地使该片藏匿了西游文本中的武打色情成分,而极富有创造性地将民间佛教信仰和国民党退台后主张的儒家伦理进行美学调和,该片在第二年也传播到新加坡和菲律宾等地区。1958年,作为台湾第一部西游美术片——木偶戏电影《西游记》(又名《猪八戒招亲》)在台北爱国、成功两家戏院联映。这部闽南语木偶电影由新成立的宝伟影业公司出品,南洋华侨导演杨培带领主创团队,从布景舞台设计、剧本编写、到木偶演出技术都进行了翻新,因此给予了当时台湾民众一种新奇的感官体验。[3] 随之而来的1959年,初出茅庐的李行执导了台联影业公司的《猪八戒与孙悟空》与《猪八戒救美大战金钱豹》,这两部让台湾西游电影阵营逐渐热闹起来的作品,让他在成为台湾健康写实主义电影"旗手"之前,积累了宝贵的电影实践经验。

国民党退台后为拉拢海外华人,对港台电影交流协作越发予以鼓励,[4]20世纪60年代台湾健康写实电影、琼瑶爱情片、李翰祥古装宫闱片纷纷破土而出。台湾有三部西游电影都集中在了1962年:《孙悟空出世》(蔡秋林导演)、《观音收伏红孩儿》(洪信德导演)、《李世民游地府》(邵罗辉导演)。而台湾西游电影真正的高峰期则是20世纪70年代,与香港五六十年代类似,台湾这时期的西游影片多为"孙悟空大战"系列,"红孩儿"系列。该时期台湾经济发展势头良好,电影行业和制片数量欣欣向荣,但是国际地位的低落,香港和台湾不约而同地兴起一种抽象的中华民族情绪。[5] 据笔者统计,在这10年间,台湾一共有13部西游电影问世。这其中有两部为港台合拍,即香港大信影业

① 陈飞宝:《台湾电影史话》,北京:中国电影出版社,1988年,第24页。

② 杜云之:《中国电影史》,台北:台湾商务印书馆,1978年,第24页。

③ 中国电影图史编辑委员会主编:《1905—2005中国电影图史》,北京:中国传媒大学出版社,2007年,第335页。

④ 徐乐眉:《百年台湾电影史》,北京:九州出版社,2016年,第83页。

⑤ 焦雄屏:《岁月留影:中西电影论述》,北京:商务印书馆,2019年,第380页。

与台湾金艺影业公司合拍的《孙悟空智取黄袍怪》（1970 年，凌云）、香港邵氏公司与台湾长弓影业公司合拍的《红孩儿》（1975 年，张彻）。值得一提的是，1972 年台湾中华卡通公司拍摄的动画电影《新西游记》是台湾第一部 16cm 卡通片。虽然本片因无影院购买而未曾上映，但台湾第一部 16cm 卡通片以及上面提到台湾第一部木偶戏电影，居然都是一部西游作品，不得不让人惊叹电子媒介时代下，《西游记》在中华文化圈依然处于重要的地位。

经历了 20 世纪 70 年代台湾西游电影的短暂繁荣，到了 1980 年以后，台湾影坛整体的颓靡，连"'中央电影企业有限公司'这样的'官办'电影机构也在寻求再生之路"。[①]虽然之后，侯孝贤、杨德昌等台湾导演引领的"台湾新电影"在艺术成就上引人注目，但也难掩"台湾电影工业和电影文化的衰亡"。[②]这期间台湾只有《新西游记》《孙悟空大战飞人国》（1982 年，均为陈俊良导演）、《黄金西游记》（动画片，1987 年，谢敬恒、游景源导演）三部西游作品问世，它们娱乐性的审美趣味充当着"解严"前后社会压抑多年的情绪、创伤的宣泄和疗治。值得一提的是，台湾西游电影的萎靡，也给大陆西游影视输入提供了空间。在 80 年代两岸通商、通航、通邮尚未开通时，依托渔民的民间私下贸易，"通像"却成为一道蔚然景观：包含西游电影、电视剧的大陆录像带大量输入台湾，甚至《西游记》录像带被人带回台湾翻录后还引起热销。[③]这些携带民族符号、壮丽山河的"影像家书"极大满足了台湾同胞的思乡之情。

虽然在 20 世纪 90 年代台湾涌现了蔡明亮、陈国富、林正盛等"新新电影"导演，但他们多元的电影实践，往往聚焦在边缘叛逆的"新新人类"，并没有将触角探到西游题材上。以至于台湾西游电影持续处于低迷期，只有 1997 年陈志华导演的《天庭外传》（又名哪吒大战美猴王）问世。本片由林志颖、释小龙，郝邵文主演，虽然该片嬉闹的剧情多有欠缺，但在内地却属于不少年轻人的成长记忆。21 世纪后，被台湾电影人焦雄屏称为"超过世代"的钮承泽、魏德圣、林书宇、叶天伦、陈玉珊等新锐导演，热衷探索个人成长记忆与台湾史之间的互动。此时，本土意识崛起后的青春影像，取替了第一代外省人偏爱的中华色彩浓郁的西游影像。因而 21 世纪以后，台湾只有老导演王童的《红孩儿决战火焰山》一部西游作品问世。该片以一种儿童视角来阐释现实生活，语言对白也颇具有后现代主义的消解性。虽然此片在当年相继荣获第 50 届亚太影展"最佳动画片"、第 42 届台湾金马奖最佳动画片，并得到政府奖的垂青，捧回第 11 届电影华表奖的荣誉，

① 李道新：《中国电影文化史（1905—2004）》，北京：北京大学出版社，2005 年版，第 472 页。
② 魏玓：《从全球化脉络重新检视台湾新电影的历史意义》，中国电影年鉴社编辑：《中国电影年鉴2003》，北京：中国电影年鉴社，2004 年，第 483 页。
③ 王仲莘：《两岸交流最早的突破——"通像"：福建录像带进入台湾岛记事》，《石狮日报》2010 年 3月 9 日，第 005 版。

但是在大陆 2005 年 8 月上映后，只有惨淡的 250 万元的票房收入。[1]另外，2014 年在柏林电影节首映的电影《西游》中，导演蔡明亮让李康生穿上红色袈裟在法国马赛街道缓慢行走，以隐喻玄奘的西行以及反思现代生活的机械与匆忙。虽然本片名为"西游"，但是该片作为一场与街道观众可以实时互动的"行为艺术"，实际早已脱离了《西游记》的源文本，古典资源在该片中仅剩下一个模糊且无处安放的符号。由此可见，与大陆西游电影票房纷纷破亿相比，台湾本土西游电影已呈现出一种隐形状态。当前台湾电影市场份额绝大部分被美国、日本影片所占据，[2]且本土电影即使上映后，票房也颇为惨淡。在内地、香港的西游电影融合一体的态势中，当下台湾本土西游电影的凋零，恍如侯孝贤《刺客聂隐娘》的结尾寓言：在苍凉幽旷的音乐中，聂隐娘牵马转身，留给江湖一个落寞的背影。

结　语

从《西游记》的百年电影生产中可见，《西游记》文本故事的可塑性、无偿的公共资源 IP 属性，以及深厚的群众基础性等原因，使得中国西游电影可谓精彩纷呈：在数量上频繁涌现。在作品样式丰富多样，有动画片、黑白默片、戏曲片、3D 电影、纪录片等形式。西游神怪世界给电影带来如何实现的技术难题，迫使中国影人发挥了智慧性的攻克，如 1927 年的《盘丝洞》是中国电影史上首次尝试水下摄影的作品；[3]1928 年《车迟国唐僧斗法》里"护法韦驮示梦"的镜头，二次曝光和绘画接顶同时运用在一个画面里的特技摄影可圈可点。[4]另外，诸如《铁扇公主》《大闹天宫》等动画作品更是产生世界性的影响，也赢得了"中国动画学派"的美誉。为了适应中国近代以来的风云突变，西游电影在两岸暨香港电影人的智慧下，进行某种生物学上的肌理调整与适应，使得它在百年历程中不单复制了这种媒介技术传统，如阿尔都塞所言，它还智慧性地"复制了对统治意识形态的服从性"，[5]而得以生生不息。在纸质媒介时代，印刷物因为版本的差异使得内容可以一次次地修正、知识可以一遍遍地传承、文化可以一层层地厚积。而西游电影几乎与中国电影的起源同步发生，通过梳理百年间被中国影人翻拍了 170 多次，在世界电影史也是极为罕见与独特的中国西游电影，了解这些"版本"的语境、风格、源流、关系，仅从《西游记》这一部作品的电影"版本"出发，就得以让我们重温了一部中国电影发展史，这也为我们提供了书写中国电影史的新思路。

① 数据来源于艺恩咨询，转引自聂伟、冯凝：《两岸电影合拍：产业竞合与文化交往》，《电影新作》2012 年第 6 期。

② 尹鸿、孙俨斌：《2015 年中国电影产业备忘》，《电影艺术》2016 年第 2 期。

③ 郦苏元、胡菊彬：《中国无声电影史》，北京：中国电影出版社，1996 年，第 216 页。

④ 丁亚平编著：《中国电影历史图志 1896—2015（上）》，北京：文化艺术出版社，2015 年，第 25—27 页。

⑤ 周蕾：《男性自恋与国家民族文化——陈凯歌〈孩子王〉中的主体性》，郑树森主编：《文化批评与华语电影》，桂林：广西师范大学出版社，2003 年，第 70—71 页。

绿水人家　朱星雨作

《梁山伯与祝英台》（1963）：邵氏黄梅调电影反串情节的生产逻辑

武晓旭　王杰泓*

（武汉大学艺术学院，湖北武汉，430072）

摘　要：《梁山伯与祝英台》（1963）中易装反串的演员与反串情节，反复被邵氏用于黄梅调电影中。学界对黄梅调电影的研究较少涉及易装反串这一特定情节的生产问题，事实上，在邵氏统筹高效的现代电影制片体系下，黄梅调电影的反串情节巧妙利用传统戏曲资源，超越了性别意义，建构起观众独特的审美期待与家国想象，为邵氏后期的类型拓展打开了一条新路径。

关键词：邵氏兄弟；黄梅调电影；易装表演；电影生产

"反串"在中国传统戏曲当中，原指演员离开自己的行当，"反"过来"串"演其他行当的角色，但在粤剧中，男演员扮女角，女演员扮男角，均称"反串"[①]，这一称法也沿用到了香港电影界。1963 年，李翰祥重拍《梁山伯与祝英台》，大胆起用籍籍无名的闽南语电影演员凌波反串男主角，该片在台湾上映时，仅台北市的"中国""国都""远东"三家戏院就连映了 62 天，创下了 930 场、721929 人次、840 万元新台币的票房纪录[②]。1977 年，该片重映，总票房依然进入了当年度的台北市十大卖座影片第二名。从越剧《梁祝》到桑弧版、李翰祥版，再到严俊版的《梁山伯与祝英台》当中，梁山伯一角均由女演员反串出演，而自李翰祥起用凌波大获成功之后，不仅在多部黄梅调电影当中均有女演员反串男角，易装改扮的桥段更一跃成为邵氏兄弟（香港）有限公司（简称邵氏）出品的黄梅调电影当中反复出现的情节元素，如《凤还巢》（1963）、《七仙女》（1963）、《血手印》（1964）、《西厢记》（1965）、《三笑》（1969）、《金玉良缘红楼梦》（1977）当中

---

* 作者简介：武晓旭（1993—），女，山西太原人，武汉大学艺术学院博士研究生，研究方向：电影理论与批评；王杰泓（1976—），男，湖北武汉人，武汉大学艺术学院教授、博士生导师，研究方向：美学与艺术理论，电影理论与批评。

① 蔡孝本：《戏人戏语 粤剧行话俚语》，广州：广州出版社，2015 年，第 73 页。
② 张小平：《大黄梅 百年黄梅戏》，合肥：安徽教育出版社，2016 年，第 224 页。

都由凌波反串出演男角，而《乔太守乱点鸳鸯谱》（1964）、《花木兰》（1964）、《双凤奇缘》（1964）、《鱼美人》（1965）、《女巡按》（1967）当中则都以女扮男装作为叙事当中的关键情节。有影人回忆"易服反串，性别颠倒，黄梅调古装歌唱片的特有文化，也许是凌波演活梁山伯而掀起的先河"①。

作为民间传说中经典的易装反串故事，祝英台女扮男装的传奇书写始终具有强大的吸引力。《梁山伯与祝英台》（1963）票房一骑绝尘，主演一炮而红，导演跻身一线，这些都对邵氏电影公司具有重要意义。20世纪50年代末到70年代初，黄梅调电影逐渐形成一种固定而卖座的电影片种，而反串角色与反串情节也在邵氏电影公司生产的黄梅调影片中占据了重要且独特的位置。这就引出了两个疑问，第一，男女演员以原本性别出演电影并不构成文化禁忌，为何仍要以女演员反串出演男主角？第二，演员的性别反串以及易装改扮的情节生产为什么在邵氏黄梅调电影中反复出现？邵氏电影公司作为20世纪中后期垄断性的香港电影公司，学界对其出产影片的现有研究大多从性别、文化等角度阐释影片及影人，而较少涉及某一特定情节的生产性问题。

针对邵氏黄梅调电影当中的反串出演及反串情节生产，本文拟通过以下几个问题展开：第一，为什么反串情节在黄梅调电影当中反复出现？第二，邵氏公司引入现代电影制片体系，在统筹高效的流水作业生产链条当中，以反串形式出现的角色与精心挑选出的反串情节共同传达出怎样的意义？最终又形成了怎样的效果？第三，邵氏电影中"反串"情节的生产与反复出现，在营销明星形象、强化黄梅调类型的同时如何建构起一批特定观众的特定审美期待？背后是否有更深层次的意图？对以上问题的探索，或许可以突破已有的性别研究、产业研究视野，进一步理解反串情节生产的时代与社会意义。

一、传统资源与时代需求

邵氏对反串情节的关注，无疑直接源于《梁山伯与祝英台》（1963）在票房上的成功。在台湾，"光台北一地，票房就超过了八百五十万元，打破了以往中、西、日片的所有卖座纪录"②，很多观众连看数遍甚至数十遍；在香港，自《江山美人》（1958）开启六位数票房时代之后，《梁山伯与祝英台》（1963）创造了又一高峰，因该片的火爆，"全香港的影片，成了'黄梅调'的天下"③。在电影上映之后，凌波一跃成为超级偶像，"1963年10月30日，'梁兄哥'凌波小姐应邀来台，掀起了空前热潮，台北估计有十五万的影迷沿途争睹她的风采"④。以电影的方式呈现黄梅戏曲是顺票房大势而为，而以"反串"为要素，

---

① 吴昊：《黄梅调古装歌唱与民间传奇·古装·侠义·黄梅调》，香港：三联书店（香港）有限公司，2004年，第106页。

② 秦风：《岁月台湾 1900年以来的台湾大事记》，桂林：广西师范大学出版社，2015年，第157页。

③ 张彻：《回顾香港电影三十年》，香港：三联书店（香港）有限公司，1989年，第16页。

④ 秦风：《岁月台湾 1900年以来的台湾大事记》，第157页。

在电影情节取材与演员方面以易装反串为卖点，主要是以下几方面因素的共同推动。

第一是对传统资源的开掘。从《梁山伯与祝英台》（1963）的拍摄与呈现来看，很难说李翰祥没有受到桑弧的启发——桑弧版正是由女演员反串出演梁山伯一角。邵氏公司制片主任、宣传部部长邹文怀建议让凌波反串出演梁山伯，原因之一就是希望复制桑弧版在香港的成功路径。《梁山伯与祝英台》（1953）脱胎于越剧，最初的制作方针是将戏曲底本摄制成为一部舞台艺术纪录片，还要"尽量保留甚至突出舞台剧的精华"[1]，袁雪芬与范瑞娟均为当时国内一流的越剧演员，与戏曲相同，由范瑞娟反串出演梁山伯，并且在最大程度上保留了越剧戏曲的本味，在形式上更加侧重于"以影呈戏"，如影片伊始，在戏院空间中，灯光渐暗，舞台大幕缓缓拉开，纱幕升起，镜头逐渐推向舞台布景；全片结束时则与片头对称，舞台纱幕落下，大幕缓缓合上，镜头从舞台拉出，退回到戏曲观赏的空间。

图 1　越剧版《梁祝》电影序幕　　　　图 2　越剧版《梁祝》电影结尾

回顾越剧的发展，从全男班到男女合演，到 1923 年成立的第一个全女班——施家岙女子科班[2]，女子戏班渐渐有取代男性演员的趋势，20 世纪 40 年代的越剧当中，以女性反串出演男角已成常态，1943 年后便再也没有男班的演出信息了[3]。其次，反串出演源于粤剧本身的传统。粤剧男班、女班原本就是分台演出，1933 年才出现首个"男女合班"演出，50 年代到 60 年代之间，以电影形式呈现的粤剧舞台，几乎都是女性反串男角出演[4]，粤剧红伶任剑辉、梁无相也转移到大银幕上，前者出色的女文武生形象深入人心，赢得了"戏迷情人"的雅号；后者则以潇洒的男式西装造型走红香港，以至于有广告反而以"梁无相扮女人"为噱头招徕消费者[5]。若再向前追溯，反串情节的不断生产，亦源于"髦儿戏"传统所积累的观众基础。清同治、光绪年间，国内一些大城市出现了全部由女性

① 桑弧：《桑弧电影文集》，李亦中整理，上海：上海人民出版社，2016 年，第 38 页。
② 唐雪莹：《中国现代戏曲史论》，北京：线装书局，2012 年，第 81 页。
③ 廖亮：《都市文化语境中的上海越剧 1917—1949》，北京：中国书籍出版社，2018 年，第 87 页。
④ 丁亚平：《中国电影历史图志 1896—2015》，北京：文化艺术出版社，2015 年，第 507 页。
⑤ 洛枫：《游离色相 香港电影的女扮男装》，香港：三联书店（香港）有限公司，2016 年，第 83 页。

组成的戏曲班社，俗称"髦儿戏"，深受戏迷观众欢迎，葛元熙《沪游杂记》中谓"淋漓酣畅，合座倾倒。缠头之费，动至不资。亦是一销金之窝也。"①

第二是在传统基础上的本土化创新。黄梅戏，又称黄梅调、采茶调、花鼓戏、二高腔、皖剧、徽戏、怀腔、汉剧、弥腔②，对比越剧与粤剧的唱腔曲调，以安庆官话为主的黄梅戏在唱念方法上接近北方官话，受众更加广泛，易于传唱。1956 年 7 月，经典黄梅戏改编电影《天仙配》送抵香港上映，仅"国泰""维多利"两家影院连续 35 天就放映了 280 场，打破了所有欧美影片在香港放映的卖座纪录，邵氏公司自然不会放过这一当红剧种巨大的影响力③。反串、易装的情节桥段古而有之，在戏曲舞台上的呈现更是数不胜数，李翰祥选择的《梁祝》文本尽管经典，但 1953 年桑弧版珠玉在前，风险与机遇并存。黄梅调电影虽然灵感和起点都源于内地黄梅戏，但毕竟拍摄成片即将面向的是港台观众，李翰祥只能致力于塑造强烈的现代感以吸引繁华都市中的人们。而且，邵氏黄梅调电影当中的戏曲选段并非安徽地方黄梅戏原本的表现形式，而是汇集了山歌、越剧、京剧、昆曲等戏曲唱腔，以及通俗流行歌曲的特点，介乎传统戏曲与流行歌曲之间，唱词咬字也并不以早期的安庆官话为准，而一律采用普通话。在《梁山伯与祝英台》（1963）一片当中，李翰祥不仅追求黄梅调唱腔和唱词的商业化、本土化改编，还以黄梅调为依托，植入了更多戏剧性情节。同样是反串桥段，桑弧版当中，祝英台（袁雪芬饰）为求学假扮卜卦先生，以卜卦念白和女扮男装的身段来说服父亲同意；而李翰祥版中，祝英台（乐蒂饰）为了求学，女扮男装成郎中来说服父亲，还煞有介事地告诉父亲，祝英台得了怪病，要十种珍稀之物做药引来治疗：

一要东海龙王角，二要虾子头上浆，三要万年陈壁土，四要千年瓦上霜，五要阳雀蛋一对，六要蚂蟥肚内肠，七要天山灵芝草，八要王母身上香，九要观音净瓶水，十要蟠桃酒一缸。倘若有了药十样，你小姐病体得安康。

祝英台的父亲听了大惊："先生，你这十味药，简直是开玩笑！"对话充满调侃意趣。再如，梁祝初次相见的一场戏中，易装后的祝英台被动谨慎，她的书童也泼辣警惕；梁山伯主动热情，他的书童则憨厚幽默，片中还增添了两位书童谐谑的段落。同样，"十八相送"的段落相比桑弧版，增添了祝英台的独白唱段：

一句话问得我无言讲，他怎知我是女红妆？本待把终身事儿对他讲，猛想起临行时父命有三桩，事要三思休鲁莽，话到舌尖暂隐藏。

---

① 顾炳权:《上海风俗古迹考》，上海：上海书店出版社，2018 年，第 347 页。
② 陆洪非:《黄梅戏源流》，合肥：安徽文艺出版社，1985 年，第 1—4 页。
③ 张小平:《大黄梅 百年黄梅戏》，第 138 页。

这一段独白以更加明晰的方式，使观众深入反串情节的身份困扰问题当中，更加贴近人物内心，而越剧版本则并未以独白处理。可以说，《梁山伯与祝英台》（1963）不再关注演员的眼波流转、唱词念白、身段手势等戏曲舞台的惯常看点，而是以影带戏，几乎是以黄梅戏曲为基础开发出了一个新的片种。

图3　《梁山伯与祝英台》（1963）剧照　英台假扮郎中

第三，则是邵氏公司的商业策略推动，以及亚洲电影市场萎缩下的权宜之计。对于处在转型过渡时期的邵氏公司来说，《梁山伯与祝英台》（1963）一旦成功，就能够成为之后戏曲类电影生产的模板。李翰祥不仅要努力复制桑弧版独特的戏曲美学品位，更要复制《江山美人》（1958）的票房成功，于是他首先在《梁山伯与祝英台》一片中延续了《江山美人》式的大制作，以保证完整呈现奢华瑰丽的布景。20世纪50年代，香港电影公司之间竞争激烈，戏曲片呈现出繁荣的态势，当时以"长城""凤凰""新联"等左派电影公司为主拍摄的越剧电影，不论角色性别，均以全女班演出[①]，但背后只是为了与内地保持联系，取得资金[②]。新加坡国泰机构在香港的电影懋业公司（即"电懋"）也势头正猛，是邵氏父子公司的劲敌，而"电懋"正有计划地展开戏曲电影的拍摄。1957年，邵逸夫重组邵氏娱乐业的制片机构，将邵氏父子公司改组为邵氏兄弟公司，还在清水湾买地，以建设一个好莱坞式的影城。一些学者认为，此举是为整顿业务，夺回市场份额，打垮邵氏的竞争对手"电懋"[③]。1963年初，邵逸夫赴日考察，在日本彩色冲印厂的进度告示栏上，他无意中得知电懋在秘密拍摄严俊导演、李丽华主演的《梁祝》，立即指示全力投拍邵氏《梁山伯与祝英台》，空出所有摄影棚，只为赶工搭建专用棚景，仅用时半个多月，影片就已杀青[④]。可以说，《梁山伯与祝英台》（1963）诞生于邵氏兄弟（香港）公

① 赵卫防：《香港电影艺术史》，北京：文化艺术出版社，2017年，第188页。
② 张彻：《回顾香港电影三十年》，第23页。
③ 杜云之：《中国电影史第3册》，台湾：商务印书馆股份有限公司，1986年，第131页。
④ 焦雄屏：《改变历史的五年》，台北：万象图书公司，1993年，第16—17页。

司的过渡时期，该片的成功不仅给竞争公司一记下马威，给主创们一针强心剂，更让邵氏尝到了戏曲电影制作的甜头，但亚洲电影市场整体大环境对雄心勃勃的邵氏公司并不友好。第二次世界大战后，东南亚局势发生了巨大变化，由于历史原因，华侨成为东南亚各国政府和原住民排挤和打击的对象；1949 年新中国成立，对电影行业进行了国有化，内地影片赴港上映的唯一渠道就是香港的"左翼"阵营电影公司，还要经过港英当局的层层审查和大幅删减。东南亚和内地市场的紧缩甚至消失，与"电懋"陆运涛的激烈竞争，使邵氏公司在票房高峰之上抓住了"梁山伯"。邵氏利用影片打造出来的超级偶像凌波，使反串成为区别于同一时期其他公司、其他片种的独家制片策略。

二、欲望叙述与范式强化

与舞台艺术与文字艺术相比，电影更具备娱乐消费品的属性。马塞尔·马尔丹将电影放在价值系统中评价时认为："电影是廉价的，因为它在许多情况下都带闹剧、色情与暴力的表现，在大部分影片中，胡诌占了优势，并且它掌握在大资本家手中，受他们支配。"① 从这个角度来说，电影是受资本支配的工业，而电影工业中的"明星制"则是欲望的工业②。邵氏公司与"电懋"均采用了明星制，注重品牌文化的建设与推广，以企刊《南国电影》与《香港影画》为载体，进一步加强了反串情节当中的欲望叙述，并强化了女扮男装的反串情节范式。

以《梁山伯与祝英台》（1963）为首的一批邵氏黄梅调电影当中，一个相当明显的特征就是女性角色的突出。李翰祥以反串情节为核心，十分注重对女性意识的塑造和表现，不论是祝英台和母亲，还是银心和师母，这些女性角色都机敏善辩，善解人意。而男性角色则愚昧封建，如祝英台的父亲、杭城的老师，都是影片当中的男性霸权体现。焦雄屏认为，银幕上反串出演男角走红的女演员，是女性观众一次安全的"精神外遇"："观众如果认同祝英台角色，将对爱情的渴望，或对婚姻的不满，投射在梁山伯身上，那么反串梁山伯的凌波自然得到众多的影迷。爱恋一个替代性男人，既非'性'，也非'异性'，这是多么不受威胁的外遇。"③ 狂热的中年女观众追逐英姿飒爽的女明星，一是为抚慰心中对现实生活的不满，二则是投射着对"理想男性"的欲望，从而填补内心的情感缺失，亦是一代女性面对现实生活认命并妥协后找寻到的一个安全的精神出口。

将女性欲望化的潜流与目光，在一定程度上最终转向了男性化甚至去性别化的女性形象，这种转移成了 1965 年之后香港电影当中"女侠"形象的先驱。《梁山伯与祝英台》（1963）中的祝英台女扮男装瞒天过海，聪明机警，颇有"女性英雄"的意味。改编自黄

---

① [法]马赛尔·马尔丹：《电影语言》，何振淦译，北京：中国电影出版社，1980 年，第 2 页。
② 陈晓云：《明星研究：解码欲望的工业》，《中国社会科学报》2010 年 11 月 30 日，第 11 版。
③ 焦雄屏：《女性意识，符号世界和安全的外遇》，载《邵氏电影初探》，黄爱玲编，香港：香港电影资料馆，2003 年，第 71 页。

梅戏《女驸马》的《双凤奇缘》（1964）当中，"为救李郎离家园"的冯素珍改名为秦凤萧，但依旧是乔扮男装顶替心上人入京赶考，高中状元的故事。历久弥新的《花木兰》（1964）在多重版本改编当中，元文本对于反串情节的叙述被一次次加强，邵氏版本当中则增加了立功受伤的情节，身体的直接暴露使得木兰身份暴露的危机加深，相比以往版本笼统地关注行军作战的过程，这一改动，无疑是进一步将木兰这一女性客体欲望化的做法。在《宝莲灯》（1965）中，郑佩佩反串刘彦昌，林黛反串沉香，冯宝宝也反串出演男角色，是反串演员最多的一部电影。改编自《双珠凤》的《女巡按》（1967）当中，重情重义的霍定金乔装改扮，获得皇帝赏识成为一品巡按，成功营救心上人，似乎又回到了女驸马式的叙事套路中。在《女巡按》上映后，黄梅调电影当中的反串情节生产逐渐式微。黄梅调电影中的女主角无一不是大胆反抗世俗，努力实现自我价值的杰出女性，而对比之下，男性形象则多有封建愚昧、软弱无力的苍白之感，在叙事当中，这些勇敢聪慧的女性又必须借助反串情节，易装改扮之后才能离开家庭空间，参与到男性主导的社会竞争当中，这一系列撤换性别的行动背后潜藏着针对男权的隐性话语，不仅带有强烈的性别意识追求，更反过来说明在古代封建礼教的特定语境下，只有男性化或去性别化，才能够进入社会历史公共空间。这一路径的逐渐强化，成了之后香港武侠片当中"女侠"形象的垫脚石，如郑佩佩主演的《大醉侠》与上官灵凤的《龙门客栈》当中，两位女侠均以男装出场，成就刚烈勇猛的女性英雄形象，且自始至终都没有换回女装，也即剔除了易装反串"复原"的桥段，进入了武侠片时代对"阳刚"之美的追求当中。

图 4 《大醉侠》（1966）剧照 "金燕子"以男装示人

明星作为电影工业体系乃至娱乐经济体系当中的重要一环，不仅是制片公司投资的保障，更是发行与放映的宣传工具。以凌波为例，反串表演将她的形象媒介化，同时与其文本形象建立起坚不可摧的关系。《梁山伯与祝英台》（1963）风靡台湾，在第二届金马奖影展当中斩获多项大奖，凌波则荣膺"最佳演技特别奖"，因为凌波是反串出演男主

•272•

角,"该封给她最佳男主角还是最佳女主角呢? ……要是不得奖的话,即刻引起暴动,如果你没有目睹当年观众的狂热,是不会相信的"①。20 世纪 60 年代的邵氏黄梅调电影乃至整个香港电影界,女性演员和女性角色成了绝对的银幕霸主。据张彻回忆:"'黄梅调'女主角可以是任何人,'男'主角则非由凌波来反串不可。若不是她,便不收钱。"②在凌波的演艺生涯中,从 1963 到 1980 年,她出演过 12 部邵氏出品的黄梅调电影,担纲男主角的电影就有 10 部,但在黄梅调以外的类型片中,她则无一例外地扮演女性角色,如《魂断奈何天》(1966)当中的文淑珍就是由凌波出演的女性角色。从性别角度来说,邵氏黄梅调电影中的"梁山伯"以及反串角色的魅力,部分来自凌波与角色的贴合度,部分来自观众对女性的凝视,而在元文本层面源于某些戏剧化桥段表演的权宜之计。"写男女之间的私事,用女人扮演男人,在舞台上描绘'风情'动作,观众除了接受这表演的本身之外,不会再引起反感或厌恶。所有的只是'风情'——表演本身的美而已。"③

　　邵氏黄梅调电影当中对反串情节的反复生产,也是对反串男角的演出范式、女扮男装的情节范式的不断强化,事实上背后是邵氏的"现代化"制片方针。当反串出演的明星与其文本形象的关系建立起来,便愈发接近资本主义生产关系中"捆绑销售"的模式,一个案例获得成功,文本生产者就会尽快、尽可能多地如法炮制,以延续商业上的效益。1964 年,邵氏发文指出世界已经脱离生产落后的"旧时代",进入现代性的"新时代",电影生产也必须"现代化"④,此举意在推进邵氏的电影设备以及制片体系现代化建设。曾任职于美国新闻处的邹文怀作为"邵氏"宣传部主任,协助邵逸夫引入现代电影制片体系,建立起统筹高效的流水作业生产链条;师从"日本彩色电影之父"碧川道夫的日籍摄影师西本正将伊士曼彩色摄影技术带到香港,成为建立"邵氏"综艺体阔(宽)银幕彩色片的技术主将。而这一切都服务于当时黄梅调电影的高效生产。对明星反串形象的"剥削",也逐渐成了一种惯用的宣传手段。在邵氏的企业刊物《南国电影》上,邵氏不断营销凌波的去性别化特质,有选择性地刊登那些关注凌波去性别化特质的文章,"在银幕上,她只是一个男装少女而已,但是在银幕下,她却不分性别,不论年龄,赢得了千千万万男女老少观众的好感与爱戴"⑤,"凌波的演技是成功的,因为她能使男人看起来像女人,女人看起来更像男人"⑥。在铺天盖地的杂志与广告推动下,凌波一部接一部地反串出演男主角,她在银幕上的去性别化特质,在映前宣传与映后评论当中,渐渐成了票房的有力保证。

① 蔡澜:《吾爱梦工场 蔡澜的电影现场》,济南:山东画报出版社,2016 年,第 133 页。
② 张彻:《张彻谈香港电影》,香港:三联书店(香港)有限公司,2012 年,第 21 页。
③ 洪深:《戏剧专栏:越剧的前途》,《现实:新闻周报》1947 年第 7 期,第 6 页。
④ [美]傅葆石,刘辉:《在香港建构"中国":邵氏电影的大中华视野》,《当代电影》2006 年第 4 期。
⑤ 《凌波是怎样成功的》,《南国电影》1964 年第 74 期。
⑥ 《梁祝究竟好在哪里》,《南国电影》1963 年第 66 期。

三、审美期待与家国想象

通过《梁山伯与祝英台》（1963），沪港两地的电影交流建立起一个去意识形态化的通道。20 世纪 50 年代初，在港英当局的严苛管制下，新中国影片多数被禁映，或经由审查部门大幅删减后方可上映 [①]，"左""右"之争正愈演愈烈。邵氏的黄梅调电影巧妙避开了意识形态的影响，以其独特的商业化、本土化修正形式成为沪港两地，乃至沪港台三地的文化交流利器。尽管粤剧在香港本土的受众基数十分可观，越剧电影也经由"长城""凤凰""新联"等左翼电影公司在香港广为传播，邵氏依旧另辟蹊径，将黄梅调以商业化的方式进行包装。1957 年，邵氏公司进行业务变动与公司改组，首要任务就是大量购入清水湾的土地，着手建立一个现代化的电影城。1965 年，邵氏公司宣称拥有 15 个摄影棚，两个外景街道，一套完整的彩色胶片洗印设备和欧美进口的最新电影设备，邵逸夫还聘请了很多由沪到港的南下影人，参照 20 世纪 40 年代好莱坞经营模式，将院线业与制片结合，形成了香港电影产业中最为经典的"垂直整合"模式 [②]。在完备高效的制作模式下，邵氏黄梅调电影中的反串情节生产影响了一批观众的审美口味，更营造出对乡土中国的审美想象。

在性别意义上，反串情节的生产构建起观众独特的审美期待，甚至在一定程度上反过来"生产"出一批特定的观众群体。梁山伯与祝英台的爱情固然可歌可泣，但相比其他古典爱情悲剧，这一传说底本的最大吸引力不仅仅在此，更在于祝英台女扮男装求学，以男性身份与梁山伯相识相知的过程。反串易装，外出游历的情节既源于观众的期待，又迎合并建构了观众的期待，劳拉·穆尔维认为被放置在银幕之上的女性，会使观众同时获得"窥淫癖"和"恋物癖"的双重好感 [③]，可以说，银幕上女性反串，又复归原形的桥段直接源于男性观众的审美期待，而女性观众则推动了反串远行内容的生产。在《梁山伯与祝英台》（1963）当中，观众在欣赏女性演员形象并衍生双重好感的同时，也凝视着女性装扮而成的男性———一个拥有阴柔特质的，古典的东方男性形象。"才子佳人"模式在黄梅调电影当中被反串情节颠覆，佳人勇敢坚毅，才子被动懦弱，他不会为爱奋斗，反而会相思而亡（梁山伯），或身陷囹圄（《女巡按》文必正），抑或是在佳人的亲属棒打鸳鸯之时晕倒在地（《鱼美人》张珍）。这样的情节设定不仅激发起部分女性观众对"佳人"的钦佩，更激起她们对深情"才子"的怜惜，并由此对反串情节产生更为强烈的审美快感，反过来又成为这一类影片的目标受众。

在文化意义上，反串情节的不断重复，构筑起中华民族、中原文化的整体意识。《梁山伯与祝英台》（1963）的高额票房在推动电影交流的同时，也在隐性建构两岸暨香港

---

① 《中共影业在香港》，《南国电影》1958 年第 9 期。

② 赵卫防：《百年逸夫的历史贡献》，《当代电影》2014 年第 5 期。

③ ［美］劳拉·穆尔维：《视觉快感与叙事电影》，周传基译，参见李恒基、杨远婴主编：《外国电影理论文选》（修订本）下册，北京：生活·读书·新知三联书店，2006 年，第 647 页。

共同的家国想象。李翰祥以及岳枫、严俊导演的黄梅调影片，在整体上一直延续着故国乡愁的宏大叙事，而于细微处则着眼于反串情节的不断生产。李翰祥认为，黄梅调电影原本应该是地方色彩浓厚的戏种，但由于地域文化环境的差异，"不得不把这地方扩展为'中国'的，一切风俗习惯也普及为'中国人'的"[①]。在他执导以及策划的黄梅调电影当中，无论底本故事的朝代为何，都被"拉平到一个概念的中国人的世界中去"[②]，在最大程度上减少了国内地域文化差异对电影呈现的影响，而更多着眼于一种整体的中华民族、中原文化意识，这也符合邵氏对于建立全球化华语电影市场的文化策略。而反串情节中，女性乔装改扮成男性出门求学、赶考、游历四方的桥段，则给了颠沛流离，南走海外的华人观众聊慰愁怀的机会，"男人有根，根就是祖坟，家业，宗族。……女人则生来注定要别家园、离父母、远行远嫁，进入一个异族，异姓，异地，甚或异国去，……女人是生根者，男人是归根者"[③]。有关中国古代男女游者的论述或许正反映了女性在旧时代的微妙处境，而1949年之后移居台湾的观众，早期移居香港的观众，流离海外的华人观众，则更能够在类似的身份错位中找到共鸣。《梁山伯与祝英台》（1963）当中朝代模糊却瑰丽堂皇的中国古典布景，旧社会伦理纲常束缚下女性柔和而坚定的反抗，无疑为观众塑造出港台乃至东南亚地区共同的故土想象。在《梁祝》历代戏曲改编中，"十八相送"始终是全曲最重要的唱段之一，在《梁山伯与祝英台》（1963）当中，梁祝二人下山，"十八相送"的唱段伴随整个影像空间如画卷般延展开来，二人移步换景，草木、池塘、小桥、石磨……前景与后景交替变化，而镜头切至二人中近景时，长焦镜头又使得背景虚化，远山含笑，野花山石，一草一木无不诉情。而桑弧版本中的"十八相送"则侧重于展现越剧戏曲舞台，固定镜头的稳定性能够较好地使影像的视觉重心放在演员的表演身段上，几乎没有变化的景别，则使越剧唱腔的技术处理成为整个段落的重中之重。在电影构造出的唯美氛围当中，女演员反串出演的男性角色以及女扮男装的情节桥段，确实能够放大观众对"反抗"的审美体验而不是意识形态询唤，尽管表层叙事目的确实是站在后设历史的角度谴责文化糟粕，以女性的乔装改扮和冒险过程反抗封建礼教的压迫，但内里依然是对伦理纲常的存在认同。事实上，在邵氏的黄梅调电影乃至后期的武侠片当中，主角都有着符合中国传统道德观念的美好品德，忠孝节义在电影中体现得淋漓尽致，而由女性反串出演的男性英雄形象，则在角色高尚品格的加持下，以理想男性的姿态成为故国乡愁宣泄的符号化体验。

值得一提的是，《梁山伯与祝英台》（1963）还对台湾本土电影制作产生了深远影响。20世纪60年代初，台湾的"国语片"市场规模较小，因此一流的首轮戏院均以放映西片为主，并且直接与美国的八大公司制定了发行与放映合约。而《梁山伯与祝英台》（1963）

---

① 李翰祥：《三十年细说从头（二）》，香港：天地图书有限公司，1987年，第289页。
② 蒋勋：《艺术手记》，台湾：雄狮图书股份有限公司，1979年，第179页。
③ 龚鹏程：《游的精神文化史论》，石家庄：河北教育出版社，2001年，第187页。

的爆红，直接引起一些西片院线不惜毁约也要放映该片。观此情形，美国片商八大联谊小组立即报复性停止供片，不料这些院线刚好借机转而放映"国语片"，在三年之内使国语影片的放映戏院占到了台北戏院总数的八成[①]。这改变了当时以西片为主的发行与放映生态，触动了台湾本土市场对"国语片"的需求，尤其是对戏曲电影的需求。一时间，台湾本土以《梁祝》为叙事底本的舞台艺术表演层出不穷，从京剧、越剧到舞台剧，从台北红楼戏院到台北儿童戏院，又正逢台湾"中央电影公司"提出"健康写实主义"的创作路线，由此掀起了台湾本土电影制作的风潮。

结　语

《梁山伯与祝英台》(1963) 作为邵氏电影公司黄梅调电影经典中的经典，创造了邵氏黄梅调电影的高峰。特定选择源于特定观念，黄梅调电影制作当中对反串情节的选择，无疑透露着邵氏的制片理念，首先是对经济效益的一贯追求，其次则是推广华语电影的雄心壮志。反复出现的反串情节，满足了转型过渡时期邵氏公司的电影工业体系需求，在统筹高效的流水作业生产链条当中，以反串形式出现的角色与精心挑选出的反串情节共同塑造出一种"理想男性"的存在，使女明星的媒介形象与电影文本符号紧密捆绑在一起，邵氏以持续不断的明星形象营销来强化黄梅调电影当中的反串噱头，这一"财富密码"也为后来邵氏武侠片中的女侠形象奠定了坚实的基础。由《梁山伯与祝英台》(1963) 引领的反串情节生产，不仅帮助建构起 60 年代观众独特的审美期待，背后更隐含着邵氏公司在大中华视野下的制片与发行、放映策略，以上种种，皆为蕉风椰雨中的邵氏电影开辟出了崭新的类型化之路。

---

① 蔡国荣:《六〇年代国片名导名作选》，台北：电影事业发展基金会，1982 年，第 8 页。

好莱坞统治全球电影产业语境下的中国电影市场潜力

吕亚菲 *

（首都经济贸易大学外国语学院，北京 100070）

摘　要：20世纪20年代以来，好莱坞在全球电影产业中长期保持霸权地位。过去100多年里，全球各国电影产业中没有任何一个电影市场可以挑战其霸权地位。然而，近年来中国经济的崛起促进了中国电影市场的发展，这也许会改变全球电影市场的格局。笔者将会从政治、经济和文化等方面分析好莱坞是如何逐步统治全球电影产业的，同时将分析中国电影市场的发展、可能撼动好莱坞在世界电影市场中统治地位的潜力以及中国电影抵御好莱坞在国内市场扩张的途径。

关键词：好莱坞；全球电影产业；中国电影市场

一、好莱坞统治全球电影产业之路

1895年12月28日，卢米埃尔兄弟在巴黎一个咖啡馆中采用收费放映影片的形式宣告了电影的诞生。法国是电影的起源地，然而，电影却在美国好莱坞茁壮成长，蓬勃发展，迎来了它的黄金时代。第一次世界大战重创了法国、意大利和德国的电影业，严重影响了电影生产，美国刚好利用这种情况填补了与国际电影市场的差距。到1910年代中期，劳动分工在电影业中已经形成，提高了好莱坞电影工作室体系的效率。由此，在好莱坞，电影作为一种工业产品，制作过程成为一个标准流水线，好莱坞的电影制作过程也成了美国电影业的标杆。

根据 Box Office Mojo 的统计数据，在过去一个世纪的时间里，票房排名世界前二十名的电影都出自好莱坞的电影公司。[①] 现在好莱坞电影票房极大依赖国际市场，这也是好莱坞努力向全世界推广其电影的主要原因。好莱坞采用了哪些策略发展成为世界电影巨头？好莱坞是如何逐步主导世界电影产业的？

---

* 作者简介：吕亚菲（1987—），女，河北正定人，首都经济贸易大学外国语学院讲师，研究方向：跨文化传播。

① "Top Lifetime Grosses," Box Office Mojo, accessed March 5, 2020, https://www.boxofficemojo.com/chart/top_lifetime_gross/?area=XWW.

（一）美国政府对好莱坞电影产业扩张的支持

美国政府为推广好莱坞电影，扩大好莱坞电影在世界各地电影市场份额提供了巨大政治和外交支持。例如，在好莱坞大片中可以经常看到关于五角大楼（美国国防部）和白宫的情节，如《变形金刚》系列电影、《钢铁侠》系列电影、《特种部队》系列电影和其他超级英雄系列电影。根据 Matthew Alford 的报道，五角大楼早在 1948 年就建立了娱乐联络办公室，中央情报局于 1996 年也成立了类似的办公室；此外，借助于美国《信息自由法案》，通过一些文件可以发现，从 1911 年到 2017 年，超过 800 部电影获得了美国国防部的支持。[1] 这表明美国政府和好莱坞电影之间存在着密切联系，二者一直以来都是相互依赖、互惠互利，通过风靡全球的好莱坞大片这种文化"软实力"充分展示美国军事、政治方面的硬实力。

尹鸿和萧志伟认为："美国政府一开始就将电影当作一种商品来推销，政府功能不是管理电影拍什么和如何拍电影，而是如何为电影拍摄、发行、放映、输出创造条件。"[2]早在 20 世纪初，美国政府就非常重视引进到美国和出口到他国的电影。正如 Kristin Thompson 的研究："1910 年 7 月，美国商务部和劳工部就开始在海关记录电影进口和出口的数据。"[3] 1917 年 4 月，美国国会成立了新闻委员会（Committee on Public Information）。这个委员会的目标是利用电影、书籍、英文课程和广告来传播"美国主义的福音"。[4] 同时，新闻委员会电影司（Division of Films）成立。伍德罗·威尔逊总统（Woodrow Wilson）借电影司成立之际，为美国电影业送上美国政府的祝福："电影已经成为传播公共情报最重要的媒介，因为它讲的是一种通用语言，并且可以为实现美国的计划和目的发挥非常重要的作用。"[5]威尔逊的致辞被认为是在对标列宁的"电影是最重要的艺术"这一著名论断，这意味着美国政府已经发现美国电影作为文化产业中重要传播媒介的宣传潜力。与此同时，美国新闻委员会电影司的代表在 1917 年底和 1918 年访问了许多国家，为美国电影业建立出口渠道、促进美国电影在海外发行做了很多工作。[6] 美国新闻委员会电影司与美国国内外的商业电影公司密切合作，在全球市场推广美国教育和商业电影。

美国政府驻外使领馆也提供了大量不同国家电影市场的信息。早在 1916 年，美国政

---

[1]　Matthew Alford, "Washington DC's Role behind the Scenes in Hollywood Goes Deeper than You Think," *Independent*, September 3, 2017, https://www.independent.co.uk/voices/hollywood-cia-washington-dc-films-fbi-24-intervening-close-relationship-a7918191.html.

[2]　尹鸿、萧志伟:《好莱坞的全球化策略与中国电影的发展》,《当代电影》2001 年第 4 期。

[3]　Kristin Thompson, *Exporting Entertainment: America in the World Film Market, 1907-1934*, London: British Film Institute Publishing, 1985, p.26.

[4]　同上，p.15.

[5]　"Helping the Moving Pictures to Win the War," *Bio*, July 18,1918, 8, quoted in Thompson, 94.

[6]　Kerry Segrave, *American Films Abroad: Hollywood's Domination of the World's Movie Screens*, Jefferson: McFarland & Company, Inc., 1997, p.15.

府就指示美国各使领馆汇报美国电影在各个国家电影市场的情况，政府再将这些信息传达给美国电影业。① 这些信息包括某个国家或地区的影院数量、影院规模、电影票价格、电影发行商甚至影院租金。Kristin Thompson 提供了很多美国驻外领事收集好莱坞电影所占各国电影市场份额的信息报告。比如在英国、南非、澳大利亚和新西兰等英语国家，美国电影的市场份额至少可以达到 75%，甚至可以达到 90% — 95%。② 即使在一些非英语国家，比如阿根廷，影院里 60% 的电影都是美国影片。③ 通过对国际电影市场的调查，美国政府通过外交手段为好莱坞电影产业制定海外发展和扩张计划。当时，世界很多主要电影市场意识到美国电影大量占有本国电影市场份额，开始设置配额限制美国电影进口，保护本国电影产业。但结果事与愿违，美国国务院代表美国电影行业，出面干预与法国、西班牙、意大利、德国、奥地利、匈牙利和捷克斯洛伐克的贸易，强调更加自由的贸易需求。④

除此之外，美国政府与好莱坞各个协会合作，最密切的就是美国电影协会（Motion Picture Association of America，以下简称 MPAA）。它的前身是 1922 年好莱坞主要制片公司成立的保护和支持美国新生电影业的行业协会 —— 美国电影制片人和发行人协会（Motion Picture Producers and Distributors of Association，以下简称 MPPDA）。1945 年，MPPDA 重组为 MPAA，即美国电影协会。MPAA 国际部，美国电影出口协会（Motion Picture Export Association，以下简称 MPEA），也于当年成立。同年，美国政府通过 MPEA 安排美国电影公司负责人访问欧洲，向战后欧洲推广美国电影。⑤ Kerry Segrave 指出："在《出口贸易法案》的保护下，MPEA 成立……根据该法律，美国公司可以豁免所有监管美国国内业务的反垄断法。"⑥ MPEA 的成立为好莱坞电影出口提供了保护伞，成了好莱坞卡特尔（Cartel）成员控制价格和贸易协议谈判的代理人，为好莱坞电影产业在海外市场的垄断提供了法律借口。

而且，MPAA 和 MPEA 两个协会的主席多是从美国政府的不同部门招募或指派的。MPPDA 第一任主席威尔·海斯（Will H. Hays）是美国邮政部前任部长以及美国共和党全

---

① Kevin Lee, "'The Little State Department': Hollywood and the MPAA's Influence on U.S. Trade Relations," *Northwest Journal of International Law & Business*, vol. 28, (2008), p.379.

② Thompson, *Exporting Entertainment: America in the World Film Market, 1907-1934*, p.84, p.146, p.81, p.138.

③ 同上，p.79.

④ W. Ming Shao, "Is There No Business like Show Business? Free Trade and Cultural Protectionism," *Yale Journal of International Law*, vol. 20, (1995), p.129.

⑤ "Report of Motion Picture Industry Executives to Major General A. D. Surles, Chief, Bureau of Public Relations of War Department, Following their tour of European and Mediterranean Theatres of Operations as Guests of the Army," Agency for International Development, Media Guaranty Case Files, RG 286, National Archives, August 10, 1945, quoted in Paul Swann, "The Little State Department: Hollywood and the State Department in the Postwar World," *American Studies International*, vol. 29,no. 1 (April 1991), p.7.

⑥ Segrave, *American Films Abroad: Hollywood's Domination of the World's Movie Screens*, p.143.

国委员会前任主席。① 海斯的继任者埃里克·约翰斯顿（Eric Johnston）曾担任美国商会的四任主席，而且在 20 世纪 50 年代早期是美国总统的近东特使。根据 Segrave 的研究，任命后，约翰斯顿不断游说白宫支持消除贸易壁垒，并加强对美国电影海外自由流动的支持。他经常向美国国务院呼吁，确保美国政府意识到好莱坞电影的重要性，因为好莱坞电影可以把美国政治民主和自由经济的思想传播出去。② 20 世纪 50 年代，欧洲 MPEA 的副主席格里夫·约翰逊（Griff Johnson）也来自美国政府部门，他在 20 世纪 50 年代后期和 60 年代初期是美国国务院副国务卿。③ 1966 年至 2004 年期间，杰克·瓦伦蒂（Jack Valenti）担任 MPAA 主席，他曾是约翰逊（Lyndon Johnson）总统的顾问。这些都不是孤例，从美国政府部门招募高管是美国电影行业的惯例，以便与其他国家协商进口美国电影的税收和关税，方便处理美国电影进入国外市场的政策法规。在美国电影出口方面，MPAA 与美国政府密切合作，与其他国家谈判达成双边和多边协议，也因此，MPAA 自称美国的"小国务院"。杰克·瓦伦蒂还曾生动描述美国政府和好莱坞的相互关系，"美国政界和好莱坞源自相同的 DNA"。④

第二次世界大战后，美国通过各种文化产品和服务将美国的思想、价值观、风俗习惯和生活方式潜移默化灌输到欧洲国家扩大影响。为了遏制共产主义在欧洲传播，杜鲁门总统秘密支持包括促进美国电影出口在内的多种宣传计划。⑤ 例如，第二次世界大战之后，德国计划每年进口 100 部美国电影。然而，为了没有任何限制地进入德国市场，MPEA 向美国国务院游说："德国是目前意识形态战场中的焦点……如果限制美国电影向西德传播强大的信息是不合逻辑的。"⑥ 最后，经过两国外交谈判，达成了所谓的共同协议，美国成功将配额加倍，每年可以出口 200 部好莱坞电影到德国。再后来，在 MPAA 的游说下，美国国会和商务部决定将有关电影方面的议题纳入其他国家申请加入世贸组织的谈判中，增加了保护知识产权和开放当地电影市场给美国影片的条款。

美国政府还采取与其他国家签订自由贸易协定来帮助好莱坞电影产业进行扩张，这已成为美国打开其他国家文化市场的主要方法。例如，作为《美韩自由贸易协定》的前提，韩国必须从 2006 年起，将本国电影放映时间从 146 天减少到 73 天。在 2007 年签署自由贸易协定后，韩国本国电影市场份额从 2006 年的 63.8％ 下降到了 2008 年的 42％。⑦

---

① 同上，p.378.

② 同上，p.141.

③ Paul Swann, "The Little State Department: Hollywood and the State Department in the Postwar World," *American Studies International*, vol. 29, no. 1 (April 1991), p.4.

④ Jack Valenti, "It's Lights, Camera, and Politics," *Los Angeles Times*, September 6, 1996, http://articles. latimes.com/1996-09-06/local/me-41045_1_political-consultants.

⑤ Shao, "Is There No Business like Show Business? Free Trade and Cultural Protectionism," p.129.

⑥ Segrave, *American Films Abroad: Hollywood's Domination of the World's Movie Screens*, p.173.

⑦ Dal Yong Jin, "A Critical Analysis of US Cultural Policy in the Global Film Market: Nation States and FTAs," *The International Communication Gazette*, vol. 73, no. 8 (2011), pp.658-659.

至于像澳大利亚这样的英语国家，好莱坞本就占有大量市场份额，2004 年美国与澳大利亚签订自由贸易协定之后，澳大利亚本国电影市场份额从 2001 年的 7.8％ 骤降至 2004 年的 1.3％。①

通过以上可见，美国政府对好莱坞电影在全世界广泛传播和扩张提供了不可或缺的助力。为了保证好莱坞电影业的利益并向世界各地传播美式价值观和生活方式，美国政府的不同部门和机构通过实施各种外交和贸易政策不遗余力地提供各种方法和机制打开其他国家的电影市场。

（二）经济寡头垄断模式对好莱坞统治的助力

好莱坞电影公司系统性的经济寡头垄断是维持其当今世界电影业中心的重要竞争优势。1910 年代后期，好莱坞大型电影制片厂并购了一些小型影院和小型制片厂，形成了好莱坞电影业中的原始寡头垄断 ——"三大五小"（派拉蒙、米高梅、雷电华、华纳兄弟、20 世纪福克斯、环球公司、哥伦比亚、联美公司），他们控制了电影行业大量资本和最好的资源，对整个市场产生了相当大的影响力。如今，好莱坞早期的垄断寡头逐渐发展成好莱坞主要的电影制片厂 ——"六大"：迪士尼、派拉蒙、环球影业、华纳兄弟、索尼影业和 20 世纪福克斯。但根据《今日美国》2018 年 7 月的报道，"迪士尼对二十一世纪福克斯的收购计划获得监管批准，迪士尼大约以 713 亿美元收购福克斯影业及其电视工作室等资产，包括福克斯在流媒体服务 Hulu 30% 的股权。"② "六大"变"五大"，更增强了好莱坞的寡头垄断。百年的发展让好莱坞的影业公司都形成了成熟的电影运行体系，包括各种电影工作室、电影的跨国发行网络以及拥有精密流水线的电影制作公司。Allen Scott 认为好莱坞电影制作体系是一系列层层叠叠的制作网整合而成：

这些网络的节点由大型影业公司、独立制片公司和各种专业人士构成，从剧本创作到电影剪辑，一应俱全。当地的劳动市场聚集了大量具备不同技术、能力和习惯的人。而且来自北美其他地方和世界各地的人才源源不断补充到劳动市场。再加上代表公司、工人和政府机构的组织和协会形成了一个完整的制度环境。③

这些都是好莱坞全球化的先决条件。其中，电影发行是电影行业的关键要素，电影发行体系将文化产品传播到海外市场，再把国外获得的电影票房和信息传送回好莱坞，

---

① 同上，663.

② Mike Snider and Brian Truitt, "Disney Gets Shareholder OK to Acquire Fox Movie and TV Studios, and Stake in Hulu," *USA Today*, July 27, 2018, https://www.usatoday.com/story/money/media/2018/07/27/disney-gets-ok-acquire-fox-movie-and-tv-studios-and-stake-hulu/841721002/.

③ Allen J. Scott, "A New Map of Hollywood: The Production and Distribution of American Motion Pictures," *Regional Studies*, vol. 36, no. 9 (2002), p.965.

这样的循环可以为好莱坞的电影制作持续提供经济基础和有效信息。尤其是现在，好莱坞每个大型影业公司都是一个娱乐帝国，"每个'帝国'通常包括几家电影制作和发行公司（实际上它们可能彼此竞争，或者与其他影业的制作和发行公司竞争），电影院线、广播、有线电视、卫星电视网络、出版社、音乐公司、主题公园、音像店以及各种其他业务公司"。[①] 这种娱乐协同模式几乎垄断了一部电影从诞生到后来商业开发的所有步骤，更增强了好莱坞在全球电影业中的霸权地位。

（三）弥合文化差距对好莱坞传播的推动

好莱坞一直以来都非常善于吸纳海外电影人和海外文化元素，融入其他国家的题材来减少"cultural discount（文化折损）"带来的负面作用，进而吸引海外观众。"文化折损"的概念由媒体经济学家 Colin Hoskins 和 Rolf Mirus 提出，他们在考察电视节目中美国在国际贸易中的主导地位时，创造了这个术语。他们认为："植根于某种文化的特定节目，在这种环境中肯定受欢迎，但在其他地方其吸引力会下降，这是因为观众会发现难以认同其风格、价值观、信仰、制度和行为模式。"[②] 这说明，由于文化产品目标受众国与来源国的语言不同，文化背景、价值体系、传统和生活方式也不相同，所以观众不能完全欣赏或理解来源国的文化产品，交流效果会有所折损。

因此，为了尽可能减少文化折损，帮助好莱坞电影尽可能广泛地在国际上发行和上映，好莱坞主要通过以下几种方式弥合不同国家之间的文化差距。首先，在电影中增加来自世界各地的电影人或者融入异国主题来跨越国界，迎合目标观众。尤其是将非英语国家的电影人纳入好莱坞体系，可以加深好莱坞给大众这样的印象：好莱坞是一个可以为所有人提供平等机会，可以包容多种族和多元文化的地方。

第二，好莱坞还擅长根据目标受众和市场制定弥合文化差距的具体策略。Dal Y. Lin 认为好莱坞是基于"着眼全球，落实当地"原则制定策略。[③] 例如，《功夫熊猫3》（Alessandro Carloni & Jennifer Yuh Nelson，2016）在中国大陆上映时，除了英文配音版本，梦工厂还制作了一个中文配音版本。好莱坞制作目标市场语言的配音版本很常见，但在《功夫熊猫3》中，特殊的地方在于中文配音版本是为中国观众定制的。中文版的配音演员几乎都是中国非常著名的艺人，黄磊为阿宝（Po）配音，成龙为阿宝的生父李山（Li Shan）配音，周杰伦为金猴（Monkey）配音，白百何为悍娇虎（Tigress）配音，杨

① Stanley Rosen, "Hollywood, Globalization and Film Markets in Asia: Lessons for China," paper presented at Zhongguo Yingshi Gaoceng Luntan (High-Level Forum of China Film and Television), Shanghai, November 23, 2002, p.13.

② Colin Hoskins and Rolf Mirus, "Reasons for the US Dominance of the International Trade in Television Programmes," *Media, Culture and Society*, vol. 10, (1988), p.500.

③ Dal Yong Jin, "Reinterpretation of Cultural Imperialism: Emerging Domestic Market vs Continuing US Dominance," *Media, Culture and Society*, vol. 29, no. 5 (2007), p.763.

幂为美美（Mei Mei）配音，朱珠为灵蛇（Viper）配音。如此精心安排的配音阵容，不仅照顾到了各个年龄段的观众，而且照顾到了大陆（内地）、香港地区和台湾地区的所有观众。中文版导演滕华涛还告诉《中国日报》："角色说话时嘴部的动作和面部表情已经根据中文发音做了调整，让他们说中文时更自然。"① 此外，梦工厂的 CEO 杰弗瑞·卡森伯格（Jeffrey Katzenberg）还宣布："中文版是重新设计过的，并且重写了一些台词，加了一些方言元素，帮助中国观众更好地理解电影和电影中的笑点。"② 而迪士尼动画片《疯狂动物城》（Byron Howard, Rich Moore & Jared Bush, 2016）则提供了另外一个例子。电影中有一个场景是两个动物主持新闻节目，其中一个主播是雪豹，是固定的，另一个主播随电影上映地的变化而变化。美国、加拿大和法国上映的版本中另外一位主播是驼鹿，日本上映的版本是一只狸猫，澳大利亚和新西兰上映的版本是一只考拉，巴西的版本是一只美洲豹，英国的版本是一只柯基犬，而中国的版本是一只熊猫。③ 这些方法不仅可以使好莱坞电影有效弥合不同国家之间的文化差距，而且还充分贯彻了好莱坞"着眼全球，落实当地"的原则。

第三，好莱坞擅长弱化明显的美国文化或地理背景，拉近与世界各地观众的距离。策略之一就是在全世界不同取景地拍摄电影。例如，在《詹姆斯·邦德》系列电影和《碟中谍》系列电影中，几乎每个续集故事都发生在世界的不同地方。这种方法可以模糊电影的美国背景和内容，还可以吸引取景地国家的观众观看电影，符合跨文化和多元主义的思想，使好莱坞看起来更像是一个全球产业。策略之二就是在电影中创作不存在的时空，从而减少这方面的文化细节，尤其是科幻电影，比如《星球大战》系列电影，《星际迷航》系列电影，以及《阿凡达》（James Cameron, 2009）。观看这类电影时，观众不需要知道故事发生在哪里或何时发生，不需要了解故事特定的文化背景，每个观众都可以发挥自己的想象并和故事产生共鸣，但会无意识地接收影片中传达的意识形态和价值观。因此，具有普世价值观的美国大片已成为好莱坞电影在世界范围内高效扩张的工具。

在全球化和自由市场的大环境下，基于上述有利条件，好莱坞在全球电影业中逐步取得了大众文化霸权的地位。然而，尽管好莱坞当前在世界电影业中处于霸权地位，但它不会一直站在顶峰，其他地区非常有可能挑战其统治地位，尤其是近年来，中国电影市场的表现尤为亮眼。根据 MPAA 的报告，2012 年，中国超越日本成了世界第二大电影

① Fan Xu, "Chinese Stars behind *Kung Fu Panda 3* Revealed," *Chinadaily*, December 21, 2015, http://m.chinadaily.yom.cn/en/2015-12/21/content_22765250.htm.

② "*Kung Fu Panda 3* to Make Extra Mandarin-Customized Version," *Chinadaily*, December 13, 2015, http://www.chinadaily.com.cn/culture/2015-12/13/content_22701818.htm.

③ "Zootopia Features Localised News Anchors," *Irish Examiner*, March 8, 2016, https://www.irishexaminer.com/breakingnews/entertainment/zootopia-features-localised-news-anchors-724244.html.

市场，全年电影票房达到了 27 亿美元（约合人民币 170 亿元）。[1] 而且自从 2012 年起，中国一直都保持着世界第二大电影市场的位置，此外，中国电影观众是世界上最大的群体，占世界人口的五分之一，为文化产品的消费提供了巨大的基础，这意味着中国电影市场会对全球电影消费文化格局的转向产生深远的影响。十多年前，Michael Curtin 做了如下推测："中国这一巨大且不断发展的富饶市场会成为新兴媒体和企业的基础，这也许会撼动好莱坞一个世纪以来霸权地位的基础。"[2] 他基于以下几方面做出了以上推断 —— 中国电影市场和商业媒体企业的发展，外国媒体巨头在大中华地区对大众媒体和文化服务投资的增加，以及中国不断增长的经济和海外影响力。当下，他的推断正逐渐成为现实，接下来的部分会阐述中国电影市场撼动好莱坞统治地位的潜力。

二、中国电影市场撼动好莱坞世界霸权的潜力

近年来，中国电影市场票房收入飞速增长。中国从 1993 年开始对电影行业进行制度改革，1994 年开始，每年以票房分账方式引进 10 部外国电影（大部分是好莱坞电影），自此，引进外国电影的配额制度确立，全国票房开始增加。2001 年，中国加入 WTO，作为条件之一，中国每年引进外国电影的配额翻倍，增长到 20 部。2003 年之前，每年全国票房收入大概 10 亿元人民币。2003 年，中国开始改革电影院线和发行系统，此后票房收入平均每年增加 20% — 30%。2010 年，中国的全年票房超过 100 亿元人民币。2012 年，中美两国签订《中美电影谅解备忘录》（*US-China Memorandum of Understanding Regarding Films for Theatrical Release*），中国同意每年增加 14 部特殊格式（3D 或 IMAX 格式）的分账片，分账比例也由此前的 13% 提高到 25%，从此外国分账片的配额扩大到 34 部。2013 年，MPAA 发布报告确认 2012 年中国成为世界第二大电影市场，票房达到 27 亿美元（约合人民币 170 亿元）。[3] 2014 年全年票房收入几乎达到 300 亿人民币，而 2015 年的票房收入同比增长 46%。[4] 2016 年，中国电影市场票房收入增速放缓，但在 2017 年，票房收入同比增加 22%，达到 559 亿人民币。[5] 2018 年，全国票房收入达到 609 亿人民币。[6] 如果保持这样的增速，很多机构预测，中国电影市场将超过美国，将在 2020 年底

① "Theatrical Market Statistics," Motion Picture Association of America, accessed March 8, 2020, https://www.motionpictures.org/wp-content/uploads/2014/03/2012-Theatrical-Market-Statistics-Report.pdf.

② Michael Curtin, *Playing to the World's Biggest Audience: The Globalization of Chinese Films and TV*, Berkeley: University of California Press, 2007, p.4.

③ "Theatrical Market Statistics," Motion Picture Association of America, accessed March 5, 2020, https://www.motionpictures.org/wp-content/uploads/2014/03/2012-Theatrical-Market-Statistics-Report.pdf.

④ 《1905 年终策划：2015 年中国电影市场大数据报告》，2016 年 1 月 5 日，http://www.1905.com/news/20160105/965909.shtml，2018 年 7 月 26 日。

⑤ 《请回答 2017：中国电影市场年终盘点》，2018 年 1 月 1 日，http://www.nbd.com.cn/articles/2018-01-01/1178011.html，2018 年 7 月 26 日。

⑥ 《2018 年内地票房年终总结：国产片靠春节档，进口片靠"超级英雄"》，2019 年 1 月 5 日，http://www.sohu.com/a/286975727_100008019，2018 年 7 月 26 日。

成为世界上最大的电影市场。2019 年,《好莱坞报道者》提供了这样一份报告:"根据普华永道最新预测,2020 年,中国快速增长的票房将达到 122.8 亿美元,超过美国的 119.3 亿美元。"[①] 然而,2019 年底新冠疫情的爆发对包括中国在内的世界电影业造成了重创。目前看来,国内对新冠疫情的有效控制使得中国电影市场从 2020 年下半年起逐渐恢复,但国际疫情还没有好转,所以,待疫情结束后,世界各地电影市场恢复正常,中国何时超过美国成为世界第一大电影市场才能见分晓。

中国电影市场除了票房收入的暴涨,近年来还出现了一种新现象。多部好莱坞大片中国市场的票房收入在其国际票房总收入中占比巨大。例如,2015 年,《侏罗纪世界》和《复仇者联盟:奥创纪元》在中国市场的票房收入分别占其国际市场总收入的近 25 %,《速度与激情 7》更是在中国电影市场获得了其国际总票房的 34 %。[②] 另外一种现象是,一些好莱坞大片在西方市场上票房和口碑双双失败,但仍然可以在中国电影市场获得巨大的票房补偿。例如,《魔兽世界》(Duncan Jones,2016)制片成本高达 1.6 亿美元,美国市场首周末票房还不到 2500 万美元,但这部电影,因为改编自一款网络游戏,而这款游戏在中国玩家中非常受欢迎,电影在中国影院上映之后五天内就获得了 1.56 亿美元票房。[③] 最终,这部电影在中国市场的票房收入是其美国市场的四倍。这两种现象为在不久的将来中国会超过美国电影市场这一推断提供了进一步证据。

中国电影市场飞速增长的动力是中国经济的崛起以及中产阶级不断增长的可支配收入。2000 年中国人均国内生产总值少于 1000 美元,2020 年达到 10500 美元,短短 20 年内增长了近 10 倍之多。[④] 可支配收入的增长促进了奢侈品消费和更多生活方式的选择,如出国旅行、商场购物、餐馆就餐以及观看电影。然而,根据 2016 年沃顿商学院市场营销系的统计数据,全体中国人去影院的频率平均每年不到一次,而美国人的频率是平均每年四次。[⑤] 当前中国一线和二线城市的电影市场已经趋于饱和,真正的潜力在三四线城市。现在电影的宣传不会局限在一二线城市,电影主创会越来越多地去到三四线城市宣传、路演。中国的人口大约是美国人口的四倍,这意味着票房增长的巨大潜力。

中国票房收入增加的另一个因素是影院建设和屏幕增长的爆发。中国一线二线城市的影院设施已经非常健全,现在院线公司更重视三线和四线城市,加快这些城市的影院建设。三四线城市的新建电影院和新增屏幕对近年来国内票房收入的爆炸性增长做出了

① Paul Bond, "China Film Market to Eclipse U.S. Next Year: Study," *The Hollywood Reporter*, June 5, 2019, https://www.hollywoodreporter.com/news/china-film-market-eclipse-us-next-year-study-1215348.

② 根据 Box Office Mojo 信息计算。

③ Hannah Beech, "How China is Remaking the Global Film Industry," *Time*, January 26, 2017, http://time.com/4649913/china-remaking-global-film-industry/.

④ "GDP Per Capita," The World Bank, accessed August 3, 2021, https://data.worldbank.org/indicator/NY.GDP.PCAP.CD?locations=CN.

⑤ "China's Film Industry: A Blockbuster in the Making," *Knowledge @Wharton*, February 17, 2016, http://knowledge.wharton.upenn.edu/article/lights-china-action-how-china-is-getting-into-the-global-entertainment-business/.

巨大贡献。2014年，全国新建了1015个电影院，相当于新增了5397块电影屏幕。2015年，全国新增8027块屏幕，平均每天增加24块，主要增加在三线和四线城市，全国的屏幕数量达到31627块。① 根据国家新闻出版广电总局发布的统计数据，2016年中国电影市场的屏幕数达到40917块，平均每天增加26块屏幕，同时超越美国成为世界上拥有电影屏幕最多的电影市场。② 电影院和屏幕每年还在继续增长，新建影院和新增屏幕已经成为中国电影市场票房飞速增长的关键因素。

三、中国电影抵御好莱坞在国内市场扩张的途径

面对好莱坞在世界电影市场的统治地位，近年来随着中国经济的强势崛起，国内电影法律法规不断完善，电影产业不断升级，电影市场不断发展，中国电影人也在逐渐摸索抵御好莱坞在国内市场扩张的途径，经过笔者的梳理，大致有三种方式：第一，与好莱坞电影公司合作；第二，通过差异化电影类型与好莱坞竞争本土电影市场份额；第三，制作本土"高概念"大片。通过这三种方式，相信中国电影将来可以撼动好莱坞在全球电影市场的统治地位，改变全球电影市场的格局。

（一）寻求与好莱坞电影公司合作

哥伦比亚电影制作公司（亚洲）自20世纪90年代以来一直以投资的方式与中国电影合作，如《我的父亲母亲》（张艺谋，1999）、《一个都不能少》（张艺谋，1999）、《大腕》（冯小刚，2001）以及《十面埋伏》（张艺谋，2004）等。慢慢地，中国越来越多的电影公司开始邀请好莱坞电影特效团队合作。除此之外，近年来，越来越多的中美合拍片涌现出来，比如《功夫熊猫3》（Alessandro Carloni & Jennifer Yuh Nelson，2016），《长城》（张艺谋，2016）以及《巨齿鲨》（Jon Turteltaub，2018）等。与好莱坞合作的意义不仅在于学习其电影制作技术，还在于学习其管理和营销策略以及发行模式。与好莱坞合作不仅可以提高中国本土电影的制作能力，还可以实现中国电影产业的升级，逐步制作出好莱坞影片的代替品，进而与好莱坞竞争市场份额。

（二）通过差异化电影类型与好莱坞竞争本土市场份额

好莱坞"高概念"大片，如科幻片、动作片、探险片以及灾难片，这些电影充满了扣人心弦的情节，叹为观止的视觉效果和宏大的场景，是在世界范围内最受欢迎而且可以获得高票房的电影类型。因此，中国可以另辟蹊径，选择与好莱坞传统"高概念"大片差异化明显的电影类型，比如古装片和喜剧片，因为观看这些电影需要更多本土背

① 《1905年终策划：2015年中国电影市场大数据报告》，2016年1月5日，http://www.1905.com/news/20160105/965909.shtml，2018年7月26日。
② 《中国银幕总量40917块居世界第一》，2016年12月20日，http://www.gov.cn/xinwen/2016-12/20/content_5150663.htm，2018年7月27日。

景知识，也更容易赢得本土观众。事实上，近年来这种方法起到了一些效果。根据 Box Office Mojo 的数据，从 2013 年到 2019 年，每年中国电影市场的年度十大票房电影都包括几部古装片和喜剧片。[①] 平均来看，古装片和喜剧片可以占到 30％至 40％，证明中国电影人努力的方向是正确且有效的。

为什么古装片和喜剧片更容易和好莱坞大片竞争？古装片在中国电影中是一个相对宽泛的概念，只要一部电影设定在古代或是有关神话人物的故事，无论是古代的玄幻片、历史片或功夫片都可以被归类为古装片。中国的神话、传说和侠客文学的传统源远流长。[②] 正如迪士尼动画或超级英雄漫画伴随美国儿童成长一样，中国人从青少年时期一直受到这些文学的滋养。这些文学作品为中国古装影片的创作提供了大量的灵感和素材。中国电影人从 20 世纪 20 年代开始拍摄古装片，大量优秀的有代表性的影片源源不断地出现，比如 20 世纪六七十年代张彻和胡金铨的功夫片，90 年代徐克的武侠片，如《黄飞鸿》系列电影、《笑傲江湖》系列电影等，21 世纪之后，李安的《卧虎藏龙》（2000），张艺谋的《英雄》（2002）和《十面埋伏》（2004），徐克的《狄仁杰》系列电影（2010，2013，2018），郑宝瑞的《西游记》系列电影（2014，2016，2018），以及近年来的古装动画片，包括《大圣归来》（田晓鹏，2015）、《哪吒之魔童降世》（饺子，2019）等。古装片一直都是中国电影发展史上传统的电影类型，代表了中国电影人为世界电影类型多元化做出的特殊贡献。基于这样的文化背景，中国观众非常容易与古装片产生共鸣。

喜剧片受欢迎的主要原因与"文化折损"的概念有关。如果观众不熟悉电影中的语言和文化背景，就无法理解喜剧中的幽默。例如，冯小刚最卖座的电影之一《大腕》（2001），在电影中，大导演泰勒（唐纳德·萨瑟兰饰）去世之前，授权优优（葛优饰）安排他的喜剧葬礼，但没有提供任何资金。为了安排葬礼，优优和他的朋友组织拍卖吸引广告赞助。其中一位演员在葬礼上需要植入一种钙片。在设计的场景中，当这位演员出席葬礼时，他要悲伤地哀悼："泰勒，泰勒，我们中国演员早就集体补过钙了，就差一步，就差一步啊，泰勒，没来得及给你们美国文艺界补钙，你就，就差一步，就差一步，你

---

① 2013 年，两部古装片：《西游：降魔篇》（周星驰＆郭子健）和《狄仁杰之神都龙王》（徐克）；一部喜剧片：《私人订制》（冯小刚）。2014 年，一部古装片：《西游记之大闹天宫》（郑宝瑞）；两部喜剧片：《心花路放》（宁浩）和《分手大师》（邓超＆俞白眉）。2015 年，一部古装片：《捉妖记》（许诚毅）；四部喜剧片：《港囧》（徐峥）、《夏洛特烦恼》（闫非＆彭大魔）、《煎饼侠》（董成鹏）和《澳门风云 2》（王晶）。2016 年，两部古装片：《西游记之三打白骨精》（郑宝瑞）和《长城》（张艺谋）；两部喜剧片：《美人鱼》（周星驰）和《澳门风云 3》（刘伟强＆王晶）。2017 年，一部古装片：《西游：伏妖篇》（徐克）；两部喜剧片：《羞羞的铁拳》（宋阳＆张吃鱼）和《功夫瑜伽》（唐季礼）。2018 年，一部古装片：《捉妖记 2》（许诚毅）；一部喜剧片：《西虹市首富》（闫非＆彭大魔）。2019 年，两部喜剧片：《飞驰人生》（韩寒）和《疯狂外星人》（宁浩）；一部古装动画片：《哪吒之魔童降世》（饺子，2019）。

② 自从战国时代以来，神话经典和传说就已经出现，接下来的历朝历代都有文学家创作这类文学作品，比如西汉史学家司马迁《史记》中的《刺客列传》，东晋文学家干宝的《搜神记》，唐传奇，宋元话本，明朝小说家施耐庵的《水浒传》和吴承恩的《西游记》，清朝石玉昆的《三侠五义》，以及金庸、古龙、梁羽生的现当代武侠小说等等。

就是因为缺钙才死的呀。"说完台词，这个演员拿出一瓶钙片放在泰勒的棺材旁边。这是只有中国观众才理解的幽默。因为在2000年代初，中国的电视屏幕上充满了各种各样的钙片广告。如果观众不了解这个背景的话，是不会笑的。所以，喜剧是另一种可以被中国电影人有效利用的电影类型，可以赢得更多本地观众。古装片和喜剧片，代表了可以和好莱坞电影竞争国内市场份额有效的电影类型。

（三）制作本土"高概念"大片

对中国电影人来说，这是最具挑战性的任务，因为"高概念"电影是好莱坞电影最成功的产品。但是，近年来出现了一种新趋势。2016年以来，一些中国电影开始出现在全球最卖座电影的榜单上。2016年，《美人鱼》（周星驰），在全球电影票房排行榜上排名第14位。2017年，《战狼Ⅱ》（吴京）排名第七。2018年，《红海行动》（林超贤）排名第13位，《唐人街探案2》（陈思诚）排名第14位。2019年，《哪吒之魔童降世》（饺子）和《流浪地球》（郭帆）分别排名第12和13位。[1]这些电影是中国"高概念"商业大片的代表，预算高、顶级明星出演、场面壮观、特效好、大制作。而且，这些电影超过90％的票房都来自国内电影市场。中国有了自己的"高概念"大片，势必会挤压好莱坞大片在国内的市场份额。这一现象表明中国电影市场对好莱坞在全球电影市场的统治地位发起了挑战。

结　论

Kristin Thompson 曾经分析好莱坞20世纪二三十年代成功的因素时，其中一条是"美国电影行业可以成功维持其在海外的统治地位主要归功于其巨大的国内市场"。[2]美国巨大的国内市场，足够多的影院和大量的观影人群保证了电影可以盈利：既可以收回电影的制作成本，又可以消化掉每年生产的大量电影，在电影需求和供应之间形成良性循环。这是好莱坞在国际电影市场处于统治地位最重要的条件之一。就如现在的中国，国内市场拥有足够多的影院和观影人群，即使不能将电影大量出口到海外电影市场，也可以消化和吸收本土制作的电影，而且巨大的本土市场既可以为中国电影产业提供雄厚的资金支持又可以为其将来电影业务全球化提供一个跳板。中国已经开始具备这些特质 —— 广阔的国内市场和巨大的电影消费能力，开始具备撼动好莱坞在全球电影市场统治地位的潜力，相信将来可以改变世界电影市场的格局。然而，2019年底爆发的新冠肺炎疫情迅速蔓延至全球，对包括中国在内的全球电影产业产生了严重和深远的影响。疫情对电影产业最严重的影响是改变了电影上映的方式以及人们的观影模式。许多已经拍摄完成的国内和国外的影片选择推迟上映，甚至一再推迟上映时间，大部分国外影片最后选择上

---

①　详细排名请参考 Box Office Mojo, https://www.boxofficemojo.com/year/world/?ref_=bo_nb_tt_tab。

②　Thompson, *Exporting Entertainment: America in the World Film Market, 1907-1934*, p.1.

线流媒体平台，比如 2020 年迪士尼出品的真人电影《花木兰》（妮基·卡罗，2020）先后推迟了两次影院上映时间，最开始定档 2020 年 3 月 27 日，因为疫情原因，推迟到 7 月 24 日，后又推迟到 8 月 21 日，但还是没有如期上映，最终在部分受疫情影响严重的国家和地区选择上线迪士尼＋付费观看。而且，突如其来的疫情中断了许多正在拍摄和制作的电影，使全球的电影产业出现了停摆。但是因为我国在疫情防控方面采取了有力措施，疫情得到了有效控制，在 2020 年下半年影院逐步有序恢复观影，部分影片逐步有序在影院上映。即便如此，疫情发生以来的两年多时间里，由于影院的线下观影受到严重冲击，出于疫情防控的需求，越来越多的人选择线上观影或者在视频平台观看网络电影，流媒体平台和短视频平台迅速崛起，恐怕会深刻改变人们的观影模式。但是，我们也不要悲观，这两年也有一些例子表明，如果没有疫情，人们还是愿意选择线下观影，比如 2021 年国庆期间上映的电影《长津湖》（陈凯歌，徐克，林超贤，2021）不仅是当年的票房冠军，而且超过了《战狼 II》（吴京，2017），成了中国电影史上的票房冠军。当疫情散去，人们的生活能够完全恢复到疫情以前的状态，相信中国电影一定可以继续发挥自己的潜力，在改变世界电影产业格局的道路上不断前行。

风鸣西岸叶月照　朱星雨作

圣贤文化与组织传播研究

主持人语

　　儒家思想在先秦时期得到长足发展。孔子对成圣成贤之道展开了深入论述；孟子、荀子继承孔子的思想，对人性的认识有独到的见解；屈子忠君爱国，在其丰硕的作品中蕴含着深邃的哲学思想。

　　孔子提出以"仁"为核心的思想体系，主张"忠恕"之道的实践原则。《中华文化与传播研究》第十一辑刊发了《孔子圣贤思想的实践方案及其困难——以"忠恕"之道为中心》（上），本辑接着选用了周丽英博士撰写的《孔子圣贤思想的实践方案及其困难——以"忠恕"之道为中心》（下）。该文从阐述"忠恕"之道内化之理论困难入手，分析了"直"与人性的关系以及"志"与"欲"的关系。并且从"孝"作为家庭伦理的不平等性、"礼"作为社会规范的单项性、"君子"人格示范的失效性这三个方面，详细解析了"忠恕"之道的实践困境，对孔子圣贤思想的实践方案及其困难提出了相应的见解。

　　在对人性的探索和思考上，孟子认为人性本善，主张性善论。学者们常常把孟子的性善论与荀子的人性论对立起来，从而把荀子的人性论定义为性恶论。殷亭亭在论文《论孟荀人性之会通》中指出，孟子与荀子对于人性认识的迥异是因为二人并不在同一层面上对人性论进行探讨。孟子站在超验的角度将人性定义为善，荀子则站在经验的角度将人性定义为恶。孟子与荀子对人性的看法虽有不同，但都重视后天教化对人性的重要作用，在以"天"为主体意志的时代将"人"的选择放在首位，从而给人以更多的自主性，可谓殊途同归。

屈子哲学思想的宝藏尚缺少系统的发掘。以学习、研究、宣传、践行贤文化为宗旨的贤文化研究会，拟群策群力，系统探索屈子哲学思想。《屈子人生哲学阐微》是在管国兴博士带领贤文化研究会研读屈子文章的基础上，由孙鹏博士撰稿而成。该文探讨了《远游》《卜居》《渔父》这三篇屈子作品的哲学内涵，阐明了屈子所要表达的修身进德之人生追求、"有旦宅，无吉凶"价值理念、方外君子在世出世的人生态度。该文以朴实的语言介绍屈子的人生选择，以严密的推理论述屈子的价值理念，完整呈现出屈子的人生哲学思想。

本期"圣贤文化与组织传播研究"选用的三篇文章，集中反映了孔子、孟子、荀子、屈子关于人性及人生的见解，以期为读者朋友更好地认识圣贤思想抛砖引玉。

（孙鹏，常州市社会科学院盐文化研究中心副研究员）

孔子圣贤思想的实践方案及其困难

——以"忠恕"之道为中心（下）

周丽英*

（中盐金坛公司博士后工作站、厦门大学哲学系博士后流动站）

摘　要：孔子圣贤思想建立在"人之生也直"的内在基础上，依靠"志士志于道"的自觉守持展开"尽己之心"的内化道路。以"孝悌仁为本"的家庭实践和"克己复礼"的社会实践，辅之以"圣贤君子"人格的榜样实践开出"推己及人"的外化过程。但是，诚如孔子之后儒家关于人性善恶的争论，义利之辩的纠葛，都体现出作为践行孔子圣贤思想的"忠恕"之道存在诸多理论上的困难。"孝"作为家庭伦理的不平等性、"礼"作为社会规范的单向性、"圣贤君子"人格示范的失效使得"忠恕"之道在外化过程中陷入了实践困境。

关键词：孔子；圣贤思想；忠恕之道；实践方案；困境

基金项目：本文系 2020 年江苏省博士后科研资助计划项目阶段性研究成果，项目编号：2020Z344

一、"忠恕"之道内化之理论困难

1."直"与人性的关系

孔子从"人之生也直"的内在本性中寻求"忠恕"之道的价值根源，但他并未就人性的善恶问题进行深入探讨。从"直"的本性中并不必然得出人性之善，"推己及人"亦无法保证结果的向善性。后世儒者就人性善恶各抒己见，试图为"忠恕"之道建立起确定的人性论根基。

孟子从"人禽之辩"出发，提出"性善论"。他认为"人性之善也，犹水之就下也"，且这一善性是"天之所予我者"，体现为人皆有之的"恻隐之心、羞恶之心、恭敬之心、

---

* 周丽英（1979—），女，中盐金坛公司博士后工作站与厦门大学哲学系博士后流动站联合培养博士后、福建泉州中国闽台缘博物馆副研究馆员，主要研究方向：传统文化与现代化、马克思主义哲学、闽台历史文化。

是非之心"(《孟子·告子上》)。"四心"为善之端，内在于人，以"天予之善性"做担保，扩而充之为仁、义、理、智四常德，由此赋予了"忠恕"之道以内在的价值合理性和可能行。实质上，孟子的理路是把孔子的"直"转化为"善"。问题在于，人性中恶的因素并不因人为排除而消失，尽管人皆有"救孺子于井中"的"恻隐之心"(《孟子·公孙丑章句上》)，但现实利益面前"落井下石"的残酷事实亦不少见。

荀子意识到这一点，提出相反之"性恶论"。他认为："人之性，恶；其善者，伪也。"(《荀子·性恶》)尽管荀子也承认人具有向善的可能，但他和孟子的路径不同。孟子认为人性本善，只要"养浩然之气"即可保存善质、走上人间正道；荀子则认为人性本恶，必须通过"隆礼重法"来"化性起伪"，避免人与人之间因"欲恶同物，欲多而物寡，寡则必争矣"(《荀子·富国》)导致的社会混乱。"涂之人"才"可以为禹"(《荀子·性恶》)。荀子的思路颇有契约论的味道。关于"礼起于何？"荀子给出的解释为："先王恶其乱也，故制礼义以分之，……是礼之所起也。"(《荀子·礼论》)但这又使其理论陷入了两难：性恶之先王何以成为"善"的制定者和"礼"的执行者呢？从思想史的历程来看，在荀子这里，从"人性本质主义"中探索"忠恕"之道何以可能的思路已经发生转向。性恶论的提出，成为封建统治阶级的工具，统治者常借天子之名以"性善"自居，普罗大众则被赋予"性恶"的本质而成为被统治对象。荀子与孟子路径的分野，使孔子以"忠恕"之道为实践路径的圣贤思想在现实中不可避免地落入为封建统治阶级服务的窠臼。

这种理论与现实的分离，经过汉代董仲舒"性三品论"的诠释而更加彻底化。董仲舒汲取阴阳五行家的思想，用"天人合一"的观点阐述人性善恶问题，把人性划分为"圣人之性""中民之性"和"斗筲之性"三个等级序列(《春秋繁露·实性》)，并将三品之性与君民、尊卑、贵贱相匹配，即所谓"君不名恶，臣不名善；善皆归于君，恶皆归于臣"(《春秋繁露·阳尊阴卑》)。他认为这是"王道之纲，可求于天"(《春秋繁露·基义》)，进而演绎出封建帝王具有永恒善性，普通大众具有永恒恶性的价值逻辑，并据此生出"屈民以伸君，屈君以伸天"(《春秋繁露·玉杯》)，君王性善则"以人随君"，臣民性恶则用"三纲五常"约束之，最终演化为"帝王盗天"以欺民的政治事实。这种辩护式的论证，直接导致"君以名梏臣，官以名轭民，父以名压子，夫以名困妻，兄弟朋友各挟一名以相抗衡"的专制局面。"己欲立而立人、己欲达而达人"，"己所不欲、勿施于人"，这些作为处理人际关系的基本原则在其"序尊卑，别贵贱"的礼制框架内缺失了平等、正义的社会文化土壤，自然长不成枝繁叶茂的大树，更结不出"仁爱天下"的道德善果，被董仲舒称赞为"功及子孙，光辉百世"的"忠恕"之道成为一纸空文。

宋明儒者以"道统"自居，在承接孔孟之道基础上，不断突破前人理论局限，从人性论角度重新探寻"忠恕"之道的价值源头，为孔子圣贤思想提供合理根据。但无论张载首倡的"人性二元论"、二程主张的"禀气清浊论"、朱熹的"天理人性说"，抑或心学派的"良知论"，都无法打破大一统以来"君贵民贱"的等级观念。由于历史和阶级的局限性，最终在实践中走向"存天理灭人欲""以理杀人"的困境。此外，一味地从人性论中探求"忠恕"之道的价值根源，必然造成对人的本质过度抽象，而忽视现实之人的存在。在封建等级社会中，人与人之间的不平等注定无法推出具有平等意义的"忠恕"之道。

2. "志"与"欲"的关系

如前所述，孔子提出"忠恕"之道的圣贤思想，有其独特的时代背景。诸侯国之间为利益争夺而连年争霸，导致社会制度的破坏和伦理秩序的失范。因此，他号召立"天下归仁"之大志，正确面对自我之欲与利，以此为基础，关照和顾及他人之欲与利，进而避免人与人、国与国之间的无度争夺。所谓"君子义以为上""义以为质"（《论语·阳货》）就是这个道理。

"志"与"欲"实质上表征的是义利关系。"喻于义"之君子常怀"仁者爱人"之大志并能在实践中"推己及人"；反之，"喻于利"之小人则受欲望支配而不择手段、损人利己。在"志"与"欲"、"义"与"利"的关系问题上，首先，孔子并未将二者对立，用"志"灭"欲"，或用"义"排"利"。相反，"己欲立而立人、己欲达而达人""己所不欲、勿施于人"恰恰是以个体正常之"欲"为载体。"礼以行义，义以生利，利以平民，政之大节也"（《左传·成公二年》）充分体现了利的重要性。其次，孔子强调的是以"志"制"欲"、以"义"生"利"。如果人的欲望不受约束、"放于利而行"，必"多怨"（《论语·里仁》）。所以他说"不义而富且贵，于我如浮云"（《论语·述而》）。人人都能"见利思义"（《论语·宪问》）、以义取利，"立己立人、达己达人"、"己所不欲，勿施于人"才能成为可能。

后世儒者纠缠在"义利之辩"中，硬是要分出个轻重缓急来，忽视孔子在这一议题上的辩证思维，与孔子的本意渐行渐远。孟子认为只有"义"才是"人之正路"（《孟子·离娄下》），走人间正道需要存养善心，而"养心莫善于寡欲"（《孟子·尽心下》），并倡导关键时刻要"舍生取义"。可见，在义利问题上，孟子比孔子更注重对"义"的倡导和对"利"的节制。他称颂"仁"为"天下之广居"，"礼"为"天下之正位"，"义"为"天下之大道"（《孟子·滕文公下》）。但他把人的自然欲求排除于人性之外，认为"何必曰利？亦有仁义而已矣"（《孟子·梁惠王上》）。

董仲舒在义利问题上更加明确地视利为"盗之本也"（《春秋繁露·王道施》），并把人之为恶的原因归结于"利之败也"（《春秋繁露·玉英》）。"亡义而循利"导致"去理而走邪"（《春秋繁露·身之养重于义》），所以君子应该"终日言不及利，……夫处位动风化者，徒言利之名尔，犹恶之，况求利乎"（《春秋繁露·玉英》）。不仅要"制欲""防欲"，而且还应终日耻于言利。虽然董仲舒之说具有针砭时弊之意，但其"正其谊不谋其利，明其道不计其功"（《汉书·董仲舒传》）的思想，把"志"与"功"、"义"与"利"完全割裂并走向了极端。

宋明理学家们更进一步，把天理与人欲的对立起来，朱熹认为"饮食者，天理也，要求美味，人欲也"（《朱子大全·与刘共父》）。天理为善，人欲为恶，所以要"革尽人欲"，"复尽天理"（《朱子全书》卷十二），为利之人，被视为"趋愚不肖之徒"（《朱子全书》卷五十七）。

从孔子的"以义取利"到孟子的"寡欲"，从董仲舒的"耻于言利"至理学家的"灭尽人欲"，对"欲"和"利"的排斥步步加深，使孔子以"忠恕"之道一以贯之的圣贤思想失去应有的丰富性和现实性，成为空洞的理论说教。灭"欲"趋"利"，意味着灭掉了"己欲立而立人、己欲达而达人"和"己所不欲、勿施于人"的存在根基，更难言"推己及人"。可见，在"志"与"欲"、"义"与"利"的关系问题上，片面强调道德主体通过修身养性来坚守"仁爱"之志，而忽视制度原因，结局只能成为统治阶层的工具。在家国同构的封建社会里，统治者往往把"志"与"欲"、"义"与"利"问题偷换概念为公私关系，以仁义之名倡导的大公无私，实质是在教化百姓放弃自己获取正当利益的权利，并为封建帝王之私利而鞠躬尽瘁。纵观历史进程，往往都是帝王所欲则为所欲为，其所不欲反施于民。封建等级社会中，无论从理论还是实践中都无法真正实现"推己及人"，"己欲立而立人，己欲达而达人""己所不欲，勿施于人"的道德理想在现实中常常被"人不为己、天诛地灭"的潜规则所代替。

二、"忠恕"之道的实践困境

"忠恕"之道在理论论证上缺失了现实根基和辩证意味，当理论反过来关照现实的时候，便会陷入一系列的实践困境之中。

1. "孝"作为家庭伦理的不平等性

孔子圣贤思想的实践领域从家庭开始，"仁者爱人"建立在"百善孝为先"的基础上。"孝"作为天然情感和反哺行为无可厚非，父母赋予子女生命并养育成人，无论从自然意义还是社会意义而言，子女理应对父母怀感恩恭敬之心，以"孝"待之。就此而言，"孝"体现了代际双向的情感互动，这是人类得以维系和存续的因素之一。父母与子女首先作为个体之人存在，其次才是"父母""子女"的身份。作为个体"人"之存在的共同性使其具有同等资格从子女成长为父母，在生命活动过程中担当起不同的角色。这种人生经历和情感体验是"推己及人"的重要基础。

但在家国同构的等级社会中，"孝"作为家庭伦理规范，更多体现的是父母对子女的控制和子女对父母的服从。尤其是当作为家庭伦理之"孝"与作为社会伦理之"礼"相互纠缠时，"孝"的不平等性尤为明显。孔子认为父亲去世之后，儿子要"三年无改于父之道，可谓孝矣"（《论语·学而》），即是对这种不平等性的模糊印证。董仲舒把"父子"与"阴阳""尊卑"相配，更加强化了"孝"的不平等性。在礼教社会中，父亲代表了一种纯粹的、享受无上权威的权利型人格，子女则表征着纯粹服从的义务型人格。孔子"父慈、子孝"的理想常常从"父以名压子"演绎成"父要子亡，子不得不亡"的残酷现实。女性在这一家庭结构中更是处在尴尬的夹缝，"在家从父、出嫁从夫、夫死从子"这条锁链把女性深深地困在了男权世界中，就此"画地为牢"，并无独立人格与自由可言。中国传统社会"孝"的不对等性必然使情感消融于现实中。孔子期望从家庭伦理出发，通过"孝"的引导和规范来推行"忠恕"之道的理想就此夭折。人类从神权的压制下刚刚窥见理性的光芒，又在"族权"和"父权"挤压下丧失了空间，孔子的圣贤思想在封建制度的范导下没入了历史的洪流。

2."礼"作为社会规范的单项性

在孔子那里，"礼"具有双重意义。作为礼仪规范内含合理之意；作为政治制度兼具"法"之意味。孔子提出的"非礼勿视，非礼勿听，非礼勿言，非礼勿动"着重从礼仪规范的角度而言，目的是通过礼仪规范的制约和引导，培养个体"成仁成德"的自觉意识。但人的自觉往往以自由之身为前提，过度强调"礼"的规约，极易造成"礼"和自由的冲突，从而以"礼"的规约消解自由。此外，"礼"作为社会制度兼具"法"的作用，体现为一套完整的政治设计和统治策略。"礼"一般由统治阶层制定，其目的是用来制约民众，实现"家国天下"的超稳定格局。可见，在封建等级社会中，"礼"实质上是作为统治阶层约束被统治者的政治工具，它的作用必然是单向度的。从孔子"君使臣以礼，臣事君以忠"（《论语·八佾》）的提法即可窥一二。表面看，君以礼待臣体现了一定的平等性，但观其本质，"礼"只是君王向下"使"臣的工具；"忠"则是臣向上"事"君的状态。一个"使"字足以表明"礼"作为社会规范的单向性和工具性，同理，一个"事"字也恰恰表明了君、臣关系的不平等。在封建等级社会中，试图从"君之欲"推出"臣之欲"和"民之欲"，这是不可能的事情，臣民亦无法用"礼"来向上规约君王。子路问事君，子曰："勿欺也，而犯之。"（《论语·宪问下》）尽管孔子强调君主有错时，臣应该犯颜直谏"勿欺也"，但实在不行也只能"弃而去之"。孔子的无奈恰好证明"礼"不管作为社会规范还是政治制度，其作用只能是单向度地规范臣民，体现出上对下的役使权力；相反，尽心竭力之"忠恕"，则成为臣民对君主必尽之义务。

孟子在君臣关系上的倡导"君之视臣如手足，则臣视君如腹心；君之视臣如犬马，则臣视君如国人；君之视臣如土芥，则臣视君如寇仇"（《孟子·离娄下》），似乎透露出豪情壮志般的对等思维，但"手足"和"腹心"、"犬马"和"国人"的比喻及其差异却体现出本质上的不对等。后世儒者更有为迎合统治阶层需要而吸收法家思想，把"礼"解释成君主对臣民的绝对统治，"忠"则阐述为臣民对君主的绝对服从，最终演绎成"君要臣死，臣不得不死"的统治逻辑。这种礼制规约的单向性架空了"仁爱"的实质，不仅无法保证"忠恕"之道的实施，而且成为其极大的障碍。

总之，无论是家庭伦理之"孝"还是社会伦理之"礼"，在等级社会中只能是上对下的一种控制手段。"推己及人"的话语霸权永远掌握在统治阶级手中，加之以"纲常""稳定""秩序"等名目，堂而皇之地压制着平等、自由、人格尊严的形成和发展。统治阶级一边肆无忌惮、无所畏惧地扩张自我私欲，一边压制劳动人民的正当生存欲求。在执行双重道德标准又缺乏法律规范的社会中，"推己及人"既没有推出去的必要，也丝毫没有推出去的可能。

3."君子"人格示范的失效性

孔子为了实现其圣贤思想，不仅为"忠恕"之道提出了一系列实践方案，同时还树立了"君子"这样一个完整的人格形象作为实践向导来引导普通大众。"君子"不仅是一种理想人格，而且是一个活生生的实践人格。但孔子所言的这种"君子"人格，在后世发展中却将这种双重性割裂开了。在封建等级社会中能被视为君子或以君子自居的不外乎两类人：一是正统儒家知识分子中的代表人物；二是帝王君主化身为道德"君子"而自居。

孔子认为"君子上达，小人下达"（《论语·宪问》），"君子之德风，小人之德草，草上之风，必偃"（《论语·颜渊》）；孟子认为"人之所以异于禽兽者几希，庶民去之，君子存之"，"仁心大义，君子'求则得之'，庶人'舍则失之'"（《孟子·离娄下》）。孔孟关于君子的表述显然从道德角度把人划分为不同层次，这也意味着只有圣人、君子凭借"天予之德"才能修身成仁。"忠恕"之道实践的可能性在理论上俨然被具有较高道德觉悟的圣人、君子所垄断。

儒家知识分子践行"忠恕"之道主要依循"格物、致知、诚意、正心、修身、齐家、治国、平天下"这样一条线索。"格物、致知、诚意、正心"体现了"尽己之心"的内化过程；"齐家、治国、平天下"体现了"推己及人"的外化过程。其中，"修身"是儒家君子实践"忠恕"之道的关键环节，它融通了"忠恕"之道的内化和外化过程。但是儒家知识分子的"修身"理论在专制统治的封建社会中缺乏生存发展的土壤，其结果或屈从权威沦为"御用文人"，或远离现实成为泛道德主义清谈。这种历史性的尴尬境遇使得儒家知识分子"明明德""亲民""止于至善"的道德理想和"齐家""治国""平天下"的道德实践犹如"多米诺骨牌"，极易在社会实践中轰然倒塌。

葛兆光先生在其《中国思想史》中深刻地揭示了儒家君子人格的空泛性和失效性。他说："圣人君子'为王者师'的惟一凭借只有'真理'，但是当思想逐渐定型，并通过官方的认可成为意识形态，通过教育的传播成为普遍知识，知识阶层就失去了凭借'真理'与'权力'对抗的能力，从'王者师'的地位降到了'帝之臣仆'的地位。于是，相当多的士人常常要高扬一种强烈到过分的理想主义精神，用所谓的'君子'为标帜，以相当高的人格、道德标准来裁量现世，在这种普遍而永恒的真理中赢回自己的'话语权力'，以避免被边缘化的命运。"[①] 基于这种无奈，儒家知识分子便把"君子人格"形象寄予帝

---

① 葛兆光:《中国思想史》第 1 卷，上海：复旦大学出版社，2001 年，第 302 页。

王、君主。希望帝王、君主能修持"仁德"，实行"仁政"。"他们自己不能成为权力中心，但要求权力拥有者具有这种古典知识和道德水准，当权力拥有者不得不遵循这一规则时，他们才有一些高踞权力之上的感觉。"①但这种希望只是一厢情愿罢了。一方面，帝王以天子自居，早已窃取了道德原则神圣性和高尚性的源头，儒家"内圣外王"的理想亦被转化成"王者即圣"的霸权学说；另一方面，由于缺失制约君王权力的社会体制和法律机制，君主及其统治阶层的权力得以无限扩张，他们运用强权推行"君本位"的"忠恕"之道，满足不断膨胀的个人欲望。被统治阶级却把奴性十足的"愚忠"和可怜巴巴的"饶恕"尊为至上道德原则，并引以为荣。

可见，无论是儒家知识分子，还是帝王、君主，在实践领域都无法真正担当起"君子"人格的表率作用。统治者利用"忠恕"之道的理论在实践中公然践踏被统治者的人格尊严，使得"忠恕"之道从伦理道德价值原则沦为了帝王政治统治的愚民工具。孔子"仁者爱人""推己及人"的"忠恕"之道，在几千年的封建社会中失去其本原意义和社会土壤，无法真正成为处理人与人之间关系的道德原则，成圣成贤的道德理想也只能沦为乌托邦式的道德幻想。

结 语

孔子所处的是一个社会制度经历着深刻变革的时代，是从奴隶社会向封建社会过渡的时期，是一个"道术将为天下裂"的时代。孔子面对礼崩乐坏的社会背景，探求重建价值体系和人间秩序的良方，他向往的是恢复周朝的太平盛世，在君主制下形成人伦有度、等级有序，且高度统一的复古型社会。他提出的圣贤思想以"仁者爱人"为核心，以"尽己之心""推己及人"为方法，以"己欲立而立人，己欲达而达人""己所不欲，勿施于人"为表征，也即"一以贯之"、奉行终身的"忠恕"之道。其中蕴含着仁爱天下的思想精髓、关爱他人的行为准则以及和谐共生的社会理想。这些思想因素作为中华传统文化中的优秀文明成果，在当下依然具有重要的意义。

当下中国所处的新时代，社会制度逐步健全，社会生活诸方面稳定发展。在此基础上进行深化改革，推进发展，有助于实现中华民族的伟大复兴。新时代需要构建的是承认多元、尊重差异，生动活泼、面向未来、面向世界、持续稳定发展的人类命运共同体。这与孔子身处的时代具有本质的差别，因此，对孔子以"忠恕"之道为践行原则的圣贤思想提出的历史语境、实践方案、历史困境进行深刻反思，澄清其历史局限性，并在中华民族伟大复兴和构建人类命运共同体的当下语境中再诠释，取其精华、弃其糟粕，希冀作为民族本土文化精华的孔子"忠恕"之道能植根现实，形成理论价值与现实关照之间的持久张力。

----

① 葛兆光：《中国思想史》第1卷，上海：复旦大学出版社，2001年，第303页。

论孟荀人性之会通

殷亭亭*

（四川大学哲学系，四川成都，610044）

摘 要： 学界一般认为孟子主张性善论，而荀子主张性恶论或性朴论。孟荀关于人性论断不同，其原因在于二人并不在同一层面上对人性论进行探讨。孟子站在超验的角度将性体定义为善，荀子则站在经验的角度将人性定义为恶。孟子认为先验的性体虽不能直接体现在每一个人身上，但可以直接体现在圣人身上，圣人施以教化使众人先天的善性得以显现，因而主张"涂之人皆可以为尧舜"。荀子则认为人们可以化性起伪，通过遵守圣人制定的礼仪法度，加以后天的学习，众人也能够到达"圣可积而致"的程度。孟子与荀子对人性的论断有不同的前提，但都重视后天的教化对人性的重要作用，在以"天"为主体意志的时代将"人"的选择放在首位，给人以更多的自主性，可谓殊途同归。

关键字： 人性论；性善；化性起伪；教化

孟子和荀子同为先秦时期儒家代表，但二者对性体的理解却有不同。孟子主张的性善论被历代儒者奉为圭臬，不断有学者对其学说进行阐释和维护；荀子主张性恶论，虽反对者居多，但其对于礼法制度的独到见解却为人所称道。王先谦在注解《荀子》时说："昔唐韩愈氏以荀子书为'大醇小疵'，逮宋，攻者益众，推其由，以言性恶故。"[1] 王先谦肯定了荀子其书的价值，不因噎废食，而且他还认为："余谓性恶之说，非荀子本意也。"[2] 王先谦对荀子持性恶观点产生的原因进行分析，认为荀子是考虑到当时的局势而昌性恶之说。王先谦对荀子人性论的理解虽不一定精准，但也为我们了解荀子的人性论提供了一种参考。

对孟子和荀子的人性论进行会通的前提是对二人的人性论有一彻底而系统的了解，孟子性善论的理论支撑是研究孟子性善论不得不面对的问题，但不能以性善论来论证性

---

* 作者简介：殷亭亭（1993—），女，四川大学哲学系博士研究生，专业：生命哲学。

[1] 王先谦：《荀子集解》，北京：中华书局，2019年，第1页。

[2] 王先谦：《荀子集解》，北京：中华书局，2019年，第1页。

善论，陷入循环论证的怪圈。而研究荀子的人性论，则需对"今人之性，生而离其朴，离其资，必失而丧之"①中的"性朴"一说进行研究，厘清其与"性恶"的关系，可以说这一关系的厘清既成为荀子性恶转向的铺垫，也成为荀子"化性起伪"的前提。

一、对孟子性善论的理论分析

1. 人性为何为善

孟子倡导性善论，意为人的本性为善。然而现实生活中的人，不仅有善的行为，还有恶的行为，因此善与恶被不少人当作人性的两面。实际上我们并不能根据个别的行为判断一个人的本性究竟是善还是恶，因为我们对一个人的判断一般基于这个人的行为，然后按照我们所定义的或善的、或恶的标准来判断这个人是所谓善良的或邪恶的。但是对于后天行为的判断并不能成为认识先天本性的根据。就算人本性为善，也不能避免有人做出恶的行为；同理，就算人本性为恶，也不妨碍有人做出善的行为。这仿佛是一个循环论证，对于思考性体为善还是为恶并不起任何作用，反而会混淆概念。因此我们首先要区分清楚以下概念：性善、性恶、善的行为、恶的行为，并且前提是不以经验的行为作为判断形上之超验性体的标准。既然人性本善还是本恶是我们所无法感知的（如果可以感知，我们就可以明确知道究竟人本性为善还是为恶），我们就不能将外在的经验行为上升到超验的本性，因此对于人性为善还是为恶究竟要如何去证明是我们首先需要考虑的问题。在此我们不妨将外在的经验行为搁置一旁，去直接认识人的本性。因为，既然我们不能将外在的经验行为上升到超验的本性，那么对于超验的本性便只能在初发的经验上去认知。此处所指的初发经验没有前理解，也即是说此初发的经验认知不受后天的经验观念所影响。

对于如何在感知中体会超验的本性，我们可以从《孟子》书中总结方法。

第一，养气说。除去广为人知的"浩然之气"，孟子还提出过"夜气"和"平旦之气"。他说："其日夜之所息，平旦之气。"②朱熹将此解为："谓未与物接之时，清明之气也。"③此"养气"之论对朱熹"涵养""察识"工夫影响颇深。即是在心中清明平静、毫无侵扰的情况下所体会的一种境界，在此种极致宁静的状况下所体察到的心的本来状态，应是最接近本性的状态，孟子认为善性在此种状态中最容易显明。但这也只能是个人的体悟，很难将此普遍化，就此论断本性为善似乎并不严谨。

第二，从"乍见"处体会性善。孟子举过一个著名的例子："今人乍见孺子将入于井，皆有怵惕恻隐之心，非所以内交于孺子之父母也，非所以要誉于乡党朋友也。"④此句话的

---

① 王先谦：《荀子集解》，北京：中华书局，2019 年，第 515 页。
② 朱熹：《四书章句集注》，北京：中华书局，2018 年，第 337 页。
③ 朱熹：《四书章句集注》，北京：中华书局，2018 年，第 337 页。
④ 朱熹：《四书章句集注》，北京：中华书局，2018 年，第 239 页。

重点在于在"乍见"二字，也就是在各种其他念头还未产生之前，"乍见"孺子掉进水中而产生的第一个本能意识——怵惕恻隐之心，这一本能意识也即是善念。此本能意识就好比身体本能地躲避物理伤害，我们在此不考虑这个人是否选择去救这个孩子，即由施救致行为，也不去考虑他的第二念、第三念，而是从他本能反应下的第一念来判断人的本性，这第一念即是善念。此时初发的本能意识没有前理解，不受后天经验认知的影响。由此"乍见"来推论人本性为善。

以上两种验证方法也只能是在个人的体悟中验证，若要上升为一种普遍状态似乎还难以服众，我们不能保证一个人的本能意识是不是潜意识在发挥作用。因此我们还需要更深入一层去思考：在屏蔽掉所有前见包括潜意识存在的观念后，为何"怵惕恻隐之心"成为必然？我们可以从目的上去思考这一问题，即纯粹的为善而善要比纯粹为恶而恶更能为人所接受。不管是我们以世俗标准所定义的恶人还是好人，都不能否定这一说法。因此不得不承认这是先天的性体在发挥作用，而在除掉个人后天所形成的特征后，留下的人人皆有的共性，即是善性。孟子在强调人皆有善性时说："无恻隐之心，非人也；无羞恶之心，非人也；无辞让之心，非人也；无是非之心，非人也。"① 这句话是对其性善论的最佳阐释。

2. 成为圣贤何以可能

既然人本性为善，因此曹交问孟子："人皆可以为尧舜，有诸？"孟子回复："然。"② 然而结合经验可知，现实中并不是这样，圣人毕竟是少数，就连至圣先师孔子也不会称自己为圣人，这也是很多人坚持性恶、性无善无恶、性有善有恶的原因。对于为何会有恶的行为出现，孟子的分析以性善论为前提，具体原因包括以下三点：

第一，陷溺其心。孟子说："富岁，子弟多赖；凶岁，子弟多暴，非天之降才尔殊也，其所以陷溺其心者然也。"③ 这句话很好理解：丰年衣食充裕人们生活得到保证，所以多有善行；凶年衣食不足，所以多有恶行产生。杨伯峻对此说道："不是天生的资质这样不同，是由于环境使他们心情变坏的缘故。"④ 后天的环境使人的心境发生变化，并不会对天生善良的性体产生影响，但孟子认为心的陷溺并不是每个人都能觉察到，反而人多处于被蒙蔽的状态，因此孟子感叹："仁，人心也；义，人路也。舍其路而弗由，放其心而不知求，哀哉！"⑤ 正因如此，才会使人产生诸如人性恶、性无善无恶、性有善有恶的错误理解。心之陷溺不仅会导致恶行出现，其长期影响的结果是道德意志的岌岌可危，使得人们对原本的善性有所怀疑，所以孟子才会有对于"人役"的警觉："不仁、不智、无礼、无义，

---

① 朱熹：《四书章句集注》，北京：中华书局，2018 年，第 239 页。
② 朱熹：《四书章句集注》，北京：中华书局，2018 年，第 345 页。
③ 朱熹：《四书章句集注》，北京：中华书局，2018 年，第 335—336 页。
④ 杨伯峻：《孟子译注》，北京：中华书局，1988 年，第 261 页。
⑤ 朱熹：《四书章句集注》，北京：中华书局，2018 年，第 340 页。

人役也。人役而耻为役，由弓人而耻为弓，矢人而耻为矢也。如耻之，莫如为仁。"①

第二，气之暴。孟子指出："志壹则动气，气壹则动志也。今夫蹶者趋者，是气也，而反动其心。"②此句中，"志"解释为心之所向，"气"解释为意气情感，志向专一则气随而从之，意气情感专一则志向也能够随而从之，二者可以相辅相成。而"今夫蹶者趋者，是气也，而反动其心。"③气的滥用会造成心志的浮动不定，由此导致恶行的出现。因此恶行的产生并不是因为心性本来就是恶的，而是气的滥用导致心志混乱所产生的结果。

第三，自贼。"自贼"即为自暴自弃，个体不致力于道德本性的施展，"有是四端而自谓不能者，自贼者也"。④自贼不仅体现在个体不去主动扩充四端之心上，而且还在于个体对外在物质追求的迫切程度胜过内在精神的养成。"今之人修其天爵，以要人爵；既得人爵，而弃其天爵，则惑之甚者也，终亦必亡而已矣。"⑤而个体致力于对外在物质的追求，放弃内在德性的扩充导致恶行的产生，是孟子所不耻的。

既然先天的本性为善，又找到了恶之行为产生的原因，对于如何去恶成圣便有了方向。但是孟子并不认为先天性体的彻底显现是一件容易的事，毕竟古往今来称得上圣人的人屈指可数。但是作为一个有道德本体的人来说，若被外在环境所裹挟而使道德本体难以施展，便是自暴自弃、自贼者之流。而对于道德本性的扩充不仅是因先天善性的引导，还在于德性的施展所带来的收获："凡有四端于我者，知皆扩而充之矣，若火之始然，泉之始达。苟能充之，足以保四海；苟不充之，不足以事父母。"⑥对于如何修习的观念便是孟子哲学中的工夫论，此工夫论同样是以性善为前提。

第一，不动心。既然外在环境的变化会使人之心多有陷溺，那么保持心体使其不受环境驱动便尤为重要。孟子在和公孙丑的交谈中曾引用曾子的话："自反而不缩，虽褐宽博，吾不惴焉；自反而缩，虽千万人，吾往矣。"⑦这句话很好地体现了孟子所欣赏的理想人格，不管外在的条件如何，只要是符合德性的事情，就要有"虽千万人，吾往矣"的勇气。正因如此，孟子有"舍生取义"和"以身殉道"的觉悟。孟子所看重的"大人者，不失其赤子之心也"⑧，即是先天德性得以保存的人。

第二，养气。不动心的养成与养气相辅相成，孟子所看重的"气"不同于自然界的物质之气或人被情绪操纵所产生的血气，而是一种精神之气。孟子将此种气称为"浩然之气"，浩然之气重在自我感知与个人体验，孟子阐述浩然之气曰："难言也，其为气也，

---

① 朱熹：《四书章句集注》，北京：中华书局，2018年，第240页。
② 朱熹：《四书章句集注》，北京：中华书局，2018年，第232页。
③ 朱熹：《四书章句集注》，北京：中华书局，2018年，第232页。
④ 朱熹：《四书章句集注》，北京：中华书局，2018年，第239页。
⑤ 朱熹：《四书章句集注》，北京：中华书局，2018年，第342页。
⑥ 朱熹：《四书章句集注》，北京：中华书局，2018年，第239页。
⑦ 朱熹：《四书章句集注》，北京：中华书局，2018年，第231页。
⑧ 朱熹：《四书章句集注》，北京：中华书局，2018年，第397页。

至大至刚，以直养而无害，则塞于天地之间。其为气也，陪义与道；无是，馁也。是集义所生者，非义袭而取之也。行有不慊于心，则馁矣。"① 浩然之气的养成并不是一朝一夕就可促成，需要在长期的生活中不断保存，并且浩然之气的保存也不能刻意而为，而是需要在顺从先天德性的前提下自然流露。

第三，反身而诚。孟子认为："万物皆备于我矣。反身而诚，乐莫大焉。强恕而行，求仁莫近焉。"② 万物之理内存己身，先天的善性也已存在于心中，只要内求于心不自欺便能够知晓。朱熹注解此句时指出："反身而诚则仁矣，其有未诚，则是犹有私意之隔，而理未纯也。故当凡事勉强，推己及人，庶几心公礼得而仁不远矣。"③ 反身而诚，不被私意或环境所左右，便能体会仁道。

除去以上三点，孟子还提出动心忍性、求放心、以志帅气、知言、反求诸己、先立乎其大者、尽心知性知天、寡欲等工夫修养方法，这些方法均是以上三种方法的延伸。由此可见，"人皆可以为尧舜"不仅有理论支撑，也有现实的实现途径，这是孟子人性论的可贵之处。诚然因为外在的种种原因使得人皆可以为尧舜不能成为普遍现象，但是对于德性孜孜不倦的追求和高尚道德人格的瞻仰，是性善论发挥效用的关键所在。

二、对荀子性恶论的理论分析

1. 人性为何为恶

荀子同孟子一样也将人性看作与生俱来的。荀子曾言："凡性者，天之就也，不可学，不可事……不可学，不可事而在人者谓之性。"④ 但荀子并没有将人性看作超验的德性来源，而是将人性作为恶行产生的依据。"荀况所讲的人性，是一种单个人的抽象的生物性，是一种本能的心理。"⑤ 荀子将先天本性定义为恶是出于荀子对现实活动的考察，他在《性恶》篇中说道："今人之性，生而有好利焉，顺是，故争夺生而辞让亡焉。生而有疾恶焉，顺是，故残贼生而忠信亡焉……"现实生活中存在争夺、残贼等行为，孟子认为这些恶行产生的原因是善性的丧失，但在荀子看来则是因为人们顺从本性的牵引而做出这些恶行，并且若驯从本性这些恶行便会愈演愈烈，孟子的性善论在荀子看来难以使人信服。

另外，为了阻止恶行的产生而采取的种种措施也印证了人性为恶："古之圣王以人性恶，以为偏险而不正，悖乱而不治，是以为之起礼义，制法度，以矫饰人之情性而正之，以扰化人之情性而导之也。始皆出于治、合于道者也。"⑥ 正因为人性为恶，如果按照人的本性而生活社会定会陷入动荡，因此圣人才要制定礼义法度来矫正先天的人性，以此达

---

① 朱熹：《四书章句集注》，北京：中华书局，2018年，第232—233页。
② 朱熹：《四书章句集注》，北京：中华书局，2018年，第357页。
③ 朱熹：《四书章句集注》，北京：中华书局，2018年，第357页。
④ 王先谦：《荀子集解》，北京：中华书局，2019年，第515页。
⑤ 肖萐父，李锦全：《中国哲学史》，北京：人民出版社，1982年，第226页。
⑥ 王先谦：《荀子集解》，北京：中华书局，2019年，第513页。

到使社会正理平治的目的。就像有檃栝工具是为了矫正弯曲的木头、磨刀石是为了磨砺生锈的金属一样，圣人制定的礼法制度就是为了改造人性之恶。

既然人性为恶，对于圣人制定的礼义法度如何产生的问题便需要荀子给予解答。因为人性为恶是就人之全体而言的，但圣人是如何超越其本性制定出有利于社会正理平治的礼义法度呢？荀子认为圣人与一般人既有相同也有不同："故圣人之所同于众其不异于众者，性也；所以异而过众者，伪也。"[①]圣人同众人一样本性为恶，但圣人具有超越一般人的才能，圣人的大局意识和前瞻性的眼光使他制定出能够保证社会正理平治的礼义法度。

在荀子的性恶观点中存在这些问题：既然人性是生而存在的，那人性能否在圣人制定的礼仪法度下做出改变？如果答案是肯定的，人性还能否定义为恶；如果答案是否定的，礼义法度还有无存在的必要。并且，荀子如何确定众人会遵守圣人制定的礼仪法度作出改变，而不是顺从本性而生活？因为比起接受礼义法度的束缚，顺从本性生活更符合性恶论的特质。这也是对荀子化性起伪何以可能的思考，荀子将接受圣人礼仪法度的教化这一过程称为"化性起伪"，并且提出："今人之化师法，积文学，道礼义者为君子；纵性情，安恣睢，而违礼义者为小人。"[②]对君子和小人产生问题的思考引出荀子的另一观点：性朴。

2. 性恶与性朴

荀子并没有明确提出"性朴"这一概念，但在《性恶》篇有："今人之性，生而离其朴，离其资，必失而丧之。用此观之，然则人之性恶明矣。所谓性善者，不离其朴而美之，不离其资而利之也。使夫资朴之于美，心意之于善，若夫可以见之明不离目，可以听之聪不离耳，故曰目明而耳聪也。"[③]这段文字是荀子在解释"性善"的来源，荀子虽不同意孟子所说的人本性为善，所谓的性善在荀子看来是人充分发挥了天生的材质使然。但他不得不考虑善行的出现以及化性起伪的可能性，在此之前我们要首先了解性朴与性恶的关系。

荀子在此提出的"性朴"之性有别于"性恶"之性。前者显然是指先天所赋予的材质，比如耳、目等，是可以直接经验认识的；后者则是指超验的性体，无法直观感知。前者无道德含义，后者有道德意涵。人天生的良好材质并不是以耳目感官的享受为目的，但是在先天人性的引导下却容易使他们的作用产生异化。王先谦指出："……人若生而任其性，则离其质朴而偷薄，离其资材而愚恶，则失丧必也。"[④]人性使得放纵耳目感官的享受变得容易，材质天生的作用被滥用。性朴与性恶均是"生之所以然"，性朴使得人们能

① 王先谦：《荀子集解》，北京：中华书局，2019年，第514页。
② 王先谦：《荀子集解》，北京：中华书局，2019年，第514页。
③ 王先谦：《荀子集解》，北京：中华书局，2019年，第515—516页。
④ 王先谦：《荀子集解》，北京：中华书局，2019年，第515页。

够感知万事万物，性恶也是荀子通过对社会现象的观察而总结出的结果，作为超验的本体而存在。但先天所赋予的材质如何能够为化性起伪提供保证呢？

李泽厚对化性起伪的解释为："……人必须自觉地用现实社会的秩序规范来努力改造自己，所以说'其善者，伪也'，是控制、节制、改变自己内在自然性（动物性）的结果。"[①]对这一自然性的控制，需要用到心的"徵知"。荀子讲："夫人虽有性质美而心辩知，必将求贤师而事之，择良友而友之。"[②]先天的材质能够让人去感受万事万物，心对此进行分辨，这也是人异于禽兽的一点。荀子看重"心"的作用，心有"徵知"，能够通过感官觉知事物并做出判断。也即心对通过人的先天材质所感知到的事物进行判断，选择化性起伪，不仅使自己做出符合德性的行为，普遍的化性起伪也使社会得到正理平治的目的。

但是并不是所有人都能自觉地化性起伪，荀子认为除却人性为恶这一关键性因素，还在于环境的影响："身日进于仁义而不自知者，靡使之然也。今与不善人处，则所闻者欺诬诈伪者，所见者污漫淫邪贪利之行也，身切加于刑戮而不自知者，靡使然也。"[③]人先天的材质会被人先天的人性所侵扰，溺于感官的享受会使人性更加堕落。良好的环境会使这种侵扰的影响减弱，而污漫淫邪贪利的环境使得人性堕落却不自知，化性起伪的重要性便在于此。虽然环境对人的影响不容小觑，但是环境并不能对一个人是否选择化性起伪起决定作用，最终的选择在于人自身。这也是荀子一贯的主张，荀子明确了天人之分，主张尽人事："天有其时，地有其财，人有其治，夫是之谓能参。舍其所以参，而愿其所参，则惑矣。"[④]先天所生的材质秉性难以更改，那就在能改变的事情上着力，努力发挥人的才智。

对于化性起伪，荀子还说："凡人之性者，尧舜之与桀跖，其性一也；君子之与小人，其性一也。今将以礼义积伪为人之性邪？然则有曷贵尧禹，曷贵君子哉！凡贵尧禹君子者，能化性，能起伪，伪而生礼义。"[⑤]荀子赞赏能够化性起伪的圣人君子，并且化性起伪是每个人都有能力做到的事情，通过对自身材质的利用，改变自己的先天本性使道德品质得以展现，才是荀子提倡化性起伪的目的所在。

三、孟荀人性论之会通

荀子和孟子一样，可以称为"彼其人者，生乎今之世而志乎古之道"[⑥]。荀子和孟子虽在人性论上有根本的区别，并且荀子在《性恶》篇中反复强调性善论的谬误，但二人的很多主张却殊途同归，二人对孔子推崇备至，李泽厚认为："在政治、经济、文化、思想

---

① 李泽厚：《中国古代思想史论》，北京：生活·读书·新知三联书店，2008年，第114页。
② 王先谦：《荀子集解》，北京：中华书局，2019年，第531页。
③ 王先谦：《荀子集解》，北京：中华书局，2019年，第531页。
④ 王先谦：《荀子集解》，北京：中华书局，2019年，第364—365页。
⑤ 王先谦：《荀子集解》，北京：中华书局，2019年，第522页。
⑥ 王先谦：《荀子集解》，北京：中华书局，2019年，第279页。

各方面，荀子实际都大体遵循了孔孟的路线。"①

1. 修身为本

孟子倡导性善论，人性作为超验的道德本能而存在，但是他并不反对"食色"等作为人的另一种本能，这一种本能是我们所定义的生物性之本能，人之生存发展离不开这一本能。荀子也并不认为人的欲望是恶的，口、鼻、耳、目等的欲望在正常情境下也是保证人生存发展的欲望，没有道德与否的论断，不过分沉浸欲望便不能称之为恶。真正的恶是为了自己欲望的扩张而妨碍到他人的生活，也即是荀子所言"顺性"而为。虽然孟子的性善作为形而上的本体，是一切德性产生的前提，荀子的性恶是通过对社会现象的观察所得出的结论，二人并不是在同一个层面上来探讨人性问题，但是并不妨碍二人在个人修养上的诸多相同之处。

虽然人性是一种先天本体，但孟子和荀子都主张通过后天的努力培养道德品质，特别是孟子提出"穷则独善其身，达则兼济天下"②，荀子提倡"见善，修然必以自存也；见不善，愀然必以自省也"③，基本思想与孔子"见贤思齐焉，见不贤而内自省也"一脉相承。在孟子的人性系统中，道德品性虽是先天赋予在人身上，但却容易被外在所影响而丢失本性，因此需要后天不断的修习努力以求本心。在荀子的人性系统中，先天本性的任意发展会使个体和他人的利益受到侵害，并且考虑到外在环境的影响，不断修习以提高道德品质才是利己利他之选。因后天环境的影响，修身变得更加具有挑战性，能够践行道德者为君子，品德败坏者为小人。

并且，孟子人性系统中善性的显现过程和荀子人性系统中恶性的起伪过程都暗示着道德的修习非一朝一夕之功，而是需要用一生来践行。又考虑到社会中不止单纯的存在善人或者恶人，而是善人恶人混杂，在此不妨抛却先天的性善或性恶之争，而代之以后天的选择。践行道德者为善人，不践行道德者为恶人，将选择权交予人自身。由此可见，二人对人性的主张虽有根本区别，但是在修身上却无二义。孟子讲："仁义礼智，非由外铄我也，我固有之也，弗思耳矣。故曰：'求则得之，舍则失之。'"④荀子则讲："君子敬其在己者，而不慕其在天者，是以日进也；小人错其在己者，而慕其在天者，是以日退也。"⑤

2. 圣人可致

圣人这一形象被历代儒者推崇备至，孟子与荀子也不例外，尧舜作为被儒者称颂的圣人，在历史上具有举足轻重的地位，二人认为人皆有成为尧舜的潜质。孟子提出"人

---

① 李泽厚：《中国古代思想史论》，北京：生活·读书·新知三联书店，2008年，第107页。
② 朱熹：《四书章句集注》，北京：中华书局，2018年，第359页。
③ 王先谦：《荀子集解》，北京：中华书局，2019年，第24页。
④ 朱熹：《四书章句集注》，北京：中华书局，2018年，第335页。
⑤ 王先谦：《荀子集解》，北京：中华书局，2019年，第369页。

皆可以为尧舜",荀子讲:"……涂之人也,皆有可以知仁义法正之质,皆有可以能仁义发正之具,然则其可以为禹明矣。"① 可见,就算二人在人性上存在本质的区别,但是对于人的道德发展可能性的期望是一样的。

圣人在孟子处分为天生圣人与后天修行可成的圣人,前者如尧、舜、禹、周公、孔子,后者孟子则没有提及具体人名。孟子所认为的圣人其超越常人的地方在于先天德性的完全扩充,而且能够施以教化,使先天德性不能完全施展的人意识到自己的善性,以趋向天然本性。因此虽然孟子推崇先天的圣人,但是他更加关注大多数人后天的修养,因为人皆具有先天的善性。荀子所认为的几位圣人也同孟子一样,但是在荀子这里圣人与常人无异,只是圣人做到了常人所做不到的事情:"……扶术为学,专心一志,思索孰察,加日悬久,积善而不息,则通于神明,参于天地矣。"② 成为圣人是后天修习所致。

既然二人认为人人都可以成为尧舜一样的圣人,但是在现实中却没有如此呢? 二人对此的分析也有相同之处。在成为圣人的道路上,孟子区别了"不能"与"不为"的区别,成圣的路犹如为老人折树枝做拐杖一样,是能够做到的事情,但是有人却不为。"不为"并不是不能,也即这并非超越个人能力之外的事情。比如背着泰山去跨域大海这样的事情便是不能够做到的事情,才是真正的"不能"。众人的德性是先天所赋予却不去求,在孟子看来这便是"自欺""不诚"的表现。成为圣人的道路自然不能够畅通无阻,所以孟子才更加重视个人的修养工夫,勉励人们通过不懈的努力达到圣人境界。荀子所认为的成圣之路虽然是面向全体而开放,但是他也并不认为只是一条坦途。他区分了"可为"与"可使",普通人可以成为圣人,这是理论上的"可为",但是在现实生活中却不能使每个人都成为圣人,这即是"可使"。显然,人可以通过后天的不断修养而积善成圣,但并不是每一个人都能达此地步,所以荀子在《劝学》篇中多次强调积累的重要性:"积土成山,风雨兴焉;积水成渊,蛟龙生焉;积善成德,而神明自得,圣心备焉。"

余 论

虽然孟子与荀子在人性的根本观点上存在分歧,但是二人均重视人后天才能的施展,在以"天"为主体意志的时代将"人"的选择放在首位。并且二人在对现实基础进行思考的前提下提出自己的建议,以期对当时的环境做出改变。作为孔子的追随者,他们真正做到了"生乎今之世而志乎古之道"。

孟子与荀子在教育理念上的相通,使得二者在政治治理上殊途同归,也即可以概括为善政人为。孟子说:"以力假仁者霸,霸必有大国,以德行仁者王,王不待大。汤以七十里,文王以百里。以力服人者,非心服也,力不瞻也;以德服人者,中心悦而诚服也,

---

① 王先谦:《荀子集解》,北京:中华书局,2019 年,第 523 页。
② 王先谦:《荀子集解》,北京:中华书局,2019 年,第 524 页。

如七十子之服孔子。"① 行霸道者虽有大国，但是国内之民并不心服；相反，行仁政者虽不期有广袤之国土，但四海之内无人不心服，四海心服而得民心，此君德之紧要处。孟子显然将上位者的仁心视为治国理政的前提，仁政又是国家之繁荣、百姓之心服的必要条件。孟子之仁心便是"不忍人之心"，有不忍人之心的上位者方能行不忍人之政，孟子讲道："人皆有不忍人之心。先王有不忍人之心，斯有不忍人之政矣。以不忍人之心，行不忍人之政，治天下可运之掌上。"② 孟子的不忍人之政，也即仁政，与孟子的性善之说相辅相成，仁政能否施行也同样是对为君者的考验，这也被称为为君之德。

荀子在《议兵》篇中也讲道："彼仁义者，所以修政者也，政修则民亲其上，乐其君，而轻为之死。故曰：'凡在于军，将率末事也。'秦四世有胜，然常恐天下之一合而轧己也，此所谓末世之兵，未有本统也……今女不求之于本而索之于末，此世之所以乱也。"荀子将"仁义"视为为政者的"本统"，他分析了秦国强大的原因，但是也看到了秦国致命的弱点，不行仁政的秦国已经成了天下之公敌。荀子提出法制与礼治相结合来治理国家的理念，法代表了强制性的约束与规劝，礼则是非强制的道德教化，此即是法治与德治的有机结合。"礼者禁于将然之前，法者禁于已然之后"（《大戴礼记·礼察》），荀子欲通过儒家道德与法家政制来解决当世的政治困局。

荀子提倡隆礼重法，不仅称之为治国理政的必要条件，也使得人的道德有了学习与实践的可能性，在践行道德中"化性起伪""积善成德"，接续了孔子"道之以政、齐之以刑，民免而无耻；道之以德、齐之以礼，有耻且格"（《论语·为政》）与孟子"人皆可以为尧舜"的德育主张，为"善政人为"提供了保障，使得善政人为成为可能。

① 朱熹：《四书章句集注》，北京：中华书局，2018年，第236—237页。
② 朱熹：《四书章句集注》，北京：中华书局，2018年，第238—239页。

屈子人生哲学阐微

——以《远游》《卜居》《渔父》为例

管国兴　孙　鹏*

（中盐金坛盐化有限责任公司，江苏常州，213200）

摘　要:《楚辞》蕴含丰富的哲学思想，其《远游》把人生比作完善自我的"远游"，体现了洗心退藏的德行，表达了君子进德修业的人生追求;《卜居》阐述了"有旦宅，无吉凶"观点，突出了崇高理想面前世俗吉凶微不足道的价值理念;《渔父》展现了"远游"的目标及"卜居"的结果，表明了在世出世的人生理想。《远游》《卜居》《渔父》从不同侧面反映了自我完善的成长途径、与民同患的价值选择、逍遥旷达的人生态度，体现出深邃的人生哲学思想。

关键词:屈原;人生哲学;修身进德

《楚辞》不仅是一部文学巨著，更是一部富含哲学思想的经典，其《远游》《卜居》《渔父》较为完整地体现出关于人生目的、人生价值、人生态度的观点。此三篇构成一个整体，昭示着君子的人生哲学，展示出通过修身进德以成圣成贤的成长通道。"唯天下至圣，为能聪明睿知，足以有临也。"[1] 至圣，是《远游》《卜居》《渔父》体现的人生意义之根本、人生价值之所在，是君子追求的人生目标。

一、洗心退藏

《远游》表达了作者视人生为一场修身进德的远游。面对上有谗佞潜毁、下有俗人困扰的不堪现实，作者担忧的不仅仅是个人的处境，更为担忧的是污浊政治环境下楚国的前途以及百姓的命运。作者忧国忧民，思考人生不幸及国家灾难的深层原因，认为是嗜

---

* 作者简介:管国兴（1964—），男，厦门大学兼职教授，江苏宏德文化出版基金会副理事长兼秘书长，哲学博士;孙鹏（1977—），男，常州市社会科学院盐文化研究中心副研究员，哲学博士。

① 陈晓芬、徐宗儒译注:《论语·大学·专业》，北京:中华书局，2011年版，第353页。

欲遮蔽了人的本性，是奸佞阻碍了楚国的发展。"惟天地之无穷兮，哀人生之长勤。往者余弗及兮，来者吾不闻。"（《楚辞·远游》）天地无限宽广，但是众人为蝇头小利忙碌一生而对自然的赐予不闻不问。这种因贪欲和愚昧而造成的损失无疑是人生之悲哀。作者为之惆怅徒增，"步徙倚而遥思兮，怊惝怳而乖怀。意荒忽而流荡兮，心愁悽而增悲"（《楚辞·远游》）。怀着救百姓于苦难、救国家于水火的崇高理想，作者认识到人生就是追寻心灵成长的远游，要完善自我，成为内心光明的圣贤，在进德修业的奋斗中实现人生价值。

在自我完善的远游中追寻人生目标。《远游》开篇描述了处"时俗迫阨"、遭"沈浊而污秽"的人生遭遇。面对这样的社会现实，作者没有萎靡不振，更没有同流合污，而是从问题产生的根源寻找解决的办法。"《远游》的抒情主人公并不是以'远游'为疏解情绪的临时手段，而是旨求以形神分离的'丧我'之法超脱现世。通过端正内心、炼形归神的方式切实修得'正气'，最终乘风登仙，使身心获得永恒的解脱。"[①]作者选择的是静心修身，坚持操守，进德修业，以此作为人生的"远游"，从而远"沈浊"及"污秽"。"内惟省以端操兮，求正气之所由。"（《楚辞·远游》）除心中杂念，寻正气根源，提升认识能力，获知天地万物之理，这是君子的人生追求。"闻赤松之清尘兮，愿承风乎遗则。贵真人之休德兮，美往世之登仙。"（《楚辞·远游》）作者要追随清高绝俗的仙人、纯真无邪的真人，哪怕得不到世俗的理解而形单影孤，"形穆穆以浸远兮，离人群而遁逸"（《楚辞·远游》），也勇敢追寻人生的目标，"免众患而不惧兮，世莫知其所如"，从而保持内心的清纯和澄澈，"保神明之清澄兮，精气入而麤秽除"（《楚辞·远游》），要寻找到正气之根源，与和美之德融为一体，"见王子而宿之兮，审壹气之和德"（《楚辞·远游》）。要向传说中的得道者王子乔请教如何修炼一元真气、慎和之德，表达了作者修身进德的心愿。由此可见，《远游》的作者把人生修行的漫长过程视为一次追寻自我完善的远游，以诗的语言启发人们修身进德，以真人、神人、仙人共游的美好理想召唤人们完善自身。

在进德修业的实践中体现人生的意义。《远游》借王子乔之口说出修道进德的六句话。"道可受兮，不可传；其小无内兮，其大无垠。无滑而魂兮，彼将自然；壹气孔神兮，于中夜存。虚以待之存，无为之先；庶类以成兮，此德之门。"（《楚辞·远游》）这六句话可谓作者提出的修道进德口诀，突出了实践的重要性，表明了虚静无欲是修道进德的根本。《远游》主张的这种修道进德之法与《中庸》等经典具有一致性。《中庸》所说"戒慎乎其所不睹，恐惧乎其所不闻，莫见乎隐，莫显乎微，故君子慎其独也"（《中庸》），说明了修道进德过程中需要注意的问题及基本原则，突出了"慎独"的修德之法。明代王阳明所说"不睹不闻是良知本体，'戒慎恐惧'是致良知的工夫"（《传习录·黄以方录》），提倡内心如如不动，保持戒慎恐惧。庄子说过："夫道，有情有信，无为无形；可传而不可受，可得而不可见；自本自根，未有天地，自古以固存；神鬼神帝，生天生地；在太

---

① 李昭：《〈楚辞·远游〉"无为"观念的内涵辨析》，《中国诗歌研究动态》2020年第1辑。

极之上而不为高，在六极之下而不为深，先天地生而不为久，长于上古而不为老。"(《庄子·大宗师》)这与《远游》关于"道"的描述看上去似乎不同，而意思是一样的，表明了只有实修才能得道，没法通过教导而得道。人们无法依靠学而得道，需要体悟才能有所得，只能自修，无法外求。在修道面前，帝王与百姓平等，帝王也无法通过名师教导而得道。修道进德是人类自我完善的根本途径，也是社会进步的根本保障，所以，修道进德是君子最根本的人生追求。

在全面探索中完成人生的修行。《远游》表明人生的修行既要追寻远大的理想，又要从近处起步；既要追求外在的美好，又要筑好内在根基；既要"动"以"游"向远方的目标，又要"静"以做到恬淡虚静；既能"上"以与仙人遨游天宫，又能"下"以立足大地。《远游》中的"远"亦"非远"。"远"的是时俗，"远"的是"污秽"，修身之举非但不远，而且是从自身开始，从近处起步，自我反省，切身修德。《远游》看似在向外寻找"游"的目的地，实际上又表达了人生修行之"游"是从内修其身开始的，需要"内惟省以端操兮"，反观自身，坚持操守，修身为本。"远游"亦"游"而"非游"，既"动"又"静"；"游"是"动"，然而修德之内心不动，精神上清虚宁静、愉悦恬淡，思想中淡泊无为，是"静"也。"漠虚静以恬愉兮，澹无为而自得"(《楚辞·远游》)，静以修身，淡无为而自得，实乃非"动"而"静"也。与天上神仙共游，这美好的追求体现了作者高远的人生目标；对国家前途的担忧，对百姓命运的关心又使作者高远的人生理想落地于现实社会。作者在远游东南西北之后，最终"至南巢而壹息"。"南巢"即南方，在文王八卦图中为离卦之位置，而离卦代表离火，有光明、文明之象征，这种表述隐含着人生修行最终要驻心于光明之意。可见，《远游》主张全面探索中完成人生的修行。

在为国为民的操劳中实现人生价值。《远游》体现了作者对百姓疾苦的关心，对楚国命运的担忧。作者关心的绝不只是自身的安危顺逆，而是在为百姓的处境和楚国的前途而忧虑。"遭沉浊而污秽兮，独郁结其谁语？"(《楚辞·远游》)生逢浊世，无处诉说心中的愁思，茫茫人海中觉醒者少之又少，楚国百姓在沉浊疾苦中虚度光阴而不去追寻精神自由和自我完善，整个楚国被奸佞之人搅和得污秽混乱，前途堪忧。作者遭遇的窘迫正是百姓处境和楚国命运的映射。面对浊世，作者愿留下枯槁的身体与百姓在一起，与楚国生死不离，"形枯槁而独留"，而其内心保持着清醒，思考如何以高尚的操行端正社会风气，为国为民寻找正气之源。"内惟省以端操兮，求正气之所由。"(《楚辞·远游》)作者在困厄面前自我反省，勇于突破自身的局限，宁可形体枯槁，也要为国家百姓之周全而尽职尽忠，"吉凶与民同患"，坚持操守，与百姓同呼吸共命运。作者的所思所为，恰如《周易》所说的"君子洗心，退藏于密"。面对国家和百姓遭遇的苦难，君子从修身进德做起，与民同患，为国分忧。"君子洗心"，在于涤除道德的污点及思想的瑕疵；"退藏于密"，在于与民同患，从不张扬，通过自身不断努力来引领民众朝向道德进步的方向前进。《远游》的主人公以美好的理想召唤世人的觉醒，以尽职尽忠的君子操守呼唤时代的进步。

《远游》以人生修行为主线，把修身进德作为人生的追求，把道德水平与国家命运及国民幸福程度联系起来，字里行间蕴含着作者对楚国安危的担忧。《远游》的作者把为国尽忠的赤子之情隐藏在人生修行的远游之中，把"美政"理想的实现寄托在成圣成贤的道德理想之中。"蓍之德，圆而神；卦之德，方以知；六爻之义，易以贡。圣人以此洗心，退藏于密，吉凶与民同患。"（《周易·系辞》）从物象变化明白天人之理，涤除内心瑕疵，与民共荣共患，退藏于精密的天道运行之中而不张扬。《远游》体现了洗心退藏、尽职尽忠的君子品行。君子以修身立德为人生的意义，把完善人格作为一生的追求，在尽忠祖国、与民同患的实践中实现人生的价值，这正是《远游》要表达的人生哲学。

二、宅无吉凶

从字面意义看，"卜"乃占卜之意，"居"即居处、住处，"卜居"似乎要以占卜问吉凶。通观全篇之后，会发现《卜居》虽然提出了一系列疑问，但是这些问题的答案非常清楚，作者要做的选择一目了然。这些似问而非问的问题，清楚地表明了作者的价值判断和人生选择。故此，《卜居》所述看似问卜，实则表明了主人公屈原要坚持真理、不与世俗同流合污的坚定信念。"屈原的发问褒贬自见，作者立场鲜明。"[①]这种"设为问答，以显己意"的行文安排，突出了在崇高人生理想面前世俗吉凶祸福的微不足道。恰如东晋嵇康《难宅无吉凶摄生论》所言："吾怯于专断，进不敢定祸福于卜相，退不敢谓家无吉凶也。"[②]《卜居》一文正是要表明"有旦宅，无吉凶"的道理。

《卜居》所述之事，与《庄子·人间世》记述的那些艰难之事相似。《卜居》体现了主人公屈原的价值判断和道德选择。"悃悃款款，朴以忠乎，将送往劳来，斯无穷乎？"（《楚辞·卜居》）道德选择和价值判断是每个人都要面对的问题，也是关乎社会进步和人生状态的现实问题。选择诚恳朴实、忠心耿耿而得不到理解重用，还是选择巧于奉迎、迎来送往而春风得意？这种设问的答案显而易见，其中的价值选择不言而喻。"诛锄草茅以力耕乎，将游大人以成名乎？"（《楚辞·卜居》）在古代社会中，由于生产力水平低下，物质财富匮乏，受利益驱使及投机取巧心理作怪，很多人以巴结权贵、谋取非劳动所得为荣，看不起辛苦劳作而所得甚少的农业劳动，从而造成了很多社会问题。"正言不讳以危身乎，将从俗富贵以偷生乎？"（《楚辞·卜居》）直言不讳有助于警醒对方改过自新，可是直言不讳者常常遭受冷落甚至打击；溜须拍马者心怀不轨，却常常受人欢迎以至于能够获取更多私利，只有人人明辨是非、海纳百川、虚心接受批评改过自新，才能有效避免这种不正之风。"超然高举以保真乎，将呢訾栗斯，喔咿儒儿，以事妇人乎？"（《楚

---

① 王亮亮：《自负与自嘲——〈卜居〉〈渔父〉所反映出的文人心态》，《山西农业大学学报》（社会科学版）2008 年第 1 期。

② 孙叔平：《中国哲学史稿》（上），上海：上海人民出版社，1980 年，第 421 页。

辞·卜居》）水至清无鱼，人至察无友，如果众人的整体素质没有达到相应水平，坚守道德情操者常常会受到孤立，而那些阿谀奉承、不讲道德原则之人反而顺风顺水，这一疑问也是关乎道德选择的社会难题。"廉洁正直以自清乎，将突梯滑稽，如脂如韦，以洁楹乎？"（《楚辞·卜居》）受私欲的驱使，很多人为满足欲望常常费尽心机投机取巧，偏离道德原则、趋炎附势者成为社会中的大多数，坚守原则者常常不受欢迎，油滑世俗者常常人脉通畅。"宁昂昂若千里之驹乎？将氾氾若水中之凫，与波上下，偷以全吾躯乎？宁与骐骥亢轭乎？将随驽马之迹乎？宁与黄鹄比翼乎，将与鸡鹜争食乎？"（《楚辞·卜居》）这几问都是关乎价值判断及道德选择的问题。看似疑问，实则反问，其中的答案非常清晰。屈原不但自身坚守道德原则，他对社会道德的呼唤之声以及期待提升国民整体素养之感情异常强烈，其忧国忧民之情跃然纸上。

《卜居》反映了当时的社会状况及个人选择问题。个人在现实生活中要么坚持自我，面对各种挑战，甚至遭受攻击蹂躏，困苦窘迫；要么放弃自我，趋炎附势，与世沉浮，随波逐流。《卜居》的主人公屈原对世俗者趋炎附势、溜须拍马的做法厌恶至极，对那些因丧失人格而换取蝇头小利的行为不屑一顾；他宁愿遭受毁谤迫害，也要诚恳朴实、忠心耿耿；宁可垦荒锄草耕作，也不愿巴结权贵、沽名钓誉；宁可直言为自己招祸，也不顺随世俗的污浊；宁愿形单影孤，也不去阿谀逢迎、强颜欢笑；宁愿清白正直而受苦，也不愿油滑适俗。这些，都表现出屈原宁愿站着死也不跪着生的人格追求和价值选择。"宁愿死亡，也绝不背叛自己的理想和信念，绝不向黑暗势力低下自己高贵的头颅，从而完成了一个个体生命价值的伟大升华。"① 在危险艰难甚至死亡面前绝不屈服，傲然挺立，不愿为生存而跪下，这是屈原的价值选择，也是古圣先贤长期坚守并且流传至今的道德标准。

除了要保持崇高的气节以外，也要有远大的志向。《卜居》在呼唤人们做志行高远的千里驹，而不能像浮游的野鸭随波逐流；要与骐骥并驾齐驱，而不追随劣马的足迹；要与天鹅比翼高飞，而不同鸡鸭在地上争食。文中的主人公屈原宁愿受苦受累，也要追随内心的指引。"我们自古以来，就有埋头苦干的人，有拼命硬干的人，有为民请命的人，有舍身求法的人……虽是等于为帝王将相作家谱的所谓'正史'，也往往掩不住他们的光耀，这就是中国的脊梁。"② 这种气节和风度，是历代仁人志士共同的追求，也是激励着中华民族能够长久屹立于世界民族之林的民族气节。

上述种种的孰吉孰凶、孰舍孰从已很明确，清晰地表明了主人公屈原的价值选择和道德倾向。世道混浊不清，不明真相的世俗之人总认为蝉翼是重的千钧是轻的；他们毁弃黄钟大吕，却让瓦釜陶罐响如雷鸣；谗佞小人嚣张跋扈，贤明之士默默无闻。面对歪

---

① 马军峰：《〈卜居〉〈渔父〉研究》，陕西师范大学硕士学位论文，2009年，第40页。
② 鲁迅：《中国人失掉自信力了吗》，《鲁迅全集》（第六卷），北京：人民文学出版社，2005年，第122页。

风邪气，屈原虽无扭转时局的本领，却有关心百姓生活的本心及忧虑社会现状的哀思；虽然得不到世俗的理解和社会的接受，但不会改变内心的信仰。

面对这种明确的价值判断和坚定的信仰，文中的太卜郑詹尹由衷感叹："尺有所短，寸有所长；物有所不足，智有所不明；数有所不逮，神有所不通。"(《楚辞·卜居》)在这种情况下，"龟策诚不能知此事"(《楚辞·卜居》)，只好"用君之心，行君之意"(《楚辞·卜居》)。这些正是《卜居》的核心思想。《卜居》以詹尹之口表达出这种无须占卜的选择，内心光明坦荡之人能洞察社会实相，明确知道自己面临的处境，自身应做的选择非常清晰。这种身心光明通透之人，如同《庄子》中的"有旦宅"之人。庄子说过："且彼有骇形而无损心，有旦宅而无情死。"(《庄子·大宗师》)"旦"乃明净、明亮之意，"宅"指代内心、胸怀；内心光明之人不受外界吉凶祸福的影响。有"旦宅"之人方向明确，信仰坚定，不在乎既定目标之外的得失荣辱，外界吉凶无法影响他的内心。这样的人无须通过占卜来做选择，不受吉凶利害的影响。内心光明之人在任何环境中坦然做自己该做的事，这样的价值选择和人生态度正是《卜居》体现的人生哲学。

三、在世出世

如果说《远游》《卜居》表达的思想皆是作者个人的告白，而《渔父》则以代表方内君子的屈原与代表方外高人的渔父之间的对话展开，表达了超越于方内方外之别的人格理想。这种人格理想超越了为人处世上方内君子与方外高人之分别，突破了人生态度上积极入世与逍遥避世之局限，是超越个体之"方外君子"的理想人格，是突破局限之在世出世的人生境界。这正是《渔父》被安排在《远游》《卜居》之后的内在原因，是对人生超越自我、突破局限之后的升华。

《渔父》反映了方外君子的人生态度和人生目标。"如果说《卜居》揭示了屈骚精神在现实中的困境，那么《渔父》则展示了屈子在困境中对自我精神生死以继的恪守。"① 流放中的屈原和渔父之间的问答，展示出两种针锋相对的处世哲学。二者的人生态度看似对立，实则相辅相成。作者要表达的正是对孤立人格的超越，是合而为一的综合人格，代表了乱世之中方外奇人和方内君子的价值选择。"渔父与屈原之间并不存在根本的'矛盾对立'或思想上的原则分歧与激烈斗争。他们同为行廉志洁之士，只是处世之道不同而已矣。"② 在两者的问答互动中，作者要表达的人生哲学得以体现出来。

文中的屈原，志存高远，思想纯正，忧国忧民，忠心耿耿，他在现实中遭受诬陷，不被重用，但其爱国爱民之心不改，伟大的人生志向不移，其价值观念没有因社会的污浊及自身的处境而动摇。屈原代表了古代正直文人的形象，是君子的代表。受儒家文化

---

① 王德华.《〈卜居〉〈渔父〉：屈原精神困境的揭示和对自我与社会的双重固持》，《中国文学研究》，2002年第3期。

② 蒋南华：《〈渔父〉发微》，《云梦学刊》1992年第1期。

的熏陶，忠君爱国、志存高远、正直廉洁已成为君子不可改变的价值理念。他们修身治学，力图有所作为；他们忠君爱民，期待在报国建功中实现人生价值。然而，社会发展的步伐总会受到方方面面的限制，时代的进步不可能像文人的理想那么轻盈。因利益关系的复杂性，进步力量往往会遭受落后势力的阻挠。水至清则无鱼，人至察则无友，历史上的文人雅士、正人君子在政治斗争中常常被孤立冷落，甚至遭受迫害。屈原正是这样一位正直而遭受流放的文人。面对浑浊的世道和昏庸的君主，屈原无法实现报国理想，在遭受迫害的人生困境中几乎无能为力。但是，其爱国爱民之心毫不动摇，其高雅的志向和高尚的人格未被现实改变。为唤醒世人，屈原宁可以死报国，却不愿低下高贵的头。这正是中国知识分子刚正形象的代表，是君子人格的体现。屈原代表的是中国知识分子中最令人敬仰的群体。刚正不阿、忠心耿耿、志存高远，这高贵的品质代表着最为闪光的民族气节，是推动中华民族不断前进的内在力量。

与屈原对话的渔父，无论是一位实有其人的渔翁，还是作者为表达人生理想而虚构的人物，他在文中的角色无疑是一位睿智圆融、逍遥无为的方外高人。"在这篇作品中渔父着墨虽不如屈原多，但却被写得洒脱飘逸、雍容和顺，俨然就是一个指点迷津的世外高人。"① 渔父这一人物形象，就像《庄子》中的至人、真人、神人、大宗师一样逍遥，也像《论语》中的接舆、长沮、桀溺、荷蓧丈人一样洒脱。这种人物形象正是作者所要构建的方外奇人的代表者，是大宗师一样的得道者。虽身处乱世之中，渔父却能思想自由，言行洒脱，无拘无束，做到了乘物游心，"缘督以为经，可以保身，可以全生，可以养亲，可以尽年"（《庄子·养生主》）。这样的人物形象，是春秋战国时期一大批方外奇人的代表。"战国末期，政治混乱，整个社会亦是处于普遍动荡的状态之中，于是便有了这样一些人看透了时代的黑暗，彻底否定一切，不卷入任何政治的斗争，佯狂避世，尽量不问世事，隐没自身以求在乱世中全身保命，有道则现，无道则隐，成为他们所普遍认可的人生哲学。"② 渔父的人物形象，正是那些聪明睿智、在乱世中仍能逍遥自在人物的代表。

可见，《渔父》以较少的文字深刻地表达了在世出世的人生哲学。渔父所说"圣人不凝滞于物，而能与世推移"（《楚辞·渔父》），表达了身心自如、不受外物所累的圣贤工夫。"世人皆浊，何不淈其泥而扬其波？众人皆醉，何不餔其糟而歠其醨？"（《楚辞·渔父》）这句话虽有渔父试探屈原的政治立场及价值选择之意，但也表明了和光同尘的人生态度。当思想认识和人生修养达到了这种地步，做到了收放自如，"缘督以为经"，在现实中就能够全身尽年了。庄子曰："且夫乘物以游心，托不得已以养中，至矣。何作为报也！莫若为致命，此其难者！"（《庄子·人间世》）乘物游心，托不得已以养中，这正是渔父主张的人生态度，他为屈原的遭遇而感叹："何故深思高举，自令放为？"渔父的言

---

① 张岩:《〈渔父〉评析》,《辽宁商务职业学院学报》2002 年第 3 期。
② 马军峰:《〈卜居〉〈渔父〉研究》,陕西师范大学硕士学位论文，2009 年，第 35 页。

行体现了方外之君子在世出世的人生哲学。这种无欲无执、恬淡愉悦的心态及其放下世俗、不受外物所累的言行恰是一位得道者的体现。渔父的形象与《庄子》中的真人、至人、神人具有相似性，虽然他们各自修行的道路不同，但是在身心状态、价值理念、道德人格等方面一致，都是庄子所谓的"大宗师"，都是理想人格的代表，是智慧圆融的得道者。

"举世皆浊我独清，众人皆醉我独醒。"（《楚辞·渔父》）屈原宁可被孤立甚至遭受迫害也不违背道德原则，不愿背弃良心；他忧国忧民，渴望良世，当看到世俗者浑浑噩噩时，他发出开化世人的呼唤。"在个人不断遭受打击，政治抱负和理想被黑暗高压势力摧残得几近窒息，他极想超脱，飞离这几乎不能让人呼吸的世界，然而他毕竟无法远离他深爱的楚国，放弃他所设立的理想高标。"①屈原忠心耿耿，宁愿自己受苦，也不愿背弃祖国，不愿改变自己的理想；他深受政治迫害，崇高理想无法实现，面对昏庸的君主和污浊的世道，他不愿低下高贵的头，更不愿改变自己的价值理念。他说："吾闻之，新沐者必弹冠，新浴者必振衣；安能以身之察察，受物之汶汶者乎？"（《庄子·人间世》）这句话表达了屈原要坚守高洁的品行，绝不接受世俗的污染，不改变人生追求。"宁赴湘流，葬于江鱼之腹中。安能以皓皓之白，而蒙世俗之尘埃乎？"（《庄子·人间世》）宁愿以身殉国，也不愿蒙上世俗之尘埃，屈原的人生追求和价值选择表明其宁为玉碎不为瓦全的决心，表明了他愿意以死唤醒世人的决心。"当看到楚国最终难以挽回的败亡，自己的'美政'理想难以实现，屈原便义无反顾地选择了死亡，自投汨罗，以此表达了自己在以往诗篇中所反复展现的'虽九死其犹未悔''虽体解吾犹未变兮'的不屈意志、人格和决心，向世人再一次昭示了自己用生命所诠释的'独立不迁'的刚直性格。"②屈原忠心耿耿、刚正不阿，愿意以身殉国的伟大人格在此得以完整体现出来。

当渔父听过屈原这些话之后，他深知无法劝阻，也不做评判，其莞尔一笑的姿态表明其内心对屈原的理解。他理解屈原忧国忧民的情怀，理解入世者与方外之人追求的不同。"沧浪之水清兮，可以濯吾缨；沧浪之水浊兮，可以濯吾足。"（《庄子·人间世》）这句话体现了渔父逍遥旷达的人生态度。"渔父的语言'沧浪之水清兮，可以濯吾缨；沧浪之水浊兮，可以浊吾足'，体现出他随遇而安、自由旷达的人生态度。"③作者借渔父之口表达了方外之人乘物游心的处世哲学和洒脱愉悦人生状态。而屈原所述已经清晰表明其内心深处的人生追求，屈原崇高的人生理想及高尚的人格目标在其人生选择中得以完美地画上句号。这为之后屈原投身汨罗江、以身殉国而立人极埋下伏笔。屈原的所作所为，是为国为民的行为，是对人生理想的追求，对人生价值的选择，对人生意义的实现。

① 马军峰:《〈卜居〉〈渔父〉研究》，陕西师范大学硕士学位论文，2009年，第38页。
② 马军峰:《〈卜居〉〈渔父〉研究》，陕西师范大学硕士学位论文，2009年，第39页。
③ 郭美玲:《论楚辞"渔父"形象的文化内涵及影响》，2018年第七届应用社会科学国际会议论文集，第594页。

屈原和渔父是价值选择和灵魂归宿迥异的两种人，他们分别是方内之人和方外之人的代表。他们的价值选择没有对错之分，只有立场之同。不同的价值选择造成迥异的人生状态，反映了如何看待人生意义、如何确立人生目标的问题，构成了多姿多彩的人生哲学。

四、殊途同归

《远游》《卜居》《渔父》尽显修身进德的人生哲学理念，文中的得道者与《庄子》中的真人有相似之处，与《论语》中的圣人、贤人具有共同的特征。虽然这些人物修道的途径不尽相同，但是他们的价值理念、人生状态、人生追求具有相似性。

修身进德的人生追求。《渔父》通过屈原与渔父的对话表明渔父心中帝王之事就是人生中可有可无之事，不滞于物而怡然自得的生活才是人生应有的追求，人生的快乐无关"王天下"之事。庄子明确提出："帝王之功，圣人之余事也，非所以完身养生也。"（《庄子·让王》）帝王之事在圣人看来只是可做可不做的"余事"，完身养生才是圣人之根本。《庄子·应帝王》之"应"字，表达出对是否做帝王之事的态度。孟子说过："君子有三乐，而王天下不与存焉。父母俱在，兄弟无故，一乐也。仰不愧于天，俯不怍于人，二乐也。得天下英才而教育之，三乐也。"（《孟子·尽心上》）这"三乐"与"王天下"没有任何关系。可见，这些作品皆提倡修身为本，表明修身立德是君子必做的根本之事。"卜居"的字面意思是以占卜询问将去何处，而《卜居》却表明了占卜吉凶为小道，大道乃进德修业，大德之人不受吉凶所制。《周易·系辞》曰："爱恶相攻，而吉凶生；远近相取，而悔吝生；情伪相感，而利害生。"（《周易·系辞下》）吉凶利害由爱恶情伪所致，内心坦荡、无欲无求就不会受吉凶利害影响。庄子认为内心光明而有"旦宅"之人就不会受外在吉凶之干扰。《卜居》借太卜郑詹尹之口说出"龟策诚不能知此事"，表明了内心光明者的人生道路无需由占卜来决断。孟子认为，修身、治学的关键在于道德水平的提高及自我认识能力的提升，专注于此就不会在意外在的吉凶祸福。他说："君子深造之以道，欲其自得之也。自得之，则居之安，居之安，则资之深，资之深，则左右逢其源。"（《孟子·离娄下》）修道进德，明辨是非，独立不迁，有旦宅而无吉凶。"屈原的伟大之处究竟在于什么？毫无疑问，是屈骚精神。然就《卜居》《渔父》而言，则是'独立不迁'的人格意志。"[①]修身为本，修道进德，这正是《远游》《卜居》《渔父》的核心思想，也是古圣先贤共同的人生追求。

逍遥旷达的人生态度。"渔父"逍遥洒脱，显然是一位得道的方外之人，是《渔父》所描述的大宗师。此文中的"渔父"与《庄子》中的得道者一样，虽然修道的路径不同，但他们人生状态相似，可谓殊途同归。"渔父同屈原一样，是一位'洁身自好'者。不过，

① 马军峰：《〈卜居〉〈渔父〉研究》，陕西师范大学硕士学位论文，2009年，第51页。

他对乱世的态度却与屈原完全不同。屈原一心想'竭忠以事君''抚壮而弃秽为君国导夫先路''虽九死其犹未悔'。主张积极入世，以天下为己任。渔父则主张隐身以自全。其人生观与《庄子·人世间》所说的楚狂接舆颇为相近，即'来世不可待，往世不可追也。天下有道，圣人成焉，天下无道，圣人生焉……迷阳迷阳，无伤吾行；吾行却曲，无伤吾足。'①《庄子》中的藐姑射山神人，圣人尧，至人许由、啮缺、王倪，方外奇人子桑户，这些都是得道之人。渔父是同《庄子》中的子桑户一样的奇人，至少是渔夫、渔民圣人，是得道者。当听完屈原所说之后，渔父"莞尔而笑，鼓枻而去"的言行，是其逍遥无为的表现，也是《远游》所表达的人生修行之目标。人应该到哪里远游？就应该像渔父这样，在修行之路上走得很远，能够妥善处理好身边发生的一切事，不受任何事物拖累。逍遥旷达，不因世俗影响身心，这是"得道者"共同的人生状态。

与道合一的人生目标。《远游》的核心思想是要逍遥游，要成圣成贤，成为"大宗师"一样的得道者。"漠虚静以恬愉兮，澹无为而自得。"（《楚辞·远游》）《远游》表达了人生的远游要从修身起步，从虚静开始，切身修德，要"游"向远方以不断提高自身，游遍四方以寻找灵魂的归宿。"指炎神而直驰兮，吾将往乎南疑。"（《楚辞·远游》）《远游》表明了光明之地是南方，是八卦的离卦所在地。在《周易》中，离卦代表光明、文明。"明两作，离。大人以继明照于四方。"（《周易》）大人仿效光明所具有的品德，以连续不断的光辉照耀天下四方。何以成为大人？通过修身进德而成为德性光明之人。当自身的德性能够像光源一样给别人带来光明，即为大人。"览方外之荒忽兮，沛罔象而自浮。"（《楚辞·远游》）此"方外"同《大宗师》里所说"方外"。"彼游方之外者也，而丘游方之内者也。外内不相及。"（《庄子·大宗师》）修道之路有多种，但最终都是要达到德性光明、自由逍遥的境地。至人、真人、神人、圣人，虽名称不同，所走道路不同，但殊途同归。子桑户的修道之路并非通常读书人所走的下学上达之路。方外之人有可能成为真人、神人，而非圣人。但是，无论真人、神人，还是圣人，他们都是得道者，皆因修道进德而自身圆满。从这一点来看，他们是相同的。他们与道同焉，与道合一，与造化者为邻，有天地之一气。这正是方内之人与方外之人殊途同归之处。"召黔嬴而见之兮，为余先乎平路"（《楚辞·远游》），此"黔嬴"就是造化者、造物者。《楚辞》与《庄子》所述的修道之路同工异曲，最终都是要见道，得道，到达"超无为以至清兮，与泰初而为邻"（《楚辞·远游》）。至人、真人、神人、圣人、奇人的修行之路各不相同，然而，不外乎尊德性、道问学之事，殊途而同归。

《远游》《卜居》《渔父》提倡修身进德的人生追求，此三篇文章昭示着孔子所说的"无声之乐，无体之礼，无服之丧"。"无服之丧"是君子以天下为己任的德行，凡天下百姓感受到的伤痛，君子都会奋不顾身地想办法解决，吉凶与民同患，此即修道进德之路。

---

① 蒋南华:《〈渔父〉发微》,《云梦学刊》1992年第1期。

虚静自然、无欲无求是得道的根本途径，这是《远游》的核心思想，亦是君子修身立德之根本。与民同患、有旦宅而无吉凶，这是《卜居》之主旨。既要有不染世俗的高洁，又要有在世游世的逍遥，在世出世是《渔父》要表达的处世哲学。《远游》《卜居》《渔父》通过对人生追求、人生意义、人生状态的描绘，完整体现了《楚辞》所要表达的人生哲学。

群鹰归来　朱星雨作

盐文化传播研究

主持人语

笔者一直在思考，如何扩大盐文化研究的空间？以目前学术现状而言，具有分量的盐文化研究论著并不多见，一方面盐文化还处于"冷门"，另外就是学者将"盐"纳入"文化史"的研究还不足。因此，除了对现有盐文化史实和现象进行梳理外，还需要进行研究方法上的创新。

本期，中国社会科学院胡士颖博士的《萧公权的家族记忆与萧氏盐业》一文，以萧公权《问学谏往录》为基础。通过萧公权的视角，并结合历史资料，可以看到隐藏在萧氏盐业、商业活动背后的家庭关系、家庭文化、家庭教育等多方面内容。由此，可以对中国传统家族文化有更为深入的认识，对中国近现代以来的家庭与社会、传统与现代等诸多变迁及其未来发展有更为具体的理解。

拙作《原初身份、盐史与家族抒情——缪克构〈盐的家族〉谈片》属于诗歌研究。缪克构以盐为意象构筑百年家族史，是一次极其新颖和挑战的尝试。通过对家族百年史的建构，完成了诗人对于自身"原初身份"的价值确认。同时借由"家族史"而观察"盐史"，在更大的时空中获得盐与家族的历史意义。此外，以"盐"的意象凸显独特的"家族抒情"，散发着撞击灵魂的魅力。

荀美子的《企业推动盐科普传播的方法与实践》聚焦盐科普传播。以中盐金坛公司坚持推进盐业科普传播事业为例，通过传播学 5W 理论的视角出发进行分析，对将盐科技和盐文化结合起来，搭建科普传播的社会化平台，夯实传统科普阵地，创新全媒体科普传播方式，取得了丰富的经验和良好的成效进行了论述，具有启发意义。

具体而言，这三篇论文分别以不同的方法，对涉及"盐"的历史或现象进行了分析，并对其中所展示的价值进行了较为深刻的梳理。期待更多涉盐论文出现，繁荣盐文化传播研究。

（《中盐人》执行主编、高级政工师 郑明阳）

密林奇峰　朱星雨作

萧公权的家族记忆与萧氏盐业

(中盐金坛盐化有限责任公司博士后科研工作站；复旦大学管理学院博士后流动
站，江苏常州，213200)

摘　要：萧公权是国内外知名的政治学家、历史学家和教育家，也是二十世纪最具
影响力的中国学者之一，其家族也在近现代历史和地方文化方面有独特影响。萧公权《问
学谏往录》一书内容丰富，有关家族的回忆是研究江西上田萧氏必不可少的一手资料。
通过萧公权的视角，并结合历史资料，可以看到隐藏在萧氏盐业、商业活动背后的家庭
关系、家庭文化、家庭教育等多方面内容。由此，可以对中国传统家族文化有更为深入
的认识，对中国近现代以来的家庭与社会、传统与现代等诸多变迁及其未来发展有更为
具体的理解。

关键词：萧公权；泰和萧氏；盐业；怡丰号

萧公权（1897—1981）族名笃平，又名公权，字冬元，又字恭甫，自号迹园，笔名
巴人、石沤、君衡，江西泰和人。他学贯中西，建树卓越，是享誉海内外的著名政治学
家、历史学家和教育家，也是二十世纪中国政治学界最具影响力的学者之一。主要代表
作品有《政治多元论》《中国政治思想史》《中国乡村》等，《萧公权全集》于 1983 年由
台湾联经出版事业公司出版。

萧公权曾著《问学谏往录》一书，记述其家乡与家世、启蒙与求学、亲族与师友、
教学与研究、中国与国外等等往事，是一部不可多得的个人回忆录和学人自述史。他在
该书《结语》里总结道"我是一个不幸环境中的幸运之人"①，这句看似简单的话，实则蕴
含千言万语。

萧公权生活在一个动荡不安的时代，无论是经历晚清与民国，还是沐浴欧风美雨，

---

* 胡士颖 (1983—)，男，安徽阜阳人，中盐金坛盐化有限责任公司博士后科研工作站与复旦大学管理学
院博士后流动站博士后，中国社会科学院哲学研究所副研究馆员。主要从事中国古代哲学研究。
① 萧公权:《问学谏往录——萧公权治学漫忆》，上海：学林出版社，1997 年，第 228 页。

他的人生起点是被宗族亲人呵护的孩童；不管是万里寄踪，还是名震海外，他的情感认知都无法抹去来自家庭的种种影响。萧公权对早年家庭生活、家庭教育的回忆，与五四时代那些厌恶、痛恨或反叛态度不同，始终充满着温情、爱意和眷恋。也正是通过他的叙述，让我们对曾经辉煌过的上田萧氏及其盐业、文化活动有了更多的了解，并在当事人的回忆和史料发掘中，进一步感受和认识传统家族及其文化在个体成长中的作用。

一、旧家庭也不纯是地狱

萧公权学究中西，尤其对中国政治思想历史有深入研究和洞察，对传统宗族社会、伦理、生活的利弊也必然有着深刻的体会和全面的认识，但他始终对旧家庭有着特殊的情结，对社会和文化激荡中保持对新旧家庭的理性思考，因而在他身上似乎存在某种求新与恋旧的矛盾性、违和感，让人不得不对历史、家庭和个体之间关系予以慎重考察和同情了解。

余英时曾以萧公权为例，说明历史人物具有深刻的复杂性，五四新文化运动的参与者并不必然是反对传统、反对儒教的激进分子。他说：

> 另一个清华学生萧公权的经历则更能说明问题。他是 1919 年 5 月 4 日学生运动的参与者，曾与同学到天津办报纸为运动鼓吹。后来在美国专攻政治哲学，在"输入学理"方面很有成绩。他的《中国政治思想史》则是"整理国故"的杰作。他又写过很多文字讨论现代教育和民主宪政，因此在"研究问题"方面也成绩卓著。他对新文化运动的多方面贡献是无可怀疑的。然而一查他个人对中国文化与孔子的态度，竟是相当保守的。例如他对中国传统的家族制度甚为称许，因为他自幼父母双亡，全靠伯父母抚养成人，同族弟兄对他也多扶持。他坚定地说："我觉得'新文化'的攻击旧家庭有点过于偏激。"他曾批评提倡白话文者的言论过火，更不赞成"打倒孔家店"。在文学兴味方面，他自小爱好旧体诗词，造诣极高。[1]

在余英时看来，萧氏出身旧家庭、参加过五四学生运动、留美学习、专攻政治哲学、研究中国政治思想史、讨论现代教育和时政，他的个人经历与激进人士几乎相同，却对当时备受攻击的中国文化、儒学乃至传统家族制度有所回护，保持理性态度。萧公权本人曾对此总结说：

> 一个人的性格和习惯一部分（甚至大部分）是在家庭生活当中养成的。上面提到的尊长和弟兄在不同时间，不同环境，不同方式之下，直接地或间接地，有意地或无意地，

---

[1] 余英时:《余英时回忆录》，台北：台北允晨文化实业股份有限公司，2018 年，第 34 页。

给予我几十年的"家庭教育",奠定了我问学及为人的基础。五四运动的健将曾经对中国旧式家庭极力攻击,不留余地。传统家庭诚然有缺点,但我幸运得很,生长在一个比较健全的旧式家庭里面。其中虽有不能令人满意的地方,父母双亡的我却得着"择善而从"的机会。因此我觉得"新文化"的攻击旧家庭有点过于偏激。人类的社会组织本来没有一个是至善尽美的,或者也没有一个是至丑极恶的。"新家庭"不尽是天堂,旧家庭也不纯是地狱。①

家庭对个体性格、习惯起着至关重要的作用,可谓如影随形、无处不在,对于萧公权而言更是如此,也是他本人早年生活经历的真实表现。他之所以不同意毫无鉴别地攻击旧家庭,乃源自其"幸"与"不幸"的双重遭遇,并为整个人生建立精神和物质基础。

萧公权 1897 年 11 月 29 日出生于江西南安,其祖父萧星北为痒生,时任南安县教谕。其父萧敏树,字进修,号丕侯。萧公权出生约一个月,母亲就不幸去世,由于父亲长年在外奔波,幸而得到祖父着意照料。六岁时,萧星北去世,萧公权由大伯萧敏政带至重庆抚养。十二岁时,生父萧敏树病逝,萧公权被过继给萧敏政。在重庆,萧公权生活上得到全方位的照顾,受到非常良好的教育,都得益于萧敏政的安排。1914 年春,萧敏政思索后,同意萧公权到新式学堂学习的要求,亲自送到上海投考。萧公权对在重庆生活、学习的回忆较为充实,是萧氏家教的写照,本文后述其详。

除了大伯萧敏政,二伯父(萧汉儒)及其三子萧蘧也对萧公权有很大影响。在上海期间,萧公权寄住于二伯父家,得到特别的关爱和支持。

民国七年夏天,我考取了清华学校,他十分高兴。听说我从上海到北京(后来改名北平)的路费还没着落(大伯父远在重庆),他立刻吩咐四哥去替我买好火车票,并给我一些零用钱。民国九年夏天我在清华毕业回到上海准备赴美。他明知学校发给每名毕业生五百银元的治装费,却另外给我百元,表示他对我的奖许。我上船的那天,他又亲到码头来送我。②

萧汉儒(1862—1926)曾掌管四川怡丰总号及盐铺,于清末捐官从政,担任过浙江永和县和山东唐邑县知县,辛亥革命后返回泰和上田闲居,最终醒悟,"致力于教书育人,以求救国安民,长发其祥",到上海租屋而居,尽可能为族人子弟在沪求学提供方便。海内外知名的三萧,都曾受其照护。③ 学业方面,萧汉儒三子萧蘧给予萧公权最大的指导和鼓励,在萧公权就读上海的中学、考上清华、赴美留学等等,均在前指引,即便是学成

---

① 萧公权:《问学谏往录——萧公权治学漫忆》,上海:学林出版社,1997 年,第 13—14 页。
② 萧公权:《问学谏往录——萧公权治学漫忆》,上海:学林出版社,1997 年,第 9 页。
③ 刘宗彬等著:《吉安盐商旧闻》,南昌:江西人民出版社出版,2017 年,第 234 页。

回国后，他仍然为萧公权教书任职积极引荐。

在大伯父培植、父亲激励、七叔看顾、长房二伯父帮扶下，萧公权与众多堂兄弟姐妹相处甚欢，且备受携持、引导，大家庭给予他良好的陪伴、全面的呵护、谨严的教导和适时的帮助，也正是从这个意义上，他才说是"生长在一个比较健全的旧式家庭里面"。较同时代家庭而言，应该有不少类似比较温暖互助的家族，但相比"攻击旧家庭有点过于偏激"者，萧公权确属幸运的了。

家庭生活都是日常而实际、具体而琐碎的，都有难念的经、难过的坎，亦正如萧公权所言传统家庭也有其缺点、不能令人满意的地方，甚至人类社会的任何组织都不可能做到尽善尽美，即便是当时向往的新家庭和我们所处的当下社会，莫不如此。但从萧公权的叙述里，尽可看到大家庭对他的爱怜、养护和栽培，也理解其所言"奠定了我问学及为人的基础"，进而认识到他与当时激烈批评旧家庭的行为、观点相左的特殊原因。不过，以上这几点还非全部，他本人的叙述中，还表现出对家族历史文化着意记述、考察与归属感。

二、泰和萧氏的盐业发展

萧公权出生在江西南安县（今赣州市大余县），祖籍是江西泰和县，世居千秋乡上田村。相传远祖为西汉萧何，北宋末年由河南迁自泰和。萧公权对泰和故里尚有一些记忆，如上田村因地势不高常因水患避居楼上、上田萧氏人口众多以及建筑、祠堂等等，但都略笔而过。

关于家族早年的历史，萧公权对先祖创业或有耳闻之知，但对当年到重庆落脚而居的怡丰号有较为仔细的记录，为江西上田萧氏商业历史留下宝贵的资料。就萧氏一族在商业上的不寻常发展，萧公权只有简短的叙述：

> 嘉庆道光年间有几位祖先开始沿长江西上远入川西，往来贩运各地物产。长期努力经营，业务逐渐扩大。到了光绪中叶"怡丰号"成了一个著名的商号。华西华中各地（包括重庆、汉口、长沙、扬州）都有分号。怡丰号除大规模运销长江上下游各省出产重要商品以外，也兼营淮岸官盐的运销。

据竺可桢记述，萧家最初创业者为萧次尹，以挑夫起家，先后育有而七子，后以贩卖木材及盐渐至巨富。萧次尹，谱名其莱，名秀，字次尹，号郁亭，次尹有七子：美珠、美玑、美瑛、美圣、美瑞、美瑗、美奂。萧秀本从科举，为贡生，训蒙村童，后命萧氏兄弟四人先入蜀地，寻找生路。经过一段时间的积累，萧氏兄弟在雅安开设布号，始建怡丰商号，萧美圣还融入自己的生意理念，拟作对联曰"怡色柔声克谐已孝，丰财合众反身而诚"。怡丰商号将内地所产布匹、杂货等运送外地，渐次发展起来，设立分号、合股开办盐号，生意跨越两湖、四川、云南、贵州、西藏等多个地方。而后，萧美圣之子萧炳南被推举打理总号事务，将扬州、汉口、湘潭三地分号交给儿子萧云浦、萧筱泉等管理。萧炳南抓住时机，响应两江总督曾国藩推行两淮盐务新政，领到首批盐票，命儿子萧云浦进入"四岸公所"当出纳，开始与沿江地区的官府、盐商等密切来往。所谓"四岸公所"，就是清末民国初时湖南、湖北、江西、安徽四省盐务通商口岸联合办公地，是四省大盐商核定平衡盐价、产、供、销、运等事宜之地。萧云浦在扬州与周扶九等同乡合办盐号、钱庄，数年就成为扬州八大总盐商之一，这也是怡丰商号最辉煌时期，时有"萧家的盐、周家的钱"之说。萧芸浦晚年，生意主要由萧筱泉打理。发展家族生意同时，萧氏几代人在上田老家不断建房屋、修书院、兴祠堂、修护村濠等，先后建了两座书院（大原书院和华阳书院），一座私塾（临清书屋），两座大型私家院落（趣园和遐观楼），三处宗祠以及近百座风格统一的民居院落。从萧次尹到萧云浦、萧筱泉，大概就是萧公权所描述怡丰号发展过程。

根据多种史料分析，泰和萧氏的成功，一个商业关键是进入并利用了盐业，打通了上海、扬州、武汉、长沙、重庆等关键水域和重要城市，并开展多种经营。萧公权在重庆怡丰号生活时间较长，回忆材料也比较具体。他说：

> 这坐落在重庆城内陕西街的商号只经营大宗批发，并不做"门市生意"，因此怡丰号的建筑格式与一般商店不同。这是一幢广庭深院，高楼大厦的建筑。前门开向陕西街，后门开向曹家巷。重庆是一座山城。曹家巷的后门是在最后一进房屋二层楼的背面。前几进的房屋是重庆分号的"办公室""会客室""餐厅"和"店员""学徒"，各项仆人等的"宿舍"。后几进的房屋是分号老板（经理）和家属的住宅。光绪三十年（一九〇四）大伯父由崇州分号经理升任重庆分号经理。我随着他全家迁居陕西街的住宅，直到宣统元年（一九〇九）怡丰号决定歇业，才搬出去，在城内玉带街马家巷一处较小的宅子居住。[①]

按萧公权的说法"我的儿童时代正值业务盛极将衰的时期"，1909年怡丰号歇业也说明了这一点，是萧氏商业的转折点。不过，怡丰号的业务一直支撑到辛亥革命前后还在进行，但已经难以维持，于是决定分立家财，各自独立经营。不过重庆怡丰号在此之前就停止营业了，萧公权说：

> 主持总号的族曾祖筱泉公相机立断，在辛亥革命的前两年决定停业。正式停业的那天派人在一片爆竹声中把高悬在陕西街前门上"怡丰"两个金字的横额取了下来，结束

① 萧公权：《问学谏往录——萧公权治学漫忆》，上海：学林出版社，1997年，第3页。

了一百多年缔造成功的商号。①

    据资料记载，怡丰号分崩离析之后，萧云浦的遗孀、渔家姑娘出身的翟夫人心有不甘，命儿子萧雨甸、萧泽民创设"瑞丰祥"盐号，延请叔叔萧衡才为总经理，刘厚生任副经理。1919 年，萧衡才因为亏损太多而辞职，任厚生为总经理。1927 年，"瑞丰祥"获利甚丰。这些都是怡丰号的后续故事了。

    比较难得的是，萧公权从家族成员自身的观察，对怡丰号商业沉沦的原因做出总结。他说：

    怡丰号歇业，据我推测，有两个主要原因。其一是庚子拳乱以来全国的政治、社会和经济情形都在转变。旧式的商业，无论其规模怎样宏大逐渐不能应付新局势。其二是怡丰号是一个纯粹"家庭"企业的组织。萧氏族人志愿经商经过"学徒"式的训练面有成就的都可以参加业务，升任各分号的"老板"。他们与雇用的店员并肩工作，但他们不是雇员而是"所有人"。他们既然有决定业务方针的力量，他们的行动便直接影响业务的盛衰。在开创和发展的时期，这些兼具"股东"和"经理"身份的族人大都小心谨慎，克勤克俭，努力工作。但是后继的人丰衣足食，甚至"养尊处优"，忘记了前人创业的辛苦艰难，不仅不能尽心于业务，甚至沾染浮华，从事挥霍。于是营业渐趋不振。

    萧公权指出两个原因导致怡丰号衰落，第一个原因是外部大环境，除了当时的政治腐朽、社会动荡、经济不振外，还有往往被忽略的盐业本身的变化。清末外国所制"洋盐"逐渐倾销内地，本地盐越发遭受损失，萧云浦曾"领军"上书两江总督刘忠诚，要求抵制洋盐，暂获批准。但是"洋盐"具有制作精细、杂质少、成本低等诸多优势，且中国新式商人也开始研究、生产现代细盐，故而原本盐商依靠专卖销售的本地盐失去市场。萧云浦代表的旧商人，也并没有重视改进盐的生产技术，大量财富用以购地置产，没有及时转换为现代工商业应是其衰落的主要原因。另外一个不能不提的是，萧云浦还是有"红顶商人"之称，光绪年间曾一次应捐曾国荃六十万金，像这样的捐助及其大笔商业贿赂，无疑也是雪上加霜。至于萧公权指出的第二个原因，更是当时家族商业的普遍现象，若没有敢闯能干的家族领袖，按照传统家族商业运营思路和后代大肆挥霍，势必会从内部就直接瓦解其商业经营。

    从萧公权《问学谏往录》的回忆文字，我们感到他对怡丰号的辉煌与没落的评价保持着客观理性的态度，应该说他对先辈的创业兴家事迹是有很多耳闻目染的，但却并没有表现得那么惋惜痛心，更多的是对重庆陕西街故宅的留恋和往昔亲人在侧的美好时光

---

    ① 萧公权：《问学谏往录——萧公权治学漫忆》，上海：学林出版社，1997 年，第 5 页。

的眷恋。大概萧氏一族因为从前的丰厚家底，在商业衰落后，也能保证较好的生活、发展，但其中潜藏的国事家运不得不令后人思之鉴之，再思之，再鉴之。

三、泰和萧氏的文化教育

有赖于萧氏家族的财富积累，萧公权必从中深受其益，而来自亲族的善待，对早年失去父母的萧公权成长而言，则是幸而又幸。其中，除了从幼年到成年的一路养护，还有极为重要的精神、人格、教育等方面的影响，这些因素对萧公权的生命塑造、巨大影响是无法估量的。正因为此，泰和萧氏除了商业上显迹留名，还留下了更为宝贵人才培养、教育文化贡献和精神文化遗产。

在二伯父萧敏政的呵护下，萧公权六岁时就在重庆和两位堂姐一起跟随私塾学习了《史鉴节要》《地球韵言》《声律启蒙》和《千家诗》等书，有了良好的启蒙教育。这也反映萧氏培养子弟的一些特点和用心，如对教材的选取已经不用《三字经》《百家姓》等习用蒙学读本，而是灵活调整，学习萧氏自家所编的《史鉴节要》，又学习《地球韵言》，故而在教育上是比较重视和开放的。

学习外文和经史，是萧公权早年受教的最重要部分。外文方面，是英文和日文两种，虽然学习时间都不长、程度也不高，但作用却不可小视，毕竟在当时而言，能得到如此教育条件的可谓少之又少。外语启蒙经历，让萧公权对英文不觉陌生，为日后继续学习打下基础，其英文写作、著述、授课获得英美人士赞赏。

经史学习，用萧公权自己的话说，是"幼年读书的重要关键"。得益于何笃贞的良好教导，萧公权不仅认识到了中国经史文学的脉络轮廓，还体验到学而时习的快乐。鉴于萧公权细致的叙述和内容的可参考价值，特引述如下：

他认为《十三经》必须涉猎，但不必全部精读熟诵。那时我已读过"四书"了。他教我（一）加紧熟读《诗经》《春秋左传》《礼记》《尚书》和《尔雅》；（二）随后涉猎《周礼》《仪礼》《易经》和《孝经》；（三）此外《公羊传》和《谷梁传》在有余力时"过目"一下。上列第一类的五种并不背诵全书。其中他认为比较不重要的一小部分也由我翻阅一下，不去"精读"。采用这样"速成"的方式我居然在五年之中"读"完了十三经，他不要我们读《史记》《汉书》等史学要籍，而让我们去细看吴乘权根据朱熹《通鉴纲目》所编的《纲鉴易知录》。他教我们不必去管书中对于前代事迹的褒贬而专注意于事迹的本身。他这样选择教材，"经学家""史学家"或者会认为"不足为训"。但照我推测，他自有他的理由。当他应聘的那年我已经十四岁了，而且"中学"以外我还要注意"西学"。如果教我去按部就班，穷经通史，不免是好高骛远，不切实际。在那五年中近乎偷工减料地读经史，给予我不少"国学"常识，后来受用不尽。这不能不归功于何师。此外他时时鼓励我自动选看"合胃口"的各种书，不限一家，不拘一格，因此培养我博览的志愿。这也是值得感谢的。

据梅谷教授(Professor Franz Michael)说，抗日战争爆发不久之后，浙江大学避寇内迁，曾在泰和县停留了一些时候。随校迁徙的教职员学生借用上田村萧族的"公""私"房屋作为临时的教室和宿舍（他那时在浙大任教，后来到美在华盛顿大学任教）。[①]

这段记载的是浙江大学被迫西迁历史的重要部分，在其校史及相关研究上多有介绍。浙江大学因日寇近逼，辗转多地，1938年2月迁至泰和，到达泰和后，在上田村办学，所用屋舍为萧氏家族的两座书院——大原书院（又名千秋书院）和华阳书院，还有趣园和遐观搂（即藏书楼）等四处：总办处和一年级学生主要授课、住宿的地方在大原书院；教职工眷属主要住宿、储藏室和实验室在老村（大原书院西北）；图书馆、礼堂、教职员宿舍和二三四年级学生授课及食宿地方在新村（老村西北）；农学院实验室和农场在华阳书院。这也是时任浙大校长之所以记述萧云浦等萧氏一族事略的直接原因。虽然萧氏与怡丰号俱已不复当年，但他们留下的丰厚物质文化遗产，仍在不断发挥作用，泽及后世。

四、结语

萧公权对萧氏盐业家族的回忆，是研究江西泰和萧氏不可多得的宝贵资料，无论对于地方历史文化，还是中国近现代商业文化历史，都具有重要意义。通过萧氏视角和历史相关资料的补正，我们看到了有关萧氏一族家庭生活、教育、商业与文化的许多方面，加深了对于中国传统家族与家庭的多样性、复杂性、丰富性的认识。

正如萧公权所说，旧家庭也不纯是地狱，中国的过去、现在和未来都是在旧家庭的基础上延伸展开的，其背后是本民族数千年的社会、文化、心理积淀。然而，百年以来的内外部环境变化，对中国社会、经济、文化等全面冲击的同时，也不可避免地波及家庭的每个角落，直到今天也没能稳定下来，反而迎来老龄化、少子化、现代化等一系列新的挑战。萧公权家族经历了经济破落、百万之富和瓦解离析，是中国传统商业模式、家庭的代表，也是中国从传统社会走向现代社会必然要经历的阵痛、曲折和代价。

萧公权家族的商业崛起及其家族文化，说明商业在近代以来已经成为不可忽视的发展方向，其作用不仅仅在经济方面，在文化方面也是如此，且具有商人家庭的独特表现。萧秀作为教书先生，虽然没有创造足够的财富，但一开始便为敢闯敢干的萧家子弟打下文化教育基础，这在当时文盲占据大多数人的国家仍然是难能可贵的，也是总结萧家兴起不可忽视的。萧公权曾言，萧家在"功名"上少有成就，这其中的重要原因是商业模式和从事商业的需要，萧家经过两三代人就实现了商业崛起，以家庭入股和分散各地的商号吸收了大量的家族人员从事其中，只有到了萧云浦，实际到萧遽、萧公权这代子弟

---

① 萧公权：《问学谏往录——萧公权治学漫忆》，上海：学林出版社，1997年，第2页。

方有足够的家庭积累和从事其他职业的选择。在商业文化孕育之下，萧家开枝散叶，但大部分人到经济文化更为集中的城市，甚至从乡土走向更为广阔的国外，以至远离故国，其间微妙，值得深思。

原初身份、盐史与家族抒情

——缪克构《盐的家族》谈片

郑明阳 *

（中盐金坛盐化有限责任公司 江苏常州 213200）

摘　要： 缪克构《盐的家族》通过对家族百年史的建构，完成了诗人对于自身"原初身份"的价值确认。同时借由"家族史"而观察"盐史"，在更大的时空中获得盐与家族的历史意义。此外，以"盐"的意象凸显独特的"家族抒情"，散发着撞击灵魂的魅力。

关键词： 盐的家族；原初身份；盐史；家族抒情

在中国诗歌史中，以盐入诗的作品虽小众，但却不乏精品流传后世。盐史学者张银河《中国盐业诗歌》[①]所录就有近200首。现当代诗歌中，郭沫若、刘半农、痖弦、北岛、芒克、杨绣丽等都写过关于"盐"的诗歌，而对茶卡盐湖的吟咏也常为诗友所钟情。

2019年，缪克构推出了诗集《盐的家族》。诗集分为四卷，分别为《大海与盐》《城市密码》《日月诗篇》和《羿的传说》。其中第一卷《大海与盐》由26首诗歌组成，也是本文论述的主体。

缪克构，现为中国作家协会会员，上海作协诗歌专业委员会主任。1974年出生于温州，1990年中学时代开始诗歌创作，主要作品有诗集《盐的家族》《独自开放》《时光的炼金术》，以及长篇小说、散文集《漂流瓶》《少年海》《黄鱼的叫喊》等十几种。曾获中国新闻奖一、二等奖，中国报纸副刊作品金奖，中国长诗奖以及上海长江韬奋奖、上海文学奖、上海文化新人奖等。2013年10月开始担任文汇报社副总编辑、高级编辑。

《盐的家族》问世以来，获得了很高的赞誉。原上海作家协会党组书记褚水敖评价《盐的家族》是对"生命哲学的诗境探索"[②]。孙思认为《盐的家族》"以生命不能承受之轻，

---

* 郑明阳（1987— ），安徽阜阳人，《中盐人》执行主编，高级政工师，研究方向：盐文化传播。

① 张银河：《中国盐业诗歌》，北京：中国文史出版社，2004。

② 褚水敖：《生命哲学的诗境探寻——评缪克构〈盐的家族〉》，《新文学评论》2020年第3期。

唤回我们的痛感"①。上海大学教授、诗人张烨评价为"生命的交响,盐之绝唱"②,在他看来,《盐的家族》作为系统性关于盐的诗集,这在诗坛上还是第一次出现。

在缪克构笔下,"盐"的意象与家族、大海、制盐、村庄等相连,构筑了盐与大海、家族与盐、我与故乡以及盐与历史、盐与生命等多维关系图景,凸显了诗人对于"原初身份"的价值确认,借由"家族史"而观察"盐史",在更大的时空中获得盐与家族的历史意义。此外,以"盐"的意象凸显独特的"家族抒情",散发着撞击灵魂的魅力。

一、"原初身份"的价值确认

缪克构说:"我想通过盐的意象,把百年家族历史写出来,是为小人物立传,也想通过这个写出中国一个海边村落的百年史。"③然而笔者认为,这种理想建构本身其实是一种"离乡"知识分子的身份焦虑和文化救赎。

组诗开篇从"我"的命名开始:

我的名字,语出《文心雕龙》:景文克构 / 意为子承父业,并发扬光大 / 这让我陷入长久的羞愧——《名字》

这个名字并非由"我"的长辈赐予,而是由乡村文化代表人物——私塾先生所起。与我们的想象不同,这位私塾先生并没有给予"我"改变命运、丢掉"盐民"身份的期待,而是希望"我"能够"子承父业",并认为制盐"其实也是在生活中提取光"。

然而,"我"究竟还是做了家族的"叛徒",从事了与盐无关的职业。

祖父是一个在海边晒盐的盐民 / 每个夏天,都会拦截一段海 / 凝结成一种称为"盐"的晶体 / 父亲则是一个渔民,他在茫茫大海上 / 一次次撒下渔网 / 有时候空无所获,有时候 / 捞上来满载的鱼虾和蟹 / 而我,既不会晒盐,也不会捉海 / 只会写一些"无用"之诗——《名字》

而后,"我"远走他乡,甚至很多时候,"我"选择遗忘,遗忘故乡、大海与盐。

从海上到上海,二十年过去了 / 大雨还在驱赶波涛追逐着我 / 不管在宽阔的街道还是

① 孙思:《以生命不能承受之轻,唤回我们的痛感——缪克构〈盐的家族〉审美透视》,《诗潮》2020第12期。
② 张烨:《生命的交响,盐之绝唱——读缪克构诗集〈盐的家族〉》,《星星》2020年第17期。
③ 徐蕾:《缪克构新诗集〈盐的家族〉:从盐的意象反映家族村庄的命运》,https://www.thepaper.cn/newsDetail_forward_4571752,2019年9月30日。

狭窄的弄堂 / 我再也不会在阳光下化作盐 / 我习惯了遗忘，适应了在生命中加入大勺的糖——《返乡》

但显而易见的是，生命的运行和生活的运转本身并非是可口的"糖"，作为从乡村走向城市的知识分子，物资的充盈并不能成全所有的抚慰和满足。相反，很多时候，身处城市的"异乡人"会有一种强烈而又难以名状的"苦痛"，这也是"返乡"题材的文学作品出现的原因之一。

遗忘故乡，对任何人而言，都不切实际。在"陷入长久的羞愧"后，我决定返乡，"让骨头里的盐 / 一点点咸到我的眼角 / 是那些梦，牵我回到故乡"。

不仅返乡，"我"还要回到盐。

我还是要回到盐 / 回到盐，就是回到血液 / 回到爱和温暖 / 回到盐，就是回到大海，……回到盐，就是回到根，叶子回到泥土 / 回到盐，也就是回到出发 / 回到理想的发射塔 / 回到盐，也会是回到宽容和放下 / 回到家族生生不息的繁衍——《回到盐》

"我"的归乡，从某种意义上而言，是"寻根"，是"叛逃者"对于"身份"的反思，也是对"原初身份"价值的重新发现和确认。

"2010年代，在逐步步入中年之际，加上年近百岁的祖父、祖母的去世，让我重新思索自己的写作，努力寻找属于自己的特色和辨识度。探究生命与自然、天地的关系，成了我诗歌中主要的精神脉络。"① 事实上，"我"的回归直接建立起了我与故乡、与盐的联系，并从盐与家族的变迁审视中，建立起了我的"文化预期"，从而构建起百年家族史。

除了写祖父、祖母、父亲、母亲、三叔、二婶、姨父、堂弟，甚至妻子的祖父，以及对教书先生、木匠的追忆也在诗中出现，故乡村庄的名称掌故也被"我"纳入其中，如"盐廒""海头""海下""旗杆底""合理""民主""河尾"等。

一个靠海的村庄 / 原来的名字叫"盐廒" / 廒，就是仓房的意思 / 故乡人在这里晒盐、储盐 / 留下比海水更咸的汗滴 / 但没有一粒盐是属于他们的——《海头》

故土总让人眷恋，而在诗歌中，这些村庄的命名与历史也都生趣盎然。而通过《盐的家族》，这些原本籍籍无名的村庄被记录、被述说，获得"文化人"的歌颂，取得了"留下姓名"的待遇。

---

① 缪克构:《我的诗歌小史》,《诗探索》2021 年第 5 辑。

二、以"家族史"观察"盐史"

与其说《盐的家族》写出了家族百年史，不如说这里是盐民的"生死场"。祖父白发人送黑发人，三叔、父亲、母亲、二婶，还有堂弟都走在了祖父前头。再到祖母去世，百岁高龄的祖父"被长寿逼得走投无路"，又被"死亡驱逐得无家可归"。

"告诉人们一个长寿的老人走了／而最喧闹的大海，却安静下来"（《送行》）。祖父的去世标志着这个晒盐家族与"盐"的最后诀别。因为在此之前，代表第三代的"我"已经离开，同样在上海的"身着制服"的堂弟也归于了大海。

盐是生计，因此，暴晒，煎熬，压榨／都是可以忍受的劳作／盐是生涯，是少年人的一段愁肠／是中年的隐疾和老来的霜与雪／是说亲，盖房，为老人送终／盐是生死，没有盐就没有一个家族的繁衍——《盐》

"盐"之于家族的特殊作用不言而喻。但"盐"在历史上，占有了一个特殊而重要的位置。比如在《盐》中，黄帝和蚩尤的夺盐大战杀声震天，管子"天下之赋，盐利其半"获得滚滚财源，扬州"一座盐砌的白塔"隐藏于浮世繁华……

以盐为线索，家族史上升到了国家史，又沉落为"人间史"。

因为盐，故乡一再破败／人世飘零，在志书里一页页写着：／宋孝宗乾道二年八月十七日，海潮淹人覆舟，／坏屋舍，漂盐场，浮尸无数，田禾三年无收／元成宗大德元年七月十四日，海溢高二丈，／飘荡民舍、盐灶，两县溺死六千八百人／明洪武八年七月，海溢高三丈，／沿江居民死者二千余人／清乾隆廿八年五月，海溢，水深五六尺，／八月潮退，尸横遍野……——《盐》

盐与国家政治、经济、文化等等息息相关，也与盐民的"生死"紧密相连，于是"盐是生死"这一命题就形成了盐、国家、民众之间的"张力"。这种紧张的关系，与其说是"我"的"文化发现"，实际上意味着一种"知识分子"借用"盐史"进行民间历史解读和家族史写作的尝试。因为无论从何层面而言，进行家族史的写作，都势必要将"家族"历史化，而凭一己之力所纂修的"家族史"并不能呈现"官方"姿态，只能是一种对个人记忆的个人化书写。因此，从"盐"的历史出发，将"家族"放置于"盐史"之中，可以实现叙述身份的切换，也从而完成盐史与家族史的"并轨"。

盐史源远流长，盐业史辉煌的背后是盐民的"最恓惶苦楚的劳作"。

曾经，用煎，煮，熬，晒／这些人间最咬牙切齿的字，制盐／用铁盘，蓖盘，铁锅，缸坦／这些世上最令人胆战心惊的刑具，制盐／用卦泥，淋卤，泼灰，打花／这些新田最

恓惶苦楚的劳作，制盐——《消逝》

　　只是可惜的是，盐民的劳作，及其"脚下的大海已被一个新城填埋"，也就是说盐民及其历史，很快将被现实"抹平"。年轻一辈对晒盐越来越陌生。在中国城市化进程当中，一个家族的历史，以及延续几千年的古老的技艺都在慢慢消逝。① 所以，在"我"的个人观察和历史洞悉之间，盐史和家族史的意义需要被凸显，需要被表达和记录，这也就是《盐的家族》所传达出的最大价值和可能。

　　也许从另一层面而言，"我"的"盐民子孙"这一身份和我所具有的"文化身份"，使"我"获得一种"发言权"。《盐的家族》文本因此就有了一种"公共文本"的特质，"祖父"等代表着盐民，代表着底层社会，代表着一个阶层在当今社会的"消亡"，也象征着在新的社会发展变迁中"传统"的消亡。所以，"我"借此展开盐史和家族史的叙事，从而抵达一种前所未有的亲历性、深刻性和广阔性。

　　"故乡盐廒，也终于精缩为邮票大小的所在，在字里行间出没。""我在文字中念念不忘的，大多是大海中的盐和鱼。这是不足为怪的，一个人应该知道自己来自何方，鱼盐就是我全部的过往与历史，我经意不经意地去打捞的，无非是生命中本原的东西"。② 回到本原，发现价值，"作为盐民和渔民的后代／我的胸中藏着一个大海"，也就完成"我"的"文化救赎"之路。

　　三、"家族抒情"的诗性表达

　　沈健在评论中指出："他以个人记忆的诗性镜头，通过粗粝与精致并重、尖锐与厚重合一的盐雕式语言，创写了一个智性叙事者的家族抒情的祠堂。"③ 毫无疑问，缪克构对于家族的吟唱，怀着一份沉重的使命，深切的关怀和无比痛楚的思索。也正是有这种颇为敏锐的回眸，与反刍的童年记忆串联，并衔接生命过往，发现了这无人涉足的领域，才完成了一次伟大的"歌颂"与悲怆的"抒情"。

　　"祖父"，是"盐的家族"的主角，也是诗人倾力塑造的精神源头④。祖父是力量的象征，"必须用力过猛，祖父／才能在大伏天结束前晒出一担好盐"（《锰》），"在喜怒无常的天象面前／力量大得像一场飓风"（《祖父小史》）。祖父收获了 5 个儿子，生活的重担压在他的肩头。"祖父，晒了一生的盐／用来洗涤贫困，隐疾和变数"（《变奏》）。但是，如此饱经风雨的老人，却面临着生命中最大的悲剧，"他活在了儿子前头，又死在了孙子的

　　① 徐蕾：《缪克构新诗集〈盐的家族〉：从盐的意象反映家族村庄的命运》，https://www.thepaper.cn/newsDetail_forward_4571752，2019 年 9 月 30 日。
　　② 缪克构：《我的诗歌小史》，《诗探索》2021 年第 5 辑。
　　③ 沈健：《盐：一种鲜为人知的家族抒情》，《文学报》2019 年 11 月 30 日。
　　④ 沈健：《盐：一种鲜为人知的家族抒情》，《文学报》2019 年 11 月 30 日。

后头 / 闲言碎语像小脚踩在冰碴子上 / 发出寒冷而又细碎的声音"（《祖父小史》）。此外，寿长则辱的祖父，还面临着"生"的尴尬——"不要把小便尿在床上"。终于，在与长寿抗争到最后，祖父去世，"祖父的肋骨，在炉火里熊熊燃烧 / 发出烈日底下盐粒爆裂的声响……直至骨灰如白花花的盐晶 / 厚实、凝重、沉甸甸地装进盒子"（《老盐民》）。一代盐民的离去，宣告了这一职业的末路到来，但是对于"我"，作为一个盐民的后代，在生命的基因中已经携带了来自祖父的遗传，"我有理由这么咸"。

这个家族基因是什么？

> 关于盐，我所知甚少 / 而关于苦难，我收集甚多 / 我血液里流淌着这个家族的笑声和泪影 / 我想，不能只有悲戚，只有苍凉 / 还需要脉脉的温情，还需要人间的大爱——《回到盐》

是的，"盐"里可以提取光，"痛苦会变成盐，欢乐 / 也会抵达同样的终点"（《盐》），而我"对世间万物抱有善意 / 据说，这是一个家族生生不息的秘密"（《秘密》）。所以，盐的家族的存续是以勤劳、善良、乐观为底色，从而迎战苦难，获得"生生不息"。

从"父亲"那里，"我"从更为微观中感受到"温暖"。"而我用一双小手给他的撞伤的背部抹上红花油 / ——记忆中这是我与父亲唯一的一次亲密"。

> 这一刻，他回到了我的眼前 / 把伤痛真实地留给床 / 他终于从模糊的背景中凸现出来 / 让我的小手受宠若惊 / 我努力让它们停止颤抖并加上力气细细涂抹——《背》

在这首深情绵密的小诗中，父亲"背部黝黑""粗糙、坚硬"，"弄疼了我的小手"，可以想见作为体力劳动者的父亲从无柔情示人的一面，它海峡一般阻隔在父子之间。由于意外的受伤，精神的栈道得以搭建，人伦的海峡得以弥合。[①] 但是，作为长子的父亲还走在了祖父前头，融进了大海。像海子的《亚洲铜》一样，"祖父死在这里，父亲死在这里，我也将死在这里 / 你是唯一的一块埋人的地方"。

总之，以盐的意象建构家族人物及其命运的精神谱系，不仅仅是对自我家族的一种超越，而使得家族的每个人都有了各具特色的象征意味。比如"祖母"，这个没有姓名的女性，"她踮着小脚把午饭送到盐仓 / 仿佛只是为了目睹—— / 祖父像一个化学家一般 / 把五个儿子融进海水"（《锰》），"祖母永远是个老人，永远是那么老"（《祖母小史》），她将所有都奉献给了丈夫、儿子和孙子们，毫无怨言。但是当她"被剥夺了带孩子的权利之后"，"寂寞写在了祖母的脸上 / 并加速了夜幕的降临"。祖母似乎没有青春，连姓氏都无

---

① 沈健：《盐：一种鲜为人知的家族抒情》，《文学报》2019 年 11 月 30 日。

人记起。这种被遮蔽的中国底层女性的"深度疼痛"并非只有祖母才有，从女性主义论述的角度看，她代表了一群人的"集体感受"。

经由人，盐形成闭环：/泪水，血和汗/传导复杂的人性/让盐成为情感——《寻盐》

用灵魂去洞察，用身体去感知生活中的那些曾经给予我们的一切，贴近身边平淡生活中的一物一事，并赋予他们不平淡的生命意义。① 这也是缪克构《盐的家族》所释放出的极具魅力的诗歌空间，也是诗人记忆和反躬自身之间的审视和重构。

---

① 孙思：《以生命不能承受之轻，唤回我们的痛感——缪克构〈盐的家族〉审美透视》，《诗潮》2020 第12 期。

企业推动盐科普传播的方法与实践

——以中盐金坛公司为例

荀美子[*]

（中盐金坛盐化有限责任公司，江苏常州，213200）

摘　要： 盐业企业推动科普传播事业是履行社会责任的重要内容，企业将科技资源向社会开放，有利于提升我国科普能力、提高公众科学素质，也有利于提高企业科研水平、扩大社会影响力。中盐金坛公司坚持推进盐业科普传播事业，将盐科技和盐文化结合起来，搭建科普传播的社会化平台，夯实传统科普阵地，创新全媒体科普传播方式，取得了丰富的经验和良好的成效。本文以该公司为例，从传播学 5W 理论的视角出发进行分析，以期能对今后推动盐行业、科研人员从事盐业科普工作有所启发。

关键词： 盐业；科普；传播

习近平总书记指出："科技创新、科学普及是实现创新发展的两翼，要把科学普及放在与科技创新同等重要的位置。没有全民科学素质普遍提高，就难以建立起宏大的高素质创新大军，难以实现科技成果快速转化。希望广大科技工作者以提高全民科学素质为己任，把普及科学知识、弘扬科学精神、传播科学思想、倡导科学方法作为义不容辞的责任，在全社会推动形成讲科学、爱科学、学科学、用科学的良好氛围。"[①]中央企业是国民经济的重要支柱，不但具有政治价值和经济价值，而且具有社会价值，承担社会责任是中央企业的本质要求和重要使命，推动科普事业是中央企业履行社会责任的重要内容。

盐作为与生命健康关系密切的物质，人们对其的需求，已从过去追求"有盐吃"转为如今提倡"吃好盐"。但现阶段，国民科学用盐意识较为薄弱，盐业科普相对单一滞后，主要集中在"科学补碘""减盐"等方面，盐在服务民生、服务社会方面的价值远远没有

---

　　* 荀美子（1990—），女，江苏常州人，《盐》副主编，助理馆员，研究方向：盐文化传播。
　　① 习近平：《为建设世界科技强国而奋斗：在全国科技创新大会、两院院士大会、中国科协第九次全国代表大会上的讲话》，《人民日报》2016 年 05 月 31 日 01 版。

得到充分实现。

作为服务民生的产业，制盐企业要践行社会责任，落实健康中国行动，进一步提升产品质量、提供种类齐全的产品、加强科学用盐的知识普及。如今，除了已推出的营养盐、日化盐等盐品，以及盐浴、盐床、盐屋、盐气溶胶等基本养生医疗方法以外，盐企业有必要结合哲学、美学、心理学及环境科学理论，研发出更多全面服务生命健康、深层净化环境的盐品，并做好配套盐文化知识普及宣传，推动其广泛应用于日用、家居及公共卫生领域，提升国民健康素养，养成科学合理的用盐生活。

中盐金坛盐化有限责任公司（简称"中盐金坛公司"）坚持"敬天尊道，尚贤慧物"的企业贤文化，多年来依托丰富的科技资源和先进的科研成果，围绕盐业科普事业进行了积极的探索与实践，现已形成博士、硕士、本科多学历层次的盐业科普队伍，为盐业科普事业和人民对美好生活的向往贡献力量。

传播作为人类社会的基本功能，是一种信息共享活动；是在一定社会关系中进行的，又是一定社会关系的体现；是一种双向的社会互动行为。1948年，美国传播学者拉斯维尔在《传播在社会中的结构与功能》中提出了传播主体（传播者）、传播内容、传播渠道、传播客体（受众）、传播效果等概念，详细论述其为构成传播过程的五种基本要素。此文发表后广为流传并得到学界的极大赞誉，这就是著名的"拉斯维尔程式"，亦称"5W 模式"。本文基于拉斯维尔的 5W 理论，以中盐金坛公司为例，从个案角度出发进行系统化的分析及研究，期望能对今后推动盐行业、科研人员从事盐业科普工作有所启发。

一、基于 5w 理论的企业推进盐科普传播的策略

中盐金坛公司以立足盐、跳出盐、延伸盐为传播盐知识的重要切入点，深度挖掘学科内涵与外延，聚焦于盐科学、盐文明、盐与健康等系列科研和社会服务工作，以实际行动为不同人群提供全方位的盐文化咨询、盐体验、盐学服务。

（一）多元化的传播者：聚集学者、企业家、社会力量增强传播力量的协同

拉斯韦尔认为，传播是有目的的信息传递活动，传播主体在传播过程中始终具有主导地位。而科学普及是一项系统性工程，只有传播主体主动作为、整合力量、优势互补，才能真正发挥科普作用，实现多向赋能，取得整体性成效。中盐金坛公司在盐业科普中注重整合内外资源，不断推进盐业科普社会化。

中盐金坛公司为中国盐业集团有限公司所属国有中央企业，国家食盐定点生产和批发企业，是经国务院国资委和中国盐业集团公司认可的行业。企业现有员工 564 人，本科及以上学历员工约占 49.91%，其中硕士 62 人，博士、在站博士后近 20 人。中盐金坛公司制盐生产工艺和技术处于世界先进水平，建立了"盐碱一体化、盐电一体化、盐穴一体化"的产业布局，实现了以较少的投资和能源消耗达到较大产能的目标，对中国制

盐业的技术引进与革新做出了积极贡献，盐穴综合利用起到了示范作用。

中盐金坛位于江苏省金坛经济开发区，公司敢于打破条块分割、企业地域等发展格局，在与高校、科研机构、省市社科系统的跨界融合方面走出了新高度。公司与高校合作建立企业研究生工作站、设立江苏省博士后创新实践基地，建有国家级博士后科研工作站；与常州市社会科学院合作，共建盐文化研究中心，发布首批五年规划课题共 12 项，其中重点课题 5 项，一般课题 6 项，科普课题 1 项。

中盐金坛公司开展的众多科普活动中，专家学者为重要的传播者。2013 年 1 月，中盐金坛公司创设"宿沙讲坛"，邀请自贡市盐业历史博物馆馆长程龙刚、四川轻化工大学曾凡英教授等专家、学者登台开讲中国盐文化的发展史及当代价值。宿沙讲坛迄今已开办百余讲，听众达数千人。

（二）多样化的传播方式：以培训、讲座、趣味活动提升盐科普的吸引力

目前来看，民众对盐的了解，更多局限在盐的食用功能上，而且由于人们生活水平的提升，"吃出来的毛病""重口味对身体危害有多大"等词条和热搜席卷全网，这间接导致人们"谈咸色变"。盐吃少了会因为缺钠等元素导致身体无力、免疫力下降，吃多了又会对人体产生负担，如何健康用盐成了人们当下关注的热点话题。

2019 年 7 月 18 日，"健康中国行动"（2019—2030 年）启动仪式在北京举行，针对我国国民的健康隐患，"健康中国行动"提出了合理膳食行动。在倡导健康生活的大环境背景下，提高国民盐科学文化素质、全民减盐、科学用盐显得尤为重要。众所周知，减盐是一个长期行动，需要全社会共同参与，中盐金坛公司作为驻地央企，责无旁贷。

互联网的发展伴随着双面性，人们常沉浸在纷呈的网络世界而忽视自我能力和素养的提升。受众主动接受知识的意愿相对较低，盐知识传播过程中难免受到阻力。中盐金坛充分考虑上述因素，经多方调研，以受众乐于接受的方式进行知识传播，自 2015 年起，定期在沪宁地区中小学、社区、南京图书馆、金坛区图书馆等地，通过科学情景剧展示、发放宣传手册、开展演讲比赛、专家答疑、知识竞答等方式，传播科学用盐知识，改变国人用盐观念，引导人们养成科学用盐习惯，助力健康中国行动，累计参与人次达数万人，并获常州市社科普及活动项目资助。

2022 年儿童节前夕，中盐金坛参与组织了"寻找科普'代盐人'主题演讲活动"。当天，来自当地学校十余名参赛选手或深情讲述革命先烈英勇战斗、无私奉献的党史盐事，或热情演绎融合了艺术元素与科学知识的科普情景剧，或生动表达盐融入生活万象的多种作用，或以快板形式倡导科学用盐与健康生活。"用'小盐粒'讲述'大情怀'，这既是一次成功的盐科普讲解大赛，也是一堂别开生面的花式微党课，青少年思政教育在创新传播中如盐入味，入脑入心。"选手激情洋溢、声情并茂的演讲吸引了大批市民驻足观看，赢得在场观众的阵阵掌声。

此外，中盐金坛邀请中国盐文化研究中心和自贡盐业历史博物馆专家、教授做客企校共建的高质量学术文化传播平台"宿沙讲坛"，围绕盐与健康、盐史、盐政、盐民俗、盐文物等内容授课，扩展盐文化知识，使古老的盐业文明和现代盐业科技创新成果惠益民生，为创造美好生活贡献盐业人的智慧。

（三）多层次的传播渠道：以书籍、报刊、新媒体提高全媒体的科普力

当今社会发展日新月异，公众获取信息的途径和成本大幅降低。据中国互联网络信息中心（CNNIC）发布的第 50 次《中国互联网络发展状况统计报告》显示，截至 2022 年 6 月，我国网民规模为 10.51 亿，互联网普及率达 74.4%，短视频的用户规模增长最为明显，高达 9.62 亿。[1]

对传播者而言，科学的进步、技术的革新无疑为当代科普传播渠道及模式提供了改变的契机。大数据时代融媒体环境拓宽了资讯传播的途径，提高了资讯传播的效率[2]，越来越多的传播主体通过拍摄纪录片、微电影、短视频，或开发小程序、数字平台，力求以多角度、立体式传播科普知识。如由中国盐业总公司、文物出版社联合摄制的大型系列纪录片《咸说历史》，讲述了盐与社会、经济、文化、对外交往，传递着丰富的盐文化。以盐作为其文化背景与题材资源的电视剧，不仅传播盐文化，也不断建构、丰富、发展着盐文化，向更多的受众传递盐文化和盐业发展的历史。[3]

在数字化浪潮下，中盐金坛公司紧跟时代潮流，选择以期刊、报纸、新媒体为阵地，不断完善全媒体科普传播方式。

中盐金坛与中国盐业协会联合主办国内专门全方位解读作为人类生命活力之源——盐的科普读物《盐》，为确保刊物内容的准确性、科学性、权威性，特聘请全国相关学科的著名专家担任顾问，旨在普及盐业与盐文化知识，全面展现作为"百味之祖、食肴之将"的盐在人类文明进程中的重要角色与广泛用途。

2017 年起，中盐金坛在内刊《中盐人》《贤文化》先后开设"党史盐事""盐与生活""盐科普进家庭"等栏目，并在公司建立的尚贤读书会中开展"因盐相遇"主题活动，策划盐文化知识竞答、盐业书籍荐读、盐习俗分享、盐的妙用等，让受众进一步了解盐业历史、丰富行业知识，掌握更多生活用盐小妙招。

运用融媒体传播理念，根据传播受众的需求和习惯，创新工作模式，丰富科技传播的手段与内涵，让科技传播形成个体效应和规模效应，有利于实现高质量和高效率的传播效果。[4]中盐金坛通过科普读物《盐》、宿沙讲坛、网站、微信公众号、内刊《中盐人》

① 中国互联网络信息中心：第 50 次《中国互联网络发展状况统计报告》，2022 年 8 月 31 日，http://www.cnnic.net.cn/n4/2022/0914/c88-10226.html，2022 年 10 月 10 日。
② 刘泽林：《大数据时代融媒体环境下的科普传播探析》，《中国传媒科技》2021 年第 12 期。
③ 李朗、陈卓、文铭生：《略论盐文化传播》，《盐业史研究》2012 年第 1 期。
④ 邹冰洋：《运用融媒体发展理念提升科技传播效果》，《今日科苑》2021 年第 4 期。

《贤文化》等盐科普平台，实现线上线下多效互动，全面传播盐文化、宣传盐业知识，服务社会民众。

（四）广泛性的受众群体：面向校园、社会拓展盐科普的对象

教育部于2014年3月印发了《关于全面深化课程改革落实立德树人根本任务的意见》，明确表示青少年学生思想意识更加自主，价值追求更加多样，个性特点更加鲜明，将"发展学生核心素养"作为推进课程改革进一步深化的关键[①]。

"贤者内修其身，博学厚德；达者外建其功，修己安人。"[②]中盐金坛深察培育青年人文素养的重要性，早年便萌生了面向校园、社会传播地方特色盐文化的主动意识，在地方政府、学校、公益组织等的大力协助下，积极推动盐科普进校园、家庭、社区活动，多元化、多角度、多层面解读盐文化，丰富中小学生盐业知识。

中盐金坛公司组织的盐科普课程通过文物展示、化学实验、图文视频结合等授课方式带领群众了解盐的知识，领略盐文化的丰富内涵，现已走进南京图书馆、常州市金坛区图书馆，以及上海、南京、常州多所学校，授课老师聚焦盐与健康、生活用盐、食盐与营养、盐民俗、盐文物等相关内容，开讲盐知识、开设盐艺术体验课。

授课老师中不仅有公司科研人员、工厂工程师及盐文化研究人员，也有来自南京大学、南京中医药大学、常州大学、中国商业史学会盐业史专业委员会等高校、学会的专家学者，他们以生活中简单易得的盐元素，巧妙融合知识性和趣味性，使学生及社区群众对因盐而生的文明现象有更深的认识，激发对盐知识的探索热情。

这些课程，多次获南京鼓楼区教育局、南京田家炳高级中学、上海市漕泾中学表彰。多位盐业专家表示："中盐金坛打造的产学研科普传播项目能够开阔学生视野，丰富知识面，培养兴趣爱好，有利于提高学生科学素养，培养求知精神，激发中学生探索科学奥秘的热情，而且此系列课程不仅涉及学科知识，也谈到了民族历史与政治，有利于培养正确的人生观、世界观，激发学生们对中华民族悠久传统文化的热爱，激发民族自豪感与爱国热情。"由此可见，学校及社会普遍认同盐科普工作的价值。

基于这种认同，组织人员在学校、社区开展科普工作时更能够激发活力、释放热情，积极地投身此事业，主动作为，并且使得科普工作达到相应的预期效果。

（五）长远化的传播影响：通过产学研合作推进盐文旅融合的发展

中盐金坛公司坚持人文与科技协同发展的战略，加强产学研合作，推动盐文化研究与应用，不断厚实企业文化资本。

中盐金坛公司作为驻地央企，坚守初心，聚焦行业特色，紧紧抓住盐及地域关键词，

---

① 《教育部关于全面深化课程改革落实立德树人根本任务的意见》，http://www.moe.gov.cn/srcsite/A26/jcj_kcjcgh/201404/t20140408_167226.html.pphlnglnohdbaiek.

② 中盐金坛公司：《贤文化纲要》，《中盐人》2012年12期。

有机融合行业文化和地域特色，大力发展以文旅融合为路径、以盐与健康结合为特色的文化旅游业，积极推动在盐文化资源历史积淀丰富的地区，激活传统盐文化资源赋存的旅游价值，从文化智力上支持当地乡镇打造以盐道康养为亮点的盐文化特色文旅项目，拓展盐业与健康产业良性协调发展的新模式等。公司整合企业内外资源，丰富盐文化呈现的艺术形态，不断推出盐文化创意产品、盐文化品牌节目及朗诵、微视频、书画、刻纸等经典作品，制作成可长久传播的艺术精品。

中盐金坛公司坚持"以盐会友"，积极传承中国盐业先贤留下的宝贵精神财富，推动现代盐业的创新发展，为人民群众的美好生活服务。为发扬盐文化，做大盐经济，公司于2021年5月27日，联合上海市金山区、中盐上海市盐业有限公司在上海举办首届"长三角盐文化与盐产业发展研讨会"，成立长三角旅游与盐产业联盟，深入推进长三角盐文化旅游与盐产业一体化高质量发展，保护盐文化历史遗产，发展特色文化旅游产业，促进建立长三角区域盐文化研究、开发、利用与盐产业创新发展的长效机制。2022年7月，常州市社会科学院盐文化研究中心加盟全国盐文化场馆联盟，大力促进盐文化博物馆、展览馆与旅游企业、研究机构在盐文化与旅游以及研究等高成长领域的深度融合，助力优质盐文化单位健康发展，促进盐文旅项目落地实施。

二、结语

中盐金坛公司科普基地开展了大量建设性工作，大多取得了明显成绩，也积累了一些经验。通过协同政企学研的力量，不断壮大科普传播力量，在企业、学校、社会不断拓展科普受众，以全媒体为渠道，融合讲座、培训、趣味活动等传播方式，不断提升科普传播力，推动盐业科普研究和传播的转化，提高传播效果，提升企业形象，惠及国计民生。

下一阶段，中盐金坛公司将继续坚持为盐业科普搭建平台，培育力量，依照公司盐业科普工作规划，遵循科技发展规律，建设好盐文化创新研究基地和科普平台，加强产学研合作模式整合内外资源，产出高质量的研究成果，为行业提供决策参考；将科普工作与企业生产经营有机结合，与社会各界通力合作、交流共进，在科普资源整合、项目开发、活动组织、成果转化等方面开展创造性工作，为我国盐业科普事业做出新的贡献。

白马藏族文化传播研究

　　作为中国人，我对中国文化知之甚多；而作为中国学者，我对中国文化却知之甚少。很久以前，华夏传播研究专家厦门大学谢清果教授约我就华夏传播写点文章。但经过几轮次的思想搜索，我还真的发觉自己在华夏传播方面是个小学生。但毋庸置疑，华夏传播研究确是中国文化走出或讲好中国故事的始发点抑或底本。虽然目前我写不出华夏传播方面的文章，但有关华夏传播方面的思考我并没有停止过。

　　也许，正因为我心里时刻有所准备，所以2022年仲夏当我遇到中国传统文化研究方面的专家张淑萍教授时，也就向她请教起中华传统文化方面的传播问题了。通过请教张淑萍教授了解到，她们团队正在研究"白马藏族文化"，并已取得了较多成果。我深感机会难得，必须雁过拔毛，于是向她们团队索要相关文章。西北学者的耿直，在她们身上得到了充分体现，她们爽快地答应写三篇文章。于是乎，便就有了"白马藏族文化传播"这个专题。

　　张淑萍教授的《傩舞"池哥昼"的神话现实交融性及其文化功能》一文主要探究了仇池国白马氏杨氏政权最具开拓性的领袖杨难当，如何被不断神话化为傩舞"池哥昼"这一集体性祭祀仪式的主角即"池哥"的。这篇文章让我们对傩舞"池哥昼"的文化功能有了更为深入理解。包建强教授的《论白马藏族"池哥昼"傩戏的史前文化沉积层》一文主要探究了白马藏族"池哥昼"傩戏的文化成分，并通过文化考古式的层层剥梳，一直追溯到史前文化沉积层。这篇文章让我们看清了"池哥昼"文化衍义进程。艾丽老师的《医学人类学视域下陇南白马藏族医疗体系调查研究》一文通过田野调查让我们对白马藏族大众医疗、民俗医疗、专业医疗并存的多元医疗体系及就医现状有了更为全面的掌握和理解。

本专题的三篇文章主要围绕"白马藏族文化传播"从三个维度展开的。这三个维度也即三种视角。综合这三种视角，我们看到了一个既古老又现代的"白马藏族"。值得注意的是，这三篇文章均受到了国家艺术基金和教育部人文社科基金的资助，亦足见其重要性。

总之，"白马藏族文化传播"既是华夏传播研究的题中应有之义，也是铸牢中华民族共同体意识不可或缺的研究维度。

（刘利刚 四川外国语大学重庆国际传播学院）

傩舞"池哥昼"的神话现实交融性及其文化功能

张淑萍*

（兰州城市学院外国语学院 甘肃兰州 730070）

摘 要：傩舞"池哥昼"是白马藏人最为隆重的集体性祭祀仪式，其主角"池哥"集现实人物与神话传说为一体，其原型应为仇池国白马氏杨氏政权最具开拓性的领袖杨难当，经过不断神化，成为民间传说中的二郎神、白马老爷。池哥的面具形象也累加了其他白马先祖的印痕，如祖先神形天三目的特征、杨大眼的"巨目"特征。傩舞"池哥昼"不仅发挥了驱邪纳吉的象征意义和实用功能，也蕴含着隐性的性别身份建构功能、族群认同功能和情感宣泄功能。

关键词："池哥昼"仪式；池哥形象；神话源流；现实基础；文化建构

基金项目：本文系教育部人文社科研究项目"陇南白马藏族傩文化的符号学研究"（项目号：16YJA850006）的阶段性成果之一。

在甘肃省南部和四川省北部，横亘着一座高大险峻的山，名为摩天岭。围绕着山势陡峭、人迹罕至的摩天岭，白马藏人在这里生存繁息，现有人口两万余人。根据现在（2021年）的行政区域划分，这些白马藏人分属于甘肃省陇南市的文县、四川省绵阳市的平武县、四川省阿坝藏族羌族自治州的九寨沟县和松潘县。白马藏人没有文字，却是一个注重历史传承的民族。他们把祖祖辈辈积累的历史经验和文化知识编成歌谣，也编排成傩舞，在春节之际展演，用祈福禳灾的仪式化方式重温祖辈的经历，传承一代代积累下来的历史经验。在年复一年的展演中，白马藏人将这些历史经验转化为文化传统和价值集合，维系他们的社会关系，巩固他们的社会秩序。

一、傩舞"池哥昼"概述

大型傩舞"池哥昼"是白马藏人最为隆重的集体性祭祀仪式，甘肃陇南将其称之

* 作者简介：张淑萍：兰州城市学院外国语学院副教授，主要研究方向为文化符号学，发表论文二十多篇，出版专著两部。

为"池哥昼"，从正月十三开始，延续至正月十七；四川平武县叫作"跳曹盖"，从正月初五开始，为期两天，正月初六结束。事实上，"池哥"与"曹盖"系方言变音，大体读作（sprul rgan)，其文化内涵是一致的。"昼"在白马语中是跳舞之意，故此"池哥昼"即"跳曹盖"。"池哥昼"的舞队一般由数名男性青年组成，一般是3—4人扮为男性神灵"池哥"，两人扮成女性神灵"池母"，另有两人扮成夫妻，带着一个十多岁的儿童，称为"知玛"，也叫猴娃子，是舞队中的丑角。

作为傩舞，池哥与池母舞蹈时戴面具。白马藏人的傩面具是木质的，其制作需经过选材、粗加工、雕刻、打磨、上色及开光等一系列细致的程序。一般选用麻柳、椴木等材质轻且木质坚韧、纹理细腻的木料，砍伐后锯成一尺五寸左右的木料，对半一分为二，然后放在阴凉处直至半干状态，才能进行雕刻，这样可以有效防止面具干燥后出现裂缝。面具的样式世代相传，雕刻师一般都由当地农人兼任，但头人和德高望重的文化人也会进行指导。雕刻时，先砍出基本造型，然后用木炭勾勒出五官的基本位置，再以凿子、刻刀精雕细琢，用砂纸打磨光滑，之后采用矿石粉、金粉、水彩粉等颜料进行上色，阴干一天一夜后刷上清漆，上色刷漆的流程重复三到四次就完成了。不过，也有不上色而保留木料自然色彩的情况。

面具制作完成后，选择冬日农闲时节的一个黄道吉日，给面具"开光"。平武县白马藏人的傩面具开光仪式在山神庙举行，杀鸡宰羊，由苯波巫师念咒开光。陇南白马藏人傩面具的开光仪式可以在山神庙，也可以在雕刻师家里，主祭人是面具雕刻师，如果雕刻师不懂或不在场，则劳摆、勒贝、刹巴均可以主祭。主祭依次唱诵《净口咒》《净身咒》《净心咒》，意在将雕刻师或劳摆等主祭以及所有参与开光仪式者的口、身、心全部净化，用洁净的身心参加开光仪式，取悦神灵的同时也提升开光的效果。然后杀鸡或宰羊，主祭将第一滴鸡血或羊血拌合在一些珍贵药材中，用新笔蘸一蘸，在面具的五官上各点一下，然后唱诵白马语的《开光咒》。在白马藏人的观念中，面具本身不仅指称面具，更指代一个角色，即有此面具的某个人或神，开光意味着面具已经被神化，能量和神力已经被赋予，面具成了神灵的化身。

就形象而言，池哥的面具狞厉，额上有纵目，眉毛倒竖、眼窝深陷，眼球大且突出，会在胡须、獠牙等方面体现出几个池哥中年龄特征与尊长次序的区别，如老大的纵目特征会更加明显，胡须也会花白等等。除此之外，池哥的面具上还会装饰彩色的扇子花、锦鸡或野鸡翎。池哥面具的顶部有小孔，在小孔中放置空心的竹棍就可以将鸡翎插入其中。池母作为女性神，其面具柳眉凤眼、慈眉善目，没有扇子花与翎羽装饰，但有些村子会在两鬓装饰上木质的花卉，其文雅华丽的风格与池哥的粗犷威武形成了鲜明的对照。在服饰方面，池哥反穿齐腰的羊皮袄，背上塞一团干麦草，模拟驼背，腰部扎卷起山羊皮做成的略微上翘的尾饰，象征男性生殖器。池母身穿各色布料缝制成的百褶衣，长度至小腿中部，小腿上打白色的缠子，即裹腿，腰部系红色羊毛宽腰带。知玛不戴面具，却在脸上涂抹锅底灰，服饰是破旧的床单或者麻布长衫，头上戴破草帽，男知玛的帽上同样插鸡翎，女知玛的帽子上则会有一些花哨怪异的装饰物，来表明其女性的身份。

除了佩戴面具，池哥还会在肩上挂一串铜铃，左手执剑、右手执牦牛尾。它们是驱邪的道具，有一定的象征意义。剑一方面是武器，一方面是降魔除妖的巫术灵物。傩舞 "池哥昼" 中，剑自始至终拿在池哥左手中，没有其他动作，而右手中的牦牛尾则会随着腿、足的动作进行甩动，刷扫屋舍，象征池哥替白马藏人扫除家里的污秽不洁之气，为每户人家驱邪纳吉。牦牛尾在中国古代文化中就有驱邪纳吉的吉祥意味存在，比如古人创造的吉兽麒麟，就是集麚身、（牦）牛尾、狼项、马足为一体的仁兽。《史记·乐书》云："比音而乐之，及干戚羽旄，谓之乐也。"[①] 对舞蹈所用的道具做了解释或者说规范：武舞所执的道具是干戚，干即盾，戚即斧；乐舞所执的道具是羽和旄，即雉羽和旄（牦）牛尾。《史记》中也提到古人以牦牛尾为吉祥物装饰在皇帝的乘舆上[②]《吕氏春秋·古乐》记载："昔葛天氏之乐，三人操牛尾，投足以歌八阕：一曰载民，二曰玄鸟，三曰遂草木，四曰奋五谷，五曰敬天常，六曰达帝功，七曰依地德，八曰总万物之极。"[③] 葛天氏创造的八部乐舞，是三人操牦牛尾，配合腿、足的舞动而歌，与白马藏人 "池哥昼" 中以腿、足舞动为主的 "投足" 舞蹈相类似。而且，"池哥昼" 也是乐舞，池哥、池母、知码率领全寨子的白马藏人集体载歌载舞，举行祭祀仪式。

"池哥昼" 祭祀仪式举行当天，炮手早上八点左右在村中用震耳的三眼铳连续放三炮，意为告知天神、地神（山神）、水神（作者按：当地人将水神具体化为司雨之神——龙神）等三界神灵，将要开始的傩舞 "池哥昼" 仪式首先要祭祀他们，同时也告知所有的村民和演员，请他们做好准备。然后面相师、乐手、炮手及相关勤杂人员到当年组织 "池哥昼" 仪式的会首家里集合，先吃早饭，然后用会事先准备好的彩纸等进行装扮。之后从寨子东头开始，挨家挨户进行入户驱邪纳吉仪式。随后，众人在村支书和村主任的带领下，沿着陡峭的山路爬到寨子的最高处，点蜡燃香烧纸，杀羊谢神，敬谢山神和各路神灵一年来保护着寨子的风调雨顺和子民的平安顺利，祈求神灵下一年的进一步护佑，并许愿，来年的正月继续跳 "池哥昼" 谢神。

二、池哥身份溯源

虽然 "池哥昼" 仪式是白马藏人祖祖辈辈传承下来的最重要的祭祀性傩舞，不过，关于其产生的时代以及池哥、池母指代何人，众说纷纭，至今也没有定论。白马藏人崇拜自然神灵，信奉山神、水神、雷神等。在自然神灵中，白马藏人最敬重山神。由于池哥、池母在白马藏人最重要的祭祀仪式上出现，所以，有相当一部分人认为池哥、池母

① 司马迁:《史记》，长沙：岳麓书社，1988年，第157页。
② 司马迁:《史记》，长沙：岳麓书社，1988年，第88页。
③ 张玉春等:《吕氏春秋译注》，哈尔滨：黑龙江人民出版社，2003年版，第119页。

是山神；也有人认为池哥、池母是祖先神，因为只有祖先神才会出于爱惜子孙后代而不辞辛劳，挨家挨户为其驱邪纳吉。但是，池哥、池母除了在傩舞"池哥昼"仪式中承担主角，并未出现在白马藏人庞杂的神灵名单中，也未出现在任何一座庙宇的神祇牌位中加以供奉。这就增加了池哥、池母身份的隐晦和神秘，也增加了解释的难度。下面我们举出几种代表性观点。

班运翔是较早对傩舞"池哥昼"进行系统研究的学者。他依据白马语解释其意，认为池哥 (sprul rgan) 一词在白马语中的读音可以指代面具，也可以指变幻男神，池母（sprul mo) 在白马语里意为变幻女神。① 班运翔的解释应该有其道理，因为他自己是铁楼藏族自治乡入贡山村人，白马语是其母语，其父班正联是当地著名的勒贝，通晓白马文化。无论从语言的解释方面，还是父子家传渊源，其解释有较大的可信度。

拉先在部分认同班运翔观点的基础上，又依据九寨沟县白马藏人对池哥、池母的读音"朝盖""朝普"的藏文音译"ﾍﾞﾄﾞ""ﾍﾞﾄ"，最终认为，池哥实为苯教中的愤怒男相神尊、池母为苯教中的愤怒女相神尊。② 纵观拉先的研究，他调研的主体是四川平武县的白马藏人，基于藏族文化习俗来理解白马文化，也是从藏文出发来理解池哥、池母的所指。实际情况是，平武县白马藏人受藏文化的影响较大，从藏文化、藏语入手理解其文化具有一定的说服力。不过，陇南白马藏人文化中虽然有藏文化元素，但由于一直以来与汉族杂居，所以受汉文化影响更大。此外，就池哥、池母面具的相貌来看，池哥面具龇牙咧嘴，的确是一副凶猛之相，而池母面具慈眉善目，没有愤怒之意，所以很难将其归为愤怒女相神尊。

池哥面具两眉之间的额际，有一只纵列的眼，即纵目，此特征引起了赵逵夫的兴趣。他在《刑天神话钩沉与研究》③《三目神与氏族渊源》④ 等文章中，通过考证《山海经》与其他中国古代神话，并从历史文献中查考证据，辨其真伪，最后得出结论：文县铁楼藏族自治乡的白马藏人为白马氏的后裔，其祖先神为三目神，即有"天眼"的神，是上古神话中的刑天。据赵逵夫考证，刑天由于受过"天且劓"之刑，在额上刻了痕迹，同时割去了鼻子。刑天氏属炎帝族，即神农氏族，如《路史后记》中曾记载："炎帝乃命刑天作《扶犁》之乐，制《丰年》之咏。"即刑天制作了祈求农业丰收的祭祀性歌谣。后来，在炎黄大战中，刑天被黄帝麾下的贰负及其部属危在仇池山砍去脑袋，这一事件在《路史后记》有记载："炎帝化生，刑天葬首，俱在仇池。"被砍去脑袋后的刑天不倒，仍"以乳为目，以脐为口，操干戚以舞"⑤。神话传说大多有其历史渊源和依据。刑天极有可能是

---

① 班运翔：《白马藏族朝格（Sprul Rgan）仪式研究》，《西北民族研究》2000 年第 2 期。

② 拉先：《白马藏族朝盖神舞研究》，《西南民族大学学报》2021 年第 7 期。

③ 赵逵夫：《刑天神话钩沉与研究》，《民间文学论坛》1988 年第 5—6 期。

④ 赵逵夫：《三目神与氏族渊源》，《文史知识》1997 年第 6 期。

⑤ 刘歆：《山海经》，北京：北京燕山出版社，2009 年，第 127—128 页。

氏人的祖先，在他悲壮牺牲之后，被本族人奉为祖先神而加以祭祀，后来成为神话人物。因其被砍头，族人为其制作木制头像，将其额间的刻痕符号化为纵目，面对强敌时的怒目圆睁符号化为永恒的形象也在情理之中，后世子孙以这种形象为蓝本做成面具，象征这位至死不屈的祖先神，春节期间请其为本族人驱鬼除邪也在情理之中。

第四种观点来自非遗"池哥昼"的第一代国家级传承人余杨富成。余杨富成是铁楼乡强曲村人，是方圆百里著名的勒贝。据其养子余林机回忆，余杨富成曾多次讲过"池哥昼"的传说，并托其记录。余林机依据他的讲述，于2006年记录并整理了《"池哥昼"的传说》。[①] 这个传说对傩舞"池哥昼"的来源做了较为系统的解释，也是目前为止较为完整的关于"池哥昼"来源的一个说法。作为知晓白马文化最多的人，余杨富成的观点非常重要。首先，他认为池哥是"仇池国"的"池"音和白马语中称呼老人的"业哥"的"哥"音组合而成，池母是在称赞女性聪明、贤惠、漂亮的白马语"则母"前加上"仇池国"的"池"音。余杨富成有一条主要证据，在傩舞"池哥昼"入户后，祭祀人吟诵的白马语祭词"朝哲"中，有"仇池哥""仇池母"这样的词，把池哥、池母的所指具体化到仇池国时期的"先老人爷"。

其次，余杨富成将"池哥昼"的出现追随至仇池国（296—443）建立之初。虽然民间故事不足以证明傩舞"池哥昼"产生的确切年代，但作为古代氏人的后裔，白马藏人的先祖在商周之际是大部落，至魏晋南北朝之际仍然是大族，势力范围以今甘肃中部、南部为据点，辐射周边的陕西及四川部分地带。可以推断，将白马藏人的傩舞祭祀仪式追溯至仇池国建立之初，应该不是夸张。此外，余杨富成的故事中有三点值得注意，一是白马老爷和池哥是白马藏人最为敬重的祖先神；二是池哥就是白马老爷，三是池哥或白马老爷是仇池国时期氏人的民族英雄，其中贡献最大的那位就是池哥中的老大。对此看法，我们逐一做出探讨。

距四川平武县王坝处不远的羊洞河和火溪沟交汇处的地方，有一座独峰山，当地的白马藏人称之为"白马老爷山"。"白马老爷"是汉语称呼，白马语叫作"叶西纳蒙"。"纳蒙"是"黑天神"的意思，"叶西纳蒙"即"从东方文县来的黑天神"。关于"白马老爷山"的成因，有一则民间故事：

传说白马老爷是一个过路神仙，要从甘肃文县赶到四川峨眉山去修道和参加各路神仙的聚会。神仙只能夜行昼停，白马老爷也是如此。每天晚上，他踏着茫茫的夜色，披星戴月，一路急急匆匆地赶路。他走了七个夜晚，把几百公里的路程甩在了身后。第八个夜晚，当白马老爷路过羊洞河和火溪沟交汇处时，突然雷电交加，狂风大作，暴雨倾盆，天崩地裂。陡涨的山洪呼啸而来，眼看就要淹没遍地的庄稼，冲走山寨的牛羊，一

---

① 余林机：《白马人民俗文集》，内部资料，2016年，第43—46页。

座座榻板房屋眼看就要倒塌。面对突如其来的灭顶之灾，白马藏人哭天喊地，但又无可奈何。

白马老爷见状，立即驻足做法术。顷刻，风停了，雨住了，雷哑了，水退了。白马山寨的庄稼、牛羊和房屋全都保住了，人们惊喜不已，齐声颂扬白马老爷，感谢他的大恩大德。此时，"喔喔啼——"只听雄鸡一声啼鸣，黑夜消失了，唤来了满天霞光，东方大亮。白马老爷见天已大亮无法前行了，化作一股烟云不见了。眨眼间，一座独峰山冈突兀在人们面前，白马藏人说那就是白马老爷的化身。①

同时，在陇南、四川流传着"二郎爷担山赶太阳"或"二郎爷赶山"的民间故事。"大意是说二郎神有赶山鞭，有一次要把一座山在鸡叫以前赶到南面一个地方去。鸡一叫山就不能走了，因此，在鸡叫的时候，二郎神用手一指，叫鸡变成石头，不能叫了。"②这个传说也反映在四川、陇南的一些地名上，如西康有二郎山，成县有"二郎坝"，岷县有一座山叫"二郎山"，武都城西十公里处有一个"鸡石坝"，文县城西三十公里处有一个"石鸡坝"，据说是二郎神赶山时怕鸡叫，让鸡化石而成的。

白马老爷从文县去平武时，为了拯救白马山寨和白马藏人，最终耽误了行程，鸡叫之后自己化成了一座山岗，日日夜夜守护着白马藏人；二郎神担着一座山，要在太阳出来之前赶到目的地，怕鸡叫之后不能行走，耽误了行程，便实施法术，让鸡变成石头，不能再叫，最终成功将山搬到了平武。可以看出，"白马老爷的传说"和"二郎爷赶山"的传说实为"同一个故事的两个版本"③。"它反映了氐杨经过文县到平武、由仇池向南迁徙的路线。平武县的这座'白马老爷山'，是仇池山的象征；白马藏人以之为神而敬奉，反映了报本追远的群体记忆。白马老爷山为什么会选定在火溪沟和羊洞河交汇处？因为仇池山是在西汉水与养马河（古骆谷水）的交汇处。这其实就是仇池山地理环境的缩影。"④

据此，赵逵夫推断，二郎神与白马老爷可能是同一个神。又因为民间传说中的二郎神有三只眼；马王爷是三只眼；天界四大灵官之一的马元帅也是三只眼。且这些三目神及其庙宇主要分布在陇南、四川、陕南一带，这些区域是白马氐人的活动范围，也曾是魏晋南北朝时期氐杨政权的势力范围。所以，三目神与氐杨政权有极深的关系，主要源于白马氐人的祖先神形天额上的刻痕被符号化之后，后世族人便形成了在额间刻纵目的习俗，进而将部族内的英雄人物神化为有天眼的二郎神或白马老爷神，加以崇拜和祭

① 刘启舒：《文县白马人》，兰州：甘肃民族出版社，2006年，第107—108页。
② 赵逵夫：《从"二郎爷赶山"的传说谈白马人的来源与其民俗文化的价值》，《陇南白马人民俗文化研究》，兰州：甘肃人民出版社，2009年，第1—11页。
③ 刘启舒：《文县白马人》，兰州：甘肃民族出版社，2006年，第107—108页。
④ 赵逵夫：《三目神与氐族渊源》，《文史知识》1997年第6期。

祀。①

为了捋清楚二郎神与白马老爷的关系，我们有必要了解李思纯在其《灌口氐神考》中对二郎神的详细考证。灌口二郎神在民间流传大概始于魏晋末期，据《十国春秋》记载，晚唐五代时称其为"执弓矢而行"的"灌口祆神"，意即非汉族的神。从五代到宋，灌口二郎神的信仰更加盛行，但他的外族身份被忽略。"不知如何又附会为修建了都江堰的李冰之第二子。但五代与北宋时，还没有李冰之子一说，五代蜀只封赠李冰而不及其子，北宋初的御制封二郎神碑，又在平武县而不在灌县，而平武县与甘肃武都仇池氐族中心地相接近，与李冰治水则毫不相干，自然决不曾认为是李冰之子了。"②经过考证，李思纯认为，灌口神为李冰之子的传说，实始于南宋时，有朱熹、范成大的记载可证。《朱子语类》："蜀中谨口二郎，当时是李冰因开离堆有功立庙，今来现许多灵怪。乃是他第二儿子，初间封为王。后来澈宗好道，谓他是什么真君，张魏公用兵，梦神与语，须复封为王，魏公遂乞复其封。"范成大《吴船录》："庚午，至永康军，崇德庙在军城西门外山上，秦太守李冰父子庙食处也。"自此以后，灌口神为李冰之子的说法坐实了。③

但在民间信仰中，二郎神一直是姓杨而不姓李，总是骑白马，驾鹰牵犬，这一民间信仰也在明清小说如《封神榜》《西游记》中被传承下来，那就是著名的二郎神杨戬。民间传说的强大生命力与主张二郎神为李冰之子的官方说法相背离。清代官吏为求得解释，只好于李冰父子之外，加上了一位杨四将军作为配享。李思纯评论说："民间传说与官方记载，每多矛盾不一致。官方记载，不惜伪谬相沿；民间传说，反多接近史实真相。但官方每因民间传说的不同，有时不能不迁就几分，作勉强的解释，以求自圆其说。"④

经过进一步考证，李思纯认为，灌口二郎神是氐族的牧神或猎神。此牧神或猎神所依托的原型，是氐族的英雄人物、仇池白马氐杨氏的领袖杨难当。至于二郎之称，是因为杨难当是氐王杨盛的第二子，继承了其长兄杨玄之王位，故在传说中，称为二郎。杨难当于宋文帝元嘉七年（430）即位，宋孝武帝大明八年（464）去世，在位三十四年。其父杨盛，长兄杨玄以及杨难当的统治时期，是仇池国的极盛时期。当时仇池国的领土，以武都、阴平（今甘肃文县）为中心，兼有汉中。难当即位后，势力范围扩及上邦与宕昌，上邦即今甘肃天水，宕昌即今四川松潘。领土面积包括今四川西北部，甘肃东南部，陕西南部。由于这些地方本是氐羌旧地，难当作为一个了不起的氐族领袖，当地人容易臣服于他，于是由传说而信仰而立庙崇祀，便成为唐宋以来所谓灌口神的起源。

宋代曾在四川平武封二郎神碑，且保留了氐族以羊为祭的习俗，不过以羊为祭的原因已经不为人所知了。现在看来，原因应该是：（一）二郎神本是白马氐杨姓（非李姓），

① 刘启舒：《文县白马人》，兰州：甘肃民族出版社，2006年，第107—108页。
② 李思纯：《李思纯文集》（已刊论著卷），成都：巴蜀书社，2009年，第210—222页。
③ 刘启舒：《文县白马人》，兰州：甘肃民族出版社，2006年，第107—108页。
④ 刘启舒：《文县白马人》，兰州：甘肃民族出版社，2006年，第107—108页。

杨与羊同音。（二）氏族的神，是牧羊神。故二郎神牵犬，祭必以羊。不过，"宋代以羊为祭的风俗，宋以后查不到任何记载了，不知废于何时"[1]。但是，白马藏人至今仍保留了以羊为祭的风俗。在傩舞"池哥昼"仪式中，池哥的礼服是羊皮袄，且将身后扎成男性生殖器状，仪式结束时，以羊为牺牲来谢神。

从以上考证和分析来看，二郎神是"仇池国的先老人爷"、白马氏杨氏政权最具开拓性的领袖杨难当，白马藏人心目中真正的白马老爷，也是傩舞"池哥昼"仪式中四位池哥中的老大。文县当地的老年人也把"池哥昼"叫作"跳老爷"。二郎神、白马老爷、池哥三种不同的称呼，却指向同一个民族英雄，当然，在这位民族英雄的身上累加了其他白马先祖的印痕，如祖先神刑天三目的特征、杨难当之孙杨大眼的"巨目"特征，以纪念他们在白马藏人历史上的巨大贡献，也希望他死后仍能继续眷顾、帮助族人的现世生活，由此被族人尊崇为神而加以祭祀。

据此也可以推断，杨难当首先被尊奉为祖先神，进而在以狩猎和游牧为主要生存手段的地方、时代又被敬奉为猎神或牧神，在以农耕为主要生计来源的地方、时代又被敬奉为山神，乃至水神。在文县流传的民间故事"二郎爷开阴平"中，说二郎神力道千钧的十鞭，辟出了文县的两江八河，三百多条小溪。所以，二郎神也是各路水神之总神。比如，傩舞"池哥昼"的禳灾祈福功能也能进一步说明他是祖先神，因为只有祖先神才愿意眷顾子孙后代，常常惦记他们，每年年头为其禳灾祈福。所以，白马藏人每年重申、强调祖先神的"不做坏事，多做好事，互爱互助"等告诫和监督，让族人从内心深处自我反省，在行为举止上进一步检点自己，在自律的基础上做事做人，与人相处，从而让族内团结，族群强大。

除了以二郎神的名义外，杨难当也以本名或白马老爷之名享受立庙祭祀，如《武阶备志》卷十六《祠祀志》："成县杨将军庙，在栗亭西一里，杨难当祠。"《元和郡县志》卷二十二"兴州顺政县"条："杨君神祠，在县西南二里，嘉陵山水南山上，即杨难当神也，土人祠之。"《略阳县志》卷一《舆地》部："凤凰山在北十里，下即凤凰沟，一名三峰山，有杨难当祠。"以白马老爷之名来立庙祭祀也非常盛行，仅文县铁楼藏族自治乡就有九处白马老爷庙，分别在阳尕山、李子坝、枕头坝、景家坝、寨窠桥、肖家山、迭部寨、草坡山、吃时腊，并每年定期举行祭祀仪式。不过，各村的祭祀时间不同，如寨窠桥是农历八月十五，草坡山是农历七月十五，吃时腊是农历十月十五，李子坝是农历七月十四。祭祀的时间不同，但祭祀的目的相同，希冀掌管风雨雷电的总山神白马老爷保佑寨子风调雨顺，五谷丰登。其次，杨难当享受祭祀的名号甚多，除了二郎神、白马老爷、池哥之外，在唐人歌曲中，还有大郎神、羊头神等名称。在白马藏人信仰体系中，也以白马龙王的名义享受族人的祭祀。所以，白马语中称其为"变幻男神"是有道理的，不仅名

---

① 李思纯：《李思纯文集》（已刊论著卷），成都：巴蜀书社，2009年，第210—222页。

号变幻，脸谱也变幻。如白马老爷是儒雅的君王脸谱，而池哥是凶猛的武将脸谱。两种相反的脸谱意指杨难当兼具治世明君的敦厚儒雅与威猛武将的叱咤风云，兼具上马打仗，下马治国的才德。

三、"池哥昼"的文化功能

除了驱邪纳吉的象征意义和实用功能，傩舞"池哥昼"蕴含了隐性的性别身份建构功能。"池哥昼"以男性为主角，既是对历史上曾经发生过的战争或狩猎场面的纪实性描摹，也是在建构男性的社会身份：男儿当如是！用仪式的方式把男子应该承担的社会义务惯例化，使之内化为其不可推卸的使命，也在塑造男子的性格，更具体地说，是塑造一种刚强、勇敢的性格，因为这种性格是完成这种使命所必须具备的品质。同时，"池哥昼"也在建构女性的社会身份，在池母的面具以及舞蹈动作中集中体现。与池哥金刚怒目的面具形成鲜明对比的是，池母面具的特点是菩萨垂眉，一副慈眉善目、笑眯眯的样子。相应的是，池哥与池母的舞蹈动作与其表达的主旨相辅相成：池哥的舞蹈动作干练、洒脱、豪迈，加上剑和牛尾刷等道具的加持，威猛的主旨凸显出来；池母的手中没有道具，舞步为一步一合掌，一步一扶腰，一步一屈膝，一步一转体，舞蹈动作自始至终极为温婉、柔美、贤良、美丽的意味十足。由于合掌的动作与佛教中双手合十的动作一致，所以池母的形象也被称为菩萨。

当祭祀队伍进入一户德高望重的家庭时，池母会表演一段"池母擀面"，舞蹈动作包括：洗手、舀水、烧水、和面、擀面、切面、捞面，每个动作重复数次，加以强化，把女性操持家务的整个过程流畅地再现一遍。然后舞蹈动作变换为以所捞之面敬天神，然后给池哥喂面。这的确是给白马女性编排的一部教科书。首先，"池母擀面"用仪式的方式为女性做角色定位：做饭等家务活理应是女性的职责。其次，池母给池哥喂面，不仅为男女做角色分工，更为男女在家庭中的地位做出规定：家庭中男尊女卑的地位次序在祖先神这里就已经定好了。事实上，不仅"池母擀面"中渗透男尊女卑的观念，整个傩舞"池哥昼"中均有体现，比如，池哥、池母入户之后，上桌吃饭时的座次排列就体现着男尊女卑，池哥要坐在东面的主位上，池母的位置在西面的次位上。更甚的是，在枕头坝的傩舞"池哥昼"仪式中，池母不能进主屋，更不能与池哥同桌吃饭。池母只能进厢房，村里的女性会跟着池母进厢房，一边唱酒歌，一边给池母敬酒。女神尚且如此，普通白马女子还有什么好说的呢！这种仪式化的性别尊卑建构方式具有持久的有效性，让白马女子自小在耳濡目染中逐渐明晰自己的未来角色和社会地位。

除了身份建构功能，"池哥昼"也具有较强的情感凝聚和族群认同功能。一年一度的傩舞"池哥昼"仪式让松散了一年的白马藏人社群重新聚在一起，唱着颂歌给祖先神敬酒，感恩祖先神劳苦功高，祈求祖先神的悲悯和护佑；唱着酒歌给乡党六亲敬酒，对方一边接酒一边一唱一和，在高亢而苍凉的曲调中，彼此把心里的快乐和憋屈唱出来，希冀对方的理解和回应，彼此之前的误会、一年中因为各种鸡毛蒜皮小事引起的不和，在这种如泣如诉的歌声交流和真诚的双目对视中和解，心理阴影被过滤、净化掉，双方和好如初。傩舞"池哥昼"仪式起到了润滑剂的作用，让磨损的乡邻、亲友关系得到修复，同时也在润滑、滋养当地白马藏人、汉人及其他民族之间的民族关系。每到春节期间白马藏人举行傩舞"池哥昼"仪式时，当地各族小孩子、年轻人也会跑过来凑热闹。在每户白马藏人家里，他们都会受到白马藏人热情的酒饭招待，请喝咂杆酒，吃酸菜面。

在傩舞"池哥昼"仪式的间歇时间如主家招待池哥、池母享受宴席时，人们手拉手踏着步子，和着节拍，在场院等地方边舞边唱。如果间歇时间长，比如"池哥昼"仪式开始之前，或者当天的"池哥昼"仪式结束之后，寨子里所有的白马藏人，不分男女老少，一起围着篝火，手拉着手，沿着逆时针方向转圈，跳火圈舞。笔者曾五次进入白马村寨调研傩舞"池哥昼"，前三次都是以旁观者的身份观看、拍照，做理性分析。后来每个村子里都有了熟人和朋友，每当跳火圈舞的时候，我总会被热情的白马朋友拉进跳舞的队伍，和大家一起手拉手边舞边唱，逐渐体会到拉手的微妙之处。手拉手是人与人之间的触觉交流，白马藏人集体舞动紧拉的手，在彼此协调、合拍的过程中，团结感、合作感被激发出来。手拉手仪式在不知不觉中强化着参与者的情感认同，使之自觉地融入这个群体。而且，在手与手的触觉交流中，舞蹈中身体的律动也以触觉的方式与他人交流，与自己交流，在交流中确认自己的情感归属与族群认同。

不仅舞蹈，也有歌声形成彼此间听觉层面的呼应，如那首白马藏人最喜欢的白马古语歌谣《扫有唠》：

> 过去跳的地方是这里，
> 过去舞的地方是这里。
> 跳起来最安全的地方是这里，
> 舞起来最安全的地方是这里。
> 街火儿不吹自己燃，
> 小伙儿不叫自己到，
> 姑娘不叫自己来。
> 父辈习俗不能丢，
> 白马精神不能断。[①]

歌声一方面在素描白马藏人围着篝火载歌载舞的盛况，再现白马男女青年尽情享受歌舞带来的欢乐场景，也在微观上体现歌舞所发挥的安慰剂作用：人们之所以能欢乐，

---

① 余林机：《白马人民俗文集》，内部资料，2016年，第169页。

是因为生活中受过的挫折和压力，在仪式的洗礼中得以舒缓，心灵得到抚慰。另一方面也激励年轻人传承白马藏人的民俗文化，扛起白马藏人的精神，进一步体现出白马藏人歌舞的双重功能：娱乐功能和教化功能。用歌舞净化其心的同时也感发其意志，族群意识在情感上获得共鸣，族群认同感得到强化。

小桥秋色　朱星雨作

论白马藏族"池哥昼"傩戏的史前文化沉积层

包建强 *

（兰州城市学院文史学院　甘肃兰州 730070）

摘　要："池哥昼"的文化内容决定了它也属于原始文化。"池哥昼"的各文化成分诞生的时代不一致，沉积到"池哥昼"中的时间亦有先后。"池哥昼"最早的形态是拟兽舞蹈，是白马藏族先民们狩猎前训练能力的演练活动，至迟在旧石器时代中期已出现。随着万物有灵观的形成，旧石器时代晚期出现了原始宗教，"池哥昼"因沉积了自然崇拜和巫傩等成分，变为巫傩祭祀活动。随着时代演进，"池哥昼"也在不断衍化，在保留古老成分的基础上又接收新衍化的内容，最终形成了由多种文化沉积层与亚文化沉积层容融的文化共同体。

关键词：白马藏族；"池哥昼"傩戏；史前；文化沉积层

基金项目：2017 年度国家社科基金艺术学项目"白马藏族非遗'池哥昼'傩戏整理与研究"（项目编号：17BB035）阶段性成果之一。

白马藏族居住在甘、川两省交界处的高山褶皱中。这些地带自古以来是"连接南、北丝绸之路和海、陆丝绸之路的要冲"，"成为历史上诸政治势力角逐的焦点和民族迁徙的走廊"[1]，各民族文化在此交往、交流、交融，孕育出白马藏族的"池哥昼"傩戏。"池哥昼"融会的多元文化产生于不同的历史时期，带着其诞生时代的文化特征，同时保存了其古老成分的原始面貌及其特征，形成了不同的文化沉积层。

一、处于不同的各亚文化层的拟兽舞蹈

拟兽舞蹈是"池哥昼"的重要成分。"池哥昼"中的拟兽舞蹈可分为两种类型。一类具有相对的独立性，表演一段完整的情境，形成"池哥昼"的一种剧目，《麻昼》《秋昼》

---

* 作者简介：包建强，兰州城市学院文史学院副教授，博士，中国古代小说戏剧研究所所长，《中国古代小说戏剧研究》主编，主要研究方向为戏曲史与地方文化研究。

[1] 包建强，靳婷婷：《跨学科视域下傩戏"池哥昼"文化成分的参互叙事》，《艺术百家》2021 年第 1 期。

《阿里改昼》《帕贵塞》即是此类。一类是模拟动物的形体动作成为驱傩舞步，贯穿于"池哥昼"仪式始末，"知玛"的舞姿即为这种类型。

《阿里改昼》应是一出模拟猫的舞剧，白马藏语称猫为"阿里"，白马语 [a^{31}lei^{53}]①。但流传到现在的《阿里改昼》却变为模拟原始狩猎的舞剧，由三个丑角"知玛"和若干寨民互动表演，几个扮野兽，几个扮狩猎者，成为狩猎场面的演练。中间穿插着驱赶野兽、围猎、抓捕、宰杀、分肉等情节，表演动作已经抽象、虚拟化的艺术写实为主。整个舞剧没有对话，只用表情、手势和情景性动作再现原始狩猎场面。据此可推断，"池哥昼"原来拥有两个舞剧，一为模拟熊猫的舞剧，一为模拟原始狩猎的舞剧。历经漫长的流传历史，前者佚失了舞蹈内容止保留了剧名，后者保留了舞蹈内容却佚失了剧名，于是传承中将二者的遗存部分拼合为一个舞剧。结合我国境内发现的岩画②，可大概推得《阿里改昼》诞生的时代。学术界将我国境内发现的岩画分为南、北两派，不管是南派还是北派，均有原始狩猎场面的记录。将《阿里改昼》与这些岩画记载的狩猎场面比较，可看出，无论是风格上还是内容上，具有高度相似性。只是一为活态展示，一为静态石刻记录。从新石器时代开始，原始先民们在狩猎之前或之后，往往要举行盛大的模拟巫术，企图通过巫术仪式操控自然界的灵魂，从而获得更多的所需猎物；或告慰狩猎中被猎杀的野兽之灵，以绝灵魂作祟害人。《阿里改昼》演练原始狩猎场景的表演，无论是内容还是形态，都呈现出原始人的生活状况和思维模式，渗透着浓厚的原始巫术成分。正如哈拉普所述："原始人以为借模仿动物、旁人或自然形象，就会获得一种大力量，可以驾驭它们。""打猎的部落在跳舞中象征地模仿打猎和打死猎物，以为这样做，就可以对猎物投上一种魔力。"③很明显，"池哥昼"中的拟兽舞蹈是白马藏族先民在劳动中创作的原始模拟巫术，属于流传下来的原始社会时期的文化。

同为拟兽舞蹈的《麻昼》《秋昼》，则属于"池哥昼"的另一个文化层。《麻昼》是一出模拟数种动物的舞剧，首套众神兽拜山神，其余十一套分别模拟牛、虎、兔、龙、蛇、马、羊、猴、鸡、猪、狗等动物。白马藏语称凤凰为"秋"，顾名思义，《秋昼》是一出模拟凤凰的舞剧。但现在流传的《秋昼》变为由两位或四位"池哥"两两角逐的舞剧，成为反映武士对抗的舞剧。表演风格刚健有力、原始古朴，具有秦汉角抵戏的面貌和风格。与上文所谈《阿里改昼》相似，《秋昼》名、实不符亦是流传中的佚失所致。虽然《秋昼》最初的表演内容失传，但其剧名告诉我们，该剧是模拟凤凰的舞蹈。根据文献记

① 魏琳，莫超等主编：《陇南白马人民俗文化研究·语言卷》，兰州：甘肃人民出版社 2011 年，第 64 页。
② 成果主要有：广西少数民族社会历史调查组编：《花山崖壁画资料集》，南宁：广西民族出版社，1963 年；汪宁生：《云南沧源崖画的发现与研究》，北京：文物出版社，1985 年；李祥石：《走进岩画》，银川：宁夏人民出版社，2014 年；盖山林文、盖志浩绘：《中国岩画》，广州：广东旅游出版社，1996 年；胡桥华，崔越领：《呼伦贝尔草原文化与大兴安岭彩绘岩画》，上海：上海人民出版社，2016 年；宁夏贺兰山岩画拓片精粹编委会：《宁夏贺兰山岩画拓片精粹》，银川：宁夏人民出版社，2012 年。
③ [美]哈拉普：《艺术的社会根源》，朱光潜译，北京：新文艺出版社，1951 年，第 5 页。

载，上古时候，部落联盟首领召集部落首领会盟，要举行盛大典礼，典礼中有拟兽舞蹈。《尚书·舜典》载："帝曰：'夔！命汝典乐。'……夔曰：'於！予击石拊石，百兽率舞。'"①《史记》亦载："夔行乐，祖考至，群后相让，鸟兽翔舞，《箫韶》九成，凤凰来仪，百兽率舞。"②唐尧虞舜时期的拟兽舞蹈，已脱离了原始巫术性质，上升为信仰层面，属图腾崇拜活动。盖因原始先民逐渐发现原始巫术并不灵验，巫术仪式后灾疫仍不断发生。于是先民们转变方式，从操控灵魂转向敬畏灵魂，通过祭祀取悦灵魂从而获得庇护。部落联盟首领举行会盟仪典，各部落将本部落的图腾物装扮出来参加典礼接受祭祀，形成"百兽率舞""鸟兽翔舞"的盛大场面。《秋昼》是凤凰舞蹈，《麻昼》是神兽舞蹈，二者展演的场景与《尚书》《史记》等古籍所载"百兽率舞""凤凰来仪"情节属于同类文化现象，是上古图腾祭祀场面的活态流传，形成"池哥昼"的稍晚于拟兽巫术的文化沉积层。

《帕贵塞》表演野猪糟蹋庄稼，农民围猎野猪保护庄稼的情景。既有拟兽舞蹈又有围猎野猪的情景，生活化动作较多，舞蹈较少。从表演内容看，它反映的是农耕文化。河南新郑裴李岗文化遗址发掘出公元前6200年至前5500年前后的石磨盘、石磨棒，浙江余姚河姆渡文化遗址发掘出公元前5000至前3300年左右的稻谷遗物和骨耜农具，证明中国农耕起步很早。从《帕贵塞》的表演内容和表演风格上，很难测定它的文化年代，但可肯定的是，它是文人思想抬头之后，在人定胜天观念下人们主动抵抗自然灾害以保护自己的行动，属于农业神祭祀行为。

"知玛"的舞姿主要是拟猴，是"知玛"驱傩和即兴表演的重要身段与舞步，贯穿"池哥昼"始末。白马藏语称猴娃子为"知玛"，寓意为顽皮、滑稽；称小"知玛"为"知玛鄢摆"，"鄢摆"是傻子，在滑稽基础上又增呆傻之意。"知玛"的称呼彰显了该角色的审美特性。③拟猴原本是原始拟兽舞蹈的一种，随着文明进步，拟猴进入世俗娱乐。《路史·后纪》载："（夏桀）广优猱戏奇伟，作《东歌》而操《北里》，大合桑林，骄溢妄行，于是群臣相持而唱于庭。"④《礼记》记载，魏文侯与子夏讨论俗乐与雅乐时提到拟兽表演："今夫新乐，进俯退俯，奸声以滥，溺而不止，及优侏儒，猱杂子女，不知父子，乐终不可以语，不可以道古。"⑤此文献反映出，自夏至春秋，作为滑稽戏的"猱戏"进入世俗娱乐成为一种娱乐表演，与优戏相并列。孟郊《弦歌行》描述："驱傩击鼓吹长笛，瘦鬼染面唯齿白。暗中崒崒拽茅鞭，裸足朱裤行戚戚。相顾笑声冲庭燎，桃弧射矢时独叫。"⑥反

① （清）孙星衍：《尚书今古文注疏》（上册），北京：中华书局，1986年，第69页。
② （汉）司马迁：《史记》（卷二），北京：中华书局，1959年，第81页。
③ 包建强，刘小刚：《傩戏观照下白马藏族"池哥昼"中"知玛"的戏曲学价值》，《兰州文理学院学报（社会科学版）》2015年第6期。
④ （宋）罗泌：《路史·后纪》（十四卷），《文渊阁四库全书》第383册，台北：台湾商务印书馆，1986年，第243—244页。
⑤ 《礼记·乐记》，《礼记正义》卷三十九，《十三经注疏》，北京：中华书局（影印阮刻本），1655年。
⑥ （清）彭定求等：《全唐诗》第11册，北京：中华书局，1960年，第4182页。

映出在中唐时候，民间用拟猴进行驱傩祭祀，驱傩者装扮成猴相进行驱傩，扮猴者从动作与语言两方面务求滑稽与戏谑，且采用黑墨涂面的化妆形式。这是截至目前发现最早的拟猴脸谱记载。"池哥昼"中的"知玛"装扮很奇特，没有固定的行头，将一块破布钻个孔，挂在脖子上；手握牦牛尾，模仿猴子的形体动作驱傩送吉祥。无论是装扮还是表演属性，与孟诗反映的染面"瘦鬼"是同类文化。

可见，在"池哥昼"中，同属于拟兽舞蹈的文化成分，沉积于不同的历史时期，形成了不同的亚文化层，打上了不同的历史阶段的文化特征。

二、各阶段傩仪集成的驱傩

"池哥昼"的重要任务和目的就是驱"鬼"逐"疫"、祈福求安。四位"池哥"身裹羊皮，头戴巨目、阔嘴、獠牙的面具，手执刀剑与牦牛尾，跳动着刚健古拙的舞步穿梭在寨子的小径、户与户之间，挨家挨户镇宅驱邪，反映出早期人类"只有凶猛恐怖者才能退鬼、逐疫"[①]的蒙昧认识。"池母"与"知玛"也跳着各自的舞步齐心协力帮助"池哥"驱傩，确保山寨平安吉祥、人畜兴旺、五谷丰登。在白马藏族人的民俗观念中，"鬼"与"疫"是有区别的。"鬼"是专做各种坏事的恶灵魂，"疫"是专门带给人间疾病的鬼。所以"鬼"和"疫"都在被驱赶之列。整个过程中伴随着法师诵经。法师诵经一是礼赞山神，以借助山神威力驱逐灾疫；二是起到咒语的作用，劝勉、拒绝、驱逐、镇压鬼疫。

在我国，驱傩诞生较早。《路史》记载，黄帝命巫咸举行驱傩仪式，"击鼓呼噪，逐疫出魅"[②]。"逐疫"是驱逐病疫，"出魅"是赶走鬼魅。根据此则材料可知，驱傩仪式至迟在父系氏族时期已出现，当时作为部落联盟首领的黄帝命令属官巫咸驱傩，"病疫"与"鬼魅"同在被驱之列，但加以区别。《周礼·夏官·方相氏》载："方相氏，狂夫四人。"[③]又载："方相氏，掌蒙熊皮，黄金四目，玄衣朱裳，执戈扬盾，帅百隶而时傩，以索室殴疫。"[④]西周时，设立专司宫廷傩祭礼仪的官阶方相氏，隶属司马。方相氏经过装扮，率领四位"狂夫"进行宫廷驱傩。黄帝时由巫掌管的驱傩，至西周演变为由方相氏掌管，并且成为西周的一种礼仪。

《后汉书·礼仪志》载：

先腊一日，大傩，谓之逐疫。其仪：选中黄门子弟年十岁以上、十二以下百二十人为侲子。皆赤帻皂制，执大鼗。方相氏黄金四目，蒙熊皮，玄衣朱裳，执戈扬盾。十二

---

① 刘锡诚:《傩祭与艺术》,《民间文学论坛》1989 年第 3 期。
② （宋）罗泌:《路史》十四卷,《文渊阁四库全书》383 册, 台北: 台湾商务印书馆, 1986 年, 第 122 页。
③ （清）阮元:《十三经注疏》(上卷), 北京: 中华书局, 1980 年, 第 831 页。
④ （清）阮元:《十三经注疏》(上卷), 北京: 中华书局, 1980 年, 第 851 页。

兽有衣毛角。中黄门行之，冗从仆射将之，以逐恶鬼于禁中。夜漏上水，朝臣会，侍中、尚书、御史、谒者、虎贲、羽林郎将执事，皆赤帻陛卫，乘舆御前殿。黄门令奏曰："佩子备，请逐疫。"于是中黄门倡，侲子和，曰："甲作食凶，胇胃食虎，雄伯食魅，腾简食不祥，揽诸食咎，伯奇食梦，强梁、祖明共食磔死寄生，委随食观，错断食巨，穷奇、腾根共食蛊。凡使十二神追恶凶，赫女躯，拉女干，节解女肉，抽女肺肠。女不急去，后者为粮。"因作方相与十二兽舞。欢呼，周遍前后省三过，持炬火送疫出端门；门外驺骑传炬出宫，司马阙门门外，五营骑士传火弃洛水中。百官官府各以木面兽能为傩人师讫，设桃梗、郁垒、苇茭毕，执事陛者罢。苇戟、桃杖以赐公、卿、将军、特侯、诸侯云。①

　　汉代傩仪固定在先腊一日举行，驱傩队伍急剧扩大：一百二十位侲子、方相氏、十二兽、中黄门、冗从仆射、侍中、尚书、御史、谒者、虎贲、羽林郎将执事、黄门令、驺骑、五营骑士、公、卿、将军、特侯、诸侯等。段安节的《乐府杂录》②、《新唐书·礼乐志·军礼·大傩之礼》和《大唐开元礼》③均有类似的记载。显然，汉代傩仪沿袭了周代方相氏驱傩的体制，并增加了驱傩队伍，百官公卿将士均要参与其中。

　　至唐、宋时期，官傩发生了变化。《武林旧事》"岁除"条载：

　　禁中以腊月二十四日为小节夜，三十日为大节夜。呈女童驱傩，装六丁、六甲、六神之类，大率如《梦华》所载。④

　　孟元老《东京梦华录》卷十"除夕"条亦载：

　　至除日，禁中呈大傩仪，并用皇城亲事官、诸班直戴假面，绣画色衣，执金枪龙旗。教坊使孟景初身品魁伟，贯全副金镀铜甲装将军。用镇殿将军二人，亦介胄装门神。教坊南河炭丑恶魁肥，装判官。又装钟馗小妹、土地、灶神之类，共千余人，自禁中驱祟，出南薰门外转龙弯，谓之"埋祟"而罢。是夜禁中爆竹山呼，声闻于外。士庶之家，围炉团坐，达旦不寐，谓之"守岁"。⑤

　　唐、宋时期的官傩已变为"六丁"、"六甲"、"六神"、判官及钟馗的"驱祟"，不见

① （南朝宋）范晔：《后汉书·礼仪志》，北京：中华书局，1965年，第3128页。
② （唐）段安节：《乐府杂录》，《古今说海》影印本，上海：上海文艺出版社，1989年，第3页。
③ （唐）杜佑：《通典·礼九十三·大傩》，北京：中华书局，1984年，第698页。
④ （宋）周密：《武林旧事》，北京：光明日报出版社，2016年，第69页。
⑤ （宋）孟元老：《东京梦华录》，王云五：《丛书集成初编》，北京：商务印书馆，1936年，第205—206页。

汉代之前的"逐疫"部分，亦不见方相氏驱傩的身影。

明清以降，受宫廷傩仪影响，民间傩非常盛行，文献多有记载。《贵州通志》载：

> 除夕逐除，俗于是夕具牲礼，札草船，列纸马，陈火炬，家长督之，遍各房室驱呼怒吼，如斥遣状，谓之逐鬼，即古傩意也。
>
> 是日（除夕），预定桃符于门两旁，挂钟馗于门壁间，以厌邪魅。贴春帖于门枋上，以迎嘉祥。诸夷虽其土著，渐濡既久，近颇效尤，亦足以见圣化之遐被矣。①

明清以来，民间傩非常繁盛。与宫廷傩不同的是，民间傩仪丰富多样，总体趋向是从动态的驱傩行为转向静态的符箓驱傩，而且傩仪中钟馗从角色驱傩变为贴于门壁上的驱傩符箓。

可以看出，在我国，傩仪在发展过程中不断增加新元素的同时，也不断抛弃旧元素，致使后世傩仪与古傩仪差别较大。透视白马藏族"池哥昼"傩仪，可看出它的集成性特征。上述各历史阶段盛行的傩仪，无论是宫廷傩还是民间傩，在"池哥昼"中均能找到。黄帝时期，巫咸举行傩仪的两大内容"逐疫""出魅"，在"池哥昼"仍保存，被称为"驱鬼""逐疫"，是"池哥昼"的主要目的。西周至汉代的宫廷傩仪仍保持着黄帝时的"殴疫"，同时增加了方相氏。方相氏"掌蒙熊皮"，即直接将动物皮蒙在身上，"池哥昼"中驱傩的主要角色"池哥"身裹羊皮；方相氏"黄金四目"，"池哥"面具巨眼突目阔口；方相氏率"狂父四人"驱傩，白马山寨的"池哥昼"有四位"池哥"。汉代宫廷驱傩增"十二兽"，"池哥昼"保留着六或八个神兽。汉、唐驱傩队伍非常浩大，百官皆参与其中，"池哥昼"是全体寨民参与的驱傩。寨民家门壁上悬挂的辟邪驱鬼的面具，是明清以降钟馗驱鬼符箓风俗的余风。"池哥昼"成为中国傩文化各发展阶段的集大成者。

三、呈三阶进化状态的傩面具

白马藏族民间流传的面具很多，这些面具分三个级别。最高级别的是开光过的面具。开光是诵经、请神，赋予面具灵力。开光面具已不再是普通面具，而代表神灵，专用于"池哥昼"驱傩祭祀仪式。第二级别的面具是寨民供奉在自家正房供桌上或悬挂于门上的面具。此类面具一般不开光，供在桌上的当作祖先神，挂在门上的当作门神。第三级别的是普通面具，不具神灵特性，纯粹为艺术品。材质上，"池哥昼"面具有动物皮毛面具、木面具、纱面具。按角色分，有"池哥"、"池母"、大鬼、小鬼、神兽、各种动物面具等。面相上，有神相、鬼相、人相、兽相。这些面相与白马藏族人的鬼神信仰相关，象征着白马藏族人心目中的神鬼形象。

---

① （明）谢东山，张道纂：《嘉靖贵州通志》（卷三），成都：西南交通大学出版社，2018年，第135页。

　　从我国各地发掘的文化遗址中，不乏傩面具，说明傩面具产生很早。河北省易县北福地遗址发掘出公元前 6000 年的陶面具，陕西省城固县苏村、北京平谷刘家河出土了殷商面具，四川三星堆出土了距今 5000 年的青铜面具和黄金面具，可见傩面具在史前就已诞生。周华斌说："古老、质朴的巫傩面具神秘而粗犷，程度不同地存留着原始文化的信息；汉唐巫傩面具渐与佛道神灵造型相通，并有中西文化及民族间文化融汇的痕迹；宋元巫傩面具与社火娱戏交杂，众生之相大量出现；明清巫傩面具多属乡傩俗祭的护生神灵，又因'傩戏'的活跃而呈现为具有类型化特征的戏剧角色面具。"[1] 这高度概括了中国傩面具发展的历史轮廓及各发展阶段的面具特征。

　　以周华斌总结的傩面具的发展阶段及阶段特征衡量"池哥昼"面具，会发现"池哥昼"面具承载着许多文物元素。神兽面具是兽非兽，是自然崇拜的产物。"池哥"面具略具人的脸型轮廓，但巨目、凸眼、阔口、獠牙等仍属于西周之前古老面具的特征。即使经历了各个不同的文化时代，面具仍保持着史前文化风格。"池母"面具丰腴、恬静、慈颜，显然不属于商周时期面具的风格，而带有唐代女性面相与佛教神祇菩萨面相。但这并不意味着"池母"面具诞生于唐代。以发展观点看，"池母"面具至少在唐代深受唐文化影响。班运翔曾指出："这倒不是说白马藏族的朝格面具产生于唐代，只是说明面具的形象，在唐朝社会风气影响下已基本定型。"[2] 此说符合"池母"面具的真实情况，但以此来笼统概括"池哥昼"的所有面具而不加区分对待，未免有些片面。大鬼、小鬼面具则是世俗化的人的面相，可看作受明清以来类型化的戏剧角色面具的影响。兽、佛、人相杂成为"池哥昼"面具的总体特征。

　　"池哥昼"面具，总体上带有自然物形象与人相融合、人与兽相杂的特征，呈现出中国傩面具三级进化的局势。"池哥昼"面具集合了中国傩面具在不同发展阶段的文化特征，带着很大比重的原始状态和古老成分，也夹杂了人文化的成分，反映出宗教神灵形象在白马藏族人心目中的演进状态。

四、民俗化的自然崇拜

　　自然崇拜是"池哥昼"的另一重要文化成分。王家祐调查四川省平武县白马藏族山寨之后提出，"白马藏人是信仰自己的宗教'白莫'的"，"多簸人的'白莫'就是辛刺卜的早期钵教"[3]。姚安也提出："白马藏族的宗教信仰与藏族原始宗教'苯教'有一定渊源关系，'池哥昼'（鬼面舞）就是一种跳神活动。"[4] 白马藏族的宗教不是严格意义上的宗教，准确来说，它是一种民间信仰，具有全民性特征。至于这种民间信仰是否源于吐蕃的原

①　周华斌：《中国古傩面具的沿革》，《戏剧（中央戏剧学院学报）》1994 年第 1 期。
②　班运翔：《白马藏族朝格（Sprul Rgan）仪式研究》，《西北民族研究》2000 年第 2 期。
③　王家祐：《白马藏人的宗教信仰》，《西藏研究》1982 年第 2 期。
④　姚安：《文县铁楼白马藏族民俗情况调查》，《甘肃民族研究》1986 年第 3 期。

始苯教，尚需进一步研究。

白马藏族的民间信仰实际上属于自然崇拜。在白马藏族人的思想观念中，自然界存在的一切事物都有灵魂，物体可以灭绝，但灵魂能脱离物体长存不泯灭。于是白马藏族人信仰一切神灵，从有生命的虫兽树草到无生命的山水石火，均是白马藏族人崇拜的对象。白马藏族的口传文学就反映了这种观念，如民歌追溯火的家族："父亲名字叫什么？母亲名字叫什么？儿子名字叫什么？铁制的火镰是火父，黑色的火石是火母，野棉花制的艾是火儿。"[①]追溯太阳世系："太阳也有爹和娘，父亲的名字叫什么？叫天爷。母亲的名字叫什么？叫大海。儿子的名字叫什么？叫月亮。"[②]显然，白马藏族的信仰属于典型的自然崇拜，包括自然崇拜、图腾崇拜和祖先崇拜。

白马藏族的民间信仰具有独特性。在组织形式上，白马藏族的宗教无常设的组织或管理机构，亦无寺院和专门的执教人员，完全是一种涣散状态的全体寨民自发的信仰，凭借固定的节日活动和日常生活禁忌维系，并渗透于生活习俗中。从所信奉的神灵来看，有自然神、祖先神和图腾物。由于与生存的自然环境相关，众神灵中山神的地位很突出，山神总司着山寨的一切因果祸福。山神又是一个具有分封形式的体系。总山神是"叶西纳蒙"，汉语称"白马老爷"，为白马藏族各寨共同敬奉，实际上是对四川平武县境内的独峰岗的崇拜。各山寨又有各自的本寨山神，是寨子周围某座神山的化身，均有各自的名号。山神系列属于自然神。祖先神既包括白马藏族历史上的民族英雄，也包括白马藏族每个族的始祖，将之偶像化为"池哥"。白马藏族的图腾主要是动物图腾。白马藏族早期部落众多，又盛行模拟巫术，汇集成众多的动物图腾。在宗教活动上，白马藏族的宗教性活动分固定的和临时的两种。临时性活动是个别寨民为酬神还愿而延请法师择期在自家设坛举行的仪式活动。固定性活动包括春节期间举行的"池哥昼"仪式，和四月十八、七月十五、十月十五举行的"爨老爷"仪式。"老爷"指本寨山神。当然，三类神并不是泾渭分明互不相干的，反而是交融互兼的。如总山神"叶西纳蒙"既是崇拜独峰岗形成的自然神，又是崇拜民族英雄形成的祖先神，这在白马藏族口传文学中能找到很多版本的传说。

从世界范围看，自然崇拜出现于新石器时代，形成许多地区的最原始的宗教形式。随着社会进步，自然崇拜被后起文化所覆盖，今不可多见。白马藏族的信仰在很大程度上仍保留着自然崇拜的原始面貌，给我们提供了认识原始宗教面目的活态样本。白马藏族人深信万物有灵，于是对大自然持有敬畏之心，他们将庇护山寨、保佑人畜兴旺五谷丰登的万物之灵奉为神，将带给山寨灾难、病疫的灵魂视为恶鬼而驱赶，形成"神灵奉之，恶鬼驱之"的驱傩仪式。

---

① 张益琴主编：《陇南白马人民俗文化研究·歌曲卷》，兰州：甘肃人民出版社，第2011年，第183页。

② 张益琴主编：《陇南白马人民俗文化研究·歌曲卷》，兰州：甘肃人民出版社，2011年，第229页。

当然，白马藏族的民间信仰在流传过程中也融汇了各种宗教的元素。四川省的白马藏族山寨"池哥昼"有法师念诵古藏文经的程序，就属于苯教仪轨。"池母"最初的面具今不可见，现在流传在甘肃文县的"池母"面相明显吸收了佛教第二阶层神祇菩萨的面相，变得慈眉善目、恬静淡然而庄严神圣。"池母"的驱傩舞姿与佛教的磕长头礼有渊源。磕长头是佛教徒至诚的礼佛方式，动作过程是，教徒双手举过头顶合十，寓意为领受佛的教诲；然后双手下拉顺次击额、口、胸，寓意身、语、意与佛相通；接着双膝跪地，双掌分开抚于地面以额触地。"池母"驱傩的舞姿是，双手举过头顶轻拍合十，然后下垂在胸前分开扶在腰两侧，同时往前跨小步，随着锣鼓拍子屈膝顿身，周而复始循环此动作。显然是行走着的磕长头礼。《池母歇勒》表演的是白马藏族妇女日常的生活内容，这种世俗生活内容表面上看似乎与"池哥昼"严肃的宗教性难以匹配，但追踪佛教发展的历程，就发现元、明间宗教渗透到世俗生活中成为风俗。《草木子》曰："（元）俗有十六天魔舞，盖以珠璎盛饰美女十六人，为佛菩萨相而舞。"[1]元代民俗中盛行美女盛装扮菩萨而舞，《池母歇勒》中"池母"何尝不是同类文化现象！每进到一户寨民家，"池母"在正房门首跳祭拜天地五方神的"拜四方"舞步，显然是融合道、佛因素而成。

概言之，白马藏族先民崇拜万物有灵，通过具体的祭拜活动，将万物之灵抽象为他们信仰的自然神、图腾物、祖先神三大神系，并定期举行祭拜仪式，以取悦神灵、祈祷神灵为山寨驱邪纳福，形成最初的"池哥昼"仪式。[2]随着历代发展，"池哥昼"又吸收了苯、佛、道等因素。

五、丰富多样的活态巫术

巫术是"池哥昼"很耀眼的文化成分，且与傩紧密结合，分为行为巫术和语言巫术两类。语言巫术包括咒语、祝辞、祈神辞、口诀及经文等。语言巫术的行使者主要为法师，用于"池哥昼"仪式过程中的请神、安神、娱神、祈福、送神、卜卦等仪轨中。山寨中的老者也经常使用语言巫术。当"池哥"进入寨民家的主房驱傩之时，有老者一手端五谷酒糟，一手撮起酒糟向门外撒，口中念诵祈神辞，恳祈神灵赐福保平安。从《诗经》中保存祝祷辞可知，祝辞、祈神辞源于古巫礼乐祭祀时所唱的歌词。咒语、口诀原本乃巫术的一种，佛教传入中国后，咒语巫术吸收了梵咒。道教在发展中吸收咒语巫术并加以发展，增加了符咒，又反哺咒语巫术。"池哥昼"的经文来源较明确，因用古藏文写成，显然是吸收的苯教经文。行为巫术除上文所论拟兽舞蹈外，还有杀牲献祭、龙舞、送瘟神等仪轨。龙舞由法师率领，"池哥昼"的全部角色和全体寨民共同参与表演。"池哥昼"的古老巫术性质很明显。

"巫"字的字形演变表示传递出其含义的变化，表示出巫阶层的身份和社会功能在上

① （明）叶子奇：《草木子》，《明代笔记小说大观》，上海：上海古籍出版社，2005年，第59页。
② 包建强、靳婷婷：《跨学科视域下傩戏"池哥昼"文化成分的参互叙事》，《艺术百家》2021年第1期。

古时发生的变化。在甲骨文与金文中，"巫"的字形基本相同，由两个工字形的组件一竖立一横卧交叉构成，象形古巫所用的法器。另有人认为："甲骨文'巫'字是由两个'壬'交叉而成，意思应与'壬'相近，与'工'则无关系。甲骨文'壬'上下一横是分别代表天与地，中间一竖是表示贯通天地，整个寓意是沟通天地神灵的人。能沟通天地的人，在上古非巫莫属。'巫'字甲骨文、金文正是两个'壬'字交叉而成。"① 春秋战国时期，"巫"的字形变化较大。篆文"巫"演变为工字左右两端为两"人"，表示翩翩起舞以降神。后来隶书、楷书皆延此形。"巫"的字形字义反映出巫在战国之前的职能。《国语·楚语》载："古者民神不杂，民之精爽不携贰者，而又能齐肃衷正，其智能上下比义，其圣能光远宣朗，其明能光照之，其聪能听彻之，如是，则明神降之，在男曰觋，在女曰巫。"② 显然，成为巫需要一定的资质、修养、智慧，不是任何人能胜任的，巫属于社会精英阶层。这也是祝辞咒语成为诗歌的原因所在。《诗经》《楚辞》里收有许多篇什，是巫降神之时所唱的歌词。古巫的职能是手持法器以舞降神、沟通天地神人，还兼医的职能。

将"巫"演变的字形字义与"池哥昼"比较，会惊奇地发现，"池哥昼"以活态的形体表演展示古巫的所有含义。在整个"池哥昼"过程中，法师深入仪式环境起着关键作用，会首只是起着外围组织作用。法师击鼓诵经，秉承了古巫以声乐娱神的职能；法师主持全部仪式，沿袭着古巫以舞请神、媚神、送神仪轨，传承驱鬼逐疫的职能；法师杀牲献祭、扎草船送瘟神，是直接行使巫术。值得注意的是，在"池哥昼"中，法师仅承担了古巫的部分职能，另一部分古巫的职能由"池哥昼"的角色承担。这是社会发展所致。随着文明进步，古巫阶层退出历史舞台，其职能由随之而起的道士接替。在民间，人们称道士为法师、师公、阴阳先生、端公等。确切来说，"池哥昼"角色也是从古巫装扮和像人发展而来。从某种程度上说，"池哥昼"演绎了巫的古老文化成分及其演变来的含义。

通过以上剖析，白马藏族"池哥昼"傩戏的文化沉积层清晰可见。拟兽舞蹈、傩仪、傩面具、自然崇拜、巫术均属于原始文化，它们沉积于"池哥昼"时均保留了最初的文化内容与性质，无疑，"池哥昼"亦属于原始文化现象。同属于原始文化的上述各成分，因诞生时代不一致，沉积到"池哥昼"中的时间有先后。拟兽舞蹈反映的是蒙昧时期先民们对人与自然关系的思考，旧石器时代的经济活动主要是采集果实、狩猎和捕捞，拟兽舞蹈作为狩猎活动的产物，至迟在旧石器时代中期已出现。当时"池哥昼"是白马藏族先民们狩猎前训练能力的演练活动，毕竟当时人们解决的主要是生计问题。随着白马藏族先民们对人与自然关系思考的加深，于旧石器时代晚期在神话思维下出现万物有灵

---

① 俞水生:《汉字中的礼仪之美》，北京：文汇出版社，2017年，第161页。
② （吴）韦昭注:《国语·楚语》（下，卷十八），北京：商务印书馆，1935年，第203页。

观，"池哥昼"增加了自然崇拜和巫术成分而成为巫傩祭祀仪式。随着社会演进，"池哥昼"也不断衍化，但"池哥昼"演进时保留了各古老的文化成分，同时接收各成分新衍化的内容，"池哥昼"在拟兽舞蹈、原始崇拜、傩面具、驱傩、巫术等文化层下又沉积了许多亚文化层，成为一个内容丰富而庞大的文化共同体。

医学人类学视域下陇南白马藏族医疗体系调查研究

艾　丽[*]

（兰州城市学院外国语学院　甘肃兰州 730070）

摘　要：本文以医学人类学相关理论为依托，通过田野调查了解陇南白马藏族大众医疗、民俗医疗、专业医疗并存的多元医疗体系及就医现状。在此基础上，通过对当地白马人进行深度访谈及案例收集与分析，挖掘导致这种就医现状的根源所在，深入分析多元医疗体系内部各种医疗方式是如何发挥作用来满足人们的就医需求，以及各个医疗方式是如何相互补充以便实现最佳医疗效果，从而为深化医疗体制改革提供有益参考。

关键词：医学人类学；白马藏族；医疗体系

基金项目：本文系教育部人文社会科学青年项目"莲花山地域汉藏民族共享'拉扎节'仪式调查研究"（项目号：19YJC850016）的阶段性成果之一。

一、引言

白马藏族是居住在甘肃省陇南市文县、陕西省汉中市宁强县和四川省绵阳市平武县、阿坝藏族羌族自治州九寨沟县交界的岷山东端摩天岭中的一个族群，人口为 3 万多（2019年）。陇南文县白马藏族，人口近 3000 人，主要聚居在铁楼乡和石鸡坝乡的 18 个白马人村寨①。笔者于 2020 年 1 月和 2020 年 8 月先后两次前往石鸡坝乡薛堡寨村、堡子坪村、铁楼乡寨科桥村、枕头坝村、强曲村、麦贡山村等 10 个村寨进行田野调查，本文即是基于两次田野调查的结果。

笔者通过文献的检索与阅读，发现陇南白马藏族研究成果颇丰，主要涉及民俗文化、艺术、宗教、族系归属等方面的内容，但对其医疗体系及就医实践方面的研究相对较少。鉴于此，笔者试图从医学人类学视角入手研究白马藏族这一特殊文化群体的医疗体系和就医实践行为，不局限于传统生物医学的单一视角，而是将疾病及医疗行为置于当地自

---

* 艾丽：兰州城市学院外国语学院讲师，主要从事英语教学及民俗文化研究。
① 杨全社、古元章、张金生、邱雷生、毛树林：《陇南白马人民俗文化图录》，兰州：甘肃人民出版社，2013 年，第 1—4 页。

然环境、经济、社会、文化、宗教等宏观背景下进行考察。调查发现大众医疗、民俗医疗、专业医疗三个层面的多元医疗方式构建了陇南白马藏族就医体系，各种医疗方式在不同层面发挥各自作用，交互影响，互为补充。

二、研究背景

国外有关白马藏族的研究甚少，但在与本课题相关的医学人类学研究方面成果丰硕，为国内白马藏族医疗实践研究提供了理论借鉴和支撑。国内有关白马藏族的研究取得了较大成果，主要包括白马人族源、宗教信仰、房屋建筑、音乐舞蹈等方面的内容，有关疾病、医疗方面的内容研究较少，仅限于对四川平武白马藏族的研究，如对四川平武白马藏族多发疾病进行调查归类，找出致病原因并提出相应干预方法；[①] 四川平武白马藏族药物资源探索、医药文化的保护传承以及民族特色疗法的研究与探讨；[②] 对四川平武白马藏族的医疗行为进行的调查，并据此分析导致其医疗行为方式的宗教信仰、社会环境、文化等方面的影响因素；[③] 对四川平武白马藏族民俗医疗实践的文化逻辑进行分析，发现其民俗医疗实践内嵌于亲属与社会关系网络之中。[④] 这些研究的一个共同特点是研究对象都设定在四川平武县，对甘肃文县境内的白马人医疗状况并未涉及。生活在川、甘两省的白马人虽同宗同族，生活方式、民俗文化等方面有很多相似之处，但还是存在一定差异，因此，要全面掌握白马藏族医疗体系及就医现状，就需对甘肃陇南白马人进行实地调查，了解其疾病认知观念及医疗方式的选择，分析各种医疗方式的功能及内在关系。

三、医学人类学视角下陇南白马藏族的疾病认知

医学人类学是运用人类学的理论、视角和方法，研究与健康、疾病及治疗相关的认知与行为的学科。[⑤] 在人类漫长的繁衍与发展过程当中，疾病与健康一直伴随人类存在，在不同的文化背景中，人们对于疾病及病因的认知和解释各不相同，所采取的治疗方式也存在差异。因此，对于疾病，医学人类学家往往将其置于文化范畴进行分析、研究。美国医学人类学创始人哈佛大学凯博文认为病痛是一种文化建构，作为一种心理——社会经验，这种建构包含复杂的心理与社会过程，这一过程反过来又会影响疾病，并在治疗疾病与病患的过程中发挥作用。[⑥] 由此可见，医学人类学视角下，病痛不仅仅是一个

---

① 樊贺勤：平武县白马藏族乡多发病的调查与干预，《中国误诊学杂志》，2009 年第 9 期。

② 孙志蓉、杜远等：《四川平武白马藏族医药的初步调查》，《中国中药杂志》2012 年第 37 期。

③ 刘志扬：《"神药两解"：白马藏族的民俗医疗观念与实践》，《西南民族大学学报》（人文社科版）2008 年第 10 期。

④ 汪丹：《分担与参与：白马藏族民俗医疗实践的文化逻辑》，《民族研究》2013 年第 6 期。

⑤ 张有春：《医学人类学》，北京：中国人民大学出版社，2011 年，第 24 页。

⑥ Arthur Kleinman, Concepts and a Model for the Comparison of Medical Systems as Culuralystems, *Social Science and Medicine*, 1978 (12).

由遗传、细菌、病毒等生理或病理因素引起的生物医学现象，它在很大程度上受到地域、自然环境、民俗文化、宗教信仰、经济水平、社会环境等方面的影响，这些影响导致不同地区和文化背景下的人们对疾病产生不同的认知，而疾病认知的差异又会导致人们就医方式和医治手段的不同。

陇南文县白马藏族生活在白马河流域的高山深谷当中，山坡陡峭，地势险峻，气候高寒阴湿，动植物种类繁多，山中盛产药材。以笔者调研的其中一个白马村落麦贡山为例，麦贡山坐落在海拔 1610 米的高山上，通往村寨的水泥道路是 2008 年汶川地震前硬化铺修的，但道路仍旧狭窄崎岖、险峻难行。村子周围重峦叠嶂、森林密布，林中药材资源丰富，有纹党参、天麻、猪苓等名贵中药材。陇南白马藏族信奉原始藏传苯教，崇拜自然，相信万物有灵，认为山、石、木、水、土、风、雨等自然产物和自然现象都有神明的存在，其中最为崇信的是山神"叶脉告来具"，各个村寨还有自己的山神。除此以外，陇南白马藏族信仰体系还包含了道教和佛教的成分，村寨中的庙宇和村民家中的神案供奉着道教和佛教中的神，如九天圣母、如来、菩萨等。相对闭塞的交通、落后的经济、复杂的多神信仰体系以及较为丰富的药材资源使当地的白马人对疾病产生了独有的认知和处理方式，他们认为症状极为明显的头疼脑热、肠胃不适、关节疼痛等生理性病痛是很常见的，人吃五谷，生百病，出现此类情况一般会依照家传土方，自行服用当地可采的草药或寻求本族"埋摆"（白马人草医）或汉族草药师进行诊治。如果出现不明病痛、症状复杂且罕见的疾病或是失魂落魄、精神错乱等情况，白马人则认为病人有可能对神明不敬而受到神明的惩罚或是遇到了邪恶鬼怪而遭其纠缠，这种情况他们会请来本族"道摆"（白马人道师）或汉族道士、端公进行治疗。由此，陇南白马藏族形成了自己的一套用以解释病因、症状发作、医治方式的疾病认知和疾病治疗体系，这套体系对于他们后续的就医实践产生决定性影响。

四、陇南白马藏族就医现状及医疗方式

（一）陇南白马藏族就医现状及根源

陇南白马藏族独有的地域环境、不断发展的当地经济、日趋完善的现代化医疗卫生体系等因素使其医疗体系呈现出大众医疗、民俗医疗、专业医疗并存的多元化特点，具体包括以个人、家庭或邻里社区为中心的大众医疗；以草药师、正骨师以及道师为代表的俗世化或神圣化的民俗医疗；现代生化医疗覆盖下的村、乡、县、市卫生组网，即专业医疗。白马人选择何种就医方式进行治疗，主要取决于病症表现情况、病情严重程度、家庭经济情况、宗教信仰等因素。

（二）主要医疗方式及功能

（1）大众医疗

大众医疗是陇南白马藏族最为依赖的医疗方式，满足人们最基本的就医需求，针对轻微、常见的普通病痛，白马人会以个人、家庭为单位，依据所具备的草药知识以及可获取的草药资源采用中草药疗法进行治疗，将疾病解决在大众医疗层面，解决不了的才会求助于其他医疗方式，这与白马人所处的自然环境、家庭传统等因素紧密相关。

陇南白马藏族世代生活在白水河流域的深山密林中，当地药材资源极为丰富，几乎每一位白马人都了解基本的草药知识，能够对常见疾病进行草药治疗。白马藏族家中都种有藿香、川芎等中药材，也会根据需要去深山采集红花、当归、丹参等中药材，如果家中有人出现腹泻、咳嗽等常见病痛都会首先使用草药方法进行解决，如用细辛叶子加桑白皮煮水饮用来治疗小儿发烧；将姜活研成粉末用黄酒冲服来治疗四季感冒；将川芎研细用黄酒冲服来治疗牙痛。即便是迁居文县县城周边的白马人，家中也会备有一些常见草药并保留沿用长辈们传授下来的草药方法，偶尔也会简单服用西药，但家中罕见备有西药药箱。

（2）民俗医疗

民俗医疗是对大众医疗的补充，解决大众医疗甚至专业医疗无法解决的问题，满足白马人更深层次的就医需求。民俗医疗包括民间实践疗法和借助神灵的超自然疗法（即仪式疗法），根据疾病的表现方式人们选择相应疗法。过去经济条件和医疗条件有限，对于依靠大众医疗无效的物理性病痛，白马人会求助于本族"埋摆"或汉族草药师，这些药师具备较为专业的医疗知识，熟悉掌握各种草药的药性，与当地人建立了比较亲密、相互信赖的医患关系，民间实践疗法在整个医疗体系中曾占有很重要的地位。

笔者在 2020 年 8 月的调研中采访了陇南白马藏族医药的第四代传人余流源先生，余老先生的舅奶奶高正田出生于清朝中期到末期的白马道医世家，余老先生在家庭环境的熏陶下自幼对白马医道产生了浓厚的兴趣，五岁时便跟随祖母上山采药，八岁时在祖母的指导下已能用祖传秘方为病人治愈缠腰丹（又名蛇丹疮，腰部带状疱疹）。余老先生通晓白马藏族传统治病药方和疗法，在当地行医多年，其医术受到许多白马人和汉人的认可及好评，口碑极佳，尤其擅长用五色药食酒又称"五色酒"治疗风湿病，治愈率达到90% 以上，此次采访余老先生详细介绍了"五色酒"的制作过程及其功效：

五色酒由大麦、高粱、燕麦、苦荞、青稞五种粮食酿造而成，这五种粮食分别成黄色、红色、棕色、绿色、青色，因此称之为"五色酒"。首先将这五种粮食炒、煮至半熟，然后加入酒曲进行发酵，最后将发酵好的酒装入酒缸中用燕麦衣泥封口储藏。其中酒曲的制作极为讲究，一般在端午节开始制作，将当归、狼毒、羌独活、葛根、芍药、牛膝、马鞭草等多种中草药熬煮 2 小时再加入杨柳枝叶继续煮 1 小时后滤掉药渣，加入蜂蜜和曲面（大麦面、青稞面、麦麸、米糠）进行搅拌成面团状，然后捏成饼状装入容器进行发酵，发酵期为7—10天，待曲饼长出白毛、散发出香味后晾干，装入干净的竹筐布袋当中，存放于通风干燥处。五色酒能够通经脉、活血、养血、生津，能够达到镇痛止疼的效果，有除风寒、去湿气的神奇疗效。

对于无名病痛比如浑身乏力、精神不济、失魂落魄等问题，白马人则会求助本族"道摆"（白马人道师）或汉族道师进行掐算，找出致病原因并举办相应的仪式进行治疗。这种借助于神灵的超自然疗法根植于白马人宗教信仰与传统文化价值观之中，受到白马藏族相信"万物有灵"的多神信仰体系的影响，当人们身体一旦出现不知原因的病痛或精神出现问题或障碍时，很自然地会将致病原因与鬼神之说联系起来，认为是冲撞了神灵或招惹了鬼怪邪魔，从而请道师通过仪式治疗来驱鬼除邪、修复人与神之间的关系，最终达到治愈的效果。笔者在2020年1月的田野调查中，采访到了铁楼乡李子坝村的汉族端公张忠玉先生，他在当地非常有名气，深得当地白马人的信赖和尊重。铁楼乡很多村寨中的白马人都曾请他在家中办仪式治病禳灾、安家请神案、打卦测吉凶等，他甚至受邀到四川九寨沟县、平武县给人看病做法事，这里列举一个张忠玉先生所讲述的他如何帮助当地人治病的例子：

> 病患，曹姓男子，50岁，草河坝人，病症是肩膀突然疼痛，胳膊痛得抬不起来，找村医看过，吃药后没有效果，后来去文县县医院检查也没有找出病因，吃药治疗后还是没有任何效果，后来病人找到我让我帮他算一算、治一治，我给他打了一卦，问他最近是不是去了山里，有没有做什么得罪了山神老爷的事情，他想了想，想起来说前段时间去白马老爷山，砍了一棵树。我说那就对了，你得罪了白马老爷，让你膀子疼，疼得你抬不起，你去栽些树再上个香就好了。后来他按我说的做了，病也就好了。

白马人崇拜山神，并且相信如果冒犯了山神就会被山神降灾惩罚，这种对神明的敬畏之心让这名患者对张忠玉先生的病因解释深信不疑，究其根本原因是由于他们共享一套病因的解释系统，对于医院诊断不出病因的莫名病痛，他们很自然地会联想到鬼神之说，认为是某种超自然力量导致的病灾，一旦病因得到确定、达成共识，患者就会相信经过端公的"禳解"（用某种仪式或手段处理人与神或人与鬼邪的关系）就会除去病痛。即便是到了经济、医疗条件较为发达的今天，白马人仍旧会对那些专业医疗无法救治的疾病采用仪式疗法。宗教信仰传统及地域民族文化依然为仪式疗法的存在提供了可能性，仪式疗法虽不像以前那样深受人们推崇，但在整个医疗体系中仍发挥不可替代的作用。

（3）专业医疗

专业医疗是对大众医疗和民俗医疗的补充，为白马人提供更为专业的就医服务，特别是省、市级医疗机构在解决重大、复杂性疾病，尤其是物理性疾病方面受到人们的认可。此外，县、乡、村三级医疗卫生机构也在不同层面已较为专业的生物医疗手段帮助人们处理病情较轻、较为简单的病痛。事实上，许多白马人在遇到较为常见、轻微病痛时通常不会选择去村卫生所或乡卫生院进行就医，而是选择服用草药或西药进行自我及家庭治疗，遇到较为复杂、较为严重的疾病或服药医治仍不见效的情况时，会直接跳过乡、村级医疗机构直接去县医院甚至市、省级医院进行治疗，因为乡、村级医疗卫生机构医疗设施相对简陋、医疗条件有限、医务人员专业技术还有待提高。乡卫生院和村卫生所，尤其是村卫生所出现患者少、较为冷清的局面，而县医院或市医院病患相对较多，出现轻微断层现象，医疗机构逐级分流就诊机制有待进一步优化，这一点在笔者采访国家级非物质文化遗产项目"池哥昼"代表性省级传承人班杰军老师时从一定程度上得到了印证。班杰军老师是铁楼乡麦贡山白马藏族人，现受聘于兰州职业技术学院非遗学院，承担该学院的木雕教学工作，擅长"池哥昼"面具的雕刻与制作，班老师回忆了村寨中过去的就医情况，同时介绍了村子目前的就医现状：

　　2007 年以前村子里公路没有修好，交通很闭塞，村子里有一少部分人甚至都没有下过山。人们得了小病就在家用土方治，或是找村里药铺的赤脚医生看，赤脚医生没有从医资格证，但是经验多，也能看好病。但是得了大病或病情严重就靠家人或亲朋从山上背着或抬着到山下坐车去城里看病，那个时候有些人不会说汉话，到医院也不会说，看病很难。家里条件差、看不起病的，或是得了一些不太常见的病，就请山下面草河坝的中医大夫上山去家里看。到 2010 年左右，村上建了卫生所，但看病效果不理想，有些药物过期了，吃了没作用，现在交通很方便，就去别处看，有的时候也不去文县县城，一次性直接拉到外面去看，直接到陇南武都或四川那边的医院去看。

五、陇南白马藏族多元医疗方式的交互效用

　　陇南白马藏族多元医疗体系中，各医疗方式所占比例和所起作用随经济、交通、通信手段的发展不断发生变化，呈现出阶序性、灵活性的特点，三种医疗方式发挥各自的作用，相互补充，满足人们不同层面的就医需求。过去白马藏乡经济落后、交通不便、制度性医疗资源有限，大众医疗和民俗医疗所占比例较大，起主导作用，专业医疗影响较小。对于较轻、常见病痛白马人多依赖大众医疗方式解决，如果解决不了或遇疑难杂症、久治不愈的疾病就会求助于草药师或道师的民俗疗法医治，不会直接选择县医院或市医院进行就医，一方面因为经济及交通条件不允许，另一方面受到地域文化、传统思想及宗教信仰的影响。大众和民俗医疗方式都无法解决的、情况极为严重的疾病才会求助于专业医疗方式，即选择县医院、市医院进行救治，就医方式基本呈现出大众医疗—民俗医疗—专业医疗的阶序性特点。但值得一提的是专业医疗依然无法解决的病痛，人

们又会转而求助民俗医疗，尤其是仪式疗法，这又体现出白马人就医的灵活性特点。

现如今陇南白马藏族村寨经济发展较快，开发了各种旅游文化项目，新型农村医疗合作制度得到推广，交通道路设施有较大改进，尤其是 2008 年汶川地震之后，许多乡村道路实现了道路硬化和拓宽，偏僻村寨也新修了一些道路，外出打工的白马人人数增多，眼界逐渐开阔，意识发生变化，专业医疗的影响不断加大，民俗医疗的比重逐渐降低，大众医疗解决不了的疾病，人们会直接选择专业医疗，如果专业医疗无法治疗解决，人们才会采用民俗医疗的方式进行解决。就医方式基本呈现出大众医疗—专业医疗—民俗医疗的阶序性特点。当然，如遇莫名病痛或精神不振等状况，部分白马人还是会先请道师做法，如果无效，情况恶化便会送进县医院或是医院检查治疗，选择方式较为灵活，这还是与疾病表现症状、病情、传统观念及宗教信仰等因素密切相关，民俗医疗不会骤然消失或完全被专业医疗所取代，二者不是完全对立的关系，而是互补并存的关系。

六、结语

生物医药的发展，制度性医疗的推广、普及并没有使专业医疗成为单一的医疗方式独自存在于陇南白马藏族医疗体系当中，与之相反的是其医疗方式呈现出大众医疗、民俗医疗、专业医疗相互补充、矛盾并存的多元化特点。依据医学人类学理论的解释，健康与疾病问题从来不仅仅是一个生理或医学问题，而是置于环境、社会政治、文化、信仰等复杂体系当中的问题，侧重于关注不同地域、不同社会文化群体对此的文化认知以及基于这种文化认知而产生的就医实践活动。陇南白马藏族作为一个特有的民族文化群体，其就医方式深受当地经济、文化、宗教信仰等因素的影响，从而体现出多元性特点。各个医疗方式都在各自层面发挥作用，专业医疗和民俗医疗在"科学"和"迷信"这种观念上虽有矛盾之处，但更多是相互补充并存的关系，满足白马人不同层面的就医需求。各种方式也有其存在的问题和局限，这也是未来深化医疗改革所需解决的问题，医疗改革不仅要关注生化医疗问题，还需关注疾病及医疗方式的社会文化意义。